AF824900

Eckard P. W. Minx

Von der Liberalisierungs-
zur Wettbewerbspolitik

Eckard P. W. Minx

Von der Liberalisierungs- zur Wettbewerbspolitik

Internationale Wirtschaftspolitik zwischen Industrieländern nach dem Zweiten Weltkrieg

Walter de Gruyter · Berlin · New York 1980

Für Iris und Samantha

CIP-Kurztitelaufnahme der Deutschen Bibliothek

Minx, Eckard P. W.:
Von der Liberalisierungs- zur Wettbewerbspolitik : internat. Wirtschaftspolitik zwischen Industrieländern nach d. Zweiten Weltkrieg / Eckard P. W. Minx. – Berlin, New York : de Gryuter, 1980.
ISBN 3-11-008304-3

© Copyright 1980 by Walter de Gruyter & Co., vormals G. J. Göschen'sche Verlagshandlung, J. Guttentag, Verlagsbuchhandlung Georg Reimer, Karl J. Trübner, Veit & Comp., Berlin 30. Alle Rechte, insbesondere das Recht der Vervielfältigung und Verbreitung sowie der Übersetzung, vorbehalten. Kein Teil des Werkes darf in irgendeiner Form (durch Photokopie, Mikrofilm oder ein anderes Verfahren) ohne schriftliche Genehmigung des Verlages reproduziert oder unter Verwendung elektronischer Systeme verarbeitet, vervielfältigt oder verbreitet werden.
Printed in Germany.
Satz und Druck: Georg Wagner, Nördlingen.
Bindearbeiten: Dieter Mikolai, Berlin

Geleitwort

Der große Entwurf – Szenario würde man heute sagen – für die Re-Integration der Weltwirtschaft nach dem 2. Weltkrieg scheint immer mehr zum historischen Ereignis zu werden. Immerhin zehrt die Weltwirtschaft noch heute in erheblichem Umfang von den ungeahnten Erfolgen der organisierten liberalen Weltwirtschaftsordnung, symbolisiert durch den Internationalen Währungsfonds und das General Agreement on Tariffs and Trade, trotz des „Zusammenbruchs" des internationalen Währungssystems von Bretton Woods, des Neuen Protektionismus und der Stagnation im Teilbereich der europäischen Integration. Wie nachhaltig diese Liberalisierungspolitik alle Bereiche der internationalen Wirtschaftsbeziehungen von Restriktionen befreit und den Wohlstand der Nationen gefördert hat, würde erst schmerzlich offenbar werden, wenn man wieder bei „normalen" Zuständen angelangt wäre.

Kann uns aber die Liberalisierungspolitik vor dem Rückfall in die Normallage bewahren? Müssen wir zur Beantwortung dieser Frage nicht erst genauer nach den Ursachen des Erfolgs fragen? Wird die Weltwirtschaft – zumindest die der Industrieländer – nicht wieder ohne „Wunder" auskommen müssen, weil atypische Perioden eben nicht für die Dauer bestimmt sind? Haben wir uns nicht schon seit geraumer Zeit auf niedrigere nationale Wachstumsraten des Sozialprodukts einstellen müssen? Diese unbefriedigenden Wachstumsraten wiederum sind nun gerade nur unwesentlich von einem Rückgang der internationalen Wirtschaftsbeziehungen verursacht worden (schon eher durch die OPEC-Preispolitik). Die „economics of interdependence" bestehen im übringen noch, während der Glaube an den Sieg über den Konjunkturzyklus bezeichnenderweise geschwunden ist. Besteht aber nicht die akute Gefahr, daß die Handelsordnung dem Weg der Währungs-„Ordnung" folgt oder daß wir mit unserer herkömmlichen Ordnung den zu lösenden Problemen immer ratloser gegenüber stehen und daher vielleicht auch nicht mehr so angemessen reagieren? Muß schließlich auf ein neues Szenario gewartet werden, bis eine neue Herausforderung die Antwort hervorbringt?

Gegenüber solchen Grundsatzfragen lohnt sich jedoch mitunter die Kleinarbeit der wissenschaftlichen Analyse. Diesen Weg geht Eckard P.W. Minx in seiner Arbeit. Die kritische Detail-Untersuchung dessen, was war, bringt nicht nur ein vollständigeres Bild der Liberalisierungspolitik, sondern korrigiert auch zu einfache, nur ordnungskonforme Vorstellungen und bringt demgegenüber differenziertere Erklärungen für die Ursachen des Erfolgs. Welche Bedeutung beispielsweise einerseits den autonomen Wachstumskräften, dem intra-industriellen Handel, dem regionalen Freihandel (Integration) oder der währungspolitischen Absicherung der Liberalisierungspolitik zukommt, welche Bedeutung andererseits die begleitenden Strukturwandlungs- und Wettbewerbsprozesse der Weltwirtschaft besitzen oder mit welchen neomerkantilistischen Nebenwirkungen eine eindimensionale Politik sich selbst um ihre Erfolge bringen kann, das wird ebenso Abschnitt für Abschnitt erarbeitet wie die Integration verschiedener Versuche, die Liberalisierungspolitik mit „positiven" Wettbewerbskonzepten für neue Ansprüche besser auszurüsten. Daß Minx bei seiner Untersuchung nicht erst im letzten Kapitel die konventionelle Argumentation und den üblichen Datenkranz immer wieder durchbricht, macht die Arbeit auf besondere Weise anregend.

Schließlich ein letzter Punkt. An größeren geschlossenen Beiträgen zur Außenhandelspolitik mangelt es zur Zeit nicht nur in der deutschsprachigen Literatur. Wenn dann überdies – wie bei Minx – die Verbindung zu der in letzter Zeit von der monetären Außenwirtschaftstheorie überrollten güterwirtschaftlichen (reinen) Außenwirtschaftstheorie hergestellt wird, nimmt sich das vorliegende Buch begrüßenswerterweise praktisch einem doppelten Nachholbedarf an.

Berlin, im Sommer 1980 Prof. Dr. Detlef Lorenz

Vorwort

Die internationalen wirtschaftlichen Beziehungen sind im politischen und wissenschaftlichen Bereich geraume Zeit vorwiegend von der Diskussion um die Nord-Süd-Problematik bestimmt worden. Erst seit mit dem Ausgang der 60er Jahre die internationalen Handelsverflechtungen unter verstärkten ordnungspolitischen – oder provokanter formuliert – protektionistischen Druck gerieten und sich die scheinbar stabile und Prosperität verheißende Bretton Woods-Welt einem steten Erosionsprozeß unterworfen zeigt, gewinnen Fragen zur Gestaltung einer internationalen Wirtschaftspolitik des „Nordens" wieder an Interesse und Gewicht.

Ziel dieses Buches ist es, die qualitativen Aspekte der wirtschaftlichen Beziehungen zwischen den OECD-Staaten im Rahmen der weltwirtschaftlichen und weltpolitischen Nachkriegskonstellation zu analysieren und daraus Anforderungen an eine zukünftige ordnungspolitische Ausgestaltung des weltwirtschaftlichen Systems zu entwickeln. In zweifacher Hinsicht unterscheidet sich damit die Untersuchung von den wenigen vorliegenden Studien zu diesem Thema:

– Einmal wird durch die analytische Aufarbeitung der Nachkriegsliberalisierung und der Kennzeichnung des durch den Entwicklungsprozeß revidierten Beziehungsgefüges die traditionelle Sicht der – „negativen" – Liberalisierung um einige Aspekte erweitert. Damit soll sowohl ein Beitrag zum besseren Verständnis der Entwicklungen in der Nachkriegszeit als auch der von den Staaten mittlerweile ergriffenen „Schutzmaßnahmen" geleistet werden.

– Zum anderen wird die wirtschaftspolitische Problemstellung exemplarisch durch außenwirtschaftstheoretische Überlegungen fundiert. Dabei wird eine Verknüpfung von wirtschaftspolitischer und wirtschaftstheoretischer Argumentation versucht, wobei im theoretischen Bereich neuere dynamische Modellansätze im Vordergrund stehen. Überlegungen zum Phänomen des intra-industriellen Handels wie auch die Entwicklung eines an den Außenhandelsgütern und -strömen orientierten Theorieansatzes bilden hier neue Verbindungen zur wirtschaftspolitischen Seite der Darstellung.

Auf der Grundlage der kritischen Untersuchung von Bedingungen und Wirkungskräften weltwirtschaftlicher Interdependenz wird versucht, einen Weg aufzuzeigen, der als Alternative traditioneller Liberalisierungspolitik zu verstehen ist und den politisch Verantwortlichen neue Optionen eröffnet. Dabei wird sowohl ökonomischen Prinzipien als auch politischen Realitäten Rechnung getragen.

Die Untersuchung und Darstellung eines so umfassenden Gebietes wie das der internationalen Wirtschaftsbeziehungen in allen ihren Aspekten ist ein Wagnis und bleibt, selbst wenn man sich auf den Bereich der Industrieländer beschränkt, eine nahezu unlösbare Aufgabe. Dies darf jedoch die intensive Beschäftigung mit dem Thema nicht behindern. Wichtiger als eine unbedingte Vollständigkeit in jeglicher Hinsicht schien es deshalb unter anderem auch, die in Bewegung geratene außenwirtschaftliche Diskussion um einige bisher zu wenig beachtete Aspekte zu erweitern.

Diese Arbeit wurde im Frühsommer 1979 abgeschlossen. Sie entstand während meiner Tätigkeit am Institut für Volks- und Weltwirtschaft, Fachrichtung Weltwirtschaft, der Freien Universität Berlin. Jene weltwirtschaftlich bedeutsamen Ereignisse, die nach diesem Zeitpunkt eintraten, sowie später publizierte Forschungsergebnisse konnten aus redaktionellen Gründen keine Berücksichtigung mehr finden.

Mein Dank gilt insbesondere meinen akademischen Lehrern und Förderern, den Professoren Detlef Lorenz und Helmut Arndt, sowie allen anderen, vor allem Professor Johannes Geccelli, Dr. Garrelt Weerts und Andreas Lenel, die diese Arbeit durch Kritik und Hinweise gefördert haben. Ganz besonders danke ich meiner Frau, die mir mehr als nur aufmunternd zur Seite stand und ihre eigene Arbeit zurückstellte.

Berlin, im Sommer 1980 E. Minx

Inhalt

Aufstellungen im Text

Abkürzungsverzeichnis

AER	The American Economic Review
AKV	Allgemeine Kreditvereinbarungen; s. a. GAB
Art.	Artikel
BIP	Bruttoinlandsprodukt
BSP	Bruttosozialprodukt
BIZ	Bank für internationalen Zahlungsausgleich
CJE	The Canadian Journal of Economics and Political Science
CMS	Constant-Market-Shares
DIW	Deutsches Institut für Wirtschaftsforschung
EA	Europa Archiv
EFTA	European Free Trade Association
EG	Europäische Gemeinschaften
EGKS	Europäische Gemeinschaft für Kohle und Stahl (Montanunion)
EI	Economia Internazionale
EJ	The Economic Journal
EL	Entwicklungsländer
ERP	European Recovery Program (Marshall-Plan)
EWG	Europäische Wirtschaftsgemeinschaft
EZU	Europäische Zahlungsunion
FAZ	Frankfurter Allgemeine Zeitung
GAB	General Agreements to Borrow; s. a. AKV
GATT	General Agreement on Tariffs and Trade
GWB	Gesetz gegen Wettbewerbsbeschränkungen
HdSw	Handwörterbuch der Sozialwissenschaften
HdWW	Handwörterbuch der Wirtschaftswissenschaften
HmbJb	Hamburger Jahrbuch für Wirtschafts- und Gesellschaftspolitik
HO(S)	Heckscher-Ohlin(-Samuelson)
Hrsg.	Herausgeber
hrsg.	herausgegeben
IMF	International Monetary Fund; s. a. IWF
ITO	International Trade Organization
IWF	Internationaler Währungsfonds; s. a. IMF
JbfSw	Jahrbuch für Sozialwissenschaft
JbNSt	Jahrbücher für Nationalökonomie und Statistik

JCMSt	Journal of Common Market Studies
JIE	Journal of International Economics
JPE	The Journal of Political Economy
JWTL	Journal of World Trade Law
KuK	Kredit und Kapital
LTA	Long-term Arrangement Regarding International Trade in Cotton-Textiles
MTA	Multi-fibre Textile Arrangement
NF	Neue Folge
OECD	Organization for Economic Cooperation and Development
OEEC	Organization for European Economic Cooperation
OEP	Oxford Economic Papers
OPEC	Organization of Petroleum Exporting Countries
QJE	The Quarterly Journal of Economics
RESt	Review of Economics and Statistics
RGW	Rat für gegenseitige Wirtschaftshilfe
SchVfS	Schriften des Vereins für Socialpolitik
SchwZVSt	Schweizerische Zeitschrift für Volkswirtschaft und Statistik
SITC	Standard International Trade Classification
SL	Sozialistische Länder
STA	Short-term Arrangement Regarding Cotton Textiles
SZR	Sonderziehungsrechte
TEA	Trade Expansion Act
TSB	Textile Surveillance Body
UN	United Nations
WA	Weltwirtschaftliches Archiv
WD	Wirtschaftsdienst
WiSt	Wirtschaftswissenschaftliches Studium
WTO	World Trade Organization
ZfgK	Zeitschrift für das gesamte Kreditwesen
ZgStw	Zeitschrift für die gesamte Staatswissenschaft
ZN	Zeitschrift für Nationalökonomie
ZNSt	Zeitschrift für Nationalökonomie und Statistik
ZWS	Zeitschrift für Wirtschafts- und Sozialwissenschaften

Einleitung

Zum Ende der 70er Jahre sind die Irritationen über die zukünftige Entwicklung der weltwirtschaftlichen Beziehungen derart vielfältig und tiefgreifend, daß es kaum übertrieben ist, wenn man von einer Situation der totalen Verunsicherung, aber auch Ratlosigkeit spricht. Das internationale System, das die weltwirtschaftlichen Beziehungen zwischen den westlichen Industrieländern in den ersten fünfundzwanzig Jahren der Nachkriegszeit erfolgreich regierte, ist weitgehend zusammengebrochen oder zeigt sich nicht mehr in der Lage, den gestellten weltwirtschaftlichen Anforderungen gerecht zu werden. Das wohl Beunruhigendste an dieser Situation ist, daß aus dieser aktuellen Ordnungslosigkeit und ad hoc Selbsthilfe die Gefahr des ökonomischen „warfare" zwischen den Staaten immer größer wird. Je länger diese Situation anhält, desto irreparabler werden die Schäden sowohl für die einzelnen Staaten als auch für die Weltwirtschaft als Ganzes sein.

Die Unsicherheiten der multipolaren Welt der Gegenwart haben sich verstärkt. Dieser Tatbestand erfordert einerseits eine grundsätzliche Analyse der „ehemaligen" Bretton Woods-Welt und andererseits ein ebenso grundsätzliches und unvoreingenommenes Überdenken der ordnungspolitischen Möglichkeiten für die Zukunft. Nicht zuletzt die lange Zeit auf der Stelle tretende Tokio-Runde des GATT, der wenig fruchtbare Nord-Süd-Dialog und die welt- resp. energiepolitischen Entwicklungen bis heute begründen diese Notwendigkeit. Weltwirtschaftlich wie weltpolitisch haben sich in den siebziger Jahren dieses Jahrhunderts völlig neue Konstellationen ergeben, die die Dimensionen und Anforderungen einer internationalen Wirtschaftspolitik erheblich erweitert haben. Gerade in dieser Situation aber scheint ein unvoreingenommenes Überdenken und Diskutieren bestehender ordnungspolitischer Optionen viel zu selten an der Tagesordnung[1]. Allzu schnell wird auch heute noch das jeweilige Patentrezept – sei es Freihandel oder globale Steuerung weltwirtschaftlicher Beziehungen – empfohlen. Patentlösungen aber gibt es nicht, sie ersetzen nicht die Notwendigkeit realistischer Lösungsvorschläge und gemeinsamer Initiativen.

Der langfristige weltwirtschaftliche Integrationsprozeß (Re-Integration), der vor allem die Industrieländer betrifft, ist vor dem Hintergrund der Des-Inte-

[1] Welche Vielzahl von Fragen und Problemen sich im internationalen wirtschaftlichen Bereich stellen, haben z. B. schon Bergsten/Mathieson [1973] gezeigt.

grationsphase überaus eindrucksvoll. Zu fragen ist, inwieweit die Zunahme des wirtschaftlichen Internationalisierungs- bzw. Verflechtungsgrades (von Güter- und Faktormärkten) und die im Gefolge von IWF/GATT, OEEC/OECD/EZU, EWG/EG, EFTA etc. sich ergebenden Wohlstandssteigerungen durch die Erhöhung der Interaktionsintensitäten gleichzeitig die Ursache für die heute anstehenden Probleme sind, wobei ganz entscheidend die Effizienzminderung nationaler wirtschaftspolitischer Maßnahmen angesprochen ist. Was in der Bretton Woods-Ordnung längere Zeit relativ leicht und auf den ersten Blick nahezu friktionslos verwirklicht werden konnte, erweist sich zunehmend als problematisch: Weder ließ sich der Grundkonsens über die zu erreichenden Ziele bewahren, die sich im übrigen erheblich erweiterten und vervielfältigten, noch ist nach dem Ende der pax Americana ein Systemführer in Sicht, der die Kosten dieser Aufgabe tragen könnte. Auch hat sich mit dem Vordringen der Entwicklungsländer auf den Weltmärkten und den Entwicklungen im Ressourcensektor das ehemals von Wachstum und Prosperität für „alle" sorgende System offensichtlich in die Niederungen des weltwirtschaftlichen Beziehungsgefüges begeben. Dabei greift der systemare Erosionsprozeß immer stärker um sich, je weniger die alte Ordnung akzeptabel erscheint und je länger auf eine neue gewartet wird. Der multilaterale Rahmen wirkt immer weniger bestimmend, die erreichten Ergebnisse des Abbaus traditioneller Hemmnisse in den internationalen Beziehungen erschweren deren fortschreitende Reduzierung. Zudem haben sich verstärkt punktuelle Schutzaktionen nicht-tarifärer, subtiler Art unter dem Einfluß von nationalen wirtschaftspolitischen Nöten ausgebreitet, und die strukturellen ökonomischen wie politischen Veränderungen der Welt sind Ursache neuer und umfangreicher Anforderungen an das Ordnungsgefüge. Noch zu Beginn der 60er Jahre konnte Predöhl feststellen:

> „Freihandel war die Parole des liberalen Jahrhunderts, Freihandel ist wieder die Parole der Gegenwart" [Predöhl 1962a, S. 122].

Kaum prägnanter als mit diesen Worten läßt sich die weltwirtschaftspolitische Situation in den ersten zwei Jahrzehnten nach dem Zweiten Weltkrieg umschreiben. Allerdings hat dieser Freihandel immer mehr als Mythos denn als Realität existiert (Montbrial). Auch heute ist freihändlerisches Verhalten eher die Ausnahme denn die Regel [Pinder 1976, S. 1]. Auf der einen Seite wachsen die autonom ergriffenen Restriktionsmaßnahmen, während auf der anderen die Bekenntnisse zum freien Handel auf den Regierungs-summits mittlerweile zum Kommuniqué-Ritus gehören. Immer mehr tritt dagegen der Begriff des „organisierten Freihandels" auf, der so vielfältige Maßnahmen wie „orderly marketing", Selbstbeschränkung oder „Marktdurchdringungs-

Containment" umfaßt. G. Ohlin [bei Herlt 1978] hat denn auch jüngst festgestellt, daß sich die Frage „Freihandel oder Protektionismus" nicht mehr stellt, weil der „organisierte Freihandel" schon Realität sei und man diese Entwicklung nicht wird zurückdrehen können. Die hierin zum Ausdruck kommende Tendenz, von einem unbesehenen Multilateralismus abzurücken und zu einem weitgehend vertraglich limitierten Handel überzugehen, muß wohl als pragmatische Zwischenlösung gesehen werden. Hier wird gewissermaßen durch einen maßvollen Protektionismus dem radikalen Schutzbegehren „vorgebeugt". Eine wenig befriedigende Situation. Doch zeigt diese Entwicklung, welches ordnungspolitische Neuland in die Diskussion mit einzubeziehen ist, will man nicht weitab jeder realistischen Lösung argumentieren.

Die wissenschaftliche Diskussion wird weithin von zwei Positionen bestimmt, wenn man die marxistische einmal ausklammert. Die Freihändler sehen in einer konsequenten Fortsetzung der Liberalisierung den einzigen Garanten für eine wohlstandssteigernde und effiziente internationale Entwicklung. Dagegen wollen die Vertreter einer „liberal-interventionistischen" Richtung – die im übrigen in sich sehr heterogen ist – zwar die Erfolge der Nachkriegszeit nicht abwerten, gleichzeitig die Probleme der interdependenten Welt aber ernst nehmen und sehen daher in einer alleinigen Fortsetzung der bisher betriebenen Liberalisierung kein adäquates Mittel der Problemlösung. Folgt man nun nicht bedingungslos der freihändlerischen Doktrin und deren kosmopolitischer Grundannahme von der generell wohlstandssteigernden Wirkung durch liberalisierten Welthandel, die einen Großteil der Probleme als nicht existent deklariert, wenn man nur die der Doktrin zugrundeliegenden ordnungspolitischen Prinzipien zur Anwendung gelangen läßt, dann stellen sich eine Reihe von grundsätzlichen Fragen. So z. B. die nach dem nationalstaatlich vertretbaren bzw. akzeptablen Umfang weltwirtschaftlicher Interdependenz durch die Internationalisierung der Beziehungen. Keineswegs soll aber die Lösung der weltwirtschaftlichen Probleme in einer grundsätzlichen Auflösung bzw. Desintegration der Beziehungsstruktur gesehen werden. Vielmehr wird damit nur angedeutet, daß die aktuelle internationale Beziehungsintensität auch das Überdenken von Vorschlägen erfordert, die eine Organisierung und/oder raumwirtschaftliche Strukturierung der Verflechtungen als sinnvolle Alternativmaßnahmen propagiert[2].

---

[2] So stellt z. B. Rothschild [1979, S. 57 f.] fest: „Wenn es gelingt – in Theorie wie in Praxis – die Stellung des Außenhandels in der dynamischen Welt von heute besser zu erfassen und nicht in ein übervereinfachtes Schema ‚Freihandel oder Protektionismus' zu pressen, dann könnte es sich zeigen, daß letzten Endes eine Portion geordneter Außenhandelsregulierung binnen- *und* außenwirtschaftlich ergiebiger ist als das traditionelle Freihandelsdogma."

Hier nun versucht die vorliegende Arbeit anzusetzen. Vor dem Hintergrund des kritischen Zustandes der Weltwirtschaft mit weltweiter Inflation, Währungsunsicherheit, Unterbeschäftigung in den führenden Industrienationen, zunehmenden Distorsionen in den internationalen Beziehungen und fundamentalen wirtschaftlichen (Leistungsbilanz-)Ungleichgewichten sollen die Probleme der Liberalisierungsbemühungen erörtert werden. Da keiner der Problembereiche für sich alleine steht, kann auch nur eine gemeinsame Betrachtung weltwirtschaftlicher Entwicklungen und Liberalisierung bzw. internationaler Ordnungspolitik zur Klärung der anstehenden Fragestellungen beitragen. Aus der analytischen Aufarbeitung der Nachkriegsliberalisierung und der Kennzeichnung des durch den Entwicklungsprozeß revidierten internationalen Beziehungsrahmens sollen die Anforderungen an eine zukünftige internationale Ordnung definiert werden. Eine Organisation des „Nordens" kann dabei als Präjudiz für eine internationale Regelung gesehen werden, in die die Länder des „Südens" über Sonderkonditionen eingebunden werden[3].

Aufgabe des ersten Kapitels der Arbeit wird es sein, durch eine historisch-institutionelle Aufarbeitung des weltwirtschaftlichen Systems nach 1945 die Frage nach den Liberalisierungsbedingungen, -wirkungen und -unzulänglichkeiten zu stellen. Dabei sollen die den Liberalisierungsprozeß (mit-)tragenden Wachstumskräfte besonders herausgearbeitet werden, um anschließend untersuchen zu können, welche Anforderungen an eine internationale Ordnungspolitik heute und für die Zukunft zu stellen sind, die über den reinen Abbau von Behinderungen hinausgehen.

Das zweite Kapitel wendet sich der Außenhandelstheorie zu. Hier wird neben dem neuen Ansatz der Güterkategorien und raumwirtschaftstheoretischen Überlegungen eine Erklärung des intra-industriellen Handels versucht, indem die bisherigen Ansätze um die wettbewerbstheoretischen bzw. unternehmens-dynamischen Aspekte erweitert werden. Außerdem erhoffen wir uns hierdurch wichtige Hinweise für die außenhandelspolitische Bedeutung und Strukturierung des Industrieländerhandels und damit wiederum Ansatzpunkte für die Konstruktion einer neuen internationalen Ordnung, die insbesondere die Regionalisierungsgesichtspunkte kalkuliert. Diese theoreti-

[3] Wenn die Überlegungen in dieser Arbeit nur am Rande die besondere Stellung und Bedeutung der Entwicklungsländer und des Ostblocks berücksichtigen, so nur deshalb, weil wir den Kernbereich der Neugestaltung im Industrieländersektor angesiedelt sehen. Es ist hierbei vorausgesetzt, daß die Veränderung der ordnungspolitischen Beziehungen zum „Süden" und „Osten" als integraler Teil einer umfassenden Ordnung anzusehen sind.

schen Überlegungen werden mit ihren Ergebnissen in den beiden folgenden außenhandelspolitischen Kapiteln implizite und explizite Eingang finden.

Das dritte Kapitel erfüllt zwei Funktionen: Einmal sollen die entscheidenden Veränderungen des weltwirtschaftlichen Bedingungsrahmens herausgearbeitet werden, die als Folge des Entwicklungs- bzw. Wachstumsprozesses zu sehen sind. Sie sind es, die die zukünftige Gestaltung des Ordnungsrahmens entscheidend determinieren. Zum zweiten werden an markanten Erscheinungsformen nationaler Wirtschaftspolitik, die als Reaktion auf intensivierte Wettbewerbsprozesse und dafür unzureichende internationale Ordnungsprinzipien zu werten sind, Notwendigkeiten und Möglichkeiten einer ordnungspolitischen Neugestaltung aufgezeigt. Die hierzu entwickelten Vorstellungen werden in diesem Kapitel vorgetragen, um eine in sich geschlossene Darstellung zu gewährleisten, obwohl erst im nächsten Kapitel der globale Systemrahmen entwickelt wird. Dieser Vorgehensweise wird der Vorzug gegeben, weil wir uns dann im vierten Kapitel darauf beschränken können, nur auf die grundsätzlichen Anforderungen einer neuen Ordnung einzugehen. Diese besteht im wesentlichen aus drei Basiskomponenten: einmal aus einer erweiterten und neugestalteten Liberalisierungspolitik („positive" Liberalisierung), die durch den veränderten weltwirtschaftlichen Bedingungsrahmen bestimmt ist, zum zweiten aus einer die wettbewerbsrelevante Entwicklung berücksichtigenden Harmonisierungsstrategie und drittens aus der Regionalkomponente, die sich aus der realen Welthandelsstrukturierung ableiten läßt und deren Ausgestaltung sich an die im zweiten Kapitel vorgenommenen theoretischen Überlegungen anlehnt.

Kapitel I

Welthandel und weltwirtschaftliche Integration: Analyse der „negativen" Liberalisierungspolitik

Nach einigen einleitenden statistischen und begrifflichen Erklärungen (Abschnitt 1.) soll in diesem ersten Kapitel der weltwirtschaftliche Re-Integrationsprozeß im Hinblick auf die Bedeutung und den Hintergrund der Liberalisierungspolitik untersucht werden.

Integrationspolitisch versuchte man nach dem Zweiten Weltkrieg dort fortzufahren, wo man mit dem Ausbruch des Ersten Weltkrieges geendet hatte: Das Ziel war eine multilateral ausgerichtete Re-Integration. Es lag sowohl an weltpolitischen Entwicklungen als auch ökonomischen Präjudizien und dem Zusammenspiel beider, daß die Konzeption einer globalen Re-Integration nicht verwirklicht werden konnte. Im politischen Bereich ist insbesondere auf den auch ordnungspolitisch relevanten Ost-West-Konflikt zu verweisen, der nicht zuletzt die Regionalisierungstendenzen (EG/EFTA – RGW) mitbewirkt hat, während im ökonomischen Sektor vor allem der nationalstaatliche Autonomieanspruch bezüglich der Wirtschaftspolitik bzw. der Konjunktursteuerung (mit dem daraus erwachsenden Antinomieproblem) zu nennen ist.

Trotzdem entwickelte sich nach dem Kriege in der westlichen Staatengemeinschaft ein durch Multilateralismus und Regionalismus „organisierter" expansiver internationaler Wirtschaftsverkehr. Die weltweite, wenn auch räumlich und ländermäßig unterschiedlich prononcierte Expansion des internationalen Güteraustausches wird vor allem auf die sowohl multilaterale als auch regionale „Nachkriegsliberalisierung" zurückgeführt. Diese wiederum ist durch eine Reihe von unterschiedlich agierenden Trägern gekennzeichnet. In der herkömmlichen Analyse wird kaum unterschieden hinsichtlich des divergierenden Gestaltungseinflusses dieser Träger, ihrer Interdependenz und der Wirkung sog. „Rest- oder Wachstumsfaktoren". Im folgenden soll die Vielfältigkeit der Liberalisierungspolitik sowohl durch die wesentlichen institutionellen Träger als auch durch die Wirkungen der „Wachstumsfaktoren" beschrieben werden.

1. Internationaler Wirtschaftsverkehr und Weltwirtschaftssystem

1.1 Handelsexpansion

Wenn auch mit Beginn der 70er Jahre die Welthandelsentwicklung durch grundlegende Veränderungen gekennzeichnet ist, die die Phase kontinuierlicher Expansion, wie sie z. B. in den 50er und 60er Jahren bestand, zwar vielleicht nicht generell beendet, aber doch zumindest unterbrochen haben[1], so lassen sich doch für die sog. Liberalisierungsphase[2] – etwa bis 1972 – markante Entwicklungen des internationalen Handels nachzeichnen. Volumen und gütermäßige bzw. regionale Strukturen stehen im Vordergrund der Untersuchung, wobei hier zunächst grundsätzliche Entwicklungen herausgestellt werden sollen und an sachlich relevanten Stellen der Arbeit spezifische empirische Untersuchungen später eingefügt werden.

1.1.1 Quantitative Entwicklungslinien

Die wohl markanteste Entwicklung des Welthandels nach der Phase der weltwirtschaftlichen Desintegration und des Bilateralismus ist in der enormen Steigerung und längere Zeit anhaltenden Dynamik auf der einen und der sich dabei vollziehenden Veränderungen der Warenströme – regional und gütermäßig – auf der anderen Seite zu sehen.

Zwischen 1950 und 1975 wuchs die Weltausfuhr nominal um das Vierzehnfache von 61 Milliarden US-Dollar auf 878 Milliarden US-Dollar (Tabelle

---

[1] Nicht zuletzt der „Ölschock" (1973) mit Ölpreiserhöhungen von annähernd 500% und damit einhergehenden realen Einkommensumschichtungen zugunsten der OPEC-Länder hat maßgeblichen Anteil daran gehabt. Noch ist gar nicht abzusehen, wie die Entwicklung fortschreiten wird und welche Wirkungen die Änderung weltwirtschaftlicher Parameter seit 1971 bzw. 1973 wirklich gezeitigt hat. Die Entwicklung zwischen 1971 und 1977 ist von zu großen Fluktuationen gekennzeichnet, als daß schon jetzt daraus endgültige Schlüsse gezogen werden könnten. Die handelspolitischen Perspektiven sind von einer Vielzahl von Faktoren abhängig, wobei hier nur auf die Entwicklung der Ölpreise, der Inflationsraten, der Lohnpolitik in den einzelnen Industrieländern und die Vereinbarungen auf der Rohstoffebene hingewiesen werden soll. Aufgrund der Interdependenz der Bestimmungsfaktoren und der Unwägbarkeit der konjunkturellen Tendenzen trägt jede globale Interpretation spekulativen Charakter. Vgl. auch Carlisle [1976], Hasenpflug/Lefeld [1977] und Pilgrim [1977].

[2] Vgl. zum Liberalisierungsbegriff Abschnitt 1.3 dieses Kapitels.

I-1)*. Dabei betrugen die durchschnittlichen jährlichen Zuwachsraten (Tabelle I-2) im Zeitraum 1950-1960 6,4% und stiegen von 11,4% (1968) bis 14,4% (1970) bzw. sogar auf 45,2% (1974). Die Tabellen I-1 und I-2 zeigen nur die nominalen Zuwachsraten der Weltexporte. Ein nicht unwesentlicher Teil der überaus großen wertmäßigen Expansion des Welthandels ist auf die durch die internationale Inflation steigenden Exportpreise zurückzuführen [Rey-Report 1972, Tab. 1, S. 138]. Das reale Wachstum ist daher erheblich geringer zu veranschlagen. Vor allem die Jahre 1971 bis 1974 sind durch Inflationsschübe gekennzeichnet. Der Inflationssog, in den auch der Welthandel in diesen Jahren geriet, wobei der Preisanstieg des Welthandels 1974 z. B. 41% betrug, beendete eine Periode, die durch kontinuierliches und preisgedämpftes Wachstum gekennzeichnet war. Eine neue Phase weltwirtschaftlicher Entwicklung hat aber nicht erst mit dem „Ölschock" (1973) begonnen.

Der überwiegende Teil der Weltexporte entfällt auf die Industrieländer. 1972 umfaßte ihr Anteil 72%, er sank aber bis 1975 auf 64% infolge der allgemeinen rezessiven Entwicklung (Tabelle I-3). Zwischen 1960 und 1970 betrugen die Zuwächse durchschnittlich 10% und sogar über 15% zwischen 1970 und 1972 (Tabelle I-4). Auch bei den Importen ist eine ähnliche Entwicklung zu verzeichnen (Tabelle I-4)[3]. Der Anteil der Entwicklungsländer von 21% (1960) und der der Sozialistischen Länder von 12% (1960) an den Weltexporten (Tabelle I-3) nahm bis 1972 stetig ab und betrug nur noch 10% bei den Sozialistischen Ländern (SL) und 18% bei den Entwicklungsländern (EL). Infolge des Ölbooms konnte sich der Anteil der Entwicklungsländer an den Gesamtexporten der Weltwirtschaft bis 1975 auf 24% erhöhen, wobei allerdings allein 13% auf die OPEC-Länder entfallen. Die durchschnittlichen Steigerungsraten der Exporte lagen mit 7,3% (1960–1970) bei den Entwicklungsländern und mit 8,4% bei den Sozialistischen Ländern erheblich unter denen der Industrieländer von 10,1% und der Zuwachsrate für die Welt insgesamt von 9,3% (Tabelle I-4). In allen betrachteten Beobachtungszeiträumen lag die durchschnittliche Zuwachsrate der Exportanteile der Industrieländer über denen der Welt insgesamt[4].

* Alle Tabellen befinden sich im Anhang.

[3] Der Gesamtimportanteil der Industrieländer sank in der Zeit zwischen 1972 und 1975 von 72% auf 68%. Der Anteil der Entwicklungsländer stieg von 17% auf 21% und der der Sozialistischen Länder blieb annähernd konstant bei 11% [GATT, International Trade 1976/77].

[4] Zwischen 1972 und 1975 ergaben sich allerdings nominal höhere Zuwächse bei den Entwicklungsländern als bei den Industrieländern, wovon wiederum vor allem die OPEC-Länder profitierten.

1.1.2 Intensivierte Interdependenz durch Handelsexpansion

Vergleicht man die Zuwachsraten des Weltexportvolumens mit denen der Weltindustrieproduktion, so fällt auf, daß die realen Zuwachsraten der Exporte im Zeitraum 1960–1975 erheblich größer waren als die entsprechenden Zuwächse der industriellen Produktion (Tabelle I-5). Die Expansion des Welthandels ist somit nicht den Produktionszuwächsen gefolgt, sondern ihnen vorausgeeilt. Zwischen 1967 und 1970 expandierte das Weltexportvolumen mit nahezu 11% fast doppelt so schnell wie die Weltindustrieproduktion, die nur eine Zuwachsrate von knapp 6% erreichte [Rey-Report 1972, Tab. 1, S. 138]. Das zeigt, daß sich die weltwirtschaftliche Integration erheblich erhöht hat und die Produktion vermehrt von der internationalen Arbeitsteilung resp. dem intensiven Handel der Länder untereinander abhängig geworden ist. Diese Entwicklung kann am Beispiel einiger Industrieländer verdeutlicht werden (Tabelle I-6). Vergleichen wir ferner die durchschnittlichen Zuwachsraten des Bruttosozialprodukts und der Exporte ausgewählter Industrieländer, so zeigt sich auch hier, daß die Exportzuwächse ab 1870 – allerdings auch die Abnahmen – in den überwiegenden Fällen über denen des Bruttosozialproduktes lagen (Tabelle I-7).

Einen Überblick über das Verhältnis von Außenhandel und Gesamtwirtschaft einiger Industrieländer und Regionen vermittelt Tabelle I-8. Es wurden die Ex- und Importe für die Jahre 1960 und 1970 ins Verhältnis zum Bruttosozialprodukt gesetzt. In den bei diesen Berechnungen auftretenden großen Differenzen der prozentualen Anteile zwischen den Ländern zeigen sich recht deutlich die unterschiedlichen wirtschaftlichen und geographischen Dimensionen der verschiedenen Industrieländer. In laufenden Preisen ausgedrückt haben sich in dem hier erfaßten Zeitraum bei fast allen Ländern und Regionen die jeweiligen Quoten der Ex- und Importe am Bruttosozialprodukt erhöht. Allein Japan macht bei der Export- und Dänemark bei der Importquote eine Ausnahme.

Bisher läßt sich feststellen, daß die weltwirtschaftliche Integration über den Handel erheblich intensiviert wurde, was sich in einem erhöhten Exportgehalt der Produktion deutlich manifestiert. Die weltwirtschaftliche Verflechtung, die wir durch die Berechnung der Außenhandelsquote bestimmen, hat sich für die Welt insgesamt ständig ausgeweitet (Tabelle I-9). Wenn nun aber auf eine verstärkte Tendenz zur internationalen Verflechtung geschlossen wird, so darf nicht verkannt werden, daß bestimmte Regionen in unterschiedlichem Maße daran partizipieren: D. h., daß die zunehmende Integration vor allem von bestimmten Ländern (Ländergruppen) getragen wird.

1.2 Regionalisierungen im Industrieländerbereich

Bezeichnend ist, daß zwar der Welthandel zwischen 1948 und 1972 um über 600% wuchs, der Anstieg des Handels europäischer Länder untereinander (entwickelte Marktwirtschaften) für denselben Zeitraum aber mehr als 950% ausmachte und die Zuwachsrate für den Rest der Welt „nur" etwa 470% betrug. Tabelle I-10 zeichnet das entstandene regionale Strukturraster nach, das vor allem durch den Trend zu steigenden Eigenhandelsquoten der Industrieländer bestimmt wird. Außerdem ist interessant, daß die Zuwächse des Handels mit Industrieprodukten (SITC: 5–8), deren Austauschintensivierung und Spezialisierungstendenz[5] ein weiteres Kennzeichen weltwirtschaftlicher Entwicklung darstellen, zwischen 1955 und 1973 bei den Importen zu zwei Dritteln auf den Handel innerhalb Nordamerikas und Westeuropas entfielen. Bei den Exporten waren es im selben Zeitraum über 50% (Tab. I-11).

Die hier angedeuteten Regionalisierungstendenzen, die die Welthandelsstrukturen immer ausgeprägter bestimmen [Prewo 1978], sind auf verschiedenen Ebenen angesiedelt. So kann z. B. die Unterscheidung zwischen Industrieländern, Entwicklungsländern und den Ostblockstaaten auch als eine „Regionalisierung" interpretiert werden. Orientiert man sich aber an dem von Predöhl [1949] bzw. [1971] in der Raumwirtschaftstheorie entwickelten Kategoriesystem, so lassen sich entsprechend ihrer Stellung als Kerne (Gravitationszentren bzw. Industriekomplexe; Lemper), Randzonen und Peripheriegebiete sinnvolle Strukturierungen der internationalen Beziehungen vornehmen[6]. Einzelne Volkswirtschaften nehmen entsprechend ihres ökonomischen Niveaus unterschiedliche Positionen in einer derart „gravitierenden" Weltwirtschaft ein und können gemäß ihrer Stellung und unterschiedlicher standortrelevanter Bestimmungsfaktoren verschiedensten Regionalisierungen zugeordnet werden. Wie bereits oben erläutert, beschränken wir uns auf den OECD-Bereich, der gemäß Entwicklungsniveau und wirtschaftspolitischen Ordnungsvorstellungen der Mitgliedsländer als ein relativ homogener Block interpretiert werden kann.

Innerhalb dieser niveaubestimmten Region bzw. Ländergruppe (OECD) haben sich Regionalisierungen herausgebildet, deren umfassendstes, aber informelles Organisationsraster die sog. trilaterale Zone darstellt. Der weit-

[5] Hierauf wird ausführlich in Kapitel III, Abschnitt 1.2.2 eingegangen.

[6] Vgl. zur Raumwirtschaftstheorie und den Bestimmungsfaktoren der sich entwickelnden Regionalstruktur einer multizentrischen Weltwirtschaft Kapitel II, Abschnitt 2.

gehend ökonomisch bestimmte, aber gleichfalls politisch motivierte Trilateralismus[7] wird in seinem Innenverhältnis durch die drei Eckpfeiler bzw. Kerne Nordamerika, Westeuropa (EG) und Japan bestimmt. Diese Gravitationszentren bestehen in zwei Fällen selber wieder aus einem Zusammenschluß zweier oder mehrerer Länder. In der ursprünglichen Bedeutung des ökonomischen Begriffs der Regionalisierung ist dieser für die EG-Staaten – als wirkliche Regionalintegration – und mit Abstrichen für Nordamerika – die sektoral vertraglich abgesicherte Beziehungsintensität zwischen den USA und Kanada – anzuwenden. Japan kann aber in einer anderen Sicht auch als Regionalisierung interpretiert werden: einmal im Rahmen des wirtschaftlichen Trilateralismus nach „innen" und zum anderen hinsichtlich seiner externen, aber gravitierende Kraft beweisenden Beziehungen zum südostasiatischen Raum. Läßt sich ein sog. Kern-Binnen-Handel[8] für die Kernregionen Nordamerika und Westeuropa (EG) nachweisen, so ist dies für Japan aufgrund seiner Strukturierung nicht möglich.

Der Kern-Binnen-Handel und der Kern-Kern-Handel[9] sind gemäß ihrer weltwirtschaftlichen Bedeutung von besonderem Interesse. Es ist einsichtig, daß die wirtschaftliche und politische Qualität und Stellung der Kernregionen das internationale Beziehungsgefüge entscheidend beeinflußt[10].

1.3 „Negative" und „positive" Liberalisierung

Bevor auf die Nachkriegsliberalisierung und deren institutionelle Träger im einzelnen eingegangen wird, bedarf es einer inhaltlichen Klärung des Liberalisierungsbegriffs resp. der Liberalisierungsforderung und der Kennzeichnung der in dieser Arbeit vertretenen Unterscheidung zwischen zwei Arten bzw. Stufen von Liberalisierungspolitik.

---

[7] Wir verwenden hier den Begriff einer aktuellen politischen Initiative: der sog. „Trilateralen Kommission", die sich in den 70er Jahren aus Vertretern Westeuropas, Nordamerikas und Japans konstituiert hat [Grewe 1977]. Trilateralismus soll bei uns vorerst nur die geographische Dimension der Zusammenarbeit innerhalb eines weltpolitischen und weltwirtschaftlichen Dreiecks beschreiben.

[8] Sinngleich werden die Bezeichnungen Intra-Kern-Handel bzw. komplexinterner Handel verwendet. Auch intraregionaler Handel soll in diesem Sinne verstanden werden, wenn auch begrifflich nicht einwandfrei.

[9] Inter-Kern-Handel und interkomplexitärer Handel bzw. interregionaler Handel bezeichnen denselben Tatbestand.

[10] Vgl. Zur Bedeutung der Regionalisierung ausführlich im Zusammenhang mit der europäischen Integration Abschnitt 3 dieses Kapitels und Kapitel III.

Die Forderung nach Liberalisierung der internationalen ökonomischen – und auch politischen – Beziehungen steht nach dem Zweiten Weltkrieg im Vordergrund der Bestrebungen zur Neuordnung der Weltwirtschaft. Ergänzend wird man zwischen nationaler (interner) und Außenwirtschaftsliberalisierung (externer) unterscheiden müssen, wobei in dieser Arbeit allein letztere von Interesse ist[11]. Beiden gemeinsam ist die Ausgangssituation, daß Eingriffe des Staates – bzw. der Staaten – die freie wirtschaftliche Entfaltung der Wirtschaftssubjekte behinderten. Ausgehend vom Bilateralismus der Nachkriegszeit ist die internationale Liberalisierungspolitik seit der Mitte der 40er Jahre auf die freiheitliche Gestaltung des Handels, der Dienstleistungen und des Kapitalverkehrs ausgerichtet. Die Befreiung des zwischenstaatlichen Wirtschaftsverkehrs von administrativen Regelungen geschah vor allem mit Blick auf eine multilateralisierte Strukturierung der internationalen Verflechtung. Die Rückführung in eine international arbeitsteilige Verflechtung zur Verwirklichung effizienter Produktionsstrukturen, wenn auch vorerst nur der westlichen Volkswirtschaften, war das herausragende Ziel und der spezifische Sinngehalt der Liberalisierungsbestrebungen. Diesem Liberalisierungsgedanken waren – und sind – die internationalen Institutionen eng verhaftet, wenn auch in unterschiedlichem Maße. So bezog sich z. B. der Liberalisierungskodex der OEEC [1951] auf den schrittweisen Abbau der innereuropäischen mengenmäßigen Einfuhrbeschränkungen (sog. Handels- oder Einfuhrliberalisierung), während das GATT die tarifären Hemmnisse in den Mittelpunkt der von ihm vertretenen Handelspolitik rückte.

Faßt man nun die wesentlichen Kriterien einer Liberalisierung zusammen, so lassen sie sich etwa folgendermaßen beschreiben: Die wirtschafts- bzw. ordnungspolitischen Maßnahmen einer Liberalisierungspolitik sind dazu bestimmt, die einzelwirtschaftliche Dispositionsfreiheit im zwischenstaatlichen Wirtschaftsverkehr zu erhöhen und damit die Vorbedingung für eine Konstituierung eines wirtschaftlichen Integrationsraumes herzustellen, wodurch in diesem wiederum die Voraussetzungen für eine effiziente internationale Arbeitsteilung geschaffen werden [Neuhauser 1959, S. 74]. Liberalisierungspolitik ist damit grundsätzlich Integrationspolitik und eine ihrer bestimmenden Voraussetzungen. Nach dem Kriege war das Konzept der Liberalisierung in seiner Grundstruktur weltweit (multilateral) angelegt, wenn auch mit regionalen Sonderinteressen behaftet (Westeuropa). Von ihrem Ansatz her ist Liberalisierung durch eine weitere Besonderheit gekennzeichnet, die darüber

[11] Allerdings besteht insofern zwischen interner und externer Liberalisierung eine enge Beziehung, als außenwirtschaftliche Liberalisierung ohne eine nationale grundsätzlich kaum denkbar ist.

hinaus dann besonders deutlich wird, wenn man Liberalisierung nicht nur in semantischer Hinsicht von liberal ableitet. Letzterer Begriff besitzt als ordnungstheoretischer Ansatz zwar vielfältige Bedeutungsinhalte[12], in denen aber stets das Freiheitliche – nach Freiheit Strebende – mitschwingt. Umschreibt man dann Liberalisierung etwa mit Befreiung [Zimmerer o. J., S. 19], so wird die Orientierung und Zentrierung auf eine primär Behinderungen abbauende Vorgehensweise sichtbar.

Tinbergen und später Pinder [1968] haben zwischen „negativer" und „positiver" Integrationspolitik unterschieden[13]. „Negative" Integrationspolitik bezeichnet eine Strategie, die auf den Abbau von Diskriminierungen und Behinderungen gerichtet ist und damit einen Zustand zu erreichen sucht, der durch den Tatbestand der „Nicht-Behinderung" charakterisiert ist. „Positive" Politik dagegen geht über diesen Status hinaus und versucht, durch positive, d. h. aktiv gestaltende Maßnahmen zur Herstellung einer Situation bzw. zur Bewältigung entstandener spezifischer Probleme beizutragen, zu denen auch solche gehören, die erst durch „negative" Maßnahmen hervorgebracht wurden. Die durch „positive" Liberalisierungspolitik angestrebte Konstellation ließe sich – wenn vielleicht auch idealisiert – als dauernder Prozeß beschreiben, in dem die Konfliktrisiken durch eine Strategie des gemeinschaftlichen Abbaus und/oder der reglementierten Beschränkung des Konfliktpotentials (sachlich wie instrumentell) minimiert werden.

Für die Liberalisierungspolitik scheint diese Unterscheidung nicht nur hinsichtlich der Analyse des abgelaufenen Liberalisierungsprozesses, sondern gerade auch für die Gestaltung zukünftiger Ordnungspolitik sinnvoll. Die folgenden Überlegungen werden eine Kategorisierung der Nachkriegsliberalisierung entsprechend dieser Unterscheidung versuchen, um darauf aufbauend die Anforderungen an die zukünftige Ordnungspolitik zu qualifizieren.

[12] Jöhr [1943] hat in diesem Sinne von den „vielen Liberalismen" gesprochen.

[13] Ähnlich unterscheidet auch die moderne Friedensforschung zwischen Situationen „negativen" und „positiven" Friedens.

2. Weltwirtschaftliche Integration – multilaterale Liberalisierung

Die weltweiten Re-Integrationsbestrebungen nach dem Zweiten Weltkrieg sind nur aus der entwicklungshistorischen Dimension weltwirtschaftlicher Beziehungen zu verstehen. Nicht zuletzt aus der „mitgeschleppten Vergangenheit" bezog die Reorganisation der Weltwirtschaft ihre ordnungspolitischen Vorstellungen und in deren Konsequenz auch ihre Unzulänglichkeiten. Zu Beginn der Betrachtungen werden daher einige historische Entwicklungslinien nachgezeichnet, um darauf aufbauend den materialen Gehalt der Liberalisierungspolitik im Rahmen von IWF und GATT herausarbeiten und kritisch würdigen zu können[13a].

2.1 Liberales Kooperationsmodell und „organisierte Weltwirtschaftsordnung"

Betrachtet man die Historie weltwirtschaftlicher Beziehungen, so lassen sich gemäß der jeweilig zugrundeliegenden ordnungspolitischen Konzeptionen aufeinanderfolgende Phasen internationaler Wirtschaftspolitik nachzeichnen. Auf die merkantilistische Epoche, während der der Außenhandel zuvorderst im Dienst der Staatsmacht stand und Transmissionsmechanismus für die prosperierende Volkswirtschaft sein sollte [Thalheim 1956, S. 481; Heckscher 1932], folgte die Periode des Freihandels, die wiederum überging in Phasen weltwirtschaftlichen Bilateralismus und Interventionismus, bis nach dem Zweiten Weltkrieg eine Reorganisation liberaler Systemstrukturen in Angriff genommen wurde.

Der theoretische Rahmen der Freihandelslehre wurde vor allem durch die Arbeiten von Smith [1776] und Ricardo [1817] abgesteckt. Freihandel[14] – bzw. das „klassische Kooperationsmodell" [Watrin 1967] – ist prinzipiell

[13a] In der Studie von Mayrzedt (1979), die nach der Fertigstellung vorliegender Arbeit erschien, wird die Nachkriegsliberalisierung – Mayrzedt spricht umfassender von *multilateraler Wirtschaftsdiplomatie*, „. . . um die gleichzeitige Beteiligung der zwischenstaatlichen Wirtschaftsorganisationen *und* Staaten hervorzuheben" [S. 8] – noch detaillierter untersucht. Allerdings verbleibt Mayrzedt bei der historischen Aufarbeitung, ohne die Zukunftsperspektiven bzw. -anforderungen [S. 545 ff.] intensiv zu diskutieren.

[14] Ursprünglich wurde der Begriff „Freihandel" zur Charakterisierung der freien Unternehmertätigkeit allgemein und speziell im Handel verwendet [Büchner 1964, S. 133].

als „Ideal an sich" von dem „Freihandel als Interesse" (Sombart) zu unterscheiden. Die Idee des ordnungspolitischen Freihandelsideals wird vor allem getragen von der Vorstellung, daß durch freien Wettbewerb im Außenhandel sich tendenziell eine optimale Allokation der Faktoren einstellt, wodurch die internationale Arbeitsteilung (substitutive Reallokation) zu einem der wichtigsten Instrumente der Sozialproduktmaximierung wird[15]. Vor allem dem ricardianischen Theorem der „komparativen Kosten" kommt in diesem Zusammenhang eine besondere Bedeutung zu, wurde es doch „... von Anfang an zu einer Rechtfertigung und Begründung eines handelspolitischen Liberalismus herangezogen" [Lemper 1972, S. 5].

Rückblickend läßt sich allerdings feststellen, daß bei großzügiger Interpretation Freihandel eigentlich nur im Zeitraum zwischen 1850 und 1880 und vor allem in den zehn Jahren zwischen 1860 und 1870 herrschte. Von einer Freihandelsepoche oder sogar -periode zu sprechen, erscheint denn doch nicht gerechtfertigt. Den wirklichen Tatsachen entspricht eher der Begriff der Freihandels*episode* [Berg 1976, S. 48]; denn selbst während der dreißig Jahre freihändlerischer Wirtschaftspolitik wurde in den meisten Staaten nur ein teilweiser Abbau der bestehenden Schutzsysteme erreicht [Büchner 1964, S. 136]. Auch hat die liberale und multilaterale Weltwirtschaft nie so harmonisch funktioniert, wie oft behauptet, und die Flexibilität des internationalen Wirtschaftsmechanismus vor dem Ersten Weltkrieg war „vielleicht mehr Schein als Wirklichkeit", wie Aldcroft [1978, S. 14] es formuliert hat.

Die Kombination von „relativem Freihandel" und Goldwährung mit der unbeschränkten Konvertibilität bildete das Fundament der Weltwirtschaftsordnung bis zum Ersten Weltkrieg. Trotz vielfältiger Wiederbelebungsversuche zwischen Kriegsende und der Weltwirtschaftskrise gelang eine Rückkehr zum Freihandel und der vor 1914 bewährten Goldwährung nicht mehr; denn es zeigte sich sehr schnell, daß die „... Tatsachen deutlicher waren als die Ideologien" [Predöhl 1962, S. 65]. Etwaige Hoffnungen auf die Rückkehr zur alten Ordnung wurden durch die Weltwirtschaftskrise endgültig zunichte gemacht. Der Zeitraum zwischen Weltwirtschaftskrise und Zweitem Weltkrieg[16] war bestimmt durch verstärkten nationalen Interventionismus und autarkistische Haltungen einiger Länder; vor allem in Deutschland, Italien und Japan [Milward 1977]. Die negativen Begleiterscheinungen der allgemei-

[15] Eine Maximierung des Sozialprodukts jedes einzelnen am Außenhandel teilnehmenden Landes ist aber nicht automatisch Folge des Freihandels [Giersch 1952, S. 506 bzw. ders. 1961, besonders S. 141–150].

[16] Hankel [1977, S. 264 ff.] kennzeichnet diese Periode treffend mit dem Begriff des „Welfare Nationalismus".

nen Desintegration trafen alle Länder. Paradoxerweise, wenn auch unter dem militärisch-politischen Gesichtspunkt verständlich, führte dies nicht etwa zu einem Abbau der ökonomischen Hemmnisse, sondern allenfalls zu deren Ausbau unter strategischen (militärischen) Gesichtspunkten.

Trotz allem blieb der Wunsch nach einer intakten Weltwirtschaft bestehen. Er rettete sich gewissermaßen über die „schlechte Zeit" hinweg; denn die Idee der weltwirtschaftlichen Integration an sich war nicht widerlegt. Nur die Art ihres Organisationsprinzips hatte offensichtlich versagt. Dieses bedurfte der Veränderung (Reorganisation) und nicht der einfachen Rekonstitution, wie sie noch auf der „London Economic and Monetary Conference" von 1933 versucht wurde. Für die erneuten Liberalisierungsforderungen bildete nach dem Zweiten Weltkrieg wiederum die klassische Freihandelslehre die wissenschaftlich-theoretische Untermauerung [Watrin 1961, S. 425 ff.]. Betrachtet man die vorherige weltwirtschaftliche Entwicklung, so unterstützt die bis dahin nicht dagewesene weltwirtschaftliche Expansion der liberalen Weltwirtschaft des 19. Jahrhunderts *scheinbar eindeutig* die Richtigkeit des theoretischen Konzepts des klassischen Freihandels. Man wird auch eine dynamische Wechselbeziehung zwischen dem relativen Freihandel und dem dadurch wesentlich erleichterten Handelsaustausch und der Produktionsexpansion, verknüpft mit einer enormen Produktivitätssteigerung der einzelnen Länder, nicht leugnen können. Eine Erklärung der weltwirtschaftlichen Entwicklung allein aus der Existenz einer relativ liberalen Weltwirtschaft verkennt aber die historischen Zusammenhänge [Lemper 1972, S. 2; Lorenz 1973, S. 9 f.]. Und doch ist festzustellen, daß der mehr oder weniger mystifizierte Freihandelsgedanke des 19. Jahrhunderts einer der wesentlichen Faktoren zur Reaktivierung der Liberalisierungspolitik gewesen ist.

Nach dem Kriege stellte sich einer totalen weltwirtschaftlichen Integration die Teilung der Welt in zwei Machtblöcke entgegen. Die Wiederherstellung eines freien internationalen Handelsaustausches konnte nur noch im „Westen" in Angriff genommen werden. Aber gerade diese Spaltung der Welt in zwei politisch und wirtschaftlich divergierende Systeme mit den darauf beruhenden bündnis- und machtpolitischen Aspekten und Ambitionen hat paradoxerweise den Neuaufbau eher gefördert denn gehemmt [Neuhauser 1959, S. 85; Cooper 1968, S. 7]. Für die westliche Welt resultierte daraus eine nahezu zwangsläufige Notwendigkeit zu einem gut funktionierenden Welthandel, diente er doch als Beweis für die Funktionsfähigkeit und Überlegenheit des marktwirtschaftlichen Systems gegenüber dem der zentralen Planung und Lenkung. Hand in Hand mit dem Denken in Blöcken ging die Vorstellung, daß das intensive Zusammenwirken der Staaten innerhalb des politischwirtschaftlichen Bündnissystems auch den Konflikt zwischen den Staaten mindern und somit zu einer Konsolidierung in Frieden und relativem Wohlstand beitragen würde [Frantz 1975, S. 44 f.].

Eine weitere wichtige Komponente für die Restitution der Freihandelspolitik – neben dem sich abzeichnenden Ende der Kolonialpolitik – stellte die Rolle der Vereinigten Staaten dar. Die USA hatten aufgrund des Krieges und des totalen wirtschaftlichen und politischen Zusammenbruchs der westeuropäischen Länder die führende Rolle in der westlichen Welt übernommen und avancierten zu deren unbestrittenem Zentrum. Zudem hatten sie sich von einem Land mit hochprotektionistischer Außenwirtschaftspolitik zu einer mehr an liberalen weltwirtschaftlichen Ordnungsvorstellungen orientierten Volkswirtschaft gewandelt. Ihr Bestreben bestand denn auch darin, einen Weltmarkt zu schaffen, der privatwirtschaftlich strukturiert und organisiert war. Der Hinweis, daß der Welt größte Handelsmacht und größter Gläubiger an einem gut funktionierenden Welthandel interessiert war, bedarf allerdings einer wichtigen Erweiterung. Die Situation der USA nach dem Zweiten Weltkrieg unterscheidet sich von der Großbritanniens zur Zeit relativen Freihandels in einem ganz entscheidenden Punkt: Die Gruppierung der Welt um zwei nahezu autarke Großmächte begründete eine weltpolitische und weltwirtschaftliche Konstellation, die es zur Zeit des relativen Freihandels nie gegeben hatte. Großbritannien forcierte im 19. Jahrhundert die freihändlerische Idee, um vor allem *seine* wirtschaftlichen Interessen realisieren zu können[17], wenn man einmal von dem politischen Aspekt der Kolonialpolitik absieht. Die USA unterstützten die Liberalisierung nach dem Zweiten Weltkrieg neben ökonomischen Gründen vor allem aus übergeordneten (welt-)politischen und damit strategischen Überlegungen [Gross 1950, S. 269 f.; Frantz 1976, S. 46 f.]. Dieser Gesichtspunkt verdeutlicht, daß die gesamte Liberalisierungspolitik und damit auch die weltwirtschaftliche Organisation von Beginn an zu einem erheblichen Teil von politischen Systeminteressen geprägt war.

Ein Zurück zu dem weltwirtschaftlichen Status quo ante konnte es aber nicht geben. Es galt der von Predöhl formulierte Sachzusammenhang:

[17] In diesem Zusammenhang ist auf einen raumwirtschaftlichen Unterschied hinzuweisen: Großbritannien benötigte offene Handelsgrenzen, um seinen Absatzraum zu vergrößern. Die USA sind seit jeher aufgrund ihrer Größe weitaus unabhängiger von jeglicher Außenhandelsverflechtung. Ihnen ermöglicht der Kernbinnenhandel, der ein wirklicher Binnenhandel ist, einen „benign neglect“ des Außenhandels, womit auch protektionistische Bestrebungen der USA immer einen anderen Stellenwert haben als entsprechende Maßnahmen anderer Staaten.

„Seit Freihandel nicht mehr zu Vollbeschäftigung führt, ist Freihandel nicht mehr möglich ohne Vollbeschäftigung" [Predöhl 1966, S. 16].

Der frei wirkende Marktmechanismus mit den ihm innewohnenden konjunkturellen Störungen und daraus resultierenden sozialen Unsicherheiten, mit Arbeitslosigkeit und Einkommensminderungen konnte ebenso wie der Goldautomatismus aufgrund der veränderten wirtschaftspolitischen Prioritäten der Staaten nicht mehr akzeptiert werden. Die Zielkonzeptionen staatlicher Wirtschaftspolitik waren vor allem beschäftigungs- und binnenmarktorientiert. Da man aus diesen Gründen auf einer aktiven und autonomen Konjunkturpolitik bestehen mußte, waren die wesentlichen Voraussetzungen für eine Restauration der altliberalen Ordnung gemäß der Freihandelsdoktrin nicht mehr gegeben [Lorenz 1973, S. 9; Predöhl 1962a, S. 122]. Eine erneute rein funktionelle Integration kam nicht mehr in Frage. Die Problemlösung über die Regulatorien einer internationalen Ordnungspolitik stellte sich wie folgt dar:

- Eine Neuordnung der Weltwirtschaft wurde als notwendig empfunden. Es sollte sich dabei um eine Weltmarktwirtschaft handeln.
- Der Konflikt zwischen der Nutzung der Vorteile der internationalen Arbeitsteilung und der Wahrung nationaler Autonomie der Wirtschaftspolitik konnte im Rahmen einer funktionellen Integration nicht gelöst werden. Sollte aber überhaupt ein funktionsfähiges weltwirtschaftliches Ordnungssystem konstituiert werden, so bedurfte es einer Bindung des handels-, währungspolitischen und wirtschaftsrechtlichen Verhaltens der einzelnen Staaten.
- Es verblieb damit nahezu zwangsläufig nur die Möglichkeit einer institutionellen Lösung unter bewußter Inkaufnahme der durch sie virulent werdenden Konflikte.

Möller [1960, S. 55] nennt das Ergebnis eine „organisierte Weltwirtschaftsordnung" und verweist darauf, daß im Grunde genommen die internationalen Organisationen hierbei an die Stelle einer Weltregierung treten. Sie übernehmen damit die Aufgabe, die Wirtschaftspolitiken der Nationalstaaten bis zu einem gewissen Grade so zu beeinflussen, als ob sie nach einheitlichen Prinzipien oder zumindest in konsistenter Weise von einer Weltregierung gestaltet würden[18].

[18] Aufgabe der internationalen Wirtschaftsorganisationen im Rahmen der „organisierten" Weltwirtschaft ist es, auf die nationalen Wirtschaftspolitiken derart einzuwirken, daß sowohl die binnenwirtschaftlichen Ziele als auch das Subsidiärziel des Zahlungsbilanzausgleichs erreicht werden. Hinzu tritt die Realisierung der „Außenhandelsfreiheit", der Liberalisierung des Außenhandels und der Konvertierbarkeit der Währungen [Möller 1960, passim].

2.2 Globale Re-Integration

Die globalen Re-Integrationsbestrebungen sind von Anbeginn durch den oben schon angesprochenen Antinomiekonflikt bestimmt worden. Indem man die Vorteile aus der Zeit des relativen Freihandels übernehmen, deren Nachteile aber ausschließen wollte, schuf man ein internationales Ordnungssystem, dessen Problematik sowohl in der weitgehenden Unvereinbarkeit der ökonomischen Ansätze als auch einer Unterschätzung bzw. Vernachlässigung der politisch und ökonomisch begründeten „Machtkonkurrenz" der Staaten liegen sollte [Morgenstern 1963].

Das „internationale Konfliktmodell" (Watrin) war zu Beginn der Liberalisierungsphase nur vordergründig von der weltwirtschaftlichen Bildfläche verbannt. Der Streit der Systeme um die weltpolitische Führungsrolle, getragen von den Weltmächten USA und UdSSR, bestimmte die jeweiligen wirtschaftlichen und politischen Ordnungsvorstellungen der Allianzen. Die politischen Interessen und Absichten determinierten die ökonomischen, aber nur so lange, wie diese wiederum den Interessen der Großmächte dienten: Es bestand ein Junktim sowohl zwischen den politischen und wirtschaftlichen Interessen als auch zwischen der Handels- und Währungspolitik.

Was sich nach über dreißg Jahren vor allem als wirtschaftlicher Konflikt darstellt, ist seit Beginn der weltwirtschaftlichen Reorganisation auch ein politischer gewesen. Die Liberalisierung als entscheidende und notwendige Maßnahme der Integration ist bei der multilateralen Re-Integration stets von den divergierenden Interessen- bzw. heterogenen Ausgangslagen der Partner determiniert worden. Durch die Liberalisierung konnte mithin dem Konflikt zwischen Multilateralismus und nationaler Autonomie nur bedingt ausgewichen werden. Indem die Integration in den Grundzügen durch IWF und GATT gesteuert bzw. institutionell gesichert werden sollte, überließ man nicht einem weitgehend anonymen Marktmechanismus das Feld, sondern vertraute der koordinierenden Kraft der Institutionen, ohne diesen ein ordnungspolitisches Machtpotential, größer als von den Nationalstaaten vordergründig akzeptiert, zuzubilligen. Giersch hat neuerdings – aber in anderem Zusammenhang – diese Konzeption als „internationale Kooperation zum besseren Funktionieren der internationalen Marktmechanismen" [Giersch 1977, S. 8] charakterisiert. Grundkonzeption, Ordnungsfaktoren und Wirkungsweise dieser „gesteuerten internationalen Kooperation" gilt es zu betrachten.

Unter den multilateralen Liberalisierungsbegriff fallen, räumlich und organisatorisch gesehen, sowohl mehr global (IWF, GATT) als auch regional

(OEEC/OECD, EZU) zu fassende Re-Integrationsbestrebungen, die alle auf die Initiative der USA zurückgehen [Brown 1950; Monroe 1976]. Die formale Trennung zwischen währungs- und handelspolitischen Liberalisierungsinitiativen ist allenfalls aus didaktischen Gründen gerechtfertigt. In Wirklichkeit sind beide Bereiche nicht voneinander zu trennen. Handelspolitische und währungspolitische Re-Integration der Weltwirtschaft gingen Hand in Hand.

Der Konflikt zwischen weltwirtschaftlicher Integration und nationaler Autonomie kann auch mittels einer Institutionalisierung bzw. Organisierung nicht in jedem Fall gelöst werden. Er wird immer dort wieder entstehen, wo die vermeintlichen Vorteile (Nachteile) nationaler autonomer Politik nicht kompensiert werden durch die der weltwirtschaftlichen Integration (Außenhandelsfreiheit). Für eine binnenwirtschaftlich orientierte Politik der Volkswirtschaften sind nicht notwendig merkantile Interessen der Nationalstaaten verantwortlich als vielmehr die konstellationsbedingte Unvereinbarkeit zwischen binnenwirtschaftlicher Zielverwirklichung und am außenwirtschaftlichen Gleichgewicht ausgerichteter freihändlerischer Außenwirtschaftspolitik. Nach Watrin [1961] wird durch die Institutionalisierung die Konfliktsituation erst richtig zum Tragen kommen, weil eine Entscheidung für eine der alternativen Interessensphären nicht getroffen wird, sondern im Gegenteil *beide* anerkannt werden[19].

> „Die Schöpfer der großen internationalen Wirtschaftsorganisationen erwarteten ... (dagegen), daß nach Wiederherstellung der ‚Normalsituation' im Falle des Konfliktes zwischen nationaler Wirtschaftspolitik und internationaler Integration die wirtschaftspolitischen Instanzen zumindest in den wichtigsten Handelsländern ihre Entscheidungen so treffen würden, daß sie die Freiheit des zwischenstaatlichen Handels- und Zahlungsverkehrs über alle Erwägungen, sogar das inländische Beschäftigungsniveau und die Forderungen machtvoller Interessengruppen stellen würden" [Watrin 1961, S. 426].

Dieses Antinomieproblem sollte mit dem Fortschreiten der Nachkriegsentwicklung über die „atypische Aufbau- und Nachholphase" hinaus für die weltwirtschaftlichen Beziehungen und das internationale Ordnungssystem bestimmend werden.

---

[19] Zu dem generellen Konflikt (Freihandel versus wirtschaftspolitische Autonomie) tritt noch der institutionelle, der in den Organisationen selber angelegt ist.

2.2.1 Bretton Woods-System als Versuch währungspolitischer Absicherung des Liberalisierungsprozesses

Die Ansätze zur Weltwirtschaftsorganisation „neuerer" Prägung lassen sich bis auf die Atlantic-Charta (August 1941) und das Lend-Lease-Agreement (1942) zurückverfolgen. Erstes bedeutendes Abkommen, welches sich ausschließlich auf den ökonomischen Bereich bezog, war die internationale Währungskonvention des IWF von Bretton Woods (United Nations Monetary and Financial Conference in Bretton Woods; 1944)[20].

> „Charakteristisch für die Planungen für eine Währungsordnung der Nachkriegszeit ist, daß sie nicht auf einer Analyse der aktuellen Lage beruhten, was angesichts des Krieges als Ausnahmesituation par excellence auch wenig sinnvoll gewesen wäre, sondern, daß ihnen sowohl eine antizipierte Ausgangslage nach Kriegsende als auch eine rückwärts gerichtete Lageanalyse der 20er und insbesondere der 30er Jahre zugrunde lag. Die konkrete Zielsetzung bleibt ohne die rückwärts gerichtete Lageanalyse unverständlich; sie ist weitgehend als Reaktion auf die geschichtliche Erfahrung zu verstehen" [Andersen 1977, S. 33].

Ein Zurück zum quasi-automatischen Goldstandard und dessen ungeschriebenen Regeln konnte es nicht geben, weil keiner der Nationalstaaten mehr bereit war, seine Wirtschaftspolitik allein an der Zahlungsbilanz auszurichten[21]. Es mußte daher ein System geschaffen werden, welches sowohl dem Bedarf an internationaler Liquidität als auch dem nationalen Autonomieanspruch der einzelnen Länder Rechnung trug[22]. Das Abkommen über den

---

[20] Die schon sehr frühzeitige Diskussion und Propagierung einer institutionellen Zusammenarbeit ist auch als Teil der „Friedensplanung" bzw. „psychologischen Kriegsführung der Alliierten" zu sehen [Gardner 1969, Kapitel I, insbes. S. 5 ff.].

[21] Die außerordentliche Expansion des Welthandels nach 1945 hätte sich auf der Grundlage des Goldstandards kaum realisieren lassen, wie der laufend abnehmende Goldanteil an den internationalen Währungsreserven zeigt.

Zusammensetzung des bereinigten Gesamtbestandes an Währungsreserven jeweils am Jahresende, in v. H.

	1950	1960	1971	1973	1976
Gold	69	61	30	23	16
SZR	–	–	5	6	4
Reservepositionen im IWF	4	6	5	4	8
Devisen	27	33	60	67	72

Quelle: Jahresberichte des Internationalen Währungsfonds, laufende Jgg.

[22] Vgl. hierzu die ausführliche Darstellung und Diskussion der Pläne bei Horsefield [1969, Vol. I, S. 6 ff. und Vol. II, Part 1, S. 83–182]. Auf die Vielzahl anderer Pläne, z. B. den interessanten „key currency approach" von Williams, kann hier nicht näher eingegangen werden. Vgl. dazu neben Horsefield [1969] die Ausführungen bei Andersen [1977, S. 36 ff.].

internationalen Währungsfonds „... ist zum ersten Mal in der Geschichte – im Gegensatz zum Goldstandard – ein organisches, durch geschriebene Vereinbarungen zwischen den Mitgliedsstaaten geschaffenes internationales Währungssystem" [Schneider 1968, S. 179].

Die währungspolitischen Liberalisierungsbestrebungen standen unter zwei fundamentalen Restriktionen[23]:

- Die ökonomische Lage sowie das wirtschaftspolitische Verhalten der Partnerländer wurden weitgehend falsch eingeschätzt.
- Das Instrumentarium des Fonds reichte zur Behebung der nicht nur in den direkten Nachkriegsjahren auftretenden Probleme nicht aus.

Konkretisiert wird dies durch die folgenden beiden Hypothesen der „Fonds-Väter": (a) Trotz der erheblichen Unterschiede der wirtschaftlichen Entwicklungs- und Leistungsniveaus der einzelnen Volkswirtschaften zu Beginn der Bretton Woods-Liberalisierung hatte man auf eine sich im Zeitablauf einstellende Angleichung sowohl der Niveaus (Produktivitäten) als auch der Inflationsraten spekuliert. Dauerhafte oder sogar strukturelle Divergenzen meinte man aufgrund der allgemeingültigen und auch allgemein anerkannten wirtschaftspolitischen Zielvorgaben verhindern zu können. (b) Diese Annahme impliziert, daß von einer durch alle Partner getragenen „rationalen" Zahlungsbilanzpolitik (Zahlungsbilanzdisziplin) ausgegangen wurde, die allein an der Vermeidung bzw. Behebung auftretender außenwirtschaftlicher Ungleichgewichte ausgerichtet war. Beide Hoffnungen sollten im Verlaufe des weltwirtschaftlichen Entwicklungsprozesses enttäuscht werden, zumal der postulierte „Harmonisierungszwang" [Berg 1976, S. 99] zu einer auf einheitliche wirtschaftspolitische Ziele ausgerichteten nationalen Wirtschaftspolitik der Mitgliedsstaaten allein durch das Paritätensystem nicht ausreichend bewirkt werden konnte.

Dies wird auch nicht durch die im Zeitraum 1945 bis 1971 erfolgte Expansion des Welthandels widerlegt oder entkräftet, da zum einen gerade wegen der nicht in allen Bereichen funktionierenden Fondstätigkeit und zum anderen wegen der Initiativen „konkurrierender" Institutionen bzw. Hilfen außerhalb der multilateralen Organisation eine derartige Handelsausweitung zu-

---

[23] Auf eine Darstellung der ordnungspolitischen Ausgestaltung, insbesondere die Kernstücke der währungspolitischen Konvention, dem Konvertibilitätsprinzip des Art. VIII, dem Paritätsprinzip des Art. IV und den Anpassungsprinzipien zum Zahlungsbilanzausgleich muß verständlicherweise hier verzichtet werden.

stande kommen konnte[24]. Die Intensivierung des internationalen Güteraustausches an sich ist noch kein Beweis für die Funktionsfähigkeit bzw. das Leistungspotential des Bretton Woods-Systems, zumal mit dem Beginn der 60er Jahre, dem Übergang der wichtigsten europäischen Länder zur Konvertibilität, die Krisenanfälligkeit des Systems zunehmend wuchs. Die Gründe für die begrenzte „Liberalisierungskraft" und den Niedergang des Systems liegen vor allem in der Ausgestaltung des internationalen Ordnungssystems selbst. Seine Konstruktion bewirkte Problemsituationen, die vom System selber nicht in den Griff bekommen werden konnten, da, wie Predöhl es formuliert hat, „... keine Bestimmungen über die Spielregeln und damit Verhaltensweisen der Länder" [Predöhl 1962, S. 113; ebenso Monroe 1974, S. 30] fest kodifiziert waren.

Folgende Unzulänglichkeiten der traditionellen Bretton Woods-Liberalisierung sind besonders hervorzuheben, da sich in ihnen die Begrenzung – und auch die angelegte „Destruktion" – der währungspolitischen Liberalisierung besonders deutlich zeigt:

- in der Regelung des Anpassungsprozesses und
- in der Rolle der Vereinigten Staaten bzw. des Dollar.

Gleichgewicht und Anpassungsprozeß: Bestand das Ziel der Fondspolitik darin, Zahlungsbilanzgleichgewicht bei festen Wechselkursen und konvertiblen Währungen ohne Devisenbewirtschaftung dauerhaft zu realisieren, so waren Abweichungen von den Ordnungsprinzipien bei auftretenden Ungleichgewichten nur zur Herstellung eines neuen Gleichgewichtszustandes vorgesehen. Betreiben Länder autonome Konjunkturpolitik, was nach dem Kriege unter anderem mit beschäftigungs- bzw. sozialpolitischen Gründen

[24] Art. VIII (Konvertibilitätsprinzip) der IWF-Statuten stand seit den Anfängen der währungspolitischen Liberalisierung in ständiger Spannung zu den in Art. XIV niedergelegten transitorischen Bestimmungen des Übergangsregimes. Erst mit der Vergabe direkter Hilfen (Marshall-Plan; vgl. dazu z. B. Robertson [1966] und Hahn/Weber [1976, S. 29 ff.]) und der Bildung von OEEC und EZU, mit denen man eine „angepaßte" regional begrenzte und zentrierte Liberalisierung ins Leben rief, wurde der Boden für Fortschritte sowohl der währungs- als auch handelspolitischen Liberalisierung bereitet. Der Übergang zur Konvertibilität der europäischen Länder ist weniger auf den IWF als vor allen Dingen auf die Arbeit der „konkurrierenden" Organisationen (OEEC, EZU) und Finanzierungsmaßnahmen außerhalb des Fonds zurückzuführen [Predöhl 1962, S. 115]. Die Rolle der EZU kann im internationalen Kontext nicht genug betont werden, war die auf die Arbeit der EZU zurückzuführende Abkehr der europäischen Länder von Art. XIV IWF doch einer der entscheidenden Schritte, der den Basiszustand bewirkte, auf den hin der IWF geschaffen war. Der regionale Ansatz bereitete erst die Bedingungen für den globalen „Liberalisierungs-take off" [Andersen 1977, passim].

gerechtfertigt wird, so besteht in einem System mit festen Wechselkursen und Konvertibilität eine „Automatik" zu Zahlungsbilanzungleichgewichten, herrührend aus der unterschiedlichen Wirtschaftsentwicklung (makroökonomische Niveaus) bzw. der Effizienz der binnenwirtschaftlich orientierten Wirtschaftspolitik, die sich in zwischen den Ländern divergierenden Kosten- bzw. Preisniveausteigerungen zeigt. Der so „Erfolgreichere" wird gegenüber dem weniger Erfolgreichen zu Zahlungsbilanzüberschüssen neigen. Dieses Problem ließe sich entweder mittels koordinierter Konjunkturpolitiken oder über Paritätsänderungen bzw. binnenwirtschaftliche Anpassungsmaßnahmen lösen.

Da Koordinierung der Konjunkturpolitik einen weitgehenden Verzicht auf autonome Maßnahmen bedeuten würde, blieb als realistisches Element nur die Möglichkeit der Beseitigung externer Ungleichgewichte über Paritätsänderungen bei „fundamentalen" und der Kreditaufnahme beim Fonds bzw. nationaler Maßnahmen der Geld- und Fiskalpolitik[25] im Falle als temporär diagnostizierter Störungen.

Der Konstruktionsfehler des Systems lag sowohl in der Asymmetrie der Anpassungsprozesse als auch in der geringen Einwirkungsmöglichkeit des Fonds und den Umgehungsmöglichkeiten durch die Finanzierung entstandener Defizite[26]. Formal galt bei Zahlungsbilanzungleichgewichten eine Anpassungsnotwendigkeit sowohl für Defizit- als auch Überschußländer. Aber nur die Defizitländer mußten, bedingt durch die Verknappung ihrer Reserven, auf ihr Defizit reagieren. Allerdings blieb ihnen die Art der Anpassung weitgehend überlassen[27]. Überschußländer stehen im Gegensatz dazu unter keinen direkten Anpassungszwängen[28], wenn sie bereit sind, inflatorische

[25] Daß aufgrund kurzfristiger (auch spekulativer) internationaler Kapitalbewegungen, der Vollbeschäftigungsmaxime und der weitgehend verloren gegangenen Preisreagibilität nach unten die Wirkungsmöglichkeiten nationaler Geld- und Fiskalpolitik als Korrekturfaktor zum Zahlungsbilanzausgleich erheblich behindert sind, darauf sei hier nur hingewiesen.

[26] Vgl. hierzu auch Abschnitt 4.2 dieses Kapitels.

[27] Nur bei der Kreditvergabe über die Super-Goldtranche hinaus ist eine direkte Mitwirkungsmöglichkeit des Fonds gegeben.

[28] Auf den Sonderfall des Art. VII (Knappheitsklausel) sei hier nur kurz hingewiesen. Die „scarce currency clause" hat nie eine bedeutende Rolle gespielt, weil in der Phase der Dollarlücke die amerikanischen Hilfen und die Anwendung des Art. XIV dem entgegenwirkten und sich schon mit Beginn der 60er Jahre aus der Dollarlücke ein akuter Dollarüberhang entwickelte. Der Art. VII beinhaltet auch insoweit eine systembedingte Inkonsequenz, als er durch die Knapperklärung einer Währung zum Instrument der Diskriminierung greift und damit vom Grundsatz der Konvertibilität abgeht. Somit bestand seit 1958/61 nie die reale Möglichkeit der Anwendung des Art. VII, hätte das doch eine *bewußte* Abkehr vom Konvertibilitätsprinzip bedeutet [Aschinger 1973, S. 53 f.].

Prozesse zu akzeptieren[29]. Die Einwirkungsmöglichkeiten des Fonds auf Überschußländer sind gleich Null, was sich unter anderem auch darin zeigt, daß eher abgewertet als aufgewertet wurde[30].

Die Entwicklung des Paritätssystems zeigt, daß Paritätsänderungen gerade bei Industrieländern nur selten – und dann meist noch verspätet und/oder in zu geringen Größenordnungen – durchgeführt wurden, obwohl gerade in den ersten Jahren nach Gründung des IWF Zahlungsbilanzprobleme weit verbreitet waren. Während der Fonds in seinen Intentionen gleichgewichtsorientiert war, wurden Ungleichgewichte durch Aktivitäten innerhalb und außerhalb des Fonds überdeckt, aber nicht behoben [Monroe 1974, S. 37]. In diesem Zusammenhang ist auf zwei Entwicklungen hinzuweisen:

- Aus der Befürchtung, daß Defizitländer eher zu einer Exportförderungs-, verbunden mit einer Importrestriktionspolitik als einer am Zahlungsbilanzgleichgewicht ausgerichteten und das Vollbeschäftigungsziel bedrohenden Wirtschaftspolitik greifen würden, hat man diesen Ländern internationale Liquidität in den unterschiedlichsten Arten zugänglich gemacht[31]. Eigentlich unumgängliche Paritätsänderungen konnten damit immer wieder verschoben bzw. umgangen werden. So wurde anstelle eines gleichgewichtigen Anpassungsprozesses zwar der „Nachteil" für die Defizitländer verringert, der Anpassungsmechanismus an sich aber immer weiter denaturiert. Eine „machtpolitische Asymmetrie" zeigte sich außerdem darin, daß große Industrieländer aufgetretene Zahlungsbilanzdefizite

[29] Vgl. dazu die Diskussion um den „direkten internationalen Preiszusammenhang". Fels [1969], Fels/Schatz/Wolter [1972] und Cramer [1974].

[30] Gründe für das Vermeiden von Aufwertungen liegen sowohl in einer gewissen Subventionierung der nationalen Exporte als auch einer Schutzfunktion für heimische Anbieter auf dem Inlandsmarkt. Monroe verweist darüber hinaus auf einen wichtigen politischen Faktor: „... governments of most industrial countries viewed changes in exchange parities – up as well as down – as something akin to political catastrophe to be avoided at almost any cost, ... – In a political sense, parity changes came to be viewed as a failure of past policies. – On both accounts, members of the Fund have willingly endured what might be termed chronically unrealistic exchange rates" [Monroe 1974, S. 37]. Vgl. auch Ehrlicher [1976], der die Konzeption der internationalen Währungsordnung als Instrument des internationalen Verteilungskampfes sieht, woraus sich gerade für den Anpassungsprozeß neue – politökonomische – Interpretationen ergeben.

[31] Zu den vereinbarten Zahlungsbilanzhilfen, die neben den „eigenen" oder „erworbenen" Währungsreserven als „geborgte" figurieren, auf die das Mitglied ein Recht hat, sind im Zeitablauf eine Vielzahl – auch bilateraler – Kredithilfeformen getreten [Crockett/Heller 1978, Tab. 1, S. 334]. Höhepunkt und Neuorientierung des Fonds zugleich war die Einführung der Sonderziehungsrechte (1970).

als kurzfristig diagnostizierten und damit ihre Ziehungsrechte in Anspruch nehmen konnten, was Monroe zu der Feststellung veranlaßt, daß „these countries were able to use the Fund's resources in their own defense" [Monroe 1974, S. 38]. Dagegen stellte sich die Situation für kleinere Länder und auch Entwicklungsländer anders dar. Sie verfügen nicht über das entsprechende wirtschaftliche Potential und die Macht, ihre Position gegenüber dem Fonds zu vertreten. Hier war der Fonds in der Lage, „. . . to work more in the manner for which it was originally designed" [ebenda, S. 38].

- Konnten bis zum Übergang zur Konvertibilität die Überschußländer Aufwertungen durch vermehrte Liberalisierung sowohl im Handels- als auch Kapitalverkehr kompensieren resp. vermeiden, wohingegen sich Defizitländer länger unter das Regime des Art. XIV stellten und Handelsrestriktionen aufrecht erhielten, so griffen diese Möglichkeiten mit dem Übergang zur Konvertibilität bei gleichzeitigen erheblichen Liberalisierungsfortschritten unter der Ägide des GATT bzw. der OEEC und der Bildung von Integrationszonen nicht mehr. Im Gegenteil wuchs die Gefahr verminderter wirtschaftspolitischer Autonomie z. B. mit fortschreitender Liberalisierung des Kapitalverkehrs.

Insgesamt muß davon ausgegangen werden, daß nur ungenügend versucht worden ist, einen Zahlungsbilanzausgleich anzustreben, um eigentlich notwendige Anpassungskosten „zu sparen".

> „Das Abkommen war insofern im Kern nicht darauf angelegt, Zahlungsbilanzungleichgewichte elastisch zu beseitigen. Im Gegenteil, es war eher darauf angelegt, Zahlungsbilanzungleichgewichte geradezu zu provozieren" [Glastetter 1975, S. 228].

Die Orientierung des Fonds am Gleichgewicht hat sich für die Weltwirtschaft als Ganzes als unangemessen erwiesen und die Liberalisierung nicht gefördert, zumal sich das System der festen Paritäten im Zeitablauf zu einer „perfekten Inflationsmaschine" (Blessing) entwickelte [Emminger 1976, S. 816]. Erheblich kompliziert wurde jegliche Art von Anpassungsprozessen für Defizitländer durch die seit dem Ende der sechziger Jahre akut werdenden stagflationären Entwicklungen. Zahlungsbilanzausgleich und Inflationsbekämpfung durch nationale Maßnahmen standen unter der ungünstigen Konstellation der Verstärkung der rezessiven Prozesse und vermehrter Arbeitslosigkeit.

Internationale Liquiditätsversorgung – „Weltbankier" USA: Die währungspolitische Liberalisierung der Nachkriegszeit hat, grob unterschieden, vier divergierende Phasen durchlaufen[32]. Dabei ist die Liberalisierung in den ersten Stadien durch die besondere Initiative und Rolle der Vereinigten Staaten („focal point of the international monetary system"; Monroe) und des Dollar als Hauptinterventionswährung, wichtigstes Reservemedium und meistverwendetes internationales Zahlungsmittel getragen worden. Zu dieser Zeit wurden wesentliche Teile der finanziellen Hilfsaktionen allerdings außerhalb des institutionalisierten Währungssystems abgewickelt, und die Vereinigten Staaten unterstützten diesen Entwicklungsprozeß. Aber mit dem Fortschreiten der wirtschaftlichen und politischen Regeneration der europäischen Volkswirtschaften, dem Übergang von der „Dollarlücke" zur „Dollarschwemme" bei stetig wachsendem Nettoexport privaten US-Kapitals[33] wurde die monetäre Liberalisierung durch die US- bzw. Dollar-fixierte „Konstruktion" des Währungssystems immer stärker begrenzt.

Dahinter verbirgt sich nicht zuletzt ein politisches Problem. Die sowohl wirtschaftliche als auch politische Dominationsmacht USA „fügte" sich de facto in die Rolle des Weltbankiers, ohne daß damit ein kodifizierter – de jure – Zwang zu einer entsprechend ausgerichteten Wirtschaftspolitik begründet wurde. Gerade das Gegenteil war der Fall; denn als Leitwährungsland waren die Vereinigten Staaten sowohl von der Intervention am Devisenmarkt als auch vom Zwang der uneingeschränkten Zahlungsbilanzdisziplin befreit, ließen sich doch auftretende Defizite über die eigene Notenpresse finanzieren. Dies konnte in dem Umfang praktiziert werden, wie andere Länder bereit waren, neben den Goldreserven auch Dollar-Reserven zu halten. Solange alle ihre „Rollen" entsprechend dem formell nicht institutionalisier-

---

[32] Zu unterscheiden sind die sog. „Übergangsphase" (1945 bis Mitte der 50er Jahre) mit Devisenbewirtschaftung, die erst innerhalb Europas und später auch im Dollarraum abgebaut wurde; die Phase zunehmender „Außenhandelsfreiheit" (bis Mitte der 60er Jahre) mit schwindender Devisenbewirtschaftung und zunehmenden, wenn auch noch relativ geringen internationalen Kapitalbewegungen; die „Krisenphase" (bis 1973), dem langsamen aber stetigen Erosionsprozeß des mulitlateralen Systems mit ständig wachsenden Inflationsprozessen und erheblichen internationalen Kapitalbewegungen bei grundsätzlich binnenwirtschaftlich orientierter Kreditpolitik der USA; und schließlich die vierte Phase (seit 1973) der Konsultationen, in deren Verlauf ein neues System erst noch entstehen soll.

[33] Zwei Entwicklungen sind in diesem Zusammenhang bedeutsam: 1. Die Verlagerung des US-amerikanischen Kapitalexports von den Entwicklungsländern nach Europa ab dem Ende der 50er Jahre, mit wesentlich geringeren Rücktransfers der erwirtschafteten Gewinne, was wiederum die Zahlungsbilanz erheblich belastete. 2. Die amerikanische Wirtschaft sah sich in einigen Branchen mit einem schwindenden Produktivitätsvorsprung gegenüber den europäischen Ländern und Japan konfrontiert [Balassa 1964]. Beide Entwicklungen zusammen nahmen nachhaltigen Einfluß auf die Konstellation der amerikanischen Zahlungsbilanz [Scharrer 1968].

ten Dollarstandard spielten, bestand weder für die Liberalisierung noch für das System an sich eine Gefahr, wenn diese auch latent immer vorhanden war. Die so im System eingebauten Schwächen mußten aber dann zutage treten, als die Dominationsmacht, der Liberalisierungsführer und Entwicklungsfinanzier, nicht mehr die geforderte „disziplinierte" Rolle spielte, sondern die Möglichkeiten zu stark „ausreizte", als er selber in Problemzonen geriet. Dies begann mit der ersten Gold-Krise (1960). Es zeigt sich hier die systemkennzeichnende Interdependenz zwischen der internationalen Währungsordnung und der Rolle der Vereinigten Staaten, die schon mit der Akzeptierung des leicht modifizierten White-Plans institutionalisiert wurde.

Die zentrale Forderung der Nachkriegsliberalisierung, die Errichtung eines institutionellen Rahmens für die sukzessiv fortschreitende Befreiung von allen handelshemmenden Faktoren, stand im währungspolitischen Bereich durch die direkte Verknüpfung des Systems mit dem Dollar und der Wirtschaftspolitik der USA vor einer vorprogrammierten Konfliktsituation. Die angestrebte und im Zeitablauf auch realisierte Expansion des Welthandels erforderte eine ausreichende Liquiditätsbasis. Diese aber konnte im Bretton Woods-System nur durch entsprechende Zahlungsbilanzdefizite der Vereinigten Staaten geschaffen werden, wohingegen die Rolle des Dollar als Reservemedium – begründet durch die Umtauschverpflichtung in Gold – gerade dann eine gegenteilige Politik verlangte, wenn eine Deckungslücke zwischen umlaufenden Dollar und vorhandenen US-Goldreserven zuungunsten des Goldes eintrat. Der „Weltbankier" hatte in der Anfangsphase, getreulich seiner „Rolle", die Wachstumsprozesse über die Hingabe von Dollar finanziert[34]. Als aber in den 60er Jahren die USA die sich kumulierenden Zahlungsbilanzdefizite vor allem aus binnenwirtschaftlichen Gründen einem „benign neglect" unterwarf und die überwiegend inflatorische Kreditpolitik fortsetzte, weigerten sich – ebenfalls aus binnenwirtschaftlichen Überlegungen – die Partner, die aufgelaufenen Defizite des Bankiers zu finanzieren und spekulierten gegen den Dollar.

Der steigende Bedarf an Dollar aufgrund intensivierter internationaler Beziehungen als Ergebnis und wiederum Bedingung weiter fortschreitender Verflechtung und Liberalisierung führte zu der fatalen Situation, daß die Liquiditätsbasis eigentlich nicht hätte erweitert werden dürfen, um die Goldäquivalenz und damit das Vertrauen in den Dollar nicht zu gefährden. Die nationale Beschäftigungspolitik aber obsiegte über die am Zahlungsbilanzgleichge-

[34] Siehe hierzu aber auch Kindleberger [1967a, S. 5 f.], der auf die positiven Seiten der „Dollarexporte" hinweist.

wicht ausgerichtete internationale Gleichgewichtspolitik. Das Antinomieproblem zwischen binnen- und weltwirtschaftlichen Belangen wurde immer zugunsten der nationalen Ziele entschieden. Keynes hatte diese Entwicklung schon vorausgesehen und aus diesem Grunde seine Weltzentralbank als „Leiher letzter Liquidität" konzipiert. Im übrigen scheint vieles, was Keynes in Bretton Woods vorschlug, jetzt nach dem Zusammenbruch des Systems wieder aufzuleben und möglicherweise Gestalt anzunehmen.

Conclusio: Der eigentlich notwendige Interessenausgleich der weltwirtschaftlich konkurrierenden Nationalstaaten wurde über das Bretton Woods-System nicht geschaffen. Nicht die internationale Institution, sondern die weltwirtschaftliche und weltpolitische Hegemonialmacht versuchte, den Interessenausgleich zu gewährleisten. Dies scheiterte weniger an der a priori vorhandenen Machtverteilung als vielmehr an dem sich a posteriori einstellenden Machtausgleich im Entwicklungs- und Emanzipationsprozeß Westeuropas. Gleichermaßen fehlte es an der internationalen Absicherung der nationalen Ordnungsprinzipien wie an der Balance zwischen dem Anspruchsniveau des Nationalstaates und der Weltwirtschaft.

Die eigentlich rechtlich verbindliche Konzeption konnte sich faktisch nicht durchsetzen. Der wirkliche Einfluß des IWF auf die in Art. I der Statuten niedergelegten Ziele war letztendlich gering, wenn nicht sogar gleich Null. Klauseln, die nationale Währungsdisziplin forderten (Art. VII), sind nie zur Anwendung gelangt, und auch die Finanzierungsinstrumente wurden weder multilateral noch in jedem Fall innerhalb des Systemrahmens angelegt. So ist denn die überspitzte Formulierung von Friedman [1968, S. 258], das Währungssystem habe nicht wegen, sondern trotz des IWF Bestand gehabt, nicht ohne wahren Kern.

Darüber hinaus offenbarte die betriebene „negative" Liberalisierung in Form der reinen Eliminierung von Hemmnissen, daß eine derartig einseitige Strategie kein ausreichendes Instrument in einer Welt ungleicher Machtverteilung und divergierender Entwicklungsniveaus bzw. sozialpolitischer Ansprüche der Nationalstaaten darstellt. Solange keine wirkliche Bindung zwischen nationalen Währungsordnungen, der entsprechenden nationalen Währungspolitik und der internationalen Währungsverfassung erreicht ist, solange wird die internationale Ordnungskomponente sich immer nur als „zweiter Sieger" profilieren können. Neue währungspolitische Konzeptions- und Organisationsentwürfe werden neben der Symmetrieforderung des burden-sharing und der Verbindlichkeit kodifizierter Regelungen für alle Partnerländer diese Niveau- und Anspruchsbedingungen zu berücksichtigen haben [Zippel

1978]. Insofern wird eine rein mechanistisch ausgerichtete Diskussion weltweiter Währungsneuorganisation dem eigentlich anstehenden Problem kaum gerecht werden können.

2.2.2 Management und Grenzen handelspolitischer (GATT-)Liberalisierungspolitik

Der im weltwährungspolitischen Sektor begonnene Versuch einer globalen Re-Integration der Weltwirtschaft sollte sein handelspolitisches Pendant in den vom US-State Department verfaßten „Proposals for the Expansion of World Trade and Employment" (November 1945) finden. Auch im Handelssektor, analog zu Bretton Woods, waren es die Vereinigten Staaten, die aktiv wurden. Im Vordergrund der Initiativen stand eine nach liberalen Prinzipien regulierte Außenwirtschaftspolitik, bei der sich das Instrumentarium allein durch marktkonforme Maßnahmen (Zölle) bestimmte. Den grundlegenden Unterschied zur Zeit des relativen Freihandels verdeutlicht die Aufnahme des nationalen Ziels der Vollbeschäftigung in den Zielkatalog. Zwar wurde damit formal ein Kompromiß gefunden zwischen handelspolitischer Liberalisierung und binnenwirtschaftlichen Zielen, doch waren keine Hinweise dafür vorhanden, wie eine praktische Lösung im Falle inkompatibler Ziele auszusehen hatte [Gardner 1969, S. 147 f.].

Noch bevor die Konferenz von Havanna begann, entschlossen sich die Mitgliedsländer des Vorbereitungsausschusses zu Verhandlungen über Zollsenkungen und den Abbau von sonstigen Handelsbeschränkungen entsprechend Art. 17 der Charta[35]. Man wollte damit durch Verselbständigung des Kapitels IV der Havanna-Charta ein Teilstück des groß angelegten Vertragswerkes bereits als Übergangsregelung für die Zeit bis zu deren Inkrafttreten wirksam werden lassen. Das Statut des General Agreement on Tariffs and Trade (GATT) wurde am 30. 10. 1947 von 23 Staaten unterzeichnet[36] und ging aus den Bestimmungen zur Charta einer Welthandelskonvention hervor, die nicht realisiert wurde. So ist denn zwar das GATT „nur" ein Restabkommen mit andauerndem Übergangscharakter und ohne den kodifizierten Status einer internationalen Organisation, es hat aber für die direkte Nach-

---

[35] Zum Text der Charta vgl. Wilcox [1949, S. 227 ff.]; deutsche Übersetzung in Gross [1950, S. 299 ff.].

[36] Rechtlich beruht das GATT auf dem Genfer Protokoll (Protocol of Provisional Application) über seine vorläufige Anwendung. Bis heute steht eine förmliche Ratifizierung gemäß Art. XXVI, Abs. 3 GATT noch aus.

kriegszeit Regelungen ermöglicht, die von weitgehend allen Vertragsparteien gebilligt wurden[37].

Über eine schrittweise fortschreitende Liberalisierung durch Zollrunden (Art. XXVII GATT) sollte zu immer höherwertigen Liberalisierungsstufen bzw. weltwirtschaftlichen Ordnungsformen gefunden werden. Die multilateral angelegte „organisierte" Welthandelsordnung vermag die Relevanz bzw. Effizienz ihrer ordnungspolitischen Konzeptionen und Bemühungen allerdings erst im Verbund mit den jeweiligen nationalstaatlichen Prinzipien und Politiken der Vertragsparteien zu bestimmen und zu realisieren.

Die grundsätzliche Kongruenz nationaler wie internationaler Ordnungsvorstellungen im Bereich der OECD-Länder ist im Entwicklungs- bzw. Wachstumsprozeß immer dort in Gefahr, wo von den Nationalstaaten entweder über bloße Duldung oder selbst initiierte Lenkungseingriffe von dem formalen ordnungspolitischen Konsens bewußt abgewichen wird. Das GATT hat von Anbeginn versucht, seinen entsprechenden Elastizitätsbereich so weit wie möglich bzw. so eng wie nötig zu organisieren, um den wirtschaftspolitischen Spielraum der Vertragsparteien nicht zu sehr zu beschränken resp. auszudehnen. Vielmehr hoffte man, durch die fortschreitende Liberalisierung der aus der autonomen Lenkung der Wirtschaftspolitik durch die einzelnen Staaten resultierenden Gefahr für das System zu entgehen. Bis auf den Agrarbereich ist dies in den ersten beiden Nachkriegsdezennien auch weitgehend gelungen. Seit dem Abschluß der Kennedy-Runde aber hat bei zunehmender Interdependenz – auch aufgrund der vorangegangenen Liberalisie-

[37] Kursorisch seien hier die drei großen Zielbereiche der GATT-Politik unterschieden:
- Hauptziel ist die Intensivierung des Handels durch die Reduzierung der Zölle. Alle Handelshemmnisse außer den Zöllen gelten als nicht vertragskonform, wodurch die Nachkriegsliberalisierung im Handelsbereich in ihrem Kern auf den Zollsektor abgestellt ist.
- Der Abbau der Zölle geschieht entsprechend dem Grundsatz der Meistbegünstigung.
- Der institutionalisierte Bereich der Beschwerden und Konsultationen (Schlichtung) dient der Konfliktvermeidung resp. friedlichen Konfliktlösung.

Maßgeblich für die Aufnahme der Ausnahmeregelungen, deren Einfluß auf das Liberalisierungsgeschehen von großer Bedeutung ist, waren vor allem die wirtschafts- und ordnungspolitischen Rahmenbedingungen und Erfordernisse der Nachkriegszeit.

Zu unterscheiden sind:
- die Relativierung der Meistbegünstigung z. B. durch Art. I, Abs. 2–4 („grandfather clause") und Art. XXIV (Bildung von Zollunionen und Freihandelszonen);
- die Relativierung des Prinzips der Nichtdiskriminierung durch Art. XIV;
- die Schutzklauseln der Art. XII und XIX.

Auf eine ausführliche Darstellung der einzelnen Ordnungsprinzipien muß hier verzichtet werden [dazu z. B. Kock 1969, Dam 1970 und Hudec 1975].

rung – die extensive Nutzung der Ausweichmöglichkeiten von seiten der Nationalstaaten immer mehr an Bedeutung gewonnen. Vor allem vor diesem Hintergrund sind die aktuellen Rigiditäten der welthandelspolitischen Integration zu sehen und zu beurteilen.

Im Bereich der tarifären Handelshemmnisse konnte das GATT in einer Reihe von Verhandlungsrunden Erfolge erzielen[38]. Der Effekt der Liberalisierung beschränkt sich dabei weitgehend auf den Industriegüterbereich, zumal Zölle im Agrarsektor[39] nur eine untergeordnete Rolle spielen. Bei letzteren sind von jeher nicht-tarifäre Handelshemmnisse zum Schutz der heimischen Produzenten von größerer Bedeutung. Vor allem wirkte das GATT als die Beziehungen ordnendes (über die Verhandlungsrunden) und stabilisierendes (über die Zollisten) Element.

Allerdings wurde schon bald versucht, über die Verfeinerung der Tarifpositionen und den Einsatz subtiler Vermeidungsmechanismen den negativen Effekt der Zollreduktionen für die eigene Wirtschaft zu mindern oder sogar gänzlich zu verhindern [Berg 1976, S. 67 f.]. Die im Vertragswerk verankerten Möglichkeiten, aus zahlungsbilanzpolitischen Gründen zu handelspolitischen Restriktionen zu greifen, nutzen eine ganze Reihe von Ländern[40], allerdings nicht nur, wie eigentlich vorgesehen, als zeitlich begrenzte Maßnahme. Es sind unter anderem diese sog. „restlichen Einfuhrbeschränkungen", die trotz Wegfall der Zahlungsbilanzprobleme weiterhin aufrechterhalten werden und damit einen Teil der aktuellen GATT-Probleme ausmachen. Insbesondere erfuhren die Bestrebungen des GATT zum Zollabbau dort ihre Begrenzung, wo nationale Beschäftigungsprobleme von den Vertragsparteien als Resultat fortschreitender Liberalisierung erwartet wurden. Zollsenkungen konnten zwar über die Zollrunden erreicht werden, doch spielten sie sich oftmals in nationalwirtschaftlich und wettbewerbspolitisch ungefährlichen Dimensionen und Bereichen ab.

Es ist nicht verwunderlich, daß die GATT-Konzeption einer „weichen" Ordnungspolitik schon bald an ihre Grenzen stoßen mußte. Zu Beginn der Liberalisierungsphase hatte das GATT wegen des bestehenden Nachholbe-

---

[38] In den bisherigen sechs abgeschlossenen Zollrunden konnten folgende Ergebnisse erzielt werden: Genf 1947 – 19% Zollreduktion (durchschnittlich), Annecy 1949 – 2%, Torquay 1950/51 – 3%, Genf 1955/56 – 2%, Genf 1961/62 (Dillon-Runde) – 7% und Genf 1964/67 (Kennedy-Runde) – 35%.

[39] Der Sonderbereich des Agrarsektors wird in dieser Arbeit ausgeklammert [dazu z. B. Warley 1976].

[40] Zu der Anwendung des hier angesprochenen Art. XII vgl. Kock [1969, Kap. VI] und Curzon/Curzon [1976, S. 215 f.]. Vgl. auch Kapitel III, Abschnitt 2. vorliegender Arbeit.

darfs noch relativ leichte Arbeit. Die Grenzen der teilweise zweifellos erfolgreichen Liberalisierung traten dort auf, wo die „atypische Übergangsphase der Nachkriegszeit" zu Beginn der sechziger Jahre langsam aber sicher ausklang und sich das bis dato vorherrschende Wachstumsklima abschwächte. Aber selbst in der Übergangsphase im Anschluß an den Zweiten Weltkrieg ist ein nicht unerheblicher Teil der Liberalisierungsfortschritte nur bedingt auf die Arbeit des GATT zurückzuführen. Soweit aus Zahlungsbilanzgründen eine ganze Reihe von Industrieländern die Importe an Fertigfabrikaten über Kontingente regulierten, setzte die „konkurrierende Liberalisierung" der OEEC an. Über den von der OEEC erstellten Liberalisierungskodex trug die Arbeit dieser Organisation wesentlich zum Abbau der quantitativen Restriktionen bei, wenn auch keinesfalls alle nicht-tarifären Handelshemmnisse freiwillig aufgegeben wurden. Wenn nämlich „... Kontingente primär dazu dienen, Bereiche der heimischen Volkswirtschaft zu schützen, deren Angebot nicht oder noch nicht als international wettbewerbsfähig erachtet wird", bleiben auch die quantitativen Restriktionen bestehen [Berg 1976, S. 70].

Durch den schrittweisen Abbau der mengenmäßigen Importbehinderungen und der Diskriminierung im europäischen Raum profitierte aber das auf tarifäre Restriktionen spezialisierte GATT in zweifacher Hinsicht: einmal, indem diesem die Arbeit bei den quantitativen Behinderungen für die europäischen Länder gewissermaßen abgenommen wurde, und zum anderen durch die seit der Tätigkeit der EZU erweiterte Relevanz der Zollverhandlungen bzw. Zollkonzessionen [Küng 1956, S. 19]. Allerdings wurde, da sich die Liberalisierung allein auf den OEEC-Bereich beschränkte, gegenüber den Restgebieten (vor allem der Dollarregion) diskriminiert [Hieronymi 1973, besonders S. 85 ff.]. Dies konnte so lange gerechtfertigt werden, wie die OEEC-Länder noch unter Art. XIV des IWF-Statuts standen und Art. XIV GATT damit eine Ausnahme vom Nichtdiskriminierungsprinzip ermöglichte. Bis 1959 wurden 90% des privaten innereuropäischen Warenhandels liberalisiert, und bis Ende 1960 hatte der Liberalisierungsgrad zwischen den OEEC-Ländern und der Dollarregion einen nahezu entsprechenden Umfang angenommen [ebenda, S. 107 und 119]. Die EZU ist für die globale Integration mehr als nur ein Supplement gewesen, sie war die Verwirklichung des Prinzips Hoffnung.

Das Instrumentarium des GATT wurde im Zeitablauf den Anforderungen immer weniger gerecht. Eine entsprechende Modifizierung des Abkommens, 1955 in Angriff genommen, schuf keine Abhilfe; denn statt der angestrebten Reform konnte man sich nur zu einer Revision entschließen [Frantz 1975, S.

100–102]. Dieser „Fehlschlag“ hat die Stellung des GATT nachhaltig negativ beeinflußt, zumal die Verwendung nicht GATT-konformer Maßnahmen unwidersprochen blieb. Der bestehende Konflikt in der „Organisation“ wurde zum Konflikt der „Organisation“ schlechthin.

Hatte man sich aufgrund der weltweiten Aufbauphase an einer ganzen Reihe von Problemen „vorbeiexpandieren“ und eine atypische Erfolgsbilanz offerieren können, so begann die eigentliche Bewährungsprobe erst mit dem Beginn der sechziger Jahre, als sich die wirtschaftliche Lage der einzelnen Industrieländer weitgehend stabilisiert hatte, gleichzeitig aber die Manövriermasse im tarifären Bereich bereits erheblich geschrumpft war. Je dichter man dem „harten Kern“ der Handelsrestriktionen kam, desto mehr zeigte sich, daß das durch das Vertragswerk institutionalisierte Antinomieproblem im Rahmen des Vertrages nicht zu lösen war. Zollabbau konnte realisiert werden, doch wurden die so entstandenen „schutzfreien“ Branchen und Sektoren durch quantitative Restriktionen relativ schnell wieder gegen zu intensiven Wettbewerb abgeschottet. Dem stand das GATT aufgrund seines beschränkten Instrumentariums aber hilflos gegenüber: Die „Erfolge“ im tarifären Bereich schufen nahezu automatisch erheblich komplexere Probleme im nicht-tarifären Sektor.

Mit dem Inkrafttreten des EWG-Vertrages (1. 1. 1958) wurde die regionale Integrationskomponente neben die multilaterale gestellt, womit andererseits das Fundamentalprinzip der uneingeschränkten Meistbegünstigung bzw. Nichtdiskriminierung seine wohl entscheidende Einschränkung erfuhr. Im Fall der EWG hat es erbitterte und überaus kontroverse GATT-Verhandlungen zur Integrationsproblematik gegeben, die ihren rechtlichen Aufhänger in Art. XXIV des GATT-Vertrages hatten [dazu Steinberger 1960 und Jaeger 1970].

Die handelspolitische Re-Integration sah sich einer veränderten weltwirtschaftspolitischen Konstellation gegenüber. Der bis dahin potentiell multilaterale Handelskonflikt, der via Meistbegünstigung ausgetragen wurde, verschob sich auf eine neue – höhere – Ebene, und es konstituierte sich die Diskussions- und Verhandlungsachse USA – EWG. Ein Tatbestand, der determinierend für die weitere weltwirtschaftliche Liberalisierung sein sollte [hierzu ausführlich Shonfield 1976, Kap. 2 und Curzon/Curzon 1976, Kap. 2]. Die ersten Ergebnisse dieser veränderten Konstellation zeigen sich in der Dillon- und insbesondere in der bis heute „erfolgreichsten“ Zollrunde, der Kennedy-Runde.

Ermöglicht durch den „Trade Expansion Act“ (TEA) [Liebich 1968; Monroe 1975, Kap. 2], bestand das hauptsächliche Ziel der Kennedy-Runde in der

Förderung einer „neuen atlantischen Partnerschaft" (Kennedy) [Strauch 1970, S. 79–82 und S. 101 ff.]. Die Kennedy-Runde markiert eine Wende der amerikanischen Handelspolitik; denn „. . . zum ersten Mal ordnet die amerikanische Handelspolitik die amerikanische Wirtschaft systematisch in den weltwirtschaftlichen Zusammenhang ein" [Predöhl 1966, S. 8]. Bei den bilateralen Verhandlungen der beiden Blöcke ging es vor allem um die Suche nach einem Kompromiß in der Frage der Zolldisparitäten [Albregts/van de Gevel 1969]. In weiten Bereichen konnte Einigkeit erzielt werden und eine erhebliche Senkung der Industriewarenzölle wurde möglich[41].

Welche Rolle hat dabei aber das GATT gespielt? Sicher ist, daß es ohne das GATT keine Kennedy-Runde gegeben hätte. Es spricht aber einiges dafür, daß im Kern ähnliche Initiativen und Vereinbarungen auf Inter-Block-Ebene unter der Führung von USA und EWG auch ohne das GATT realisiert worden wären. In diesem Zusammenhang ließe sich die Frage stellen, ob die Kennedy-Runde nicht vor allem deswegen zustande gekommen ist, weil die beiden großen Welthandelspartner – USA und EWG – ihre ganz spezifischen Probleme einer Lösung zuführen wollten. Die Gründe für diese Verhandlungssession sind dann nur insofern GATT-abhängig, als sie als direktes Ergebnis der vorangegangenen Liberalisierung – bzw. der Liberalisierungsfortschritte oder -unzulänglichkeiten – zu interpretieren sind. Die Kennedy-Runde wurde aber weniger durch diese „GATT-immanenten Notwendigkeiten" bestimmt, als vielmehr durch die spezifische weltwirtschaftliche Entwicklung, sowohl beruhend auf der regionalen Integrationskomponente (Sicht der USA) als auch der eben doch weitgehend autonom betriebenen nationalen Wirtschaftspolitik der Industrieländer insgesamt. Handelspolitische, verknüpft mit zahlungsbilanzpolitischen Schwierigkeiten der Vereinigten Staaten, die Bildung von EWG und EFTA, die immer stärker und gleichzeitig konfliktträchtiger werdende Position Japans[42] und der intensi-

---

[41] Die nominalen Durchschnittszölle auf Industrieprodukte betrugen 1972 in den USA 7,3%, Kanada 6,8%, EG (6) 6,4% und Japan 10,1% [Ingram 1978, S. 141].

[42] Die weltwirtschaftliche Rolle Japans ist sowohl bestimmt durch die allgemeine politische bzw. sicherheitspolitische Komponente der westlichen Staatengemeinschaft als auch durch die spezielle japanische Entwicklungsstrategie im handelspolitischen Bereich. Japans Eingliederung in die Weltwirtschaft über das GATT muß denn auch als Lehrstück internationaler Handelsdiplomatie gelten und ist eng verbunden mit einer Politik, die zwar innerhalb des GATT-Systems anzusiedeln ist (ausgehend vom „Short-term Arrangement Regarding Cotton Textiles" (1962) bis zum „Multi-fibre Textile Arrangement" (1972)), sich aber neuer handelspolitischer Instrumente bedient: der „freiwilligen Selbstbeschränkungsabkommen". Die langfristigen Konsequenzen dieser spezifischen japanischen „Integration" in die Weltwirtschaft sind bisher nur bedingt abzuschätzen, eröffneten sie doch den Weg für einen sog.

vierte Druck auf einen erheblichen Teil der Industrieländermärkte aufgrund kompetitiver Entwicklungsländerexporte schufen ein weltweites Klima, das, resultierend in manifesten Disparitäten und einem sich daraus entwickelnden konfliktträchtigen Potential, eine Neubestimmung der gemeinsamen – längere Zeit asymmetrischen – Interessenorganisation der westlichen Staaten unter der Führung der USA *und* der EWG notwendig machte. Vor allem unter diesem Aspekt, der auch eine strukturelle politische Komponente enthält, ist der Aufruf Kennedys an die westlichen Staaten zu einer „neuen" – symmetrischen – Partnerschaft zu sehen [Monroe 1975, S. 18 f]. Damit aber wird die These bekräftigt, daß der „Erfolg der Organisation", den vor allem die Kennedy-Runde ausmachte, mehr durch die Interessen der USA auf der einen und der EWG auf der anderen Seite bestimmt wurden als durch die „Organisation" (GATT). Diese Entwicklung scheint sich auch für die Tokio-Runde zu bestätigen; denn auch hier ist die amerikanische Verhandlungsposition, beruhend auf dem „Trade Act of 1974", erst durch die im Juli 1977, aufgrund von Beratungen mit EG-Repräsentanten, gefundene gemeinsame Linie festgelegt worden [Amerika Dienst, Nr. 11, vom 3. 5. 1978]. Auch hier ist im Vorfeld der Verhandlungen durch die drei großen Welthandelspartner das Verhandlungsobjekt und -ziel abgesteckt. Auch hier determinieren vor allem die nationalen Interessen „Erfolg" oder „Mißerfolg" der Zollrunde.

Im handelspolitischen Sektor ist die „Einbahnstraße" des Zollabbaus im Zeitablauf durch eine „Umgehungsstraße" der nicht-tarifären Distorsionen ergänzt worden. Trotz IWF und GATT hat sich die Weltwirtschaft in weiten Bereichen gegen die liberalen Prinzipien der Re-Integration entwickelt, diese zum Teil pervertiert und rechtsfreie Räume extensiv im Sinne der Befriedigung nationaler Belange genutzt. Das GATT wurde für die Liberalisierung im tarifären Bereich benutzt, weil es nun einmal existierte und das einzige weltumspannende Abkommen im handelspolitischen Sektor war bzw. ist und weil es als Forum für Zollverhandlungen unzweifelbar nützlich war („negative Liberalisierung"), obwohl man sich zumindest seit der Kennedy-Runde der abnehmenden Bedeutung von reinen Zollsenkungen für den Industrieländerhandel bewußt war. Analog zum Währungssektor wurde auch im Handelsbereich nicht versucht, die nationalen strukturellen Probleme grundsätzlich zu beheben, hätte das doch an der Maxime autonomer nationaler Beschäftigungs- und Wachstumspolitik gerührt. Die handelspoliti-

„organisierten" liberalen Handel. – Zur Eingliederung Japans in die Weltwirtschaft durch die Erweiterung des ordnungspolitischen Instrumentariums vgl. Curzon/Curzon [1976, S. 253 ff.]. Auf die Rolle Japans wird an verschiedenen Stellen des III. Kapitels der Arbeit noch näher eingegangen werden.

sche Problematik weltwirtschaftlicher Reorganisation ist untrennbar mit den währungspolitischen Initiativen verbunden. Allerdings konnte das GATT gegen die Unzulänglichkeiten des IWF ebensowenig ankämpfen wie das IWF gegen die Versäumnisse des GATT.

So stellte sich denn zu Beginn der Tokio-Runde [Jägeler 1974] die ordnungspolitische Problematik der weltwirtschaftlichen Liberalisierung komplexer und differenzierter dar, als es zu Beginn der Liberalisierungsphase der Fall gewesen war: Die nahezu „klassische" Phase der Zollreduktionen, die in den ersten fünf bzw. sechs Verhandlungsrunden des GATT Kennzeichen der Liberalisierung war, muß als weitgehend abgeschlossen gelten. „The importance of further tariff cuts is more symbolic than real" [Cohen 1978, S. 282]. Eine globale Re-Integration ist mit diesen Mitteln und auf dieser Ebene nicht mehr entscheidend voranzubringen. Als Aufgabe verbleiben noch eine Harmonisierung der Zölle im Handelsdreieck [Rey-Report 1972, S. 57] sowie daneben eine Regelung gegenüber den Entwicklungsländern.

Nicht gelöst und eigentlich erst mit der Tokio-Runde in den Verhandlungskatalog aufgenommen wurde der Bereich der nicht-tarifären Handelshemmnisse. Das GATT verfügt vorzugsweise über Regelungen zu tarifären und nicht-tarifären Beschränkungen im Importsektor. Die aktuelle Entwicklung zeigte aber, daß es vor allem Maßnahmen im Exportbereich waren, die eine neue Dimension weltwirtschaftlicher Beziehungen eröffnet haben. Nationale Exportförderungsmaßnahmen als Antwort auf stetig intensivierten Wettbewerb bei geringer werdenden Expansionschancen haben zu sog. „Selbstbeschränkungsabkommen" (orderly marketing) geführt, die entweder aufgrund bilateraler Verhandlungen vereinbart oder sogar einseitig erklärt und angewendet werden. Für das GATT geht es damit heute nicht mehr um den schon historischen „administrativen Protektionismus", sondern um die besonderen quantitativen Restriktionen im Export, die erst nach dem Zweiten Weltkrieg neu entstanden sind oder zu verfeinerten Formen entwickelt wurden, sowie um Restbereiche, die aufgrund der „grandfather clause" bzw. des Provisoriums GATT „überlebt" haben.

Die angesprochene unzureichende Berücksichtigung und Regelung von Problemsektoren erklärt sich vor allem aus der historischen Dimension des Vertragswerkes. Bisher wurden daher in den weltwirtschaftlich wichtigen Fällen vor allem außerhalb des GATT und seiner Statuten Regelungen gesucht und gefunden. Der transatlantische Dialog, der sich mittlerweile zu einem trilateralen erweitert und in der „Block- bzw. Regionalkomponente" sein (handels-)politisches Synonym gefunden hat, bestimmt die internationale Handelspolitik und -diplomatie außerhalb und im GATT. Alles in allem wird damit zum entscheidenden Kriterium sowohl der Regionalkomponente als auch einer fortschreitenden, aber neu definierten weltweiten Integration, wie der potentielle Konflikt im trilateralen Raum zwischen den Gravitationszentren bewältigt werden kann.

> „Die historische Aufgabe der Wiederbelebung des Welthandels hat das GATT sicherlich gelöst. – Mit den Spannungen, die nun im Wirtschaftsgefüge vieler Staaten immer mehr auf die Tagesordnung rücken, erweisen sich aber die Nichtdiskriminierungs-Freihandelsphilosophie des GATT und die darauf basierenden Regeln doch als etwas zu primitiv" [Rothschild 1979, S. 55].

3. Regionale Integration – EWG/EG

Der am 25. 3. 1957 unterzeichnete Römische Vertrag über die Gründung einer „Europäischen Wirtschaftsgemeinschaft" (EWG) war das vorerst letzte Glied in einer Kette von regional ausgerichteten Integrationsbestrebungen im europäischen Raum. Ebenso wie die globale Re-Integration der Weltwirtschaft insgesamt ist auch die regionalwirtschaftliche Integrationspolitik vor allem aus der historisch-politischen Perspektive zu verstehen, wobei in diesem Fall eine enge Verbindung zwischen ökonomischen und politischen „Zweckmäßigkeiten" zu konstatieren ist.

Die europäische Teilintegration ließe sich unter einer Vielzahl von weltwirtschaftlich relevanten Aspekten problematisieren und diskutieren. Wir wollen uns hingegen auf zwei Fragestellungen beschränken:

- Welche Stellung kommt der regionalwirtschaftlichen Integrationsvariante im multilateral angelegten globalen Re-Integrationskonzept zu?
- Welche weltwirtschaftlich relevanten Integrationseffekte mußten aus der regionalen Integration erwartet werden, und welche haben sich im Zeitablauf ergeben? Hiermit ist die Frage nach dem „Liberalisierungsbeitrag" der europäischen Integration gestellt.

Dabei betrachten wir hauptsächlich die EWG/EG, zumal die sog. europäische „Abwehrintegration" (Europäische Freihandelsvereinigung; EFTA [V. Curzon 1974]) nie eine der EWG/EG entsprechende weltwirtschaftliche Relevanz besessen hat.

3.1 EG-Binnenhandel als dominierender Teil des Welthandels

Untergliedern wir die Industrieländer nach den bedeutendsten Welthandelsnationen und Regionen (Tabelle I-10), so stellt sich heraus, daß der Anstieg des Anteils der Industrieländer an den Weltexporten ganz wesentlich auf die Ausdehnung der Exporte Japans und der EG zurückzuführen ist. Japan konnte seinen Anteil an den Weltexporten zwischen 1960 und 1972 von 3% auf 7% erhöhen und damit mehr als verdoppeln.

Der Anteil der EG (6) erhöhte sich von 23% (1960) auf nahezu 31% (1972). Rechnet man die Exporte der EG auf den jetzigen Stand mit 9 Mitgliedsländern hoch, so ergibt sich eine Expansion von 34% (1963) auf 37% (1972)[43]. Die Steigerung des Anteils der EG-Länder erklärt sich vor allem aus der Ausweitung ihres Binnenhandels. So stieg der Intra-Handel der EG im Zuge der fortschreitenden regionalen Integration von 8% (1960) auf 15% (1972) bzw. von 16% (1963) auf 19% (1972) für den Fall der EG mit 9 Mitgliedsländern. Dies bedeutet eine nominale Steigerung des Binnenhandels zwischen 1960 und 1972 um 500%, während der Weltdurchschnitt nur um 222%, also nur halb so stark wuchs. Der Intra-Handel hat auch schneller zugenommen als der Handel der EG-Mitgliedsländer mit Drittländern. Dieser Drittländerhandel, als Anteil an den Weltexporten, stieg von 15% (1960) auf 25% (1972). Der Anteil der innergemeinschaftlichen Exporte (Binnenhandel) an den Gesamtexporten der EG nahm von 32% bei Gründung der Gemeinschaft (1958) auf 50% im Jahre 1972 zu (Tabelle I-12) und ist seitdem weiterhin leicht gestiegen (1976: 52%). Die Wachstumsraten des Intra-Handels lagen zwischen 1958 und 1976 bis auf die Jahre 1967 und 1975 immer über denen des Handels mit Drittländern und über denen der Gesamtexporte. Somit ist die EG anscheinend ein vorzügliches Beispiel für die Außenhandelswirkungen einer Zollunion.

Diese Entwicklung des Intra-Handels sagt noch nichts über die tatsächliche *Verflechtung* der Integrationsländer untereinander aus; denn die bloße Betrachtung von Import- oder Exportmarktanteilen ist zu einseitig. Um Aussagen über die tatsächliche Handelsverflechtung zwischen Ländern treffen zu können, muß die relative Bedeutung der Handelspartner am Welthandel berücksichtigt werden. Dies geschieht durch die Verknüpfung der Anteile der Gesamtexporte des Exporteurs und denen des Importeurs am Welthandel [Lefeld/Warnecke 1974; Lefeld/Schneider 1977]. Dadurch „. . . ergibt sich

[43] Bis 1975 hatte sich der Anteil allerdings wieder auf 34% reduziert.

ein Intensitätsmaß für die Verflechtung eines bilateralen Handelsstromes mit den Gesamtexporten seines Ursprungslandes, den Gesamtimporten des Bestimmungslandes und dem Welthandel" [Lefeld/Warnecke 1974, S. 408]. Lefeld/Warnecke [1974, S. 408] führen eine derartige Berechnung für die EG-Länder durch[44]. Ihre Untersuchungen ergaben, daß zwar schon 1958 die durchschnittliche Verflechtung der Länder innerhalb der EG über dem „normalen Niveau" lag, sich aber gleichzeitig herausstellte, daß übergroße Verflechtungen bis 1972 abgebaut und unterentwickelte Intensitäten gesteigert werden konnten, so daß von einer – die Intra-Verflechtung betreffenden – „Nivellierungstendenz bei steigendem Durchschnittsniveau" [ebenda, S. 409] gesprochen werden kann[45].

Dem steigenden Anteil am Welthandel von EG und Japan[46] stehen bei den Industrieländern die sinkenden Anteile von Nordamerika von 20% (1960) auf 17% (1972) bzw. 16% (1975) und der EFTA von 14% (1960) auf 13% (1972) bzw. 6% (1975) gegenüber.

3.2 Integrationsführer versus „Diskriminierungsgemeinschaft"

Die Konstituierung einer regional begrenzten Integration hat von Anbeginn die Befürchtung akut werden lassen, daß damit für die globale Integration erhebliche Nachteile erwachsen würden. Die protektionistischen Wirkungen auf Drittländer sowie deren Reaktion auf diese Diskriminierung stellen eine potentielle Gefahr für die multilaterale Liberalisierung dar. So zumindest sahen es die „Mondialisten". Daß es letztendlich doch über weite Strecken zu einer Vereinbarkeit zwischen Regionalismus und Mondialismus gekommen ist, ist die Erfahrung aus zwanzig Jahren europäischer Integration.

Die theoretischen Überlegungen zum Integrationsproblem haben vor allem versucht, dem Gesichtspunkt der Diskriminierung Rechnung zu tragen.

[44] Allerdings ist zu beachten, daß innerhalb der EG einige Länder – wie z. B. die Bundesrepublik – erheblich höhere Verflechtungsintensitäten als andere Länder aufweisen, was unter anderem auf geographische und kulturelle Gründe zurückgeführt werden kann [Lefeld/Schneider 1977, S. 576].

[45] Im Zeitraum 1973–1976 ist für fast alle Intra-Beziehungen der EG (6) eine leichte Entflechtungstendenz festzustellen, was auf die „Umlenkungseffekte" durch die Erweiterung der Gemeinschaft zurückzuführen ist [Lefeld/Schneider 1977, S. 577 f.].

[46] Für 1975 betrug der Anteil 34% bei der EG (9) und über 6% bei Japan.

Viner [1950] und nach ihm z. B. Meade [1955], Scitovsky [1958] und Balassa [1962] untersuchten unter teils sehr restriktiven Annahmen die Wirkungen einer Zollunion im Hinblick auf mögliche Wohlfahrtseffekte[47]. Es wird entsprechend Viner nach sog. „trade creation"- und „trade diversion"-Effekten unterschieden. Handelsschaffende Effekte, d. h. die Verlagerung von einem ineffizienten zu einem effizient arbeitenden Produzenten werden Wohlfahrtssteigerungen bewirken, während bei handelsumlenkenden Effekten vom Gegenteil auszugehen ist[48]. Eine ex ante Bestimmung, welcher der Effekte sich in realita einstellen wird, ist nicht möglich [Schleicher 1969, S. 12 f.].

Die Untersuchungen blieben allerdings bisher beschränkt auf den Fall der Zollunion, was in der Phaseneinteilung von Balassa [1962] eine Begrenzung auf die beiden untersten Stufen real möglicher Integrationsformen darstellt. Beurteilungskriterium der traditionellen Protektionismusdebatte war der Vergleich statischer Gewinne und Verluste. Aufgrund der möglichen Protektionismuseffekte der regionalen Integration vermutete man erhebliche Wohlfahrtsverluste. Allerdings ist zu berücksichtigen, daß die Verluste aus der integrationsspezifischen Protektion (statische Effizienzverluste) überkompensiert werden können durch dynamische Gewinne (Effizienzsteigerungen der Faktorausstattung) der Protektionspolitik. Da dynamische Gewinne aber bisher nicht berechenbar sind, kann allenfalls aus der Kenntnis möglicher statischer Gewinne auf die „Kosten der Protektion" geschlossen werden.

---

[47] Nach Viner haben sich eine Reihe von Wissenschaftlern mit erheblich weiterreichenden Fragestellungen beschäftigt, die aber meist aus der Kritik am Vinerschen Modell hervorgingen [als Überblick Brüning 1969 und Krauss 1972]. Bei der Beurteilung der Wohlfahrtseffekte bedient man sich entweder des Instrumentariums der orthodoxen Gleichgewichtstheorie des Außenhandels (Meade) oder der Kriterien der dynamischen Integrationstheorie von Balassa und Scitovsky. „Statische" und „dynamische" Zollunionswirkungen werden unterschieden. Bezeichnet man die „statischen" als kurzfristig wirkend, da sie vor allem eine optimale Allokation bewirken, so werden die „dynamischen" demgegenüber als langfristig wirkend gedeutet. Zu ihnen rechnet man den aufgrund der wachsenden Marktgröße gesteigerten Wettbewerb, die Möglichkeit von Skalenerträgen, die sich ergebenden Vorteile aus Spezialisierungs- und Umstrukturierungseffekten mit Wirkungen auf die Investitionstätigkeit und das Wachstum der Unionsländer, sowie verstärkten technischen Fortschritt und Angebotsdifferenzierung [Sannwald/Stohler 1958, S. 39 ff.; Balassa 1962, S. 118–188 und Kreinin 1964].

[48] Aufgrund einer veränderten Prämissensetzung kommt Johnson [1965] zu anderen Ergebnissen. Er argumentiert mit dem „öffentlichen Gut" Zollunion, hinter das die traditionellen Terms of Trade Effekte zurücktreten. Krauss [1972] faßt dies in der Feststellung zusammen: „... governments seek to maximize real income now defined in terms of public as well as private goods" [S. 294].

Verschiedene Untersuchungen[49] kommen zu extrem geringen Wohlfahrtsgewinnen aus der Zollreduktion, so daß hohe Wohlfahrtsverluste aus der integrationsspezifischen Protektion kaum zu erwarten sind.

Die Integrationsmitglieder erhofften sich durch die Bildung der EWG Effizienzsteigerungen und Wachstumsimpulse durch Aufschließungseffekte im Intrabereich (Reallokalisationsproblem). Die Ausgangsbedingungen dafür waren nicht ungünstig, umfaßte der Integrationsraum doch nicht unbeträchtliche Teile des europäischen Kerngebietes[50] mit weitgehend substitutiven Produktions- und ähnlichen Nachfragestrukturen, annähernd gleichen Entwicklungsniveaus und erheblichen Zollbarrieren bzw. nicht-tarifären Handelsbehinderungen vor der Integration. Die reale Entwicklung spricht für die Nutzung der Vorteile aus dem vergrößerten Binnenmarkt und der intensivierten Konkurrenz[51] bei mittlerweile vollständigem Abbau der Restriktionen im Innenbereich der Integrationszone[52]. Insofern ist die EG *der* „Integrationsführer" der Weltwirtschaft. Mit diesem Erfolg sind aber gleichzeitig entscheidende Veränderungen der Handelsstrukturen einhergegangen. Es hat sich im Zeitablauf eine eindeutige Innenorientierung der Handelsbeziehungen entwickelt [Hettlage 1969], womit eine deutliche Steigerung des EG-Welthandelsanteils einhergegangen ist. Die Verflechtungskoeffizienten zeigen [Lefeld/Schneider 1977], daß bei steigendem Durchschnittsniveau des Binnenhandels eine Nivellierungstendenz zwischen den Partnerländern zu verzeichnen ist und daß seit 1973 Umlenkungseffekte aufgrund der neuen Mitglieder einen Rückgang der Handelsintensitäten zwischen den Gründungsländern zugunsten der neuen bewirkt haben. Eine Abnahme der Verflechtung ist gegenüber Drittländern festzustellen, wenn auch hier ländermä-

---

[49] Siehe Verdoorn [1956], Scitovsky [1958] und die diskutierten Untersuchungen bei Leibenstein [1966, S. 393 ff.]. Vgl. zum länderspezifischen Effekt intraregionaler Liberalisierung auch Borchert [1974].

[50] Allerdings wurde durch die Teilung des europäischen Gravitationsfeldes in EWG- und EFTA-Länder eine Trennung quer durch das europäische Kraftfeld vollzogen. Erst seit 1973 und insbesondere 1977 ist der Kernraum erheblich „vervollständigt" worden, indem die kleineuropäische Lösung zu einer mehr großeuropäisch orientierten expandiert ist. Vgl. zu der räumlichen Forderung an eine regionale Integration Predöhl/Jürgensen [1961, S. 380 ff.].

[51] Die Wettbewerbs- und die trade creation Effekte der Integration sind vor allem aus der intra-industriellen Spezialisierung hervorgegangen. Diese Wohlfahrtseffekte sind ein ganz entscheidender Bestandteil der fortschreitenden integrativen Entwicklung im Europa der Sechs und der Neun gewesen [Balassa 1975, S. 108 ff.].

[52] Allerdings muß davon ausgegangen werden, daß immer noch administrative Handelshemmnisse bestehen und auch die Integration der Faktormärkte noch kaum vorangeschritten ist. Hier wird es zukünftig insbesondere auf eine Harmonisierung der „Rechtsbereiche" ankommen [Curzon/Curzon 1972; Swann 1972, S. 44 ff.].

ßig im einzelnen unterschiedliche Entwicklungen zu verzeichnen sind. Generell ist eine Handelsumlenkung zwischen Mitglieds- und Drittländern bewirkt worden. Der trade creation Effekt aus dem Abbau der Binnenzölle wurde begleitet von einer Handelsumlenkung, indem eine zollmäßige Behinderung Drittländer diskriminierte und den Zugang zum Integrationsmarkt erschwerte. Dies ist in der Konstruktion einer regionalen Integration angelegt, allein das Ausmaß der jeweiligen Protektionswirkungen ist weitgehend autonom von der Integrationszone bestimmbar. Es ist nicht verwunderlich, daß die EG aus dieser Perspektive den Beinamen der „Diskriminierungsgemeinschaft" (Lorenz) bekommen hat.

Das GATT sah diese Gefahr zwar grundsätzlich. Aber mit Art. XXIV wurde trotzdem die Möglichkeit der Integrationszonenbildung geschaffen, weil damit die Hoffnung langfristiger Aufschließungseffekte für die gesamte Weltwirtschaft verbunden wurde. Daß es sich hierbei immer noch um eine kontroverse Frage handelt, zeigt der Rey-Report; denn nur einige Befürworter sahen den Erfolg der Integrationszone deren Nachteile überwiegen:

> „They (die Befürworter, E. M.) consider that agreements for customs unions . . . which are in conformity with the General Agreement create new economic entities. Far from harming their trade partners, such entities are on the contrary generators of expansion and are of benefit not only to their members but also to third countries, as had been amply demonstrated by the effects of the formation of the European Economic Community" [Rey-Report 1972, S. 86].

Eine Vielzahl von empirischen Untersuchungen[53] hat versucht, die Frage nach den Aufschließungs- bzw. Abschließungs- und den sich ergebenden Wohlfahrtseffekten der europäischen Integration zu beantworten. Ein einhelliges Urteil hat sich bisher nicht ergeben[54]. In der Tendenz sind aber alle ähnlich: Die Mitgliedsländer der Integrationszone werden trade creation Effekte realisieren; gegenüber Drittländern werden allerdings Handelsumlenkungen und damit Wohlfahrtsminderungen nicht zu unterschätzen sein[55], selbst wenn das steigende Einkommensniveau in der Integrationszone auch Außenimpulse für Nichtmitglieder bewirkt [Berg 1976, S. 129] und Selle-

---

[53] Es sei hier nur verwiesen auf Sellekaerts [1973], Truman [1975], Balassa [1975], Kaht [1975] und Breuss [1975, S. 206 ff.] und die dort diskutierten Untersuchungen. Zum ab 1977 realen Sonderfall „eines Landes und mehrerer Integrationssysteme" vgl. Breuss [1975, S. 216 ff.].

[54] Nicht zuletzt die empirische Erfassung und Berechnung bereitet erhebliche Probleme, so daß auch ein Großteil der Untersuchungen und ihre Ergebnisse kaum verglichen werden kann [hierzu Sellekaerts 1973 und Kaht 1975, S. 52 ff.].

[55] Kaht [1975] kommt zwar zu dem Ergebnis, daß für Drittländer insgesamt keine Nettohandelsumlenkung im Fall der Bundesrepublik hervorgerufen wurde, doch spricht dieses Länderergebnis nicht gegen obige These.

kaerts [1973, S. 548] aufgrund seiner Berechnungen zu dem Ergebnis gelangt, daß „. . . it can safely be concluded that the EEC was beneficial to overall world welfare."

Wenn sich somit die Stellung der EG zwischen der eines „Liberalisierungs- oder Integrationsführers" und der einer „Diskriminierungsgemeinschaft" bewegt, so bedarf es noch einiger allgemeiner Anmerkungen zur weltwirtschaftspolitischen Rolle der regionalwirtschaftlichen Integrationskomponente.

Integrativer Abschirmungseffekt: Die europäische Integration ist insofern von einem gewissen Dilemma gekennzeichnet, als eine enge Verbindung zwischen dem „inneren" Liberalisierungserfolg und einer notwendigen Abschirmung nach „außen" besteht. Zum einen ging der Liberalisierungsfortschritt einher mit Umschichtungsprozessen, wodurch eine (effiziente?) Versorgung der Integrationsmitglieder aus der Integrationszone möglich wurde, und zum anderen hätte zu schnelles und umfangreiches Öffnen gegenüber Dritten die freiwilligen Liberalisierungsfortschritte vermutlich zugunsten von Sonderregelungen für angebliche oder wirkliche Wettbewerbsschwächen verhindert. Daß dies sowohl einen Paritäts- als auch Sicherheitsaspekt beinhaltet, zeigt sich recht deutlich in der Agrarpolitik und der Rohstoffproblematik [Hager 1976].

Blockaspekt oder Nivellierung der Hegemonie: Wenn auch die diskriminierenden Effekte zu einem erheblichen Problem für eine Reihe von Drittländern geworden sind, so hat die regionale europäische Integration doch bewirkt, daß bezüglich der weltwirtschaftlichen Verhandlungsposition mit der Zeit ein echtes Gegengewicht zur hegemonialen Position der Vereinigten Staaten entstand[56]. Daß die USA selbst der Ziehvater dieser Konstellation gewesen sind, ist die Paradoxie der Entwicklung. Es waren die Befürchtungen einer steten Abkapselung der europäischen Länder, die die USA bewogen, selbst multilaterale Liberalisierungsaktivitäten (Kennedy-Runde) zu forcieren.

> „Und es ist die ihnen mit der EWG erwachsende countervailing power, die die USA zu jenen Konzessionen nötigt, die die Kennedy-Runde zum bis heute bedeutsamsten Liberalisierungsfortschritt im Rahmen des GATT werden lassen" [Berg 1976, S. 129].

---

[56] Diese Veränderung der Konstellation betraf nicht nur den ökonomischen, sondern auch politischen Sektor, wenn auch bei letzterem die „Solidarität der Partner" nie grundsätzlich in Frage gestellt worden ist. Zur Entwicklung des Verhältnisses zwischen den „atlantischen Partnern" und zu dessen Perspektive vgl. z. B. Gazzo [1973], Shonfield [1973, S. 37 ff.] und Mendershausen [1976].

Die veränderte weltwirtschaftliche Situation, die durch die Emanzipation des europäischen Kraftfeldes hervorgerufen wurde, hat neue Wege auch für eine multilaterale Liberalisierung aufgezeigt. Erleichtert worden ist dies auf europäischer Seite durch die gemeinsame Handelspolitik, das „Sprechen mit einer Stimme". Es hat einer Zersplitterung der handelspolitischen Interessen entgegengewirkt. Der „Dreiergipfel" (USA, EG, Japan) ist nicht Fiktion, sondern Realität, und der Ausgleich der Interessen wird dadurch erleichtert. Ob nicht unter diesen Gesichtspunkten die rein wohlfahrtstheoretisch begründete Unterscheidung zwischen Aufschließungs- und Abschließungseffekten der regionalen Integration eine fundamentale Relativierung erfährt, mag hier dahingestellt bleiben, zeigt doch die bisherige Entwicklung, daß der multilaterale Liberalisierungsfortschritt auch so per Saldo positiv sein kann. Ob er größer wäre ohne regionale „Diskriminierungsgemeinschaft", ist reine Spekulation. Relevanter ist vielmehr, wie bei fortbestehender regionaler Integration das zukünftige Procedere im Rahmen einer „organisierten Weltwirtschaft" zu gestalten ist [vgl. hierzu Kapitel IV].

4. Wachstumsfaktoren

Die enorme weltwirtschaftliche Handelsexpansion der Nachkriegszeit wird meist auf die Re-Integrationspolitik von IWF und GATT zurückgeführt. Zu diesem Ergebnis gelangen z. B. auch die profunden Kenner der internationalen Handelspolitik Gerard und Victoria Curzon:

> „Therefore despite all the intervening variables – and hence our inability to conduct a satisfactory quantitative analysis of the GATT phenomenon – we can yet say that trade liberalization and currency convertibility *together* probably account for the major part of the acceleration in industrial trade growth during the 1960s" [Curzon/Curzon 1976, S. 194][57].

Ihre Aussage kann als generelle Sicht und Bewertung der Nachkriegsentwicklung angesehen werden. Der Hinweis auf sog. „intervening variables" zeigt aber, daß auch andere Faktoren als relevant erachtet werden. Die Bedeutung dieser „Restfaktoren" aber wird weder diskutiert noch als besonders wichtig empfunden.

---

[57] Vgl. ebenso als weiteres Beispiel Heller [1975, S. 177 f.], der aber auf die Regionalkomponente hinweist, und Monroe [1975, S. 29]. Anders dagegen Blackhurst/Marian/Tumlir [1977, S. 8–14], die zwischen institutionellen, technologisch innovativen und demographischen Faktoren unterscheiden.

Nachdem wir versucht haben, den Wirkungsbereich von GATT und IWF durch die Hinweise sowohl auf OEEC/EZU als auch EG/EFTA und die insbesondere aus der regionalen Integration abzuleitenden Aufschließungseffekte und internationalen „bargaining-Strukturen“ (Kennedy-Runde) zu verdeutlichen, sollen jetzt die weitgehend vernachlässigten „Rest-“ oder Wachstumsfaktoren eingehender betrachtet werden, ohne daß diese in allen Einzelheiten hier diskutiert werden können.

Die These, daß ohne die Wachstumsfaktoren die gesamte Nachkriegsentwicklung und damit auch die Liberalisierung kaum möglich gewesen wäre und daß es gerade diese Faktoren gewesen seien, die den Expansionsprozeß getragen haben, läßt sich weder schlüssig beweisen noch widerlegen; denn eine Gegenrechnung für den Fall, daß GATT [Curzon/Curzon 1976, S. 192 f.] und IWF nicht existierten, läßt sich nicht aufmachen. Trotzdem können gute Gründe für die nachhaltige Bedeutung der Wachstumsfaktoren angeführt werden, die in ihrer Konsequenz auch Hinweise auf eine zukünftige internationale Ordnungspolitik geben. Wir versuchen damit die Frage zu erhellen, warum die Liberalisierungspolitik nahezu zwei Jahrzehnte erfolgreich sein konnte.

So wie die Erfolge der Periode relativen Freihandels nicht nur auf die Existenz der Goldwährung und des mehr oder weniger freien Handels zurückzuführen sind, so sind auch die Expansionsprozesse der Liberalisierungsperiode nicht allein auf die Tätigkeit der entsprechenden internationalen Organisationen reduzierbar[58]. Neu/Stecher teilen diese Sicht, wenn sie feststellen, daß „die starke Ausweitung des Handels mit Industriegütern zwischen den entwickelten Ländern . . . durch die Liberalisierungsbemühungen im Rahmen des GATT (. . .) allein nicht erklärt werden (kann), da Liberalisierung zwar eine notwendige, nicht jedoch eine hinreichende Bedingung für die Handelsausweitung darstellt“ [Neu/Stecher 1970, S. 89][59].

Im folgenden sollen die Wachstumsfaktoren in allgemeine, monetäre und handelsspezifische unterschieden werden, wobei den monetären insofern eine Sonderrolle zukommt, als sie sich aus der realen Politik des IWF ableiten

---

[58] Eine konjunkturtheoretisch fundierte Erklärung versucht z. B. Mensch [1977], der den wirtschaftlichen Aufschwung der Nachkriegszeit als einen Prozeß historischer Gesetzmäßigkeit sieht. Angelehnt an das Schema der „langen Wellen der Konjunktur“ von Kondratieff wird die Zeitspanne von 1945 bis 1971 als Aufschwungphase des 4. Kondratieff-Zyklus (L. Dupriez) interpretiert.

[59] Lord Balogh [1973, S. 904] gibt den wesentlichen Hinweis, wenn er feststellt: „Das japanische, oder auch das deutsche ‚Wirtschaftswunder‘ wurde nicht durch verfrühte Liberalisierung, sondern durch intensive Investitionen erreicht.“

lassen und damit liberalisierungsimmanent waren, obwohl sie den eigentlichen Intentionen globaler währungspolitischer Re-Integration zuwiderliefen.

4.1 „Nachholbedarf", politische Faktoren und Austauschstrukturen

Die Periode zwischen 1914 und 1958 ist als vielschichtig strukturierte Ausnahmephase weltwirtschaftlicher Beziehungen zu betrachten. Erst mit dem Übergang der meisten europäischen Länder zur Konvertibilität begann man dort wieder anzuknüpfen, wo mit dem Ausbruch des Ersten Weltkrieges die weltwirtschaftlichen Beziehungen unterbrochen worden waren.

Diese Ausnahmesituation kennzeichnet auch die Zeit zwischen Kriegsende (1945) und dem Beginn der 60er Jahre, dem Abschluß der reinen Aufbauphase. Dieser Zeitraum ist durch erhebliche, wenn auch ländermäßig unterschiedlich ausgeprägte Wachstumsprozesse gekennzeichnet. Ohne im einzelnen die diesen Prozessen zugrundeliegenden Ursachen im Rahmen dieser Untersuchung herausarbeiten zu können[60], lassen sich doch einige Determinanten besonders hervorheben.

Aufbauprozeß: Nach dem Kriege bestand aufgrund der seit dem Ausbruch des Ersten Weltkrieges, der Weltwirtschaftskrise und der darauffolgenden kriegswirtschaftlich ausgerichteten Produktions- und Angebotsstruktur vor allem in Europa ein erheblicher Nachholbedarf (Rückstau) im Bereich der langlebigen Konsumgüter. Die Kriegszerstörungen erforderten umfangreiche Wiederaufbautätigkeiten, und die über mehr als zwanzig Jahre vernachlässigte private Nachfrage harrte ihrer Befriedigung. Dieser Wiederaufbauprozeß bildete die Grundlage der sich einstellenden Wachstumsphase [Maddison 1964, Kap. II].

Den Nachfragewünschen standen zwar nicht von Anbeginn die notwendigen Produktionsstätten zur Realisierung zur Verfügung, aber mit der relativ schnellen Umstellung von der Kriegs- auf die Friedenswirtschaft konnte dank dem Zustrom des ausreichend qualifizierten, billigen und flexiblen Faktors Arbeit[61] diese Anlaufproblematik überwunden werden. Von der

[60] Hier sei vor allem auf die Studien von Maddison [1964], ders. [1969], Denison [1967], ders. [1974], Kindleberger [1967], Kuznets [1971] und Cornwall [1977] verwiesen.

[61] Diese Konstellation galt unter etwas veränderten Bedingungen auch noch für die 60er Jahre. Nur war nicht mehr der Qualitätsaspekt entscheidend, sondern der Lohngesichtspunkt. Vgl. auch Cornwall [1977, Kap. V.].

Unternehmerseite betrachtet, lieferte das allgemeine wirtschaftliche Aufbauklima und die jeweilig praktizierte nationale Wirtschaftspolitik diejenigen Marktbedingungen, die Investitionen und Innovationen sinnvoll und profitabel erscheinen ließen. Die privaten Investitionen als notwendige Bedingung der Ausweitung der Produktionspotentiale und die durch das Wachstum bewirkte Investitionsnachfrage [Maddison 1964, Kap. III], verbunden mit einem steten Modernisierungsbedarf[62] und ständigem Fortschreiten der wissenschaftlichen und technischen Innovationen, bewirkten Ankurbelungs- und Verstetigungscharakter der Wachstumsentwicklung. Die weitgehend kriegsbedingte Zerstörung der europäischen Produktionsanlagen hat insofern das Wachstum gefördert, als der Neubeginn eine Änderung der Produktionsstruktur vereinfachte[63]. Der Übergang zur „Großtechnologie" mit intensivem, relativ billigem Energieinput schritt stetig voran. Der industrielle Sektor hat in der Periode 1951–1973 in den Industrieländern höhere durchschnittliche Zuwachsraten aufzuweisen als der Gesamtoutput und so den Wachstumsprozeß entscheidend bestimmt [Cornwall 1977, Kap. VI, VII und Tabelle 4.4., S. 64].

Mit fortschreitendem Wachstum, bei stetigem Einkommenszuwachs der Bevölkerung, entwickelte sich eine Diversifizierung der privaten Nachfrageansprüche. Nachfrageentwicklung auf der einen und Potentialauslastungen auf der anderen Seite bedingten sich gegenseitig und waren Triebfeder der Entwicklung. Auch die Ausstrahlung weltpolitischer Krisenherde, wie z. B. Korea (Korea-Boom) und später Vietnam, haben wachstumsbeeinflussend gewirkt. Daß die USA von der Kaufkraftbelebung der europäischen Länder ebenfalls profitierten, was sich für ihre Handelsbilanz positiv auswirkte, während die reinen Hilfsmaßnahmen und Rüstungsanstrengungen[64] die Zahlungsbilanz erheblich belasteten, ist auch ein wesentlicher Aspekt der Nachkriegsentwicklung. Die amerikanische Binnenwirtschaft wurde so nicht unwesentlich von Überschußgütern entlastet. Diese Überschußproduktion stellte sich als Ergebnis der die inländische Nachfrage übersteigenden Pro-

[62] Es sind zwei Nachfrageimpulse nach Investitionsgütern zu unterscheiden: der erste als reiner Wiederaufbauimpuls, und der zweite, nachdem seit etwa 1958 weitgehend Vollbeschäftigung hergestellt war und arbeitssparende Investitionsgüter einen weiteren Nachfrageschub auslösten [Neu/Stecher 1970, S. 89; Blackhurst/Marian/Tumlir 1977, S. 9 ff.].

[63] Diese Umschichtung zum sekundären und verstärkt auch tertiären Sektor hat ihren Niederschlag in der Außenhandelsstruktur gefunden. Ausführlich zu den Wachstumsfaktoren in Westeuropa vgl. Postan [1967, S. 90 ff.] und Shonfield [1976].

[64] Auf den konjunkturstabilisierenden und wachstumsfördernden Effekt des sog. „economic-scientific-military-industrial-complex" weisen vor allem marxistische Analytiker der internationalen Beziehungen hin [z. B. Vilmar 1973].

duktionskapazität infolge der Umstellung der US-Wirtschaft auf die Produktion nichtmilitärischer Güter dar. Daß die amerikanischen Hilfsmaßnahmen in den einzelnen europäischen Ländern unterschiedlich wirkten, zeigen insbesondere die strukturell divergierenden Entwicklungen z. B. im „Wirtschaftswunder-Deutschland", in Frankreich und Großbritannien, aber auch in Japan.

Strukturveränderungen: Nicht nur der Umfang der weltweiten Handelsbeziehungen hat sich seit dem Zweiten Weltkrieg erheblich vergrößert, sondern auch die Struktur – regional und warenmäßig – ist fundamentalen Änderungen unterworfen worden. War noch im 19. Jahrhundert der Austausch Primär- gegen Sekundärprodukte limitiert durch die Möglichkeit der Produktionsausweitung der Primärgüterproduzenten, so galt diese Beschränkung seit dem 20. Jahrhundert kaum mehr. Die Verlagerung zu Halb- und Fertigfabrikaten und dort zu solchen mit höherem Input an Technologie als natürlichen Rohstoffen verdeutlicht diese Entwicklung. Hinzu kam, daß von der Nachfrageseite und insbesondere von dem Wachstum der Nachfrage entscheidende Strukturveränderungsimpulse ausgingen[65]. Es entwickelte sich überdies zwischen den Industrieländern ein sich weitgehend selbst tragender intra-industrieller Handel.

Seit dem Zweiten Weltkrieg ist dieser Industrieländerhandel immer mehr bestimmendes Element der Handelsexpansion geworden. Der Grund für diese Strukturverschiebung liegt – wie oben schon betont – in der Veränderung der Produktions- und Branchenstruktur, die, gekennzeichnet von sog. „Wachstumsbranchen" (Chemie, Maschinenbau, Elektrotechnik und Fahrzeugbau), ein erhebliches Mehr an Technologie als an natürlichen Rohstoffen einsetzt [Maizels 1963, S. 84 und Cornwall 1977, Kap VII]. Diese Veränderung der Branchenstruktur und der Austausch von differenzierten Produkten zwischen den Industrieländern hat die Handelsbeziehungen im OECD-Bereich auf den Umfang wachsen lassen, wie er sich heute darstellt.

Maßgeblich für die Intensivierung des internationalen Handelsaustausches sind sowohl die allgemeinen Entwicklungsfaktoren der Produktion und Konsumtion als auch die politischen Faktoren. Vor diesem Hintergrund sind auch die internationalen Hilfen wie der Marshall-Plan und die mit diesem in engem Zusammenhang stehenden Aktivitäten von OEEC/EZU zu sehen[66].

---

[65] Hierbei wird vor allem auf die unterschiedlichen Einkommenselastizitäten bei verschiedenen Waren verwiesen [Rothschild 1964, S. 355 ff.].

[66] Daß auch die weitgehend unverbindliche Anpassungspolitik des IWF als „Hilfe" in diesem Sinne verstanden werden kann, wird uns in Abschnitt 4.2 dieses Kapitels noch beschäftigen.

Die wesentlichen Ursachen der ökonomisch stimulierenden Wirkung auf die Angebots- und Nachfragedeterminanten lassen sich unter drei Gesichtspunkten einordnen:

- Die aufgeführten Faktoren des „Nachholbedarfs" und der internationalen Hilfen bewirkten, daß der Produktivitätsfortschritt sowohl der westeuropäischen Länder als auch Japans keinen Limitierungen von der Nachfrageseite her unterlag.
- Der Anteil der Investitionen am BSP war in den 50er Jahren erheblich höher als jemals zuvor, wenn man von der umgekehrten Entwicklung in den USA einmal absieht [Maddison 1964, Anhang I, S. 234 ff.]. Die Erweiterung der Produktionskapazitäten konnte vorgenommen werden, weil die Nachfrageentwicklung aufgrund des Wachstumsprozesses und der damit einhergehenden Steigerung der Einkommensniveaus ebenfalls stetig voranschritt. Die aktive Geld- und Fiskalpolitik der westeuropäischen Staaten waren weitere Faktoren einer expansiven Nachfragepolitik, die außerdem von der allgemeinen weltwirtschaftlichen Situation positiv beeinflußt wurde.
- Konjunkturell haben sich zwischen 1945 und 1965 in Westeuropa und auch Japan kaum ernste Störungen gezeigt, wenn auch kurze Wachstumspausen (z. B. 1951–52 und 1957–58) an der Tagesordnung waren und zyklische Bewegungen schneller von einem Land auf ein anderes übergreifen konnten und immer mehr zu einem Konjunkturverbund führten [Giersch 1977, S. 23 f.]. Gegenüber früheren Perioden unterschieden sich diese konjunkturellen Bewegungen aber dadurch, daß kumulative Prozesse in den ersten zwanzig Jahren der Nachkriegszeit nicht auftraten[67].

Dieser stetige Wachstumstrend, der unterschiedliche Ausprägungen für Westeuropa bzw. Japan und Nordamerika zeigte, hat eine Re-Integrationspolitik erst ermöglicht und ihren Verlauf zu Beginn erheblich erleichtert. Die Welthandelsexpansion ist in der Nachkriegszeit stets den Produktionszuwächsen vorausgeeilt (vgl. Abschnitt 1.1.2), und die internationale Verflechtung sowie die Abhängigkeit vom Außenhandel hat sich stetig erhöht. Wenn zudem die einzelnen Exportländer den aktuellen und zukünftigen Nutzen liberalen internationalen Handels für sich höher einschätzen als die Gefahren durch Konkurrenten auf ihrem nationalen Markt und von ihnen bedienten Drittmärkten, findet Liberalisierungspolitik schon aus dem Eigeninteresse

[67] Vgl. zu den Unterschieden rezessiver Phasen vor und nach 1945 in Europa und den USA z. B. die Untersuchung von Lamfalussy [1963].

der Exporteure ihre Befürworter[68]. Dies ist solange ein Wachstumsproblem, wie die jeweiligen Zuwachsraten (d. h. die gegenseitigen Aufnahmefähigkeiten) groß genug sind, um für alle die trendmäßige Expansion aufrecht zu erhalten. Es wird aber zu einem Wettbewerbsproblem, wenn sich ein abflachender Wachstumstrend einstellt und die Expansionsfelder schrumpfen. Aus dieser Perspektive ist nicht die Liberalisierung das Schwungrad der Re-Integration gewesen, sondern die Wachstumsentwicklung auf der Basis des Wiederaufbaus bzw. des Nachholbedarfs, ermöglicht und gefördert durch internationale Hilfen[69].

Wenn damit der Schwerpunkt auf den Wachstumstrend und nicht auf die Liberalisierung gelegt wird, so ist doch festzustellen, daß die Expansionspfade nicht nur Grundlage, sondern mit dem Fortschreiten der Nachkriegsentwicklung und der allgemeinen wirtschaftlichen Konsolidierung auch Folge der bis dahin abgelaufenen Liberalisierung gewesen sind. Auf dem Fundament des Wachstumstrends konnten die internationalen Re-Integrationsbestrebungen aufbauen. Eine weitgehend liberale Wachstums- *und* Liberalisierungsorientierung – national wie international – ließ sich realisieren, weil über eine Exportausweitung eine beschleunigende und stabilisierende Wirkung auf das Wachstum ausging, was wiederum Liberalisierungsfortschritte erleichterte. Wachstum und Liberalisierung müssen als interdependenter Prozeß gesehen werden. Wurde durch abflachende Wachstumstendenzen ein Interdependenzfaktor beeinträchtigt, so wurden auch die Liberalisierungsbemühungen bzw. der Status quo der Liberalisierung vor Probleme gestellt.

68 Dies gilt insbesondere für Länder wie die Bundesrepublik Deutschland, deren Export in der Nachkriegsperiode entscheidend die binnenwirtschaftliche Entwicklung getragen hat. Nicht unberechtigt ist die Bundesrepublik, deren Exportquote bei mittlerweile nahezu 30% (1977) liegt, als „Bannerträger der Freihandelsbewegung" (Kebschull) bezeichnet worden.

69 Es sollte nicht vergessen werden, daß neben allen ökonomischen und politischen Determinanten und Faktoren auch die wirtschaftliche und gesellschaftliche Gesamtlage der Nachkriegsjahre nicht unwichtig für die Bewältigung des Wiederaufbaus und des Wachstums gewesen ist. Die Erfahrung, Not und Zerstörung überwinden zu können, die Beseitigung der Warenknappheit und die Hoffnung auf ein Leben in Frieden, gegenseitiger Harmonie und sozialer Sicherheit hat den einmal in Bewegung gesetzten Entwicklungs- und Wachstumsprozeß mehr als nur gefördert.

4.2 Monetärer Faktor: Finanzierungsstrategie oder politische Ökonomie der Zahlungsbilanzpolitik

Das Bretton Woods-System hat nie so funktioniert, wie geplant, und dies nicht nur, weil es in entscheidenden Bereichen (z. B. der Anpassung) keine rechtlich verbindlichen Regelungen gab. Gerade aber weil es nicht so gehandhabt wurde wie ursprünglich vorgesehen, hat es ganz entscheidend den Wachstumsprozeß und damit, wie oben schon betont, den Integrations- bzw. Liberalisierungsprozeß gefördert und gestützt. Das Wachstumsklima der Aufbauphase wurde als Lastesel der Liberalisierung benutzt, wie man umgekehrt Wachstumshemmnisse und nationale Anpassungsprozesse über Kreditfaszilitäten innerhalb und außerhalb des IWF „bewältigte". Anders gesprochen: Das Anpassungsproblem wurde über den Finanzierungsmechanismus immer wieder vertagt. Der Zusammenbruch des Systems war damit nur eine Frage der Zeit.

Das Bretton Woods-System war von Beginn an ein „Ungleichgewichtssystem". Während am Anfang hierfür Kriegsgründe maßgebend waren, spielten später unterschiedliche nationale ökonomische Ziele, entsprechende Wirtschaftspolitiken und die sich daraus entwickelnden unterschiedlichen Inflationsraten eine Rolle. Dies führte zu einer nicht bedarfsgerechten internationalen Liquiditätsverteilung. Typisch für den IWF war die Tendenz zur Finanzierung dieser Ungleichgewichte. Es ist unbestritten, daß transitorische Ungleichgewichtssituationen der Finanzierung bedürfen, wobei dies über nationale oder internationale „Reserven" geschehen kann. Der IWF war eigentlich für den Fall konzipiert, daß die nationalen Reserven aufgebraucht waren und der Anpassungsprozeß der Finanzhilfen zur Überbrückung bedurfte. Weil das System aber keinen symmetrischen Anpassungszwang begründete[70] und die einzelnen Volkswirtschaften weder zur inneren noch äußeren Anpassung verpflichtet waren, wurde über eine in vielen Fällen nicht kontrollierte und nicht reglementierte Versorgung mit internationaler Liquidität ein Hinauszögern von Anpassungsmaßnahmen bewirkt. Die internationale Liquidität alimentierte die nicht vorgenommenen Anpassungsprozesse. Finanzierungsquellen dafür waren, angefangen bei den generellen des Fonds bis zu den zusätzlich geschaffenen der AKV (GAB), über Swaparrangements, Roosa-Bonds, Notenbankkrediten über die BIZ, SZR und nicht zuletzt den Euro-Dollar-Markt, reichlich vorhanden.

[70] Die Asymmetrie bestand in zweifacher Hinsicht: Einmal zwischen Überschuß- und Defizitländern und zum anderen zwischen dem Leitwährungsland und den übrigen Ländern.

Diese Entwicklung kann man als beinahe notwendige Konsequenz der währungs- und handelspolitischen Re-Integrationspolitik betrachten. Cooper hat die sich herauskristallisierende währungspolitische Konstellation recht plastisch beschrieben. Die drei Basiselemente der Korrektur- bzw. Eingriffsmöglichkeiten bei Zahlungsbilanzungleichgewichten im Falle fixer Wechselkurse – externe Anpassung, interne Anpassung und Finanzierung – bilden die Eckpunkte des „Handlungsdreiecks" [Cooper 1968, S. 13 ff.]. Jeder Punkt innerhalb dieses Dreiecks stellt eine bestimmte Kombination von Handlungsmöglichkeiten dar, derer sich die Nationalstaaten potentiell bedienen können. Da über die Entscheidung für eine Maßnahmenkombination auch eine Entscheidung für die angestrebten wirtschaftspolitischen Ziele getroffen wird, liegt hier das eigentliche Konfliktpotential. Das absolute Primat der Konjunkturpolitik ist inkompatibel mit der Wechselkursstabilität, da unterschiedliche internationale Inflationsraten zu Zahlungsbilanzungleichgewichten führen. Die Nachkriegsentwicklung deutet Cooper wie folgt:

> „The postwar evolution of international payments system, at least as it affects the typical industrial country, can be characterized as a steady movement away from reliance on external measures, such as import quotas and exchange controls, to greater reliance on international financing of deficits (as with Marshall Plan grants after 1945) und on internal adjustment (...) [Cooper 1968, S. 21 f.].

Aus dem schon im System angelegten Antinomiekonflikt läßt sich ableiten, daß dieser Prozeß notgedrungen eintreten mußte. Der stetig wachsenden internationalen Interdependenz stand eine stark reglementierende und von binnenwirtschaftlichen – vor allem sozialpolitisch beeinflußten – Zielen bestimmte Wirtschaftspolitik gegenüber. Diese Konstellation bei fixen Wechselkursen und nationalem Anspruchsniveau konnte allenfalls dann im Sinne der Nationalstaaten gelöst werden, wenn nicht eine Entscheidung getroffen werden mußte zwischen internen und externen Maßnahmen. Die traditionellen Mechanismen durften (Autonomieanspruch) und konnten (asymmetrischer Anpassungsdruck) nicht mehr angewendet werden. Übrig blieb der auf den ersten Blick „ungefährliche" Ausweg, die Finanzierung als internationales Kooperationsregime.

Der „Finanzierungsmechanismus" konnte so lange ohne besondere Störungen funktionieren, wie das Finanzierungsgefüge nicht durch Vertrauensschwund in die Reservewährung bzw. die Politik des Leitwährungslandes und/oder kurzfristige – spekulative – Kapitaltransaktionen seiner Fundamente beraubt wurde. Die mit dem Beginn der 60er Jahre verstärkt auftretenden kurzfristigen Kapitaltransaktionen fielen zusammen mit dem verstärkten ökonomischen Machtausgleich bzw. Emanzipationsdrang der wieder erstarkten Länder gegenüber den USA und einer quantitativ und strukturell schieflastigen Verteilung der internationalen Liquidität. Diese kurzfristigen Kapitalbewegungen, die vom Fonds zu Beginn kaum als problematisch angesehen worden waren, haben neben positiven Finanzierungseffekten (zeitliche „Überbrückungsfunktion"; Lorenz) vor allem destabilisierend gewirkt.

Zurückzuführen waren diese spekulativen Transaktionen hauptsächlich auf die bestehenden Zahlungsbilanzungleichgewichte und die fehlende Bereitschaft der Staaten, die nationale Wirtschaftspolitik unter das Regime der Anpassung zu stellen. Vielmehr wurden durch die autonome Wirtschaftspolitik in ordnungspolitischer Hinsicht verstärkt zentrifugal wirkende Kräfte freigesetzt, die vom IWF-System nicht zu bewältigen waren (verstärkter Antinomiekonflikt). Sobald man einmal begonnen hatte, mit kurzfristigem Kapital eine Finanzierungsstrategie (Prolongationsstrategie) zu beginnen, stieg der Finanzierungsbedarf immer mehr. Der eigentlich sinnvolle, das internationale Wachtumsklima stützende und forcierende Finanzierungseffekt verkehrte sich in sein Gegenteil. Er wirkte destabilisierend und erzeugte Unsicherheit. Letztlich war dies Ausdruck des Machtproblems; denn hinter der Anpassungsvermeidung (Strukturerhaltung) stand immer die Frage der Lastenverteilung [Cohen 1966, S. 19 f.; Küng 1978, S. 180–196]. Dieses polit-ökonomische Machtproblem wurde auf zwei sich bedingenden Ebenen akut: einmal auf der ordnungspolitischen Ebene des Fonds, wo es zugunsten der konjunkturpolitischen Autonomie der nationalen Wirtschaften entschieden wurde, und zum anderen auf der zwischenstaatlichen Ebene, wo zuerst das Leitwährungsland in der besseren (privilegierteren) Position war und sich nach dem „Machtausgleich" und der Pervertierung der Reservefunktion des Dollar die Überschußländer stärker durchsetzten.

Die Paradoxie der monetären Nachkriegsentwicklung besteht darin, daß längere Zeit über die Finanzierungsmaschinerie Liberalisierungsfortschritte „erkauft" werden konnten, die Ausnutzung dieser Alimentierung aber den Zusammenbruch des Systems entscheidend gefördert hat. Die immer mehr chronischen Charakter annehmenden Zahlungsbilanzungleichgewichte führten zu immer ausgeprägteren und schneller aufeinanderfolgenden internationalen Währungskrisen mit immer größeren Ungleichgewichten. Zahlungsbilanzgerechtes Verhalten der Staaten konnte in dieser Situation kaum mehr erwartet werden. Die ungleichgewichtige Verteilung der Devisenreserven, oder anders gesprochen, das Nebeneinander struktureller Überschuß- und Defizitländer hat die Diskussion um den angeblichen Mangel oder Überschuß an internationaler Liquidität bestimmt [Scharrer 1976]. Beide Problemkreise sind denn auch die zentralen Diskussionspunkte im Rahmen der Überlegungen zu einer Neuordnung des internationalen monetären Systems. Das internationale Währungssystem konnte trotz immanenter Inkonsistenz über längere Zeit bestehen, solange die Expansion des Welthandels über das weltweite Wirtschaftswachstum und die nationalen Entwicklungsprozesse ermöglicht wurde und auftretende zyklische Störungen nicht fundamentalen Krisencharakter annahmen. Mit der allmählichen, aber stetigen Verlangsamung des langfristigen Wachstumstrends in der westlichen Welt und den immer stärker divergierenden Preisniveausteigerungen bzw. Stagflationstendenzen von Land zu Land traten erst die eigentlichen – bisher „finanzierten" – regionalen und sektoralen strukturellen Probleme in den Vordergrund.

4.3 Handelskomponente: intra-industrieller Austausch

Wie schon betont, hat sich in der Nachkriegszeit der Handel der Industrieländer untereinander erheblich intensiviert. Darüber hinaus expandierte dieser Austausch insbesondere in spezifischen Warenklassen (SITC: 5–8; Industrieprodukte) und zudem noch in einer Form, die als intra-industriell bezeichnet wird. Intra-industriellem Handel, dem simultanen (bezogen auf eine Meßperiode) Export und Import innerhalb einer Branche (Industrie)[71], kommt ein ganz entscheidender Anteil an der Handelsexpansion der Liberalisierungsphase zu. Nach der empirischen Quantifizierung und Betonung der Niveauabhängigkeit dieses Handelsphänomens soll der Zusammenhang zwischen Liberalisierung und intra-industriellem Handel herausgestellt werden[72].

4.3.1 „Wohlstandshandel"

Intra-industrieller Handel, bei dem Güter ein und derselben Warengruppe[73] international getauscht werden, ist vom klassischen Außenhandel, dem inter-

---

[71] Wenn auch erst zu Beginn der 60er Jahre die Diskussion um den intra-industriellen Handel auflebte, so ist die Kenntnis dieses Handelsphänomens erheblich älter [Grubel/Lloyd 1975, S. 12 ff.].

[72] Der theoretischen Erklärung dieses Handels wenden wir uns im II. Kapitel zu.

[73] Hierbei handelt es sich um Warengruppen (entsprechend der SITC-Klassifikation) bzw. Industrien in statistischer Interpretation [dazu Blattner 1977, S. 89].

industriellen, zu unterscheiden. Letzterer beruht auf dem Tausch von Gütern verschiedener Industrien und damit einer Spezialisierung zwischen Industrien. Intra-industrieller Handel, auch als „Zweiweghandel"[74] bezeichnet, liegt dann vor, wenn sich der Austausch innerhalb von Industrien abspielt, wenn nicht homogene, sondern heterogene (differenzierte, wenn auch funktionell gleiche) Güter getauscht werden.

Es kann wohl davon ausgegangen werden, daß intra-industrieller Handel nicht nur ein „statistisches Scheinproblem" darstellt[75]. Zwar nimmt mit zunehmender Disaggregation der intra-industrielle Handelsanteil ab, doch kann er wohl kaum als aggregationsbedingte Täuschung aufgefaßt werden[76]. Zumal in der dreistelligen SITC-Klassifikation die heterogenen Güter (enge Substitute) durch unterschiedliche Faktorproportionen nicht erklärt werden können[77]. Diese Sicht gilt auch dann, wenn die unterschiedliche Zuordnung der Exporte und Importe in einzelnen Ländern zur Erschwerung der Vergleichbarkeit beiträgt und durch fest vorgegebene Beobachtungszeiträume – jeweils ein Jahr – intra-industrieller Handel z. B. als „periodic trade" entstehen kann. Auch existieren neben den Erfassungsproblemen nicht minder große Unzulänglichkeiten bei der Erstellung eines allgemeingültigen Maßes für intra-industriellen Handel[78].

Trotz aller objektiven statistischen Unzulänglichkeiten gilt es festzustellen, daß sich die branchenmäßigen Einfuhr- und Ausfuhrstrukturen des Indu-

---

[74] Gray verwendet den Begriff „two-way-trade" aufgrund der Ungenauigkeit, die sich aus der Zuordnung der jeweiligen „Industrie" zur SITC-Klassifikation ergibt. „The expression ‚two-way-trade' is more restrictive. Two-way-trade is defined as the simultaneous exporting and importing of goods which use almost identical mixes of inputs (. . .) and which serve very similar purposes" [Gray 1976, S. 172 f.]. – Andere Autoren, wie z. B. Kojima, unterscheiden zwischen horizontalem und vertikalem Handel an Stelle von intra- bzw. interindustriellem Handel [Kojima 1964 und ders. 1971]. Hesse hat in diesem Zusammenhang von „Austauschhandel" gesprochen [Hesse 1967, S. 214 ff.].

[75] Auf die wichtige Frage des Industriekonzepts als auch der Aggregation kann hier nicht näher eingegangen werden [Grubel/Lloyd 1975; Blattner 1977, S. 91 ff.].

[76] Vgl. Grubel/Lloyd [1975, Kap. 4], Hesse [1974] und Blattner [1977]. Auch der Test des Gray-Modells von Pagoulatos/Sorensen [1975] bestätigt für die Vereinigten Staaten das Phänomen des intra-industriellen Handels mit zunehmender Disaggregation. Ebenso Pomfret [1976] für Israel, wenn auch an der Signifikanz bei hoher Disaggregation gezweifelt wird [S. 8 und 10].

[77] Auf den Fall der Produktdifferenzierung als dynamische Unternehmensstrategie wird im II. Kapitel noch einzugehen sein.

[78] Vgl. dazu Grubel/Lloyd [1975, Kap. 2], Hesse [1974, S. 39 f.], Aquino [1978, S. 276–282], das „Konformitätsmaß" von Fels/Horn [1972, S. 120 f.] und den „Präferenzstrukturtest" nach Linnemann von Herrmann/Ketterer [1977, S. 27 ff.].

strieländerhandels im Zeitablauf immer mehr angeglichen haben. Zwei Fragen stellen sich, die für die Beurteilung des intra-industriellen Handels von Interesse sind:

- Welche Bedeutung kommt dem intra-industriellen Handel im Rahmen des Gesamtaustausches der OECD-Länder untereinander zu?
- Besteht ein Zusammenhang zwischen intra-industriellem Handel und dem länderspezifischen Entwicklungsniveau bzw. der Produktionsstruktur?

Aus rechentechnischen Gründen werden wir im folgenden ausschließlich auf vorliegende Untersuchungen zurückgreifen, wenn auch damit nur Daten bis zum Beginn der 70er Jahre Verwendung finden und die Vergleichbarkeit aufgrund unterschiedlicher Ländersamples und Berechnungsmethoden begrenzt ist. Nach den Berechnungen von Grubel/Lloyd [1975] entfielen 1967 etwa 50% des Gesamthandels der untersuchten OECD-Länder (Tabelle I-13) auf intra-industriellen Austausch. Für einzelne Länder betrug der Anteil nahezu 70% (Großbritannien), und allein Japan erreichte mit 21% einen unterdurchschnittlichen Wert. Im Untersuchungszeitraum stellte sich aber für jedes der beobachteten Länder eine Steigerung des intra-industriellen Handelsanteils ein, der zwischen 2% (Niederlande) und 116% (Großbritannien) lag. Die in Tabelle I-13 aufgeführten Handelsanteile für 1970 bzw. 1972 beruhen auf einer anderen Länderzusammenstellung [Hirsch, 1977, Tab. A 1, S. 124; Aquino 1978]. Ihnen kommt daher nur Trend-, aber nicht Vergleichscharakter zu. Es zeigt sich aber, daß auch über 1967 hinaus von einer anteilsmäßigen Zunahme des intra-industriellen Handelsanteils am Gesamthandel ausgegangen werden kann [s. a. Hesse 1977, Tab. 1, S. 384 f.]. Der durchschnittliche Anteil stieg 1970 auf nahezu 60% (1972: mehr als 60%) gegenüber 40% im Jahre 1967.

Schlüsselt man den intra-industriellen Handel nach den gehandelten Gütern bzw. „Industrien“[79] auf, so ergeben sich interessante Hinweise für die diese Handelsströme bestimmenden Güterstrukturen. Tabelle I-14 zeigt diese Entwicklung für die Jahre 1959 bis 1967. Die niedrigsten Anteilswerte verzeichnen die Klassen 0 bis 4 in allen der drei untersuchten Jahre. Für die zehn untersuchten OECD-Länder galt 1967 z. B., daß ²/₃ des Handels mit chemischen Erzeugnissen auf intra-industriellen Austausch entfielen. Die höchsten intra-industriellen Handelsanteile realisierten sich in den Industriebranchen mit dem höchsten Technologieinput. Im Zeitablauf wuchs der intra-industrielle Handel mit über 37% in der Klasse 7 (Maschinenbauer-

[79] Basis sind die 3stelligen SITC-Klassen, die als „Industrie“ angesehen werden.

zeugnisse, elektronische Erzeugnisse und Fahrzeuge) am stärksten. In dieser „Industrie" ist ganz besonderes Interesse auf die auch quantitativ wichtige Gruppe 732 (Personenkraftwagen) zu legen.

Inter- bzw. intra-industrieller Handel mit Automobilen ist das Untersuchungsobjekt einer Studie von Cramer [1973]. Diese Branchenanalyse gewährt interessante Einblicke in die spezifischen Austauschbeziehungen des Automobilsektors. Einige Untersuchungsergebnisse seien hier kurz referiert, da sie die besondere Relevanz des intra-industriellen Austausches im Industrieländerhandel unterstreichen.

- Es zeigt sich, daß alle genannten Produzentenländer von PKWs und LKWs Automobile importieren und exportieren, obwohl rein quantitativ der Bedarf im eigenen Lande durch die nationale Produktion gedeckt werden könnte (Tabelle I-15)[80].
- Wenn man die besonderen Ausfuhr- und Einfuhrstrukturen im PKW-Handel einzelner Länder betrachtet, scheint sich zu bestätigen, daß diese Konstellation weniger auf komparative Kosten- bzw. Preisdifferenzen als vielmehr Produktdifferenzierung und Präferenzvielfalt zurückzuführen ist. So ergeben sich, unterteilt man die Automobile in Leistungsklassen, bei bestimmten Ländern – und Klassen – Exportüberschüsse, während andere Länder in entsprechenden Klassen Importüberschüsse aufweisen [Cramer 1973, Tab. 4.8.1. und 4.8.2., S. 162 f.; s. a. S. 171 ff. und S. 176 ff.]. Dies deutet auf eine länderspezifische Angebotsskala an Automobilen hin, aufgrund derer sich spezielle Handelsströme entwickeln. Ihre Struktur ist im Zeitablauf aber Änderungen unterworfen [ebenda, S. 164 f. und S. 166 f.], was u. a. wiederum auf sich ändernde Wettbewerbssituationen hindeutet.

Dieser am Beispiel des Kraftfahrzeughandels gezeigte Sachverhalt intra-industrieller Handelsverflechtungen führt uns zurück zu der generellen Frage nach den Beziehungen zwischen wirtschaftlichem Entwicklungsniveau, entsprechender Güterstruktur (bei Ausfuhren und Einfuhren und Produktion) und intra-industriellem Handel. In einer neuen Untersuchung hat Hirsch [1977] sich u. a. mit diesen Fragen auseinandergesetzt. Es zeigt sich, daß die relativen Anteile der Produktion, des Exports und der Importe sich systematisch im Verlaufe des Entwicklungsprozesses ändern. Tabelle I-16 verdeutlicht diesen Tatbestand. Mit zunehmendem Entwicklungsniveau findet eine

[80] Allerdings gilt diese Feststellung nicht für Belgien, die Niederlande und die USA bei PKWs und den Niederlanden bzw. den USA bei LKWs [Cramer 1973, Tab. A.7 und A.9, S. 286 und 289].

allgemeine Umschichtung der produzierten Güter sowie der entsprechenden Exporte und Importe statt. Die damit einhergehenden länder- und industriespezifischen „Konzentrationsprozesse" konnten von Hirsch [1977 Kap. I und II] nachgewiesen werden.

Intra-industrieller Handel wird vor allem im Bereich der „human capital"-intensiven Technologiegüter (R-Güter[81] bei Hirsch) zu erwarten sein und nicht bei weitgehend ausgereiften (standardisierten), nicht-differenzierten Gütern (P- und bedingt auch E-Güter bei Hirsch). Es ergibt sich damit die Vermutung, daß intra-industrieller Handel positiv korreliert ist mit dem Pro-Kopf-Einkommen [ebenda, S. 100 ff.]. Intra-industrieller Austausch müßte sich damit vor allem zwischen hoch entwickelten Industrieländern abspielen und mit sinkendem Industrialisierungsniveau abnehmen.

Tabelle I-17 bestätigt weitestgehend diese Hypothese: „Indeed, when the IT index is regressed on per capita GNP the regression values are positive and statistically significant" [Hirsch 1977, S. 101]. Auch Blattner [1977 Tab. 4, S. 98] kommt in seiner Untersuchung zu vergleichbaren Ergebnissen. Wenn die gehandelten Güter bzw. produzierenden „Industrien" nach Ländergruppen[82] aufgesplittet und nach Einkommensgruppen geordnet werden, ergibt sich ein modifiziertes Bild (Tabelle I-18). Die intra-industriellen Handelsindizes sind bei den höchsten Einkommensgruppen über alle Gütergruppen erheblich größer als bei den niedrigen Einkommensgruppen. Hierbei handelt es sich um einen sog. positiven „intercountry"-Effekt, wie Hirsch [1977, S. 103] es nennt.

Innerhalb der einzelnen Einkommensgruppen differiert der intra-industrielle Handelsindex zwischen R- und P-Industrien bei den hohen Einkommensklassen nur unwesentlich, während z. B. in der Klasse bis 300 US-Dollar der Index bei R-Gütern erheblich unter dem der P-Güter liegt. Seine Erklärung findet dieser Sachverhalt darin, daß

„in the high income countries, there is indeed intensive intra-industry trade in R goods, which are most amenable to product differentiation ... In the low income countries the output of R goods is low, they are intensively imported and only rarely exported. Consequently their IT indices are low. P goods, on the other hand, figure quite prominently in the industrial output

[81] Zu dem Güterkonzept allgemein vgl. Abschnitt 1.4 des II. Kapitels. Zur Besetzung der einzelnen Kategorien bei Hirsch vgl. Aufstellung I-A.

[82] Unberücksichtigt bleibt hier allerdings der nicht unwichtige Aspekt der Ländergröße. Kleine Länder sehen sich z. B. von vornherein einer anderen Spezialisierungsnotwendigkeit gegenüber als große. So auch Blattner [1977, S. 91]. Vgl. auch Drèze [1960] bzw. [1961] und Hübler [1975/76].

Aufstellung I-A: List of Industries Divided into Three Groups and SITC

Industry	SITC
Rich man's goods	
=	
R industries	
Furniture	82
Printing and publishing	892
Basic chemicals	51+52
Plastics	893
Non-ferrous metals	68–682.11
Non-electrical machinery	71
Electrical machinery	72–726.1
Road motor vehicles	732
Instruments	86+726.1
Poor man's goods	
=	
P industries	
Beverages	11
Tobacco	12–121
Textiles	65
Fertilizers	561
Drugs	541
Rubber	62
Non metallic minerals	661–666 +812.2
Every man's goods	
=	
E industries	
Clothing	84
Leather	61–612.3
Footwear	851+612.3
Wood	63
Paper	64
Synthetics	581
Iron and Steel	67
Metal goods	69
Shipbuilding	735

Quelle: Hirsch 1977, Tabelle A 2, S. 125.

of the low income countries. They are also intensively traded, entering both imports and exports" [Hirsch 1977, S. 103 f.].

Wenn sich auch der „Gütereffekt" bei den sog. P- und R-Gütern in der höchsten Einkommenskategorie, also den Industrieländern mit hohem Entwicklungsniveau, in den Berechnungen von Hirsch nicht so eindeutig darstellt wie vermutet, so verbleibt doch, daß ein „Ländereffekt" auf den Umfang intra-industriellen Handels zu diagnostizieren ist: Mit dem Ansteigen des Entwicklungs- bzw. Einkommensniveaus der Länder wächst auch deren intra-industrieller Handel. Dieser Sachverhalt läßt sich recht anschaulich mit dem Begriff des „Wohlstandshandels" [Lorenz 1978a, S. 283] charakterisieren. Damit wird sowohl dem spezifischen Güter- als auch dem Länderaspekt Rechnung getragen.

Der auf Produktdifferenzierung und Präferenzvielfalt beruhende intra-industrielle Handel ist das bedeutendste Element der Handelsausweitung zwischen hoch entwickelten Industrieländern seit der weltwirtschaftlichen Re-Integrationsphase. Ohne Produktdifferenzierung und damit ohne intra-sektorale Spezialisierung hätte sich der Handel zwischen den Industrieländern in den letzten dreißig Jahren wohl kaum so expansiv entwickelt. Unabhängig von allen statistischen Überlegungen stellt dieser Sachverhalt einen wichtigen weltwirtschaftlichen Gesichtspunkt dar. „Wohlstandshandel" beruht zwar auf einem gewissen Wohlstandsniveau der Handelspartner, er trägt aber gleichzeitig zu dessen und deren Fortbestand und Fortentwicklung bei.

4.3.2 „Zweiweghandel" und Liberalisierung

Es besteht heute kaum ein Zweifel darüber, daß der intra-industrielle Handel bzw. der mit ihm verknüpfte Prozeß intra-industrieller Spezialisierung vor allem in Form der Produktdifferenzierung maßgeblich an der Handelsexpansion der Nachkriegsjahre beteiligt ist. Allerdings ist eine genaue Trennung zwischen „reinen" Wirkungen aus dem intra-industriellen Handel und denen der allgemeinen Liberalisierung nur bedingt möglich, so daß der jeweilige Anteil kaum quantifiziert werden kann. Es muß aber die Frage gestellt werden, ob nicht ein bestimmter Zusammenhang zwischen Liberalisierung und intra-industrieller Spezialisierung besteht. Hier soll die These vertreten werden, daß erst durch das Zusammenwirken von internationaler Liberalisierung und intra-industriellem Handel die weltwirtschaftliche Expansion der Nachkriegszeit möglich war[83].

[83] Unter dem allgemeinen Gesichtspunkt der Reduzierung tarifärer Hemmnisse durch Liberali-

Man kann wohl folgende enge gegenseitige Bedingtheit zwischen Liberalisierungspolitik und intra-industriellem Handel postulieren: Intra-industrieller Handel und intra-industrielle Spezialisierung in der Produktion hätten sich kaum in dem Umfang einstellen können, wären nicht von seiten der weltweiten und speziell der regionalen Liberalisierung (Integrationspolitik) günstige Rahmenbedingungen geschaffen worden.

„Die zunehmende Liberalisierung des Außenhandels, die sich in der Nachkriegszeit in allen Industrieländern der westlichen Welt zeigt, dürfte deshalb die Vorbedingung für eine Erweiterung des Austauschhandels (gemeint ist intra-industrieller Handel, E. M.) geschaffen haben" [Hesse 1966, S. 231].

Umgekehrt ist Liberalisierungs- bzw. Integrationspolitik leichter bei intra-industriellen Produktions- und Handelsstrukturen durchzuführen, da der nationale protektionistische Widerstand (Gegendruck) nicht so groß wie im Falle inter-industrieller Arbeitsteilung ist. Letzterer Aspekt weist auf eine der fundamentalen Besonderheiten intra-industrieller Spezialisierung hin. Diese These, die von Grubel/Lloyd [1975 Kap. 8–10] vertreten wird, bedarf einiger Erläuterungen.

Aufmerksam wurde man auf das Phänomen des intra-industriellen Handels vor allem aufgrund der quantitativen und qualitativen Veränderungen der Handelsbeziehungen zwischen den Mitgliedsländern der EG nach der Bildung der Integrationszone. Eine Reihe von Untersuchungen [Verdoorn 1960; Balassa 1963; Grubel 1967; Adler 1970] zeigt, daß nicht eine Spezialisierung von Produktion und Export auf einzelne Industriezweige zwischen den Ländern stattfand, sondern daß vor allem der Handel mit Produkten aus denselben Industrien (Intra-Branchen-Spezialisierung) maßgeblich zur Handelsexpansion beitrug[84]. Dieser Tatbestand konnte empirisch für eine Reihe von Industriebranchen nachgewiesen werden [Grubel/Lloyd 1975, Kap. 3 und 9; Adler 1970; Stegemann 1977].

Die Untersuchungen der Handelsbeziehungen zwischen den bedeutendsten OECD-Ländern bestätigen den für die EG festgestellten Tatbestand [Abschnitt 4.3.1]. In den Untersuchungsperioden ist eine eindrucksvolle Steigerung des intra-industriellen Handels zu verzeichnen, wenn auch daraus (s. o.) nicht geschlossen werden kann, daß in dieser Zeit der intensivsten Liberali-

sierung unterscheiden sich allerdings die Effekte durch Handelsausweitung nicht von denen bei inter- bzw. intra-industriellem Handel.

[84] Auch Hufbauer/Chilas [1974, S. 4 ff.] kommen in neueren Untersuchungen zu entsprechenden Ergebnissen. Vgl. auch Rothschild [1970, S. 36 ff.], der feststellt, daß die „Konvergenztendenzen" stärker als die „Polarisierungseffekte" der Spezialisierung auf einzelne Branchen im Integrationsprozeß wirken.

sierungsbemühungen (bis zur Kennedy-Runde) *allein* diese für den aufgezeigten Trend verantwortlich sind. Dem widersprechen die Zahlen, die über das Jahr 1967 hinausgehen. Trotz stagnierender, traditioneller Liberalisierung hat sich der intra-industrielle Handel intensiviert [Hesse 1977, Tab. 1, S. 384 f.].

Hufbauer/Chilas haben versucht, die Frage zu beantworten, welches die Gründe für das Ausbleiben einer intensiven inter-industriellen Arbeitsteilung trotz fortschreitender Liberalisierung sind. Sie kommen zu einem mehr politisch begründeten Urteil, wenn sie feststellen:

> „Unserer Meinung nach ist die wichtigste Erklärung darin zu finden, daß GATT-Verhandlungen die intra-sektorale Spezialisierung sehr viel stärker fördern als die inter-sektorale" [Hufbauer/Chilas 1974, S. 7].

Sie begründen diese Sicht mit dem „politischen Übergewicht" der Produzenten über die Konsumenten. Die Regierungen stehen unter diesem Eindruck der Machtkonstellation und tauschen gemäß dem GATT gegeneinander Zollkonzessionen.

> „Es ist leichter, die Zustimmung einer Branche für niedrigere Handelsschranken zu erreichen, wenn *dieselbe* Branche sich umgekehrt von ausländischen Konzessionen Gewinn erhoffen kann. Noch besser sind gegenseitige Konzessionen, die, obwohl sie den binnenländischen Absatz eines Unternehmens gefährden können, dem gleichen Unternehmen den Zugang zu fremden Märkten eröffnen. Auf diese Weise begünstigen GATT-Zugeständnisse geradezu eine bracheninterne Spezialisierung" [Hufbauer/Chilas 1974, S. 7].

Neben dieser die Handelsdiplomatie betreffenden Argumentation gilt es, einige fundamental ökonomische Aspekte zu betonen, die sowohl die zurückliegende Entwicklung der intra-industriellen Spezialisierung plausibel erscheinen lassen als auch für die Welthandelspolitik allgemein einige interessante Hinweise geben.

Die allseits so gefürchteten Anpassungsprobleme im Gefolge substitutiver Reallokationsprozesse inter-industrieller Arbeitsteilung verlieren bei intra-industrieller Spezialisierung ihre Bedeutung und volkswirtschaftliche „Gefährlichkeit" [Hufbauer/Chilas 1974, S. 10 f. und S. 14 f.]. Denn die bei Änderung der internationalen Handelsstruktur – infolge der Reallokation – notwendigen Korrekturen nationaler Produktionsstrukturen sind nicht mehr *zwischen*, sondern nur noch *innerhalb* der Branche notwendig. Da die Anforderungen an die Inputs nahezu gleich bleiben, werden die zeitlichen und kostenmäßigen Anpassungslasten entscheidend verringert. Indem die komparativen Vorteile sich eben nur auf spezifische – eng begrenzte – Produktionslinien beziehen, sind Umstellungskosten als relativ „niedrig" anzusehen. Produktionsfaktoren müssen nicht einmal notwendig zwischen Unternehmungen wandern, sondern der Übergang zur Produktion differenzierter Produkte kann schon einen ausreichenden Anpassungsvorgang darstellen. Der Umfang der notwendigen Anpassung hängt allerdings von einer Vielzahl von Faktoren ab, zu denen z. B. der Anteil der betroffenen Güter am Gesamthandel des Unternehmens, der Branche und der Volkswirtschaft gehören. Insgesamt werden an die Transformationskapazität [Lorenz 1967, § 10] der Volkswirtschaft bei intra-sektoraler Spezialisierung nicht mehr die Anforderungen gestellt, wie es bei inter-industrieller Spezialisierung der Fall ist. Die Anforderungen entfallen zwar nicht, sind aber „akzeptabler", gerade was die sozialpolitisch bestimmten Zielvorstellungen (z. B. Sicherung der Vollbeschäftigung) der heutigen Nationalstaaten betrifft.

Allerdings gilt dieser Sachverhalt nur solange, wie der allseitig vorhandene Spielraum von einzelnen Partnern *nicht* extensiv – aggressiv – genutzt wird, d. h. die Wettbewerbssituation nicht ausschließlich zugunsten *eines* oder *einiger* Marktpartner von diesen autonom verändert wird. Solange die strategischen Möglichkeiten unter den Wettbewerbern nahezu gleich verfügbar sind und Innovations- bzw. Imitationsprozesse jedem der Wettbewerber zu irgendeiner Zeit Vorteile aus dem Wettbewerbsprozeß gewähren und im Zeitablauf via Produktdifferenzierung die einzelnen Partner begrenzte Marktsegmente autonom beackern können, solange wird die These von der „vereinfachten" Liberalisierungsmöglichkeit bei intra-sektoraler Spezialisierung ihre Geltung besitzen.

Was aber passiert, wenn (1) Wettbewerber trotz Intra-Branchen-Spezialisierung sich nicht „friedlich" verhalten resp. nicht im gleichen Umfang die entsprechenden strategischen Möglichkeiten verfügbar sind; wenn (2) Länder entweder ein „strategisches Defizit" besitzen oder Marktsegmente okkupieren, also eine „unfriedliche Politik der Nichtrespektierung des Marktsegments" betreiben und die dadurch Betroffenen nach protektionistischem Schutz verlangen?

Allein auf die Vorteile aus der intra-sektoralen Spezialisierung zu vertrauen, reicht in dieser Situation nicht mehr aus. Auch eine intra-industrielle Spezialisierung bedarf begleitender Maßnahmen. Denn die Länder, die trotz komparativer Vorteile aufgrund einer unfriedlichen Politik Verdrängungsprozessen unterworfen sind, bedürfen eines speziellen Beistandes. In diesem Fall wird die traditionelle Politik der Liberalisierung an ihre Grenzen stoßen, wenn sie nicht die neuen Notwendigkeiten – vielleicht sogar zeitlich begrenzte Protektion – berücksichtigt. Ein Erkennen und Beachten der *Gründe*, die hinter der Forderung nach Protektion stehen, ist unbedingt notwendig.

Ohne zusätzliche Instrumentarien, ob institutioneller und/oder funktioneller Natur ist sekundär, die diese Besonderheiten in ihr Kalkül einbeziehen, wird trotz intra-sektoraler Spezialisierung eine aktuelle Welthandelspolitik nicht realistisch sein können. Davon bleibt aber unberührt, daß die potentiellen Kosten der Transformation bei Handel mit differenzierten Produkten relativ geringer und damit leichter tragbar sind, was eine Rückkehr zur Intra-Branchen-Spezialisierung auch für „Benachteiligte" bzw. „Verdrängte" in jedem Fall vorteilhaft erscheinen läßt.

Wird so der „Erfolg" der Nachkriegsliberalisierung erklärbarer und verständlicher, so deutet dies andererseits aber auch auf einen veränderten Handlungsspielraum für eine zukunftsorientierte Weltwirtschaftspolitik hin. Gerade unter dem Gesichtspunkt, daß zwar bisher eine relativ geringe Protektion unter den Industrieländern vorhanden ist, der Zug zur Protektion aber zunimmt, gewinnt die Frage der den intra-industriellen Spezialisierungsprozeß unterstützenden Instrumentarien an Bedeutung. Der herausragendste Gesichtspunkt dürfte hierbei der der Anpassungshilfen sein. Unter den Besonderheiten intra-industrieller Spezialisierung können nicht generelle Anpassungshilfen oder solche, die auf jeden Fall ein Wechseln in andere Branchen fördern, angebracht sein [Grubel/Lloyd 1975, S. 143 f.], sondern jene, die der intra-sektoralen Spezialisierung dienen und langfristig zur Entstehung einer wirklich effizienten Wirtschaftsstruktur beitragen. Dies aber wird ohne eine länderübergreifende Koordination der Maßnahmenkataloge kaum zu erzielen sein. Auf keinen Fall darf diese Politik der Anpassungserleichterungen in einen internationalen Wettlauf um Hilfen ausarten.

Zu den Beziehungen zwischen „Zweiweghandel" und Liberalisierung kann damit abschließend festgestellt werden:

(1) Indem intra-industrielle Spezialisierung Anpassungsprozesse erleichtert und Transformationskosten verringert, wird eine Politik der Liberalisierung – international wie regional – begünstigt.

(2) Eine unterstützende Funktion ist in diesem Zusammenhang der internationalen Handelsdiplomatie im Rahmen des GATT zuzurechnen, die eine intra-sektorale Spezialisierung förderte (Hufbauer/Chilas).

(3) National wie international muß aber mit zunehmendem Konfliktpotential und Erschwernissen gerechnet werden, sobald die Zahl der Wettbewerber um einzelne Marktsegmente steigt und das Innovationspotential
- ungleich verteilt und/oder
- nicht unbegrenzt ist.

(4) Diesem Tatbestand ist auch bei Intra-Branchen-Spezialisierung Rechnung zu tragen. Spezifische Anpassungshilfen müssen intra-industrielle Spezialisierung begleiten. Eine aktuelle Liberalisierungspolitik muß diese Notwendigkeiten in ihr Kalkül einbeziehen.

Die internationale Entwicklung ist heute an diesem Punkt angelangt. Wurde die intra-industrielle Spezialisierung in den ersten beiden Dezennien der Nachkriegszeit nicht unwesentlich von dem *allgemeinen Wachstumsklima* (mit-)getragen, wodurch gerade die wirtschaftspolitischen „Erleichterungen" dieser Spezialisierung begünstigt wurden, so ist die aktuelle Entwicklung seit etwa der Kennedy-Runde immer mehr von dem Problem der sich verengenden Markt- bzw. Substitutionslücken und der sich damit parallel entwickelnden zunehmenden Aggressivität des Wettbewerbs bestimmt[85].

Damit aber gewinnt wiederum das scheinbar überwundene bzw. vereinfachte Anpassungsproblem an Gewicht, und es stellt sich die Frage, ob nicht die Vereinfachung bzw. Reduzierung nationaler Anpassungspolitik bzw. -notwendigkeit und -kosten durch Intra-Branchen-Spezialisierung nur ein Intermezzo im weltwirtschaftlichen Entwicklungsprozeß gewesen ist, das zudem aufgrund der überaus schnellen technologischen Entwicklung und Intensivierung der internationalen Handelsbeziehungen nur einige wenige Jahre währte.

Die extensive Nutzung der intra-sektoralen Spezialisierung hätte dann den Vorteilscharakter dieser Spezialisierung selber zunichte gemacht oder zumindest stark und schnell eingeengt. Insofern ist jeder Hinweis auf die Vorzüge der Intra-Branchen-Spezialisierung zu relativieren und erfordert als Erhaltungsstrategie vielmehr eine aktive „positive" Gestaltung – analog der schon angesprochenen „positiven" Liberalisierungspolitik.

5. Resümee: Von der Wachstums- zur Wettbewerbspolitik

Die bisherige Analyse der internationalen Wirtschaftsbeziehungen hat zu folgenden Ergebnissen geführt:

- Seit dem Zweiten Weltkrieg haben sich die internationalen Beziehungen und Verflechtungen stärker als je zuvor entwickelt. Die Kernregionen USA, Europa (EG) und Japan sind deren Eckpfeiler und Träger.

[85] Dies wird im III. Kapitel eingehend erörtert werden.

- Diese Entwicklung, die sich insbesondere in der Expansion des Welthandels ausdrückt, ist allem Anschein nach nur bedingt auf die globale Re-Integrationspolitik zurückzuführen. Ein Konglomerat von Wachstumsfaktoren – historisch begründete, wirtschaftliche und politische – begünstigte diese Entwicklung. Ob diese Wachstumsfaktoren ausgereicht hätten, die weltwirtschaftliche Expansion und internationale Verflechtung ohne institutionell abgesicherte Liberalisierung in dem Maße zu bestimmen, wie unter der „organisierten Weltwirtschaft" nach dem Kriege geschehen, kann zwar nicht schlüssig bewiesen werden – wenn auch die These gerechtfertigt erscheint, daß vieles in die gleiche Richtung gewirkt hätte –, allein die offensichtliche Bedeutung der weitgehend liberalisierungsunabhängigen Wachstumskräfte trägt aber zu einer Entmythologisierung der „negativen" Liberalisierung bei und lenkt den Blick auf die zukünftigen ordnungspolitischen Anforderungen.
- Gewissermaßen im Schatten der Ideale des Bretton Woods-Systems entstand die regionale Integrations- und Liberalisierungskomponente (EG). Unter ihrer Ägide konnten die größten, wenn auch regional begrenzten Liberalisierungserfolge erzielt werden. Gleichzeitig erfuhren die internationalen wirtschaftspolitischen „Bargaining-Prozesse" ihre entscheidende Modifizierung (Regional- bzw. Blockkomponente).
- Solange das Wachstumsklima steten Expansionsspielraum gewährte, solange traten für die nationalen und internationalen Entwicklungsprozesse und damit auch für die Liberalisierungspolitik kaum nennenswerte – nationale wie internationale – Behinderungen auf. Fälschlicherweise betrachtete man die Zeit bis zur Kennedy-Runde als „normale" Periode. Sie war es aber in keiner Weise. Diese Fehleinschätzung und die darauf aufbauenden Fehlentscheidungen sollten sich alsbald in Form von weltweiten ökonomischen Problemen zeigen.
- Der Wachstumstrend wurde zum Ende der 60er Jahre merklich schwächer (Investitionsschwäche), und die durch wachsende Inflationsraten aufgeblähten Expansionsraten täuschten lange über die wahre Entwicklung hinweg. Der Übergang von der „einfachen" Wachstums- zur „anspruchsvollen" Wettbewerbspolitik – vor allem im Makro- und nicht im traditionellen Mikrobereich – mußte sich notwendigerweise einstellen; denn die Konkurrenz der Nationalstaaten im „Wachstumswettbewerb" (Stegemann, Voigt) wurde (a) wegen geringerer zusätzlicher Expansionsfelder sowie (b) „verschleppter" Strukturprobleme (sektoral und regional) immer vehementer, aber auch immer mehr pervertiert (Protektionismusvorwurf).

- Bildlich gesprochen existierten seit dem Beginn der 60er Jahre, dem Übergang der europäischen Länder und Japans zur Konvertibilität und dem Abschluß der Aufbau- und zweiten (währungspolitischen) Liberalisierungsperiode, zwei Entwicklungslinien internationaler Wirtschaftspolitik (sog. Liberalisierungspfade).

  Die traditionelle Integrationspolitik basierte weiterhin auf der „negativen“ Liberalisierung unter der Ägide von IWF und GATT. Die mit abnehmendem Einfluß der traditionellen immer mehr hervortretende „neue“ Entwicklungslinie, entstanden als Folge struktureller Wandlungen aufgrund des Wachstumsprozesses und der bereits erreichten Liberalisierung, ist eng verbunden mit nationalen Anpassungsproblemen und in deren Gefolge neuen bzw. neuartigen, modifizierten Restriktionen sowie veränderten ordnungspolitischen Überlegungen.

- Die sich aus dem Liberalisierungsprozeß entwickelnden Problembereiche verursachten neben der allgemeinen Infragestellung des multilateralen Systems eine neue Dimension in der nationalen und internationalen Wirtschaftspolitik. Dies wiederum hatte entsprechende Rückwirkungen auf die internationale Handelspolitik. Die Re-Integrationsbestrebungen gerieten in Problemzonen, gewissermaßen als Ergebnis der vorangegangenen „Erfolge“.

Bevor wir uns schwerpunktmäßig mit den realen Entwicklungen und Konsequenzen innerhalb der beiden Entwicklungslinien internationaler Wirtschaftspolitik beschäftigen (Kapitel III), wird im folgenden Kapitel einigen außenhandelstheoretischen Aspekten nachgegangen.

Kapitel II
Industrieländerhandel und Außenhandelstheorien

Wenn wir uns jetzt der Außenhandelstheorie zuwenden, so bestimmen folgende Vorstellungen unsere Vorgehensweise:

- Der Industrieländerhandel unterscheidet sich in Wesen und Struktur entscheidend von anderen weltwirtschaftlich relevanten Handelsströmen (vgl. Kapitel I). Das impliziert die Fragen nach der außenhandelspolitischen Bedeutung dieser Handelsbeziehungen. Die politische Komponente ist gerade beim intra-industriellen Handel bisher weitgehend nur als „Nebenprodukt" empirischer und/oder außenhandelstheoretischer Erörterungen abgefallen. Aber gerade die außenhandelspolitische Sicht dieses spezifischen Industrieländerhandels, unter besonderer Berücksichtigung der Wettbewerbsaspekte, scheint für die Klärung und damit bedingt auch die Lösung anstehender weltwirtschaftlicher Fragestellungen (zukünftige Ordnungspolitik) von besonderer Bedeutung zu sein.
- Die außenhandelstheoretische Erklärung des im Tausch von engen Substituten bestehenden intra-industriellen Handels wird durch die immer noch vorwiegend als Preistheorie existierende Außenhandelstheorie (statische Reallokationstheorie) unmöglich gemacht. Es stellt sich damit die Frage nach den relevanten Außenhandelsdeterminanten bzw. den „neuen" erklärenden Hypothesen. Dabei ist gerade auch den im I. Kapitel gewonnenen speziellen Raum- bzw. Regionalaspekten besondere Beachtung zu schenken. Der Predöhlsche Gedanke einer multizentrischen Weltwirtschaft rückt verstärkt in das Blickfeld außenhandelstheoretischer und -politischer Erörterungen.
- Die Zusammenschau von theoretischer Erklärung und außenhandelspolitischer Bedeutung des Industrieländerhandels intra-industrieller Provenienz gibt uns wichtige Hinweise für relevante – d. h. aktuelle *und* zukünftige – weltwirtschaftspolitische Problembereiche. Gleichzeitig aber erhoffen wir uns damit eine erste Ausgangsbasis für die Beschreibung einer zukünftigen Welthandelspolitik zu schaffen. In den folgenden Kapiteln soll diese Basis dann ausgearbeitet werden.

1. Erklärungsgehalt der Außenhandelstheorien

Die besondere Bedeutung des intra-industriellen Handels haben wir in den vorangegangenen Abschnitten anhand einiger (welt-)wirtschaftspolitischer und statistischer Aspekte zu verdeutlichen versucht. Welche Modelle bzw. theoretischen Ansätze stehen nun zur Verfügung, um dieses Phänomen des Handels zwischen hoch entwickelten Industrieländern zu erklären?

Betrachtet man die vorhandenen Theorien, so fällt auf, daß in neuerer Zeit einzelnen Phänomenen internationaler Handelsbeziehungen besondere Aufmerksamkeit gewidmet wird. Dieses phänomenologische Vorgehen in der neuen Außenhandelstheorie ist zugleich Kennzeichen als auch ihr objektiver Mangel. Die sog. „phänomenologischen Ansätze"[1] versuchen, aus ökonomischen Strukturmerkmalen der Länder Hypothesen über deren potentielle und reale Ausfuhr- bzw. Einfuhrströme zu entwickeln; allerdings immer nur begrenzt für ganz spezifische Beziehungen: innerhalb des Austausches von Industrieprodukten (manufactures). Nur wenige Theorieansätze – so vor allem die von Lorenz [1967], Lemper [1974] und Gray [1976] – beschreiten einen anderen Weg. Sie entwickeln Gesamtsysteme, wobei die sog. ad hoc oder phänomenologischen Theorien in das jeweilige Modell integriert werden (können)[2]. Wesentlich eklektischer gehen z. B. Grubel/Lloyd [1975] bei ihrem Erklärungsversuch des intra-industriellen Handels vor. Hier stehen traditionelle und neue Theorieansätze weitgehend unverbunden nebeneinander.

Aufgabe dieses Abschnitts wird es sein, die vorhandenen Modelle (Modellansätze) daraufhin zu untersuchen, inwieweit sie zu einer befriedigenden Erklärung des intra-industriellen Handels als Spezifikum beitragen können. Aus diesem Grunde wird auf eine Darstellung aller Modelle verzichtet. Wir beschränken uns auf die für unser Untersuchungsobjekt wesentlichen Tatbestände und Ergebnisse, wobei insbesondere auf den Wettbewerbsaspekt abgestellt wird. Dieses Vorgehen scheint auch deswegen gerechtfertigt, weil eine umfangreiche und ausführliche Diskussion der bestehenden Modelle in der Literatur vorliegt. An den entsprechenden Stellen wird daher auf diese Quellen verwiesen.

---

[1] Hierunter fassen wir die Modelle des „Produktzyklus", des „technological gap trade" und der „repräsentativen Nachfrage" zusammen. Lorenz verwendet den Begriff der „ad hoc Theorien" [Lorenz 1969, S. 168].

[2] Über den Handel der Industrieländer hinaus lassen die genannten Ansätze auch eine Erklärung z. B. des Nord-Süd-Handels zu. Damit werden wir uns hier allerdings nicht auseinandersetzen.

1.1 Dynamische Außenhandelstheorien: Phänomenologische Ansätze und Totalmodelle

Die traditionellen Außenhandelstheorien[3] sind in der Literatur umfangreich diskutiert worden[4]. Ihr statisches Bezugssystem, die Prämisse der vollkommenen Konkurrenz, die Nichtberücksichtigung des Verfügbarkeitsaspekts und die Beschränkung auf das Reallokationsmodell stellen eine entscheidende Einengung dar. In ihrer Konstruktion als Reallokationstheorie ist der Faktorproportionentheorie eine Erklärung intra-industriellen Handels nicht möglich; denn Kosten- bzw. Preisgesichtspunkte sowie inter-industry specialization spielen im Falle des intra-industriellen Austausches keine entscheidende Rolle.

Die „neuen" dynamischen Außenhandelstheorien[5] verfolgen das Ziel, bisher vernachlässigte Determinanten (Zeit, Organisation und Raum) internationaler Handelsbeziehungen zu berücksichtigen [Hufbauer 1970, S. 145 f.]. Weiteres Kennzeichen aller Dynamisierungsversuche ist das Abgehen von dem „indirekten" (Faktorebene) und der Übergang zum „direkten" (Produktebene) Ansatz. Die traditionelle Theorie ist an die Faktorebene unlösbar gebunden, da sie den Austausch homogener Güter postuliert (Substitutionsmodell), wobei allein die generellen Produktionsverhältnisse divergierenden Charakter von Land zu Land aufweisen.

> „Diese Voraussetzung erweist sich ohne Zweifel für eine Dynamisierung und die Erfassung der Phänomene der weltwirtschaftlichen Entwicklung als äußerst unangemessen" [Lorenz 1969, S. 168].

So haben dann auch vereinzelte Versuche, die HO-Hypothese zu dynamisieren, zu wenig erfolgversprechenden Ergebnissen geführt[6].

> „Folgerichtig konzentrieren sich in jüngster Zeit viele Bemühungen um eine Dynamisierung der Theorie des internationalen Handels auf empirisch gestützte Formen der Marktdynamik . . ." [Lemper 1974, S. 73].

---

[3] Wir beziehen uns hier sowohl auf die Theorie der „komparativen Kosten" von Ricardo [1817] als auch die Faktorproportionentheorie von Heckscher [1919], Ohlin [1933] bzw. Samuelson. Vgl. Heckscher [1949], Ohlin [1967] und Samuelson [1948], [1949] und [1953/54].

[4] Vgl. vor allem Lorenz [1967, S. 15 ff.] und Lemper [1975] bzw. [1974, Kap. 1]. Siehe dazu aber auch Grossekettler [1977].

[5] Lorenz [1967], Blattner [1971] und Lemper [1974]. Der Produktzyklusansatz von Vernon [1966] und Hirsch [1967] und der „Lückenansatz" von Posner [1961] und Hufbauer [1966].

[6] Vgl. den dogmengeschichtlichen Überblick bei Schittko [1968, S. 5 ff.]; neuere Versuche werden bei Lemper [1975, S. 144 ff.] diskutiert.

Im Gegensatz zur traditionellen Theorie stehen vor allem die folgenden Aspekte:

- Unterschiedliche Entwicklungsniveaus zwischen den einzelnen, als Akteure auf den Weltmärkten auftretenden Ländern; die traditionelle Theorie postuliert dagegen international gleiche Produktions- und Nutzenfunktionen.
- Wettbewerbsprozesse aufgrund oligopolistisch strukturierter Märkte; dies bedeutet ein Abgehen von der Prämisse der vollkommenen Konkurrenz. Den Unternehmen werden damit andere Verhaltensweisen als die des Mengenanpassers zugebilligt.
- Komplementäre Handelsströme aufgrund des Austausches (funktionell) heterogener Güter; die traditionelle Theorie unterstellt homogene Güter bzw. linear-homogene Produktionsfunktionen.
- Eine besondere Erweiterung ergibt sich, wenn auf die Annahme des „Punktmarktcharakters“ verzichtet wird. Dann läßt sich der Raumaspekt – wie er vor allem von Predöhl vertreten wurde – berücksichtigen.

1.1.1 Neo-Technologie-Hypothesen

Beide Theorieansätze beziehen sich auf den Einfluß des technologischen Faktors in seinen Ausprägungen als Prozeß- und/oder Produktinnovation bei Industriegütern. Die so begründbaren dynamischen Wettbewerbsvorteile führen aufgrund des unterschiedlichen Auftretens, der Realisation und Diffusion des technologischen Fortschritts[7] sowohl zwischen Branchen als auch zwischen Ländern zu den mikroökonomischen „Innovations-Imitations-Hypothesen“.

1.1.1.1 „Product-cycle“ (Vernon, Hirsch)

Dieser Theorieansatz bleibt durch den Rückgriff auf die bestimmende Relevanz der Faktorausstattung der Faktorproportionentheorie eng verhaftet[8]. Allerdings erweitert sie diese um den dynamischen Aspekt des Produktzy-

[7] Eine Reihe von Untersuchungen bestätigt die generelle Hypothese des Einflusses von F&E auf die internationale Wettbewerbsfähigkeit von Branchen (Industrien) und damit auch implizite auf die internationalen Austauschstrukturen [z. B. Horn 1976].

[8] Hirsch [1967, S. 38] hat selber darauf hingewiesen, daß dieser Ansatz nicht als Substitut, sondern vielmehr als Komplement und Erweiterung der HO-Hypothese zu sehen ist.

klus und die Herausstellung der Marktbedingungen und damit die Absatzkomponente. Im Vordergrund stehen die real existierenden Verknüpfungen zwischen internationaler Wettbewerbsfähigkeit der Industrie und Standortgesichtspunkten. Markante Phasen (early, growth, mature) kennzeichnen ein Industriegut von seiner Entwicklung bis zu seiner Standardisierung. „Zykluskriterium" ist der Standardisierungsgrad der Produktion. Entsprechend dem Fortschreiten des Zyklus werden jeweils andere Standorte relevant und führen zu einer Neuverteilung der Produktionsorte über die Länder/Regionen. Ein zum überwiegenden Teil unbeeinflußbarer, weil dem Zyklus immanenter Entwicklungsprozeß ist Ausgangspunkt und Antriebskraft dieser Reorganisation.

In der ersten Phase sind technisches Know-how und ein entsprechender ökonomischer Rahmen („external economies", verstanden als industrielle Umwelt) zur Entwicklung von „neuen" Gütern notwendig [Hirsch 1967, S. 18]. Ein Land erzielt in der Einführungsphase einen absoluten Vorteil, der, wenn alle monopolistischen Wettbewerbsvorteile aufgebraucht sind, bei sich langsam konsolidierender bzw. stagnierender Nachfrage aufgehoben wird. Ein Preiswettbewerb tritt an die Stelle monopolistischer Vorteilssituationen. Lohnkostenvorteile geben in der letzten Phase den Ausschlag für die realisierte Handelsstruktur.

Allerdings spielen bei Hirsch auch andere als produktionstechnische Gesichtspunkte zur Standortbildung eine nicht unbedeutende Rolle: Marktbedingungen, Transportkosten, Informationen als reglementierendes Gut, Marktzugangsbedingungen etc. erlangen dort eine besondere Bedeutung, wo ein „neues" Produkt über den nationalen Markt hinaus vertrieben werden soll. Nach Hirsch werden dabei die Marktzugangskosten negativ mit dem Fortschreiten des Gutes im Zyklusprozeß korrelieren.

Der Handel zwischen Ländern mit divergierenden Strukturen (Ausstattungen) kann durch die Theorie des Produktzyklus in gewissen Bereichen erklärt werden. Sofern aber Länder gleiche Faktorausstattungen aufweisen, kann der sich entwickelnde Handel nicht erklärt werden [so auch Hesse 1974, S. 53; mit anderem Tenor Grubel/Lloyd 1975, S. 110 ff.]. Dies gilt auch für den Fall der Produktdifferenzierung und damit den intra-industriellen Handel. Wenn sich darüber hinaus die wirtschaftlichen Entwicklungsphasen zwischen Industrieländern ähneln, dann ist fraglich, ob überhaupt noch Lokalisierungen innerhalb des Bereichs der Industrieländer festgestellt werden können[9]. Eine

[9] An dieser Frage wird besonders deutlich, daß die Überlegungen von Vernon [1966] sich auf die 50er und 60er Jahre und insbesondere auf die Rolle der USA zu der damaligen Zeit

Verwendung dieses Theorieansatzes ist daher wohl eher für den Nord-Süd-Bereich – oder besser für den Zentrum-Peripheriehandel in allen seinen Zwischen- und Unterstufen – möglich und sinnvoll.

1.1.1.2 „Technological-gap" (Posner, Hufbauer)

Der monopolistischen Wettbewerb begründende Technologiegüterhandel ist Untersuchungsziel dieses Ansatzes. Die entscheidenden Elemente des „technological gap account" können wie folgt zusammengefaßt werden:

- Aufgrund der ungleichmäßigen Verteilung des Faktors „technical knowledge" über die Länder entstehen komparative Vorteilssituationen. Allein sein Vorhandensein aber reicht nicht aus, Vorteile zu begründen. Seine unterschiedliche Verwendung bei der Produktion von neuen Technologiegütern ist Bestimmungsgrund des Vorteilsumfangs. Die international divergierende innovatorische Aktivität beruht auf dem jeweiligen länderspezifischen Entwicklungsniveau [Hirsch 1977, Kap. III] und der sich herausbildenden typischen qualitativen Bedarfsentwicklung. Damit sind komparative Verfügbarkeitsvorteile für einzelne Länder in bestimmten Zeitperioden verbunden.
- Produktions- bzw. Verfahrensinnovationen sind Basis des Lückenhandels. Sie verändern die komparativen Vorteilssituationen so entscheidend, daß eine entsprechende Nachfrage nach diesem Know-how in mindestens einem anderen Land entsteht. Grundlage der Innovation ist wissenschaftliches und technologisches Potential. Potential und Lücken stehen nach der Auffassung von Posner [1961, S. 324] in einer spezifischen Beziehung zum Entwicklungsprozeß und damit auch den schon realisierten Produktionsprozessen in der Vergangenheit. Industrieländer werden daher Ursprungsland der Innovation und des Lückenhandels sein. Definiert ist der Lückenhandel durch den sog. „demand lag" und den „imitation lag".
- Die Fähigkeit anderer Länder, den Prozeß der Imitation zu realisieren, wächst im Zeitablauf[10]. Der „lag" zwischen Innovation und Imitation ist

beziehen [vgl. z. B. Vernon 1966, Fig. 1, S. 199 und Wells jr. 1969, S. 153]. Wenn nun auch nicht so weit gegangen werden kann, aus dem Produktzyklusansatz einen „US-Ansatz" zu konstruieren, so erfährt die Zyklusthese doch eine nicht unwesentliche Begrenzung auch und gerade durch die sich im Zeitablauf angleichenden ökonomischen Niveaus der westlichen Staaten, insbesondere im trilateralen Bereich. Das *generalisierende* Konzept wird damit relativiert, aber nicht widerlegt, wie es durch empirische Tests auch nicht bestätigt werden konnte [Wells jr. 1969 und in Wells jr. 1972; Breuss 1975, S. 141 ff.].

[10] Von dem Interesse an der Übernahme überlegener technologischer Verfahren kann ausgegangen werden. Bei Industrieländern handelt es sich geradezu um eine markt- und wettbewerbs-

abhängig von einer Vielzahl von Faktoren und von Land zu Land bzw. Produkt zu Produkt unterschiedlich. So spielen allgemein die Transformationskapazität der jeweiligen Volkswirtschaft, sog. „Kommunikationsbarrieren", technologische Markteintrittshindernisse, die Nutzung statischer und dynamischer Skalenvorteile beim Innovator und später beim Imitator, die Verfügbarkeit von qualifizierten Arbeitskräften, Risikokapital etc. eine „lag"-bestimmende Rolle. Sobald das ehemalige Innovationsprodukt in standardisierten Prozessen hergestellt wird, gewinnen andere als der seinerzeitige technologische Vorsprung an ökonomischer Relevanz (Faktorpreisrelationen). Der sich letztendlich – d. h. vor dem totalen Versiegen des Handelsstromes – ergebende „low-wage trade" basiert dann wieder auf traditionellen komparativen Kostenvorteilen.

Für die Erklärung des intra-industriellen Handels kann der Lückenansatz allerdings nur wenig beitragen. Sehr einsichtig ist die Erklärung des Handels zwischen Ländern mit relevanten unterschiedlichen Entwicklungsniveaus. Auch kann der Handel zwischen Ländern mit annähernd gleichem Niveau eine Erklärung finden, sofern die Ursache der Beziehung in der Realisierung zeitlich begrenzter technologischer Vorteile des Exportlandes besteht. Damit ist die Interpretation des Austausches von Industrieprodukten in der gleichen Warenkategorie bedingt möglich, solange ein technologischer Vorsprung als Ursache des Warenstromes ausgemacht werden kann. Dies dürfte aber unmöglich sein bei Industriewaren wie z. B. Automobilen, bei Eisen und Stahl, wo gerade kein entscheidender technischer Fortschritt vorliegt. Cramer stellt denn auch fest:

> „Die angebotene Theorie kommt zwar sehr nahe daran, weil der gegenseitige Handel von Produkten derselben Industrie erklärbar geworden ist, solange in einem Land für ein Gut ein technischer Vorsprung vorhanden ist, aber den Austausch von weitgehend übereinstimmenden Produkten – wobei es sich um technisch recht ausgereifte Erzeugnisse handeln kann – erfaßt sie doch nicht" [Cramer 1973, S. 27].

1.1.2 Zwei dynamische Totalmodelle

1.1.2.1 Theorie „komparativer Entwicklungsvorteile" (Lorenz)

Der bis dato umfassendste neue Ansatz einer Dynamisierung der Außenhandelstheorie geht auf Lorenz [1967] zurück. Sein Dynamisierungsversuch setzt

---

spezifische Notwendigkeit. Hier besteht eine enge Verbindung zu dem von Finger [1975] und Blattner [1971] formulierten Wettbewerb der Firma, der eine ständige Produktentwicklung fordert.

auf der Unternehmensebene an. Wie nach ihm bei Blattner [1971] und mit Modifikationen Lemper [1974] handelt es sich um eine Dynamisierung „rein strategischer Natur" (Blattner).

Nicht mehr die Determinanten der neo-klassischen Außenhandelstheorie sind für Lorenz relevant, sondern die Richtung der internationalen Handelsströme wird durch die unterschiedliche Auf- bzw. Verteilung sog. „monopolistischer Entwicklungsvorteile" bestimmt. Über das generelle Prinzip des „Entwicklungsvorteils" läßt sich sowohl komplementärer als auch substitutiver Außenhandel dynamisch erklären. Lorenz [1967, S. 64 f.] formuliert damit eine dynamische Theorie der Entwicklung der internationalen Arbeitsteilung bzw. Spezialisierung[11].

An den grundsätzlichen Mängeln der traditionellen Theorie setzt Lorenz an. Er stellt dem substitutiven den komplementären – und in einer besonderen Erweiterung den supplementären – Ansatz gegenüber. Die orthodoxe Theorie der komparativen Kosten betont die substitutiven Beziehungen und fragt nach der Art des Reallokationsprozesses und dessen Ergebnis bei „... *in allen Ländern gleichzeitig verfügbaren identischen Gütern*" [Lorenz 1967, S. 28]. Lorenz dagegen legt den Schwerpunkt auf die komplementären Beziehungen.

Die einzelnen Länder verfügen vor Außenhandelsaufnahme (bei Autarkie) nicht oder noch nicht über die Herstellungsmöglichkeiten für alle Güter. Erst der Außenhandel bewirkt, daß bestimmte Waren via Import dem Land zugänglich werden. Mit diesem Konzept überführt er das „Theorem der komparativen Kosten in eine Theorie komparativer Entwicklungsvorteile" [ebenda, S. 12], ohne daß dadurch die traditionelle Theorie völlig aufgehoben wird. Allerdings tritt eine entscheidende Veränderung ein: Nicht mehr auf der Faktorebene sind die Bestimmungsgründe des Außenhandels zu suchen. Ausgangspunkt ist das „Verfügbarkeits-Konzept" von Kravis [1956].

Die entwicklungstheoretische Interpretation des Verfügbarkeitsansatzes durch Lorenz führt zum Spezifikum dieser Theorie, den „komparativen Entwicklungsvorteilen". Entwicklungsvorteile beruhen auf „... spezifische(n) Verfügbarkeiten über ökonomisches Potential, das entweder a) durch

[11] Einen anderen Weg geht Breuss [1975, S. 14], der „... Kausal*faktoren zu finden* (sucht), *die ein in groben Umrissen vorliegendes komparatives Vorteilsgerüst laufend* (im Zeitablauf) *verändernd* (verstärkend, stabilisierend, schwächend) *beeinflußt oder verfeinert.*" Diese „interaktiv wirkenden Einflußfaktoren" sieht Breuss auf das Grundmuster („Größe des Landes") einwirken. Die Nachfragestruktur, die Produktivität, das Unternehmerverhalten und der Integrationsgrad sind die Verursachergrößen.

die Entwicklung der *internationalen* Nachfrage als Spezialisierungsvorteil erst Bedeutung erlangt (Rohstoffe z. B.) oder das b) den Entwicklungsprozeß bereits selber symbolisiert (neue Güter und Produktdifferenzierung z. B.)" [Lorenz 1967, S. 86]. Neue Güter gelten dabei als Ausdruck des technischen Fortschritts und Produktdifferenzierung als Ausdruck monopolistischer Marktstrategie.

> „Entwicklungsvorteile können demgemäß definiert werden als spezifische im weltwirtschaftlichen Entwicklungsprozeß relevante monopolistische Verfügbarkeiten" [Lorenz 1966, S. 43].

Notwendige Bedingung ist, daß die monopolistischen Verfügbarkeiten bezüglich der Güterkategorie sowohl Entwicklungs- als auch Spezialisierungsrelevanz besitzen, wodurch sich ihr Komplementaritätscharakter ausdrückt.

Monopolistische Verfügbarkeiten können immer nur ein Monopol auf Zeit begründen. In einem dynamischen Prozeß wandeln sich die Strukturen der monopolistischen Entwicklungsvorteile im Zeitablauf, wobei „... Dauer und Potential (der Zeitmonopole, E. M.) von der Natur und Stärke des dynamischen Wettbewerbs sowie dem Tempo und der Veränderungsintensität der wirtschaftlichen Entwicklung bestimmt werden" [Lorenz 1967, S. 91]. Besondere Betonung wird auf die Art und Struktur der den dynamischen Entwicklungsprozeß bestimmenden Mechanismen gelegt.

Lorenz bindet seinen dynamischen Ansatz in eine Kombination zweier Wettbewerbstheorien ein. Schumpeter/Arndt [1952][12] auf der einen und Chamberlin [1957]/Downie [1958][13] auf der anderen Seite geben den wettbewerbstheoretischen Rahmen ab. Gemeinsam ist beiden der den Entwicklungsprozeß beschreibende Innovations- und Imitationsaspekt als Strukturelement der Wettbewerbsdynamik. Während die durch die Innovation geschaffenen – *originären* – Verfügbarkeiten (autonome Monopole) im Schumpeter/Arndt-Modell den Nachahmungswettbewerb begründen, entstehen im Chamberlin/Downie-Modell Verfügbarkeiten nicht „originär", sondern *induziert* (qualifizierte Monopole) durch Verbesserung bzw. Differenzierung schon bestehender Verfügbarkeiten. Durch die Vereinigung der im Ansatz unterschiedlichen Modelle von Arndt und Downie in einem Modell gelingt

[12] Bei Arndt pendelt der Wettbewerbsprozeß aufgrund der Bahnbrecher und der Nachahmer zwischen den beiden Extremen – dem Isopol und dem Monopol. Realisiert werden können aber immer nur „polare" Wettbewerbssituationen.

[13] Bei Downie kennzeichnen Transfer- und Innovationsmechanismen den Wettbewerbsprozeß. Leistungsdispersionen (Effizienzunterschiede) lassen in verschiedenen Phasen Monopolsituationen entstehen, wirken ihnen aber im Prozeßverlauf wiederum entgegen [Lorenz 1967, S. 103 ff.].

es, deren Unterschiede auf höherer Ebene zu eliminieren. Auf dieser Ebene werden sie als zeitlich und sachlich nachfolgende und nicht voneinander losgelöste Phasen im Entwicklungsprozeß interpretiert. Der Entwicklungsprozeß beginnt mit einem autonomen (originären) Monopol und daraus abgeleiteten Verfügbarkeiten. Im Verlauf von Nachahmungsprozessen werden die Verfügbarkeiten über die Länder neu verteilt. Das jeweilige Imitationspotential und die Transformationskapazität beeinflussen die Lebensdauer des Zeitmonopols. Art und Dauer der jeweiligen Prozeßverläufe ist vorab nicht festzustellen. Markt- und auch konjunkturelle Einflüsse spielen hier eine entscheidende Rolle, ebenso wie parallel ablaufende Entwicklungsprozesse jeglicher Art.

Den makroökonomischen Aspekt hat Lorenz ebenfalls als Erklärungskomponente in den Theorieansatz aufgenommen [Lorenz 1967, § 11]. Bei Voraussetzung fester Wechselkurse erklärt Lorenz „... die makroökonomischen Entwicklungsvorteile ausschließlich aus den international unterschiedlich verlaufenden binnenwirtschaftlichen Wachstumsprozessen ..." [ebenda, S. 157].

Die jeweiligen Abweichungen vom Gleichgewichtswachstum führen zu einer ländermäßig unterschiedlichen Auslastung der Produktionsfaktoren. Die unterschiedliche binnenwirtschaftliche konjunkturelle Situation einzelner Länder wird dann zu „supplementären" Handelsbeziehungen (Ergänzungsfunktion des Handels) führen, wenn ein Land die nationale Nachfrage über die eigene Produktion nicht mehr befriedigen (Kapazitätsgrenzen sind erreicht) und ein anderes Land aufgrund nicht voll genutzter Kapazitäten einspringen kann.

Durch das Konstrukt der zeitlich limitierten „monopolistischen Entwicklungsvorteile" hat Lorenz ein generelles Prinzip entwickelt, das eine umfassende Interpretation der internationalen Handelsbeziehungen ermöglicht. Die unterschiedliche räumliche sowie zeitliche Verteilung der Entwicklungsvorteile über Unternehmen, Branchen, Sektoren und Länder ist entscheidend für die Richtung und Struktur der internationalen Güterströme. Entwicklung und Veränderung der den Charakter von Zeitmonopolen tragenden Entwicklungsvorteile wird in den einzelnen Ländern durch die Art des jeweiligen Wettbewerbsprozesses bestimmt. Die Bestimmungsgründe der Dynamik des monopolistischen Wettbewerbs, die Art und Weise des Auf- und Abbaus der monopolistischen Verfügbarkeiten ist allerdings weithin ungeklärt. Hierbei handelt es sich um ein generelles Problem der Wettbewerbstheorie. Über die Ausnutzung spezifischer Wettbewerbssituationen sind relativ genaue Aussagen möglich, nicht aber darüber, wie sie entstehen bzw. erworben werden[14]. Damit wird deutlich, daß wohl vor allem an der mikroökonomischen Ebene, den Unternehmen als Entscheidungsträgern, angesetzt werden muß. Die „Theorie der Firma" ist ein erster Schritt in dieser Richtung, von der aus auf die sich real entwickelnde Spezialisierung geschlossen werden kann.

Interessant ist noch, wie sich die Lorenzsche Theorie in bezug auf andere wettbewerbstheoretische Ansätze darstellt. Blattner [1971] hat die von Kantzenbach [1967] entwickelte Theorie mit der von Lorenz verknüpft:

> „Die Wettbewerbsintensität kann von Land zu Land, aber auch von Sektor zu Sektor differieren. Ist die Wettbewerbsintensität optimal, dann ist die Entstehung monopolistischer Entwicklungsvorteile besonders wahrscheinlich. Da bei Lorenz die komparativen Entwicklungsvorteile über die Richtung der internationalen Güterströme und deren Veränderung entscheiden, kommt damit letztlich den *komparativen Graden der Optimalität der Wettbewerbsintensität* die entscheidende Bedeutung bei der Bestimmung der Richtung der Außenhandelsströme zu" [Blattner 1971, S. 89].

Die mögliche Wettbewerbsintensität, die sog. optimale, ist aber von der effektiven, d. h. der aufgrund von Wettbewerbsbeschränkungen sich herausbildenden, zu unterscheiden. Somit gewinnt die jeweilige *nationale Wettbewerbspolitik* im Entwicklungsprozeß [Kantzenbach 1967, S. 128 ff.] an Bedeutung für die Stellung der Industrie bzw. des Landes im internationalen Wettbewerbsprozeß. Die *nationale* ordnungspolitische Komponente – und dies ist hier der eigentlich wichtige Gesichtspunkt – wird damit wegen ihres Einflusses auf die Konkurrenzfähigkeit und die einzelwirtschaftliche Spezialisierungsentscheidung im Außenhandel Richtung und Umfang der internationalen Güterströme entscheidend mitbestimmen.

1.1.2.2 „Expansionswettbewerb" (Lemper)

Lemper sieht den Welthandel als primäre Funktion des weltwirtschaftlichen Entwicklungsprozesses, der von verschiedenen handelsrelevanten Formen der Strukturdynamik begleitet wird [Lemper 1974, Kap. II]. Der Ansatz erfolgt auf der Produktebene, analog zu Lorenz und im Gegensatz zur traditionellen Theorie. Lemper [1974, S. 85] wendet sich gegenüber Lorenz vor allem gegen die Einengung des Wettbewerbsmodells auf eine bestimmte Marktform, wie es durch die Festlegung auf den Fall des „monopolistischen Wettbewerbs" geschieht. Seiner Meinung nach ist eine derartige Einengung der Formulierung einer allgemeinen Theorie kaum förderlich.

[14] Vgl. hierzu beispielhaft den Überblicksartikel zur Wettbewerbstheorie und -politik von Borchardt [1976, insbesondere S. 12 f.].

In der Sicht von Lemper ist der durch „spezifische Qualifikationen" hervorgerufene Wettbewerbsprozeß allgemeingültiger durch einen sog. „Expansionswettbewerb" als das generellste und globalste Interaktionsprinzip des dynamischen Wettbewerbs zu erklären. Insofern ist der Ansatz von Lemper dem von Lorenz „vorgelagert". Expansion (bezogen sowohl auf Angebot als auch Nachfrage) wird von Lemper als allseitig vorhandener Wunsch nach Einkommensexpansion beschrieben [ebenda, S. 82]. Unternehmen als aktive, schöpferische Angebotsakteure unterliegen aufgrund der aktuellen marktwirtschaftlichen Bedingungen (Existenzgründe) diesem Expansionswettbewerb, der sich unternehmensspezifisch in den Unternehmenszielen manifestiert. Lemper behauptet nun, daß alle „. . . ökonomisch relevanten Aktionsmuster im (Welt-)Handel sich aus diesem Expansionswettbewerb erklären" [ebenda, S. 83].

Das Medium der ökonomischen Expansion ist der Markt, auf dem die Wettbewerbspartner, ausgestattet mit spezifischen Qualifikationen, in den Wettbewerb treten. Der Expansionswettbewerb vollzieht sich „. . . in dauerndem Wechselspiel von Aktion und Reaktion, Bahnbrechen und Nachahmen, Marktschaffen und Marktverteidigen, Exportexpansion und Importsubstitution" [ebenda, S. 84]. Dieses dynamische Wechselspiel glaubt Lemper auch in außerökonomischen Bereichen als Grundmuster erkennen zu können [ebenda]. Damit wird das ökonomische dynamische Prinzip aus einem allgemeinen, aber *unbewiesenen* Existenzprinzip deduziert.

Die Existenz und der Fortbestand dieser dynamischen Sequenz sind nur dann gewährleistet, wenn die „Aktionsfelder" allen Wettbewerbern offenstehen. Insofern ist monopolistischer Wettbewerb möglich, aber nicht als Normal-, sondern als Spezialfall. Was die Wettbewerbstheorie durch den Charakter des Zeitmonopols zu beschreiben versucht, nennt Lemper grundsätzlicher Aktivität und Gegenaktivität. Auch damit umgeht er die Verbindung von Wettbewerbstheorie und morphologischer Marktstruktur. Wird der Expansionswettbewerb auf der Angebots- bzw. Unternehmensseite durch ein dynamisches Handlungsprinzip zur Erzielung größerer Marktsegmente definiert, so findet er „. . . sein Marktkomplement in den wesentlichen expansionsbedingten Komponenten der Nachfrage" [ebenda, S. 87]. Erst Angebots- und Nachfrageexpansion zusammen bilden die Voraussetzung und sind Initiatoren des Expansionswettbewerbs.

Gemäß Lemper [1974, S. 87 ff.] erstreckt sich die Wirkungsweise des Expansionswettbewerbs auf alle handelsrelevanten Felder. Zu diesen zählen: (a) neue Verfahren, neue Güter; (b) produktivere Verfahren, kostengünstigere Güter; (c) differenzierte Verfahren, differenzierte Güter; (d) zusätzliche

Märkte, Marktlücken; (e) Ressourcen. Es ist eine logische Konsequenz dieses Ansatzes, daß das Prinzip der internationalen Arbeitsteilung keine Anwendung findet.

„Arbeitsteilung ist primär weder Motiv noch Ziel des Außenhandels. (Bis zu einem gewissen Maße ist sie allerdings dessen Ergebnis.)" [ebenda, S. 87 f.].

Allein die Exportchancen und die Importsubstitutionsmöglichkeiten bzw. -effizienz bestimmen den dynamischen Prozeß. Expansionschancen hängen damit von einer Reihe von Faktoren ab, zu denen auch und gerade technologisches und wirtschaftliches Potential, die Frage des inländischen wie ausländischen Marktvolumens und der entsprechenden Eintrittsbedingungen zählen [ebenda, S. 88 f.]. „Technological gap trade" läßt sich damit z. B. als Spezialfall des Expansionswettbewerbs bei divergierenden Entwicklungsniveaus interpretieren [ebenda, S. 92 f.]. Auf Produktdifferenzierung beruhender Handel ist ebenso als Fall des Expansionswettbewerbs interpretierbar: auf der Angebotsseite als Nutzung marktstrategischer Verfahren (Marketing etc.) und auf der Nachfrageseite als entwicklungsspezifische Komponente der Nachfrageexpansion und -differenzierung [ebenda, S. 94]. Es gelingt Lemper damit weitestgehend, alle Austauschformen und Handelsbeziehungen unter dem „Schirm" seines Ansatzes zu placieren, sogar den von Lorenz [1967] ins Bewußtsein gerufenen Supplementärhandel makroökonomischer Provenienz [Lemper 1974, S. 98].

Auf einem von Cramer [1973] getesteten Gütermarkt (Automobile) lassen sich nach Ansicht von Lemper die Expansionsphasen der Marktdynamik nachzeichnen. Cramer modifiziert den Ansatz von Lorenz geringfügig, verbleibt aber auch im Bereich der Marktmorphologie. Durch die von ihm eingeführte Dreiteilung der Wettbewerbsfelder in „technological gap trade", „product differentiation trade" und „supply gap trade" gelingt es, den Handel mit Automobilen, wie Lemper [1974, S. 108] feststellt, „... schlüssig und praktisch lückenlos ..." zu erklären. Da sich laut Lemper das „Wettbewerbsspiel" des Automobilmarktes mit ähnlicher Grundstruktur auf nahezu allen Märkten abspielt, sieht er die „marktdynamische Erklärungskomponente" als sinnvolle Hypothese. Wegen des Mangels entsprechender Untersuchungen anderer Gütermärkte kann gegen diese Verallgemeinerung kaum argumentiert werden, so wie Lemper sich auf sie letztlich auch nicht berufen kann.

Es läßt sich gegen einzelne Partien des Lemperschen Ansatzes abstrakt und formal argumentieren. Das aber scheint uns bei diesem doch ungewöhnlichen und schon dadurch bereichernden Ansatz nicht in jedem Fall gerechtfertigt; denn Lemper sieht seine Überlegungen nicht so dogmatisch, wie es zum Teil die Neo-Klassik immer noch tut[15]. Vielmehr möchte er sein Modell als „Versuch einer Kurskorrektur“ [ebenda, S. 13] verstanden wissen. Insofern sind denn auch die Implikationen dieser „Theorie weltweiter Expansionsdynamik“ hier interessanter als Modellkritik.

Lemper möchte die „modelltheoretisch-sophistische“ Bahn verlassen und Außenhandelsprobleme in das Blickfeld rücken, die bei der traditionellen Theorie zu kurz gekommen sind. Dazu gehört nicht nur die Beziehung zwischen weltwirtschaftlichem Austausch und dem weltwirtschaftlichen Entwicklungsprozeß, sondern auch das diesem Prozeß innewohnende Regionalisierungsphänomen. Es ist zwar nicht zu bestreiten, daß die bisherige Entwicklung auf der Unternehmensebene, insbesondere die einzelwirtschaftliche Zielbestimmung, zu der These verleitet, alle Entwicklungen als „Expansionswettbewerb“ zu interpretieren. Doch scheint dieses Prinzip nicht so gesichert zu sein, daß daraus das Fundamentalprinzip wirtschaftlicher Entwicklung und daraus wiederum Struktur und Umfang der weltwirtschaftlichen Handelsbeziehungen abzuleiten sind.

Unsere Überlegungen müssen daher an dem Fundamentalprinzip – „Expansionswettbewerb“ – an sich ansetzen. Zwei grundsätzliche Hinweise dazu mögen hier genügen:

- Wenn Außenhandel, wie Lemper feststellt, Ergebnis des sog. „Expansionswettbewerbs“ ist, dann muß, wo auch immer Außenhandel existiert, abgesehen einmal von Sonderfällen wie z. B. dem „Nachbarschaftshandel“, Expansionswettbewerb vorhanden sein. Was aber wird dann überhaupt noch erklärt bzw. erklärungsbedürftig? Die hier bewußt überspitzt formulierte tautologische Aussage zeigt die Gefahren und Grenzen eines derartig generalisierenden Ansatzes.
- Für die handelspolitischen Implikationen der *gesamten* Weltwirtschaft scheint von noch größerer Relevanz, daß Lemper eine Entwicklungsstruktur aus der Vergangenheit, die zudem bisher nur bedingt nachgewiesen werden kann, in die Zukunft als Handlungsmaxime oder zumindest alternative Entscheidungsgrundlage für die Welt *insgesamt* (ohne Ostblock) fortschreibt. Das Entwicklungsprinzip des Expansionswettbewerbs besitzt für Lemper, wie es scheint, eine zeitlich nicht limitierte Relevanz. Die hiermit postulierte „Automatik des Entwicklungsprozesses“ verschließt aber die Augen vor Wandlungen allgemeiner und einzelwirtschaftlicher Zielvorstellungen, wofür nicht nur begrenzte Wachstumschancen

[15] Vgl. hierzu die überaus „interessanten“ Ausführungen von Rose [1976, S. 327 ff.] zum „dogmatisch wirkenden methodologischen Rigorismus“.

aufgrund von Rohstofflimitierung und energiewirtschaftlichen Engpaßsituationen herangezogen werden können, sondern auch allgemeine Werteumschichtungen (Zielrevisionen) sowohl der Produzenten als auch der Konsumenten und der politisch Verantwortlichen. Zum zweiten gibt es wohl keine Expansion ohne Grenzen, liegen sie nun in der Sache der Expansion selber oder in externen Gründen, z. B. der Gegenwehr gegen die Expansion eines anderen. Dies sind aber nur dann Argumente gegen Lemper, wenn sein Ansatz mehr sein will als eine erklärende ex post Theorie.

Wenn auch einige Aspekte des „Expansionswettbewerbs" nicht problemlos erscheinen, so bleibt, daß momentan das von Lemper entwickelte Konzept einen Zugang zu einer Vielzahl relevanter Außenwirtschaftsfragen ermöglicht – auch dem intra-industriellen Handel.

Insofern steht der Lempersche Ansatz viel weniger „abseits", als der erste Eindruck vermuten läßt. Letztlich kann er als der konsequente Versuch beschrieben werden, eine Brücke zu schlagen zwischen einer ganzen Reihe von neuen Theorieansätzen. Er integriert sowohl die dynamischen Ansätze von Posner über Hirsch, Vernon, Hufbauer bis Linder als auch die unternehmensstrategische Komponente und entkleidet die Lorenz-Hypothese eigentlich nur der „Einengung" auf die Marktform des monopolistischen Wettbewerbs[16]. Das Prinzip der „Expansion" als dynamisches Grundmuster nationaler und internationaler wirtschaftlicher Aktivität ist dabei das alleinig integrierende Element. Gleichzeitig ist es auch das umfassendste, das momentan überhaupt denkbar ist. Fundamental neue Erkenntnisse gewinnt Lemper in diesem Part nicht, zumal die Operationalität bezüglich der realen Außenhandelsstrukturen und ihrer Bestimmungsgründe durch den großen Allgemeinheitsgrad des Basisprinzips nicht unerheblich geschmälert wird.

[16] Ob damit wirklich entscheidende Einsichten gewonnen werden können, bleibt fraglich. Überhaupt scheint Lemper zu sehr an der statischen Theorie des Monopols orientiert, bei der die Entwicklungskomponente ausgeschlossen ist, wenn er den Lorenzschen Ansatz in diesem Punkt kritisiert. Lorenz dagegen geht von zeitlich limitierten Monopolen aus, die sich im Entwicklungsprozeß immer wieder neu dem Wettbewerb stellen müssen. Durch das gedankliche Konstrukt des Monopols wird es möglich, die Vorteile eines Wettbewerbsvorsprungs zu quantifizieren und sein Nachlassen zu erklären. Wo das bei Lemper geleistet wird, ist nicht in jedem Fall ersichtlich, zumal er sich auch weitgehend auf Lücken, Produktzyklen und Differenzierungen bezieht.

1.2 Theorie der „repräsentativen Nachfrage“ (Linder)

Einen sich von allen anderen Ansätzen total unterscheidenden Erklärungsversuch bietet Linder [1961] mit seiner Theorie der „repräsentativen Nachfrage“ [S. 87 ff.]. Linder setzt nicht an der Angebotsseite, sondern an der Nachfrageseite an. Damit versucht er eine Erklärung des mit den angebotsorientierten Ansätzen nur ungenügend begründbaren Handels zwischen hochentwickelten Industrieländern (pattern of trade in manufactures). Ganz bewußt wird damit der Erklärungsgegenstand eingeschränkt. Auch hier liegt kein umfassendes Totalmodell des Außenhandels vor, sondern ein Partialmodell des Industrieländerhandels mit industriellen Fertigfabrikaten[17].

Der Gedankengang von Linder läßt sich in seinen wesentlichen Aspekten folgendermaßen zusammenfassen: Damit ein Gut den Charakter eines potentiellen Exportgutes erlangen kann, ist eine „repräsentative Nachfrage“ auf dem heimischen Markt notwendig. Erst diese Nachfrage auf dem nationalen Markt veranlaßt die Unternehmer, die Produktion aufzunehmen.

> *„Among all non-primary products, a country has a range of potential exports. This range of exportable products is determined by internal demand. It is a necessary, but not a sufficient, condition that a product be consumed (or invested) in the home country for this product to be a potential export product“* [Linder 1961, S. 87].

Vorteile, sog. „Fühlungsvorteile“, für den heimischen Produzenten bestehen darin, daß seine Marktkenntnisse ihm die Möglichkeit geben, die typischen heimischen Nachfragewünsche der Konsumenten bzw. Unternehmen zu befriedigen. Er wird sich auf die Produktion der Güter und Gutsqualitäten spezialisieren, die der heimischen repräsentativen Nachfrage entsprechen. Erst nach der Befriedigung des speziellen heimischen Bedarfs werden andere Märkte bedient[18]. Der Export steht damit nicht am Beginn der Marktexpansion, sondern ist als deren Ende zu betrachten.

> *„International trade is really nothing but an extension across national frontiers of a country's own web of economic activity“* [Linder 1961, S. 88].

Linder erklärt den Umfang des Warenaustausches mit der Tendenz zur Nachfragedifferenzierung bei steigenden Pro-Kopf-Einkommen. National

---

[17] Diese Aussage wird insofern Linder nicht gerecht, als er auch den Außenhandel mit Primärprodukten zu erklären sucht. Allerdings legt er dabei nicht die Theorie der „repräsentativen Nachfrage“ zugrunde, sondern die Theorie der komparativen Kosten nach Heckscher und Ohlin [Linder 1961, S. 86].

[18] Dies ist bei Linder der Normalfall. Es sind aber auch Abweichungen von diesem „Normalfall“ denkbar [dazu Linder 1961, S. 90].

wie international bedeutet dies eine Veränderung der qualitativen Nachfragepräferenzen[19], mit der Folge, daß spezielle Produkte und Qualitäten nachgefragt werden, die in bestimmten Ländern noch nicht angeboten, in anderen aber schon produziert und auch nachgefragt werden. Das Land, das diese speziellen Güter produziert und nachfragt, besitzt damit einen komparativen Entwicklungsvorteil, der in dem Entwicklungsstand seiner nationalen Nachfrage begründet ist. Je gleichartiger – ceteris paribus – sich die Nachfragestrukturen im In- und Ausland entwickeln, was in Linders Diktion eine nur geringe Divergenz in den Pro-Kopf-Einkommen bedeutet, desto größer wird der *potentielle* Handelsaustausch (overlapping demand) sein[20]. Da sich die – die Nachfrage bestimmenden – Pro-Kopf-Einkommensniveaus vor allem in den hochentwickelten Industrieländern ähneln, ist dort die größte präferenzbedingte Handelsintensität zu vermuten. Der „overlapping demand“ als potentieller Austauschsektor wird zwischen Industrieländern relativ groß sein. Dies bedeutet aber gleichzeitig, daß dieser Bereich der sich überschneidenden Nachfrage um so kleiner sein wird, je mehr die internationalen ökonomischen Entwicklungsunterschiede divergieren[21].

Für Linder werden die wachsenden Export*möglichkeiten* auch zu tatsächlichen Exporten führen. Der Grad dieses *tatsächlichen* Handels wird aber analog zum Binnenhandel von ad hoc Argumenten abhängig gemacht. An diesem Punkt setzt die Kritik an der Linder-Hypothese an; denn die Handelsmöglichkeiten (potentieller Austausch) werden *nicht notwendig* dem tatsächlichen Handel entsprechen. Im Fall der Länder mit gleichen Einkommensniveaus ist nicht ersichtlich, wodurch komparative Vorteile hervorgerufen werden, die einen Handelsaustausch begründen. Linder weicht der Beantwortung dieser Frage nach dem tatsächlichen Handel aus, wenn er feststellt:

> „. . . the same forces that give rise to trade *within* each of the countries create trade between them. There is no difference between trade among countries with the same per capita incomes

[19] Die Unterschiede in der Bedarfsstruktur der Nachfrager wirken sich bei Konsumenten in der Nachfrage nach hochwertigen Gebrauchsgütern aus, die in bezug auf den Verwendungszweck zeitsparend sind, während bei den Produktionsgütern die Substitution in bezug auf den Einsatz des Produktionsfaktors „menschliche Arbeitskraft“ im Vordergrund steht. Vgl. hierzu ausführlich Sohns [1976, S. 484 ff.].

[20] Dann gilt nämlich nach Linder, daß „. . . all the exportables and importables of the one country are also the exportables and importables of the other country“ [Linder 1961, S. 94]. Die Handelskonzentration in der EG wird z. B. von Lefeld/Schneider [1977, S. 576] auf diese Linder-These zurückgeführt.

[21] Damit steht die Linder-These für den Nord-Süd-Handel im direkten Gegensatz zur Aussage der Faktorproportionentheorie.

and trade within a country. We thus have only *one theory of the trade* for growth countries and not different theories for international-domestic, or interregional-intraregional trade" [Linder 1961, S. 102].

Produktdifferenzierung ist für Linder einer der diesen Handel initiierenden Faktoren, und „the strong elements of *monopolistic competition* should be incorporated into trade theory as a trade-creating force" [ebenda, S. 102].

Neben der Produktdifferenzierung bzw. monopolistischem Wettbewerb werden von Linder [1961] noch vier weitere handelsinitiierende Faktoren genannt [ebenda, S. 102 ff.]: technologische Vorteile, organisatorische Vorteile bei Beschaffung und Verarbeitung der Produktionsfaktoren – unabhängig von der relativen Faktorausstattung –, bessere Organisationsstrukturen im Bereich des Managements und Skalenerträge. Daneben ist der sog. „Distanzfaktor" als einer der möglichen „trade breaking" Faktoren, der keinen Bezug zu den Transportkosten hat, sondern den „Handelshorizont" des Unternehmers betrifft, nicht zu vergessen [ebenda, S. 107]. Damit aber werden die aktuellen Güterströme von Faktoren abhängig erklärt, die sich bis auf den Fall des monopolistischen Wettbewerbs in die Produktionsfunktionen integrieren lassen. Die Linder-Theorie entspricht in diesem Teil „... der *ricardianischen* Version der Theorie der komparativen Kosten ..." [Blattner 1971, S. 82]. Zwar läßt sich mit der Theorie der „repräsentativen Nachfrage" eine Erklärung für den intensiven Handelstaustausch zwischen Ländern gleichen bzw. sehr ähnlichen Entwicklungsniveaus geben, was die traditionelle Theorie ja gerade nicht vermag, aber die Unmöglichkeit, den tatsächlichen Handel plausibel zu erklären, schmälert doch die theoretische Stringenz dieses Ansatzes.

Es gibt eine Reihe von Untersuchungen, die die Linder-Hypothese einem statistischen Test unterziehen[22]. Nahezu einheitlicher Ausgangspunkt ist dabei die Frage nach dem Einfluß der Pro-Kopf-Einkommensunterschiede auf die Handelsintensitäten zwischen Ländern. Wenn nämlich dem Einkommensniveau bestimmender Einfluß auf Nachfragepräferenzen und -strukturen zukommt, dann müßte nach Linder internationaler Handel zwischen den Ländern am intensivsten sein, bei denen die durchschnittlichen Einkommensniveaus große Ähnlichkeit aufweisen.

Alle Tests kranken gleichermaßen daran, daß Aussagen über den *potentiellen* Handel getroffen werden sollen, Untersuchungen aber nur über den *aktuellen* möglich sind. Da somit nicht nur das Einkommen als handelsbestimmende Determinante angenommen werden kann, geben auch Korrelationsanaly-

[22] Auch Linder testet seine Hypothese [Linder 1961, S. 110–117].

sen keine Auskunft über den wirklichen Kausalzusammenhang *allein* von Nachfragestruktur und Einkommensniveau. Es wird also „mehr" getestet, als die Autoren dies eigentlich vorhaben; die Komplexität der Ursache-Wirkungszusammenhänge gestattet aber keine weitere Aufschlüsselung der Komponenten. Damit sind die Testergebnisse sowohl im negativen wie im positiven Sinne nur bedingt zu verwerten.

Die Tests von Fortune [1971], Hirsch/Lev [1973], Sailors/Qureshi/Cross [1973/74], dies. [1974/75], Asai/Yorozo [1975], Hoftyzer [1974 bzw. 1974/75], Breuss [1975, S. 92 ff.], Rabenau [1976/77] und Greytak/McHugh [1976/77] bestätigen die Hypothese nicht in jedem Fall, was allerdings auch bei diesen Autoren nicht dazu führt, damit den Linder-Ansatz abzulehnen. Denn das Ergebnis von Linder, daß die Handelsintensitäten mit zunehmenden Divergenzen im Entwicklungsniveau (gemessen am Pro-Kopf-Einkommen) tendenziell abnehmen, konnte ebenfalls von keiner der Untersuchungen generell widerlegt werden [z. B. Rabenau 1976/77, S. 78; Sailors/Qureshi/Cross 1974/75; Greytak/McHugh 1976/77].

Die Tests zeigen aber auch, daß neben den Einkommensunterschieden z. B. der Entfernung zwischen den Handelspartnern (Distanzfaktor) und den sog. „historical ties" (Handelsvariablen) für die Erklärung der Handelsstruktur eine außerordentliche Bedeutung zukommt. Bei Hoftyzer [1974/75] ist z. B. der Distanzfaktor eine „... powerful explanatory variable of trade intensity variations between countries" [S. 694]. Greytak/McHugh [1976/77] testen die Linder-Hypothese am Binnenhandel der Vereinigten Staaten[23]. Sie kommen bei unterschiedlichen Testsituationen ebenfalls zu dem Ergebnis, daß „... ‚distance factors' rather than income similarities appear to have more explanatory power in the determination of trade patterns of manufactured goods among regions" [S. 1388]. Dem Distanzfaktor – bzw. dem Raumaspekt – kommt damit größere Relevanz zu[24] als bisher für die Nachfragestrukturen nachgewiesen werden konnte.

Wenn auch aufgrund der bisher vorliegenden Untersuchungen (Tests) zur Linder-These noch keine abschließende Beurteilung dieses Erklärungsansatzes möglich ist, so kann aber davon ausgegangen werden, daß der intensive Handel mit Industrieprodukten zwischen Industrieländern *auch* auf die

[23] Nach Linder [1961, S. 109] ist dies möglich und hat den Vorteil, daß die sog. „outside noneconomic disturbances" dadurch weitgehend entfallen.

[24] Es ist allerdings interessant, daß Greytak/McHugh [1976/77] ihre Untersuchungsergebnisse teilweise damit erklären, daß vielleicht doch Unterschiede zwischen dem Binnenhandel und dem Handel zwischen Ländern bestehen [S. 1388 f.].

Ähnlichkeit der Bedarfsstrukturen zurückgeführt werden kann, wenn diese Bedarfsstrukturen auch in sich (Feinstruktur) wiederum von Präferenzunterschieden gekennzeichnet sind. Vor allem Raumaspekte dürfen darüber hinaus nicht unterschätzt werden, ein Sachverhalt, den es zu betonen gilt, bestärkt er doch die zu wenig beachteten raumtheoretischen Komponenten der Weltwirtschaft.

1.3 Intra-industrieller Handel und die Produktdifferenzierungshypothese

Eine in sich geschlossene Theorie für intra-industriellen Handel existiert bisher nicht. Ansätze dazu sind vorhanden, wenn auch recht unterschiedlicher Natur[25]. Die Erklärung des intra-industriellen Austausches mit funktionell homogenen Gütern bereitet kaum Probleme [Grubel/Lloyd 1975, S. 71 f.] und kann daher hier vernachlässigt werden. Wichtiger ist der Fall funktionell heterogener Produkte. Hier nun läßt sich intra-industrieller Handel über die Zusammenfassung vorhandener Theorieansätze einer Erklärung näher bringen. Wie sich bisher gezeigt hat, kann intra-industrieller Austausch mit dem Tatbestand der Produktdifferenzierung beschrieben werden [Hesse 1974, S. 48 ff.; Davies 1975; Gray 1976, S. 174]. Fraglich sind noch die Gründe für eine derartig weitgehende Differenzierung im Gütersortiment und dem sich daraus entwickelnden Handel.

Bei der Produktdifferenzierung kann zwischen Stil/Form/Marke und Qualität unterschieden werden. Beides wird zwar nicht genau zu trennen sein, „. . . but basically quality differentiation is based on measurable performance characteristics of products while style differentiation is based on product appearence and marginal performance characteristics, often exaggerated by

---

[25] Vgl. z. B. Grubel/Lloyd [1975], Hesse [1974] und Gray [1973] bzw. [1976]. Der theoretische Ansatz von Grubel/Lloyd [1975] ist kein in sich geschlossenes Modellgebäude (ebenso Hesse), sondern eine Aneinanderreihung von schon bekannten Theorieansätzen. Auch die Faktorproportionentheorie versucht man wieder ins Spiel zu bringen, indem man deren Grundstruktur übernimmt, durch sukzessive Aufgabe realitätsferner Prämissen eine Einbeziehung neuer Erkenntnisse aber ermöglicht. Dies muß jedoch als untauglicher Versuch gewertet werden, da das in sich geschlossene Modellgebäude der HOS-Theorie eine derartige „Erweiterung“ und Modifizierung nicht zuläßt. Gray hat dagegen ein eigenständiges Modell der Produktdifferenzierung entworfen, worin er das Konzept des „positiven Exportbereichs“ (export price range) entwickelt. Anhand geneigter Produktnachfragekurven lassen sich dann Exportpreisbereiche für die Handelspartner bestimmen. Vgl. zum Gray-Modell auch die Beiträge von Davies [1977] und Gray [1977].

advertising" [Grubel/Lloyd 1975, S. 95]. Vor allem die Untersuchungen von Linder [1961] und Drèze [1960] bzw. [1961], wobei letzterer sich vor allem mit den stilspezifischen Substituten, die auf Geschmacksdifferenzen der Nachfrager beruhen, auseinandergesezt hat, sind in diesem Zusammenhang zu nennen. Produktdifferenzierung[26] ist damit ein Phänomen sowohl von (a) Nachfragepräferenzen bzw. -vielfalt als auch (b) dynamischen Wettbewerbsaspekten (Marktstrategien) auf der Unternehmensebene[27].

Somit „konkurrieren" zwei Erklärungsansätze für intra-industriellen Handel mit funktionell heterogenen Gütern miteinander:

- Intra-industrieller Handel als Ausdruck differenzierter Nachfragepräferenzen im Entwicklungsprozeß;
- intra-industrieller Handel als Reflex dynamischer Wettbewerbsprozesse auf der Unternehmensebene.

Beide Ansätze sind insofern aber enge Komplemente bzw. zwei Seiten derselben Medaille, als die Erklärung des in der Realität zu beobachtenden intra-industriellen Handels allein durch differenzierte Nachfragepräferenzen oder marktstrategisches Unternehmensverhalten nicht befriedigen kann. Beiden ist auch gemein, daß dem Preis als polit-ökonomisches Entscheidungskriterium für Kauf oder Nicht-Kauf der entsprechenden Produkte nicht mehr die vorrangige Bedeutung zukommt wie noch in der neo-klassischen Theorie[28]. Nicht mehr das Prinzip der „vollkommenen Konkurrenz", sondern das der „heterogenen Konkurrenz" ist Bestimmungsgrund der internationalen Austauschstruktur. Es stellt sich mithin die Frage nach den die Wettbewerbsfähigkeit der Unternehmen (Industrien) bestimmenden bzw. beeinflussenden Faktoren.

1.3.1 Produktdifferenzierung und Präferenzvielfalt

Linder [1961] setzt bei der Erklärung der internationalen Handelsstruktur an der Beziehung zwischen Entwicklungsniveau und Präferenzstruktur an. Mit dem steigenden ökonomischen Entwicklungsniveau und dem damit wach-

---

[26] Produktdifferenzierung wird hier als unterschiedliche Verfügbarkeit (und damit komparativer Vorteil) analog zu Kravis interpretiert.

[27] Vgl. hierzu auch Körner [1971], Kaufer [1976] und die Ergebnisse der Untersuchungen zur japanischen Exportexpansion von Khan [1974] und Engels [1974].

[28] Auch neuere empirische Untersuchungen weisen auf die Notwendigkeit der Beachtung von „Nicht-Preis-Faktoren" hin. So z. B. Goodman/Ceyhun [1976].

senden Pro-Kopf-Einkommen wird sich die Produktionsstruktur diversifizieren, um den sich qualitativ verändernden Nachfrageanforderungen (höherwertige bzw. andersartige Güter [Linder 1961, S. 96]) gerecht werden zu können[29].

> „Deshalb werden bei nicht zu großer Unterschiedlichkeit der Präferenzen zwischen den einzelnen Ländern Güter der gleichen, eng definierten Warengruppe mit unterschiedlichen Markennamen, unterschiedlicher Aufmachung oder tatsächlichen oder vermeintlichen Qualitätsunterschieden durch inländische Wirtschaftssubjekte vom Ausland oder durch Ausländer von heimischen Produzenten erworben" [Hesse 1977, S. 383].

Der sich herausbildende nationale wie internationale qualitativ differenzierte Bedarf ist dann Basis intra-industrieller Handelsbeziehungen. Gehandelt werden Produkte, deren Unterschied vor allem in einer „ästhetischen und technischen Qualität" (Breuss) besteht, die den besonderen Nachfragepräferenzen gerecht werden.

> „Würden sich die Konsumenten in einem Land mit der Befriedigung des Grundbedürfnisses, das z. B. ein Auto erfüllen kann (reiner Beförderungszweck), begnügen, so würde keine Nachfrage nach ausländischen Autos einer *anderen* (Hervorhebung E. M.) Marke bestehen, sondern dann könnte die inländische Autoproduktionskapazität nur für die Befriedigung des Binnenmarktes (eine homogene Autoqualität) ausgenutzt werden, vorausgesetzt, daß die Erzeugung gleich kostengünstig erfolgen kann wie im Ausland" [Breuss 1975, S. 92].

Diese intra-industriellen Austauschstrukturen tragen zu einer Erweiterung der Auswahlmöglichkeiten auf der Nachfrageebene sowohl auf der Konsumenten- als auch Unternehmensseite bei. Berücksichtigung bei den jeweiligen Kaufentscheidungen finden ebenso nationale wie ausländische Güter – damit alle Produkte, die den potentiellen Nachfragern bekannt sind. Diese Präferenzdeterminante wird bei insgesamt oder regional steigendem und sich untereinander angleichendem Entwicklungsniveau der handelnden Länder von stetig größerer Bedeutung werden und der intra-industrielle Austausch sich gegenüber dem inter-industriellen intensivieren[30]. Gleichzeitig vergrö-

---

[29] Dies gilt sowohl für Konsum- als auch Investitionsgüter. Vgl. dazu Grubel/Lloyd [1975, S. 100 f.], Hesse [1977, S. 383 f.] und die schon zitierte Untersuchung von Hirsch [1977]. In diesem Zusammenhang ist auch auf die „variety-Hypothese" von Barker [1977] zu verweisen, die den Verfügbarkeitsansatz um die positive Beziehung zwischen dem Realeinkommen und der Nachfrage nach verschiedenen Varietäten eines Produktes ergänzt und damit das Wachstum des internationalen Handels zu erklären sucht.

[30] Auch Gray [1976] kommt in seinem Modell zu der Feststellung, daß „Zwei-Weg-Handel" um so wahrscheinlicher auftreten wird, je ähnlicher die einzelnen Länder sein werden. Dabei stellt er nicht nur auf Pro-Kopf-Einkommen und Nachfragestrukturen, sondern auch auf Zollschranken bzw. Zollstrukturen, Transportkosten und die Differenziertheit der Güter ab.

ßert sich mit steigendem Entwicklungsniveau auch die Möglichkeit der Produktdifferenzierung (horizontal und/oder vertikal) für die Unternehmen.

Die sich aufgrund spezieller Nachfragepräferenzen differenzierende Produktionsstruktur einer Branche wird aber nicht allein von der Nachfragekomponente bestimmt. Eine bewußte Beeinflussung und Steuerung der Nachfrageentwicklung von seiten der Produzenten ist ebenfalls zu verzeichnen. Hierbei handelt es sich um eine Strategie, die durch Produktdifferenzierung bzw. sog. „Präferenzwettbewerb" zur Sicherung oder Erringung monopolistischer Marktsegmente beitragen soll. Diesen „Prozeß aktiver Marktpolitik" gilt es als weitere Erklärungskomponente zu analysieren.

1.3.2 Marktdynamische Erklärungskomponente

Die Erringung bzw. Erhaltung dynamischer Wettbewerbsvorteile für einzelne Akteure (Unternehmungen) im Rahmen von Außenhandelsbeziehungen ist von kompetitiven Prozessen bestimmt. Die Wettbewerbsfähigkeit einer Industrie wird sowohl durch die divergierende Effizienz der Produktionsprozesse – national sowie international – als auch durch unterschiedliche Produktionsstrukturen wie neue Güter und Produktdifferenzierung beeinflußt.

Das Verhalten der unter Unsicherheit auf unvollkommenen Märkten agierenden Mehrproduktunternehmen ist durch die auf der Unternehmensebene angelegten marktstrategischen Entscheidungsprozesse determiniert[31]. Diese Entscheidungsprozesse wiederum sind bestimmt durch eine Reihe von Tatbeständen des Firmenverhaltens, wie sie von Cyert/March [1963, S. 114 ff.] beschrieben worden sind[32]. Vor allem die auf Grund von Unsicherheit existierenden Entscheidungsrisiken veranlassen die Unternehmen zu Strategien, die diese Risiken so gering wie möglich halten [ebenda, S. 114 ff.]. Dies erklärt auch, warum zum Beispiel nationale oder ausländische Produzenten auf die Differenzierung der Nachfragewünsche mit intensiver Produktdifferenzierung antworten. Denn Entscheidungsrisiken lassen sich sowohl durch

---

[31] Zu der dieser These zugrunde liegenden „Theorie der Firma", vgl. z. B. Cyert/March [1963] und Blattner [1971], [1976] und [1977]. Zu einem anders angelegten Unternehmensansatz Breuss [1975, S. 146 ff.].

[32] Die einzelnen, durch bargaining-Prozesse bestimmten Verhaltensweisen der „Koalitionsmitglieder" sind unter den folgenden Gesichtspunkten zusammengestellt: 1) „Uncertainty avoidance"-Verhalten; 2) „Problemistic-search"-Aktivität; 3) „Organisational learning".

Sortimentsdiversifikation als auch durch die Erweiterung der Absatzräume – z. B. Auslandsmärkte (regionale Diversifikation) – verringern.

Dadurch würde erklärbar, warum sich intra-industrieller Handel unter Industrieländern so intensiviert hat. Die marktstrategischen Überlegungen sind der Grund, daß Unternehmungen über den nationalen Markt hinaus und mit einem differenzierten Angebot agieren. Die These von Linder [1961], daß sich die Nachfragepräferenzen systematisch mit dem Entwicklungsniveau verändern, tritt hier mit der These der Risikominderung auf der Unternehmensebene in enge Verbindung.

Die Wettbewerbsfähigkeit bzw. die Möglichkeit, Marktsegmente auf oligopolistisch organisierten nationalen und internationalen Märkten zu erringen, läßt sich für Unternehmungen auf die drei folgenden Faktoren zurückführen:

1. „Auf die Fähigkeit zu Produkt- bzw. Verfahrensinnovationen und Produktdifferenzierung.
2. Auf die Fähigkeit, gegenüber den Konkurrenten ausbringungsunabhängige Kostenvorteile zu realisieren.
3. Auf die Fähigkeit, Skalenvorteile (economies of scale) zu nutzen" [Sohns 1976, S. 454].

Die aufgelisteten Faktoren decken sich zum Teil mit den von Linder genannten „trade creating forces" [Linder 1961, S. 102 ff.][33]. Diese Determinanten der internationalen Wettbewerbsfähigkeit verdeutlichen den Tatbestand einer nicht mehr ausschließlich auf Kosten- bzw. Preisunterschiede zurückzuführenden Richtungsbestimmung des internationalen Handels.

1.3.2.1 Produktpolitik als dynamische Wettbewerbsstrategie

Produktpolitik in ihren möglichen Ausprägungen der Innovations- (Entwicklung des technischen und organisatorischen Wissens) und Differenzierungsstrategie als ein absatzpolitisches Instrument gewinnt damit an Bedeu-

---

[33] Rothschild [1976] hat in anderem Zusammenhang auf weitere wichtige Sachverhalte hingewiesen. Zum einen darauf, daß ein immer größerer Teil der Industrieprodukte dem Bereich der „non-essential goods" angehören, die einen Lebenszyklus durchlaufen, für die erst eine Nachfrage geschaffen werden muß und die im Zeitablauf wieder von anderen „Neuerungen" abgelöst werden [ebenda, S. 115 f.]. Will ein Unternehmen auf dem Markt verbleiben, so reicht eine Marktstrategie des kostengünstigen Angebots nicht aus, sondern „man muß vielmehr ständig neue Produkt- und Marketinginnovationen starten, um nicht in den Sog der Endphasen eines Produktzyklus gedrängt zu werden". Es „. . . ergibt sich so ein Zug aus dem Markt zur Produktionsdifferenzierung und Produktionsdiversifizierung, der dafür sorgen soll, daß immer einige in der Expansionsphase befindlichen Erzeugnisse im Produktionsprogramm enthalten sind" [ebenda, S. 116].

tung. Sowohl die Innovations- als auch die Differenzierungsstrategie auf der Unternehmensseite gewähren mehr oder minder bedeutende Monopolstellungen bzw. einen bedingten Schutz gegenüber Maßnahmen potentieller Konkurrenten [Sohns 1976, S. 455 f.], da das innovierende bzw. differenzierende Unternehmen in der Expansionsphase weitgehend unbeeinflußt von potentiellen Konkurrenten einer relativ großen Nachfrage gegenübersteht. Die jeweilige Position in der „Invention-Innovation-Imitations-Sequenz" (Bodenhöfer) bestimmt und begründet die komparativen dynamischen Wettbewerbsvorteile sowohl für die Branche, das Unternehmen als auch einzelne Länder[34].

> „Bei einem kontinuierlichen Fluß von Neuerungen und unterschiedlichem Auftreten des produktionstechnisch-organisatorischen Fortschritts ergeben sich partielle Vorsprünge der Produktivitätsentwicklung einzelner Unternehmen oder einzelner Produktionsbereiche im nationalen und internationalen Bereich einer Industrie, die partielle dynamische Wettbewerbsvorteile der betreffenden Länder und damit eine Tendenz zu intra-industrieller Spezialisierung im Handel begründen" [Bodenhöfer 1975, S. 55].

Wenn auch die Wettbewerbsfähigkeit, sowohl innerhalb einer Industrie als auch zwischen Ländern, durch die unterschiedliche Effizienz der Produktionsprozesse und Produktionsstrukturen bestimmt ist, so handelt es sich doch weitgehend nur um *partielle* Vorsprünge bzw. partielle dynamische Wettbewerbsvorteile, die kaum zu einer *stabilen* bzw. *einseitigen* Entwicklung dynamischer Wettbewerbsvorteile führen[35].

Die Stellung in der branchen- bzw. ländermäßigen „Invention-Innovation-Imitations-Sequenz" kann sowohl verstärkend als auch abschwächend auf die jeweilige Wettbewerbssituation wirken. In jedem Fall werden sich bezüglich der Industrien in verschiedenen Ländern diese Entwicklungen unregelmäßig vollziehen und daher als Strukturveränderungen des internationalen Austausches – trotz bzw. gerade wegen intra-industrieller Spezialisierung – auftreten. Die Erringung monopolistischer Gestaltungs- bzw. Entfaltungsräume sowohl über Produktdifferenzierung als auch „neue" Produkte ist dabei ein Mittel der einsetzbaren Marktstrategie, die auf Erhaltung bzw. Erweiterung gegenüber der Status quo-Situation abzielt. Dazu gehört auch die Ausdehnung der Absatz- und Einflußgebiete über die nationalen Grenzen hinweg. Zum einen erklärt sich dies aus der Limitierung des Wettbe-

---

[34] Zu den Ursachen und Bedingungen der Erringung dynamischer Wettbewerbsvorteile durch Forschung und Entwicklung (F&E) vgl. z. B. Bodenhöfer [1975, S. 50 ff.] und Horn [1976].

[35] Streißler [1976] hat nachgewiesen, daß der Diffusionsprozeß des technischen Fortschritts stetig neue „Substitutionskonkurrenz" schafft und damit *keine* „sicheren" Monopolsituationen entstehen läßt.

werbsvorteils und der relativ hohen Kosten im Inventions-Innovationsprozeß, während es sich zum anderen als eine typische Verhaltensweise oligopolistischer Unternehmen darstellt, worauf Bodenhöfer hinweist:

> „Eine zusätzliche Begründung des intraindustriellen Handels ergibt sich z. B. aus einem Bestreben der Unternehmen einer oligopolistisch strukturierten Industrie durch ihre Präsenz auf ausländischen Märkten die inländische Marktstellung und die Form des Wettbewerbs gegenüber ausländischen Konkurrenten gegenseitig abzusichern. Ein derartiges Marktverhalten der Unternehmen versucht, die Anerkennung gegenseitiger Marktabhängigkeit im Oligopol über die Grenzen des nationalen Marktes hinweg durchzusetzen" [Bodenhöfer 1975, S. 62 f].

Verstärkungen der errungenen Position im Rahmen dynamischer Spezialisierungsprozesse sind sowohl durch ausbringungsunabhängige Vorteile (z. B. exklusive Verfügbarkeit aufgrund von Patenten bzw. Know-how oder die Kontrolle über produktionstechnisch vorgelagerte Versorgungsquellen) als auch durch die Realisierung statischer bzw. dynamischer Skalenerträge [Posner 1961, S. 329; Hufbauer 1966, S. 21 ff.] möglich.

1.3.2.2 Die „economies of scale"-These und ihre subsidiäre Erklärungsfunktion

Gerade dem Skalenansatz als einem Vorläufer der Produktdifferenzierungsthese kommt für die Erklärung intra-industriellen Handels einige Bedeutung zu. Die traditionelle Theorie schloß aufgrund ihrer Prämissen steigende Skalenerträge (sinkende Kostenverläufe) aus. Zwei Gründe waren hierfür maßgebend:

- Läßt man Skalenerträge zu, so verstößt man gegen das Theorem des Faktorpreisausgleichs; denn es besteht die Möglichkeit vollständiger Spezialisierung.
- Skalenerträge sind nicht mit der Prämisse der vollkommenen Konkurrenz vereinbar; denn sie führen zu Monopolsituationen.

In dynamischer Sicht sind Skalenvorteile als ein Bestandteil der Marktstrategie von „Koalitionen" zu sehen, da über sie wettbewerbsrelevante Vorteilssituationen erzielt werden können. Schon Linder [1961, S. 102 ff.; ebenso Vernon 1966, S. 190] hat in seinem Ansatz Skalenerträge als eine der fünf wichtigen „trade creating forces" benannt.

Die Quelle für steigende Skalenerträge liegt in der Firmengröße, der Produktionslänge und der Größe der Betriebsanlage[36]. Hesse [1977, S. 382] weist

[36] Zum Betriebsgrößenproblem vgl. den interessanten Aufsatz von Rothschild [1976, insbesondere S. 101 ff.].

darauf hin, daß die Argumente der Skalenerträge im Kern besagen, daß bei einem großen Binnenmarkt und der dadurch gegebenen Chance der Massenfabrikation und des Einsatzes von Maschinen, die nur für einen einzigen Produktionsgang entwickelt wurden und dadurch besonders effizient sind, ein komparativer Produktivitäts- und damit Kostenvorteil auftreten kann. Entscheidend ist dabei im besonderen die Produktionslänge. Das heißt, je länger der Maschinenlauf, desto geringer sind die Produktionskosten, da kürzere Umrüstzeiten bestehen, der Leerlauf (Ruhezeitraum) geringer ist, die Arbeitskräfte stärker spezialisiert und verkleinerte Fertig- und Rohstofflager notwendig sind.

Die so entstehenden steigenden Skalenerträge werden als statisch bezeichnet, da bei gegebener Kapazität die Grenz- und Durchschnittskosten mit der Steigerung der Produktion fallen. Sie werden dann vom Produzenten realisiert, wenn dieser entweder mit seinem Produkt vor allen Konkurrenten auf dem Markt erscheint und damit einen Nachfragekreis an sich binden kann, der ihm eine Spezialisierung auf dieses Gut ermöglicht, oder wenn er im Rahmen von Innovations- oder Differenzierungsprozessen – inklusive Werbung, Vertriebspolitik etc. bzw. Präferenzwettbewerb – über den nationalen Markt hinaus Absatzgebiete erschließen konnte und damit zusätzliche spezialisierungsrelevante dynamische Vorteile geschaffen hat.

In beiden Fällen sind Kostenvorteile aufgrund von Skaleneffekten allerdings erst in der Zukunft zu erwarten. Wenn statische Skaleneffekte auch nur intensivierend auf einzelwirtschaftliches Produktions- bzw. Exportverhalten wirken können, so kommt ihnen aus marktstrategischer Sicht der Unternehmen unter Wachstumsgesichtspunkten eine eminent wichtige Funktion zu, da über den Export die binnenwirtschaftlich realisierbaren Wachstumsraten übertroffen werden können [Blattner 1971, S. 214]. Daraus wiederum können sich komparative Vorteilssituationen aufgrund sich entwickelnder Informationsvorsprünge ergeben. Diese „statischen" Effekte erweitern sich damit um sog. „dynamische".

„These economies (dynamische Skalenvorteile, E. M.) accrue to producers as a result of accumulated experience in producing a given product, i. e. ‚learning by doing', either as a function of time, or of cumulative past output, or both" [Grubel 1970, S. 39].

Dynamische Skalenerträge können als sog. „Lerneffekte" [Arrow 1961/62] beim Faktor Arbeit beschrieben werden, während sie beim Faktor Kapital bei zunehmendem Produktionsumfang, den entsprechenden Absatz vorausgesetzt, sich in der ökonomischen Relevanz von Produktionsanlagen mit hohem Spezialisierungsgrad und damit hohem technologischem Niveau zeigen.

„Learning by doing“ in Verbindung mit dem in der Vergangenheit realisierten technischen Fortschritt läßt Unternehmungen zu Wettbewerbsvorteilen gelangen, da die abgelaufenen Lernprozesse zu Effizienzsteigerungen bzw. zu relativen Produktivitätsvorteilen führen können. Dieser Vorteil beruht bei dynamischen Skaleneffekten nicht auf dem aktuellen Umfang der Produktion, sondern allein auf der Erfahrung aufgrund der früheren Produktionsaufnahme gegenüber den erst später am Markt auftretenden Konkurrenten. Es wird demnach Unternehmungen geben, die aufgrund dieses zeitlich früheren Produktionsbeginns und des sich damit zwischenzeitlich kumulierenden Erfahrungsschatzes Vorteile (relative Produktivitäs- und Kostenvorteile) gegenüber anderen potentiellen Konkurrenten aufweisen[37]. Damit erklärt sich, warum auch bei dem Innovator noch dann die Marktstellung gesichert sein kann, wenn der rechtliche (Patente) und der natürliche (Know-how) Schutz soweit entfallen sind, daß von allgemeiner Verfügbarkeit des ehemals „neuen“ Gutes auszugehen ist.

Der im direkten Zeitraum nach der Innovation bestehende Zustand der weitgehenden Nicht-Verfügbarkeit als ausschlaggebende Determinante für den Außenhandel wird um fortschreitende Lernprozesse als Folge der Produktion (dynamische Skaleneffekte) ergänzt und damit die Wettbewerbsfähigkeit auch dann noch gesichert, wenn allgemeine Verfügbarkeit besteht und Preisdifferenzen wesentlich für Käuferentscheidungen werden.

Die Realisierung sowohl von statischen als auch dynamischen Skalenvorteilen – gleichgültig, ob bei „reiner“ Produktinnovation oder Produktdifferenzierung – wird in großem Umfang durch die Einbeziehung von Auslandsmärkten möglich. Dies gilt ebenso für den Innovator wie für den Imitator. So wie dynamische Skalenvorteile die Funktion von Marktzugangsschranken haben können [vgl. auch Sohns 1976, S. 519 f.], vermögen sie als „Exporthilfe“ auch zur Erschließung neuer Märkte beizutragen und in beiden Fällen zeitlich limitierte Monopolstellungen zu begründen.

Gerade die Möglichkeiten einer ausgeprägten Produktdifferenzierung hinsichtlich technischer Eigenheiten, qualitativer oder sonstiger Unterschiede sind so umfassend, daß letztlich der wirkliche Unterschied zwischen den einzelnen Produkten nur minimal zu sein braucht. Hierauf hat vor allem Drèze [1960] bw. [1961] hingewiesen, wenn er auch kleinen Ländern, die keine genügend große Anzahl von Konsumenten mit nahezu homogenem

[37] „It should be obvious that dynamic scale economies in the international context are not more than an explanation, or rationalisation, of international technological disparities“ [Hufbauer 1966, S. 21].

Geschmack besitzen, die Möglichkeit der ex post-Realisierung von Skaleneffekten zubilligt, wenn sie sich entsprechend seiner „Standardisierungsthese" verhalten[38]. Für sie sind solche Produkte spezialisierungsrelevant, die frei von stilistischen und nationalen Besonderheiten sind.

Betrachtet man nun den aktuellen intra-industriellen Handel, so zeigt sich, daß Skalenerträge einen Teil dieses Handels zu begründen vermögen. Die Analyse der für intra-industriellen Handel besonders prädestinierten Industrien[39] verdeutlicht, daß diese auch die besten Voraussetzungen für die Realisierung von steigenden Skalenerträgen besitzen und dies auch nutzen [Grubel/Lloyd 1975, S. 91]. Alle kennzeichnet ein hohes Produktionsvolumen und ein ebensolcher wertmäßiger Absatz von geringfügig differenzierten Produkten [ebenda, Tabelle 3.1.]. Durch die geringfügigen Differenzen der einzelnen Güter fallen bei der Umstellung bzw. Modifikation der Produktion auch nur geringe Umrüstkosten an. Die Dynamik der strukturellen wirtschaftlichen Neuorientierung in den einzelnen Ländern nach Bildung der europäischen Integration spricht ebenfalls für obige Hypothese. Der Ausbau der Märkte und das Sinken der durchschnittlichen Kosten bei längeren Laufzeiten lassen nationale Produkte den ausländischen Substituten gegenüber konkurrenzfähig werden. So ist der Hinweis von Hesse [1974, S. 49] wichtig, daß Skalenerträge nicht in jedem Fall die Ursache für Exporte sind, sondern auch erst Folge dieser sein können.

Der Skalenansatz für sich allein kann nur erklären, daß ein gewisser Teil des internationalen Handels der Auslastung von Produktionskapazitäten dient. Er vermag aber nicht zu verdeutlichen, warum sich gerade die sich im Entwicklungsprozeß herausbildenden internationalen Handelsstrukturen ergeben. Der spezifische Verfügbarkeitscharakter differenzierter Produkte kann durch Skaleneffekte nur verstärkt (verlängert) werden, womit gewissermaßen nicht mehr auf monopolistische Marktlagengewinne, sondern monopolistische Kostenvorteile abgestellt wird. Skalenerträge dürfen gegenüber Nicht-Verfügbarkeiten oder Produktdifferenzierung nicht als „originäre Au-

---

[38] Trotzdem werden Vorteile aus der Massenfabrikation dann eher zu verwirklichen sein, wenn der Binnenmarkt eine „genügende" Größe aufweist. Dort cealisierte Skaleneffekte können in der Folge auch Exportmöglichkeiten begründen (Markthypothese). Auf die Relevanz der Ländergröße, bezogen auf das BSP pro Kopf und die Bevölkerung als Variable der economies of scale weist auch Keesing [1968] in einem Test hin. Vgl. zur ökonomischen Relevanz der Ländergröße auch den Überblick bei Breuss [1975, S. 45 ff.; für unsere Überlegungen insbesondere S. 58 ff.].

[39] Hierzu gehören zum Beispiel die Nahrungsmittel-, Getränke-, Textil-, Auto-, Motorräder-, Fahrrad-, Boots-, Tabak- und Datenverarbeitungsindustrie.

ßenhandelsdeterminante" [Hesse 1977, S. 382] betrachtet werden. Erst in Zusammenhang mit dem dynamischen einzelwirtschaftlichen Unternehmerverhalten, dem sog. „marktstrategischen Ansatz", ergibt sich eine weitere Erklärung für intra-industriellen Handel.

1.3.3 Allgemeine theoretische Implikationen

Die Frage nach dem „Warum" einer oft nur marginalen Differenzierung von Gütern einer Industrie und dem darauf beruhenden intra-industriellen Austausch ist sowohl auf Nachfragevielfalt und -differenzierung im Entwicklungsprozeß als auch dynamisches Unternehmensverhalten bei Unsicherheit auf weitgehend oligopolistisch organisierten Märkten zurückgeführt worden. Vor allem die Fähigkeit zur Durchsetzung von Marktanteilszielen und damit die Realisierung dynamischer Wettbewerbsvorteile durch die Entwicklung einer spezifischen Produktionsstruktur ist als Erklärungskomponente intra-industrieller Spezialisierung zu betonen.

Alle drei der diskutierten Bestimmungsfaktoren unternehmerischer Wettbewerbsfähigkeit (vgl. S. 94 ff.) lassen sich nicht in den neoklassischen Modellapparat integrieren. Nicht mehr nur das Prinzip der komparativen Kosten- und damit Preisvorteile bestimmt die Richtung des internationalen Austausches, sondern vielmehr Produktpolitik als marktstrategisches Instrument in Industrien mit differenzierter Produktionsstruktur[40]. Außenhandel bzw. Exporten kommt im dynamischen Wettbewerbsprozeß eine (markt-) strategische Funktion zu: Absicherung über den Einsatz aller verfügbaren Strategien aktiver Marktpolitik bei sich ständig verändernder bzw. von der Veränderung bedrohter Position in der „Invention-Innovations-Sequenz" unter Berücksichtigung differenzierter Nachfragepräferenzen[41].

Läßt sich nun der hier dargestellte erweiterte marktdynamische Ansatz in Verbindung bringen mit vorhandenen dynamischen Außenhandelskonzep-

---

[40] Anderer Ansicht sind da z. B. Gregory/Tearle [1973], die eine Erklärung der internationalen Handelsbeziehungen mit differenzierten Produkten über die HOS-Theorie behaupten. Für sie setzt sich jedes Produkt aus einer Anzahl von „Merkmalen" (attribute mix) zusammen, wobei sich der Preis entsprechend der HOS-Hypothese bestimmt und dieser entscheidend für den Güteraustausch mit differenzierten Produkten ist.

[41] Auch makroökonomische Komponenten, so wie sie von Lorenz [1967] beschrieben worden sind, können in den einzelnen Stadien der Sequenz beeinflussend wirken. Art und Umfang dieser Beeinflussung ist aber so komplex, daß eine eingehende Behandlung dieses Sachverhaltes hier nicht möglich ist.

tionen, die von uns in diesem Kapitel schon angesprochen worden sind? Die ungleichmäßig verteilten und sich ebenso ungleichmäßig ausbreitenden Wettbewerbsvorteile führen zu monopolistischen Marktlagen. Lorenz [1967] hat mit seiner Theorie der „monopolistischen Entwicklungsvorteile" eine Erklärung der Grundstrukturen internationaler Handelsbeziehungen angestrebt. Daß er aber die Entstehung dynamischer Wettbewerbsvorteile und deren Abbau nur bedingt zu erklären vermag, ist als gewisser Mangel zu betrachten. Obige Überlegungen haben dagegen gezeigt, daß durch die Zusammenfassung des Linder-Ansatzes und des „marktdynamischen Ansatzes" Erklärungen für die Entwicklung von Zeitmonopolen gegeben werden können.

Ein Problem besteht aber weiterhin: Wenn Produktdifferenzierung nicht als komparativer Entwicklungsvorteil interpretiert werden kann [so Blattner 1971, S. 215], dann würde ein sehr großer Teil des Industrieländerhandels nicht im Lorenz-Modell erfaßt. Die Begründung, daß Produktdifferenzierung im wesentlichen nur eine Sortimentsverlängerung bedeutet und es sich nicht um technisch neue, sondern eben nur differenzierte Produkte mit weitgehend „imitativem Charakter" handelt, wobei es problematisch ist, zwischen „echten" und „unechten" Innovationen zu unterscheiden, ergibt sich aus der Analyse einzelwirtschaftlichen Verhaltens. Gleichzeitig ist dies der entscheidende Punkt der Argumentation.

Wenn man dieser Sicht zustimmt, was aus modelltheoretischen Gründen gerechtfertigt werden kann, dann fragt sich aber, ob hier nicht zu rigide argumentiert wird. Denn die umgekehrte Argumentation als die von Blattner erscheint auch zulässig. Selbst wenn – und daran besteht eigentlich kein Zweifel – der Charakter der Produktdifferenzierung sich so darstellt wie oben beschrieben, kann trotzdem ein komparativer Entwicklungsvorteil für das Unternehmen, die Branche bzw. das Land behauptet werden, das in diesem Sinn aus marktstrategischen Gründen eine derartige Produktdifferenzierung betreibt[42]. Selbst sog. „unechte" Innovationen bedürfen eines technologischen Faktors, und besteht der auch nur in einer „besseren" Ausbildung der Designer oder Marketing-Experten, was auch als Know-how bzw. dynamische Skaleneffekte interpretiert werden kann.

Trotzdem ist diese Interpretation nicht vollends zufriedenstellend, was auch nicht dadurch behoben wird, daß man den Fall der „Mini-Innovation" ganz

[42] So auch Cramer [1973, S. 41]. Auch Kaufers Überlegungen zu einer adäquaten Wettbewerbstheorie stützen in gewisser Hinsicht unsere Auffassung. Da im Rahmen des Marktphasenablaufs von der Expansions- zur Ausreifungsphase ein ständiger Umbau der Marktstruktur postuliert wird, ist Produktdifferenzierung als eine Variante aktiver Wettbewerbspolitk zu interpretieren und damit ein spezifischer Entwicklungsvorteil [Kaufer 1976, S. 214–216].

ausschließt oder entsprechend der Verwendung des Lorenz-Modells durch Cramer [1973] vorgeht. Auch Blattners [1971] „strategischer Beitrag" kann nicht die Funktion einer generellen Erklärungsbasis abgeben, da er mit zu umfangreichen modelltheoretischen Restriktionen arbeiten muß, um zu einigermaßen überschaubaren „Strategieaussagen" zu gelangen. Immerhin aber bietet dieser dynamische Ansatz einen ersten fruchtbaren Einstieg in neue – bisher vernachlässigte – wettbewerbstheoretische Bereiche der Außenhandelstheorie.

Lempers [1974] „Expansionswettbewerb" ist ebenfalls nicht als endgültige Lösungshilfe zu betrachten, wenn er auch sehr eng mit dem marktstrategischen Ansatz korrespondiert. Obwohl alle dynamischen Ansätze bei Lemper unter einen „Schirm" gebracht werden, bleibt fraglich, ob ein wirklich allgemeingültiges und auf die wesentlichen Grundstrukturen abgestelltes Erklärungsmodell gefunden wurde, zumal die Reallokationsfrage unbeachtet bleibt. Die Integration von Produktdifferenzierung und Spezialisierung gelingt Lemper natürlich; denn auch sie passen unter den großen „Parapluie" des „Expansionswettbewerbs". Trotz des logisch einwandfreien Erklärungsgebäudes erscheint der Versuch von Lemper unbefriedigend, da er alle Strukturen auf ein Globalphänomen zurückführt, dessen *allzeitige* Existenz nicht notwendig einsichtig erscheint.

Da für uns Bestimmungsgründe der intra-industriellen Spezialisierung und nicht die Entwicklung eines in sich geschlossenen Modells wichtig sind, wollen wir es mit diesen Anmerkungen bewenden lassen. Zumindest hat sich recht deutlich gezeigt, daß der marktdynamischen Erklärungskomponente auch in der dynamischen Außenhandelstheorie eine wichtige Rolle zukommt, sie aber selbst noch nicht ausreichend diskutiert ist. Die normativen Implikationen des unternehmensbezogenen Ansatzes [hierzu Blattner 1971, S. 217 f.], daß Unternehmen über Exporte binnenwirtschaftliche Expansionsgrenzen überwinden und auf Drittmärkten Expansionschancen nutzen können, wodurch sie zusätzlich die Kosten der Expansion zu vermindern vermögen, sind sowohl bei weitergehenden modelltheoretischen als auch bei weltwirtschaftspolitischen Überlegungen zu beachten.

1.4 Neue Konzeptionen: „Güterkategorien" und internationale Handelsströme

Unbestritten ist der Zug zu neuen Erklärungsansätzen der realen Außenhandelsstrukturen. Wie wir gesehen haben, sind die diesen Ansätzen zugrunde liegenden Konzepte vielfältig. Teilweise unterscheiden, teilweise ergänzen sie sich. Hier soll jetzt ein außerhalb der traditionellen Konzeptionen stehender Ansatz dargestellt und erörtert werden.

Das besondere Problem der Chrakterisierung und Einordnung der internationalen Handelsbeziehungen liegt in der Bestimmung von Wesen und Funktion der existierenden Handelsströme. Die grundsätzliche Frage nach Substitutivität, Komplementarität und Supplementarität ist damit gestellt. Implizite beinhaltet diese Fragestellung zwei für uns wichtige Gesichtspunkte:

- Über eine Analyse der realen Handelsströme erhoffen wir uns zusätzliche Informationen über die allgemeinen Strukturen des ökonomischen Beziehungsgefüges im internationalen Maßstab. Hierbei geht es vor allem um die Kategoriebildung (auf Güter- und Handelsebene) als Strukturraster weltwirtschaftlicher Austauschverflechtung.
- Mit der Kennzeichnung bestimmter Handelsbeziehungen als substitutiv, komplementär bzw. supplementär – wobei dies entscheidende wettbewerbliche Implikationen beinhaltet – ist gleichfalls der weltwirtschaftspolitische Aspekt angesprochen. Das Erkennen von Problemsektoren in den internationalen Beziehungen und die Entwicklung aus dem Strukturraster abgeleiteter Lösungsstrategien stehen hierbei im Vordergrund der Überlegungen.

1.4.1 Taxonomie der Handelsgüter[43]

Die traditionelle Theorie geht von der Hypothese der potentiell ubiquitären Produzierbarkeit der ausgetauschten Güter aus. Hierbei handelt es sich um eine notwendige Prämisse des neo-klassischen Reallokationsmodells. Handelsströme sind gemäß dieser Theorie das Ergebnis der Realisierung komparativer Vorteile aufgrund der jeweiligen Faktorausstattung der Handelspartner. Im üblichen Zwei-Zwei-Zwei-Modell stellt sich damit nur die Frage nach dem potentiellen Export- bzw. Importgut. Dies ist, nicht nur, was die reine Modellanalyse betrifft[44], eine fundamentale Einschränkung des Analy-

[43] Die folgenden Darstellungen und Überlegungen beruhen auf einer im WS 1977/78 am FB 10 der FU Berlin gehaltenen Vorlesung über internationale Wirtschaftsbeziehungen von Herrn Professor Lorenz.

[44] Zwar ist eine Erweiterung vom Zwei- zum N-Güter-Fall möglich, aber alle darüber hinausgehenden Erweiterungen (mehr als zwei Faktoren z. B.) schaffen modelltheoretisch unlösbare Probleme [Lorenz 1967, S. 31 f.].

seobjektes internationaler Handelsströme. Eine Vielzahl international gehandelter Güter ist *nicht* ubiquitär verfügbar, und der entsprechende Außenhandel kann nur von *einigen* Ländern bestritten werden.

An dem Tatbestand der *Güterheterogenität* setzt nun ein Versuch an, der einen Beitrag zur Analyse weltwirtschaftlicher Beziehungen liefern möchte und die große Palette der international gehandelten Waren als Ausgangspunkt seiner Überlegungen wählt[45]. Nach dem Urteil von Hirsch [1974] ist es möglich, „... die Gesamtheit aller Handelsgüter in eine angemessen kleine Anzahl von Kategorien aufzuteilen, für die die vorhandenen Modelle des Handels passen" [S. 70]. Durch die Reduzierung des Untersuchungsgegenstandes auf drei (Hirsch, Gray) oder fünf (Lorenz) Güterkategorien werden die internationalen Handelsverflechtungen in einem Güter- bzw. Strukturraster erfaßbar, was einer Analyse, die auf die elementaren Beziehungen abstellt, förderlich ist (Aufstellung II-A).

Bestimmten Güterkategorien werden spezifische handelsrelevante Strukturmuster zugeordnet, für die die mittlerweile vorhandenen Theorien als Erklärungsvehikel einzusetzen sind. Damit wird auch hier nicht mehr die Faktorebene, sondern die Produktebene als Ausgangspunkt der Untersuchungen gewählt. Eine Erweiterung – in bezug auf die Charakterisierung – erfährt diese Konzeption durch die Verknüpfung mit den alternativen Arten der Handelsströme, wodurch eine umfassende Darstellung und Analyse der weltwirtschaftlichen Handelsstruktur möglich wird. Diese erweiterte Sicht der Außenhandelsbeziehungen impliziert eine Reihe neuer Gesichtspunkte, die vorab umrissen werden sollen:

- Durch die Einbeziehung verschiedener Güter geht es nicht mehr um die Bestimmung *des* Import- bzw. Exportgutes, sondern um eine Vielzahl von Import- bzw. Exportgütern. Die Stromanalyse wird damit um die Anzahl der gehandelten Güter erweitert. Diese Güter wiederum lassen sich gemäß der zu ihrer Erstellung notwendigen Faktoren raum- und phasenspezifisch recht genau beschreiben [Hirsch 1974, S. 84 f. und ders. 1977].
- Über die „einfache" Stromanalyse hinaus können bestimmten Gütern spezifische Eigenschaften zugeordnet werden, die handelsbeeinflussend sind. Güter sind als „essentials" oder „strategisch"[46] zu charakterisieren,

[45] Bisher hat dieses Vorgehen vor allem für die Nord-Süd-Beziehungen seine Anwendung gefunden [hierzu Hirsch 1974, S. 69 ff., besonders S. 70–74]. Hufbauer/Chilas [1974] und vor allem Gray [1976] haben dieses Prinzip auf den Industrieländerhandel übertragen [vgl. auch Giersch 1979].

[46] „Strategisch" ist hier keinesfalls nur im militärischen Sinn gemeint, sondern vielmehr entwicklungspolitisch sowohl für Industrie- als auch Entwicklungsländer.

Aufstellung II-A: Systematik der Güterkategorien in der neuen Außenhandelstheorie

Hirsch I	*Hirsch* II	*Gray*	*Lorenz*
1. HOS-Güter	Every man's goods = E industries	ordinary/homogenous competitive goods	Ubiquitätsgüter (Heckscher/Ohlin/Samuelson)
		Non-competitive respectively availability goods	
2. Ricardo-Güter	Poor man's goods = P industries	Typ A: natural resources	Primärgüter i. e. S.: mineralische/tropische (A. Smith)
3. Produktzyklus Güter	Rich man's goods = R industries	Typ C: technological expertise	technologiegüter (gap-goods) (Schumpeter/Hufbauer)
4. –	–	Typ B: limited availability goods	Supplementäre „Engpaß"-Güter: mikro- und makro-ökonomisch (Lorenz)
5. –	–	differentiated goods	Präferenzgüter (Chamberlin/J. Robinson/Linder/Grubel)

Zu Hirsch I: Hirsch [1974, S. 70–74].
Zu Hirsch II: Hirsch [1977, S. 3–16].
Zu Gray: Gray [1976, S. 45–48; abgewandelte Zusammenstellung].
Zu Lorenz: Lorenz [1967, S. 72 f., 85–88, 157–160]. An diesen Stellen wurden seinerzeit noch nicht die in der Übersicht gewählten Bezeichnungen verwendet.

Quelle: Lorenz [1979, Tabelle 1].

was insbesondere handelspolitische Aktionen bzw. Reaktionen begründet. Länder richten sich z. B. bei ihren Importentscheidungen nach Verfügbarkeitsgesichtspunkten. Oftmals unabhängig von Kosten-Preis-Aspekten werden Waren importiert oder exportiert, weil sie für diese Länder eben essentielle Bedeutung besitzen. Demzufolge werden einzelne Handelsströme (substitutive, komplementäre oder supplementäre) mehr oder weniger restriktiven handelspolitischen Maßnahmen unterworfen werden [Hufbauer/Chilas 1974]. Die daraus resultierende Frage nach der handels*politischen* Komponente der jeweiligen Güter wird uns noch eingehender beschäftigen. Zumindest aber läßt sich schon jetzt feststellen, daß mit bestimmten Außenhandelsgütern ganz spezielle handelspolitisch relevante Sachverhalte verknüpft sind; ein Tatbestand, den die traditionelle Theorie unberücksichtigt läßt.

- An diese handelspolitische Sicht der Außenhandelsgüter schließt sich ein mehr systemorientierter und ein Niveauaspekt an. Sowohl Welthandelsbeziehungen zwischen unterschiedlichen Wirtschaftssystemen als auch Warenstrukturen zwischen im Entwicklungsniveau divergierenden Handelspartnern lassen sich durch Güterkategorien recht genau beschreiben und kennzeichnen. Die aus diesen beiden Einflußfaktoren ableitbaren wirtschaftlichen und politischen Konsequenzen können dazu beitragen, Konfliktpotentiale zu erkennen und zu reduzieren bzw. bisher ungenutzte Sektoren zu aktivieren, und damit handelsausweitend wirken.
- Ein weiterer wichtiger Aspekt betrifft in diesem Zusammenhang die Außenhandelsgewinnanalyse. Gegenüber der traditionellen Theorie stellt sich hier die Frage der Außenhandelsgewinne völlig neu, wenn Güter nicht überall produzierbar sind und damit besondere Verfügbarkeiten eine handelsinitiierende Wirkung besitzen. Einen ersten Schritt in Richtung auf die Bestimmung der möglichen Gewinne hat Lorenz [1967, § 9; s. a. Gray 1976] getan. Dies ist zwar erst ein Anfang, der aber schon zeigt, wo weitere Fragen einer Antwort bedürfen.
- Im Gegensatz zur „Angebotstheorie" traditioneller Provenienz spielt die Nachfrage in den neuen Konzeptionen in zweifacher Hinsicht eine nachhaltige Rolle. Einmal ist die Nachfrage eine der Ursachen für die Invention, Innovation und Produktion neuer/neuartiger Güter. In bestimmten Entwicklungsniveaus existieren bzw. entwickeln sich jeweils neue Bedarfsstrukturen, die einer Befriedigung harren[47]. Der dynamische und/oder

[47] Wir sind hierauf schon in Abschnitt 1.2 und 1.3 eingegangen, so daß hier auf eine nochmalige Vertiefung verzichtet werden kann.

anpassungsbereite Unternehmer wird diese Situation nutzen und entsprechende Waren auf den Markt bringen. Zum anderen ergeben sich aufgrund spezifischer Entwicklungsniveaus – und damit korrelierender Nachfragestrukturen [hierzu Hirsch 1977] – ganz bestimmte Handelsströme und -verflechtungen. Es zeigt sich also, daß die wirtschafts- bzw. handelspolitische Komponente mit im Vordergrund der neuen Konzeptionen stehen muß.

Die im folgenden zu kennzeichnenden „Güterkategorien der neuen Außenhandelstheorie" stellen kein Instrument für sich dar, sondern sind ein Hilfsmittel zur Strukturierung der komplexen internationalen Beziehungen. Ihr analytischer Wert darf nicht überschätzt werden, zumal die Überprüfung an der Realität auf nicht unerhebliche Schwierigkeiten stößt [vgl. Hirsch 1977]. So wie die Güter in der Aufstellung II-A klassifiziert worden sind, ist eine approximative Übertragung der gehandelten Weltmarktgüter – entsprechend der SITC-Klassifikation – in diese Kategorien möglich (vgl. auch Aufstellung I-A).

Problematisch an dieser Auflistung ist, daß zwischen den Gütern der einzelnen Kategorien *keine* substitutiven Beziehungen bestehen dürfen. Ist dies nicht ausgeschlossen, so ist aufgrund der Indeterminiertheit des Modells eine Aussage kaum mehr möglich. Ein Umschlag einzelner Güter von einer Güterkategorie in eine andere schafft neue bzw. veränderte Warenströme und damit auch entsprechende Handelsstrukturen. Man kann dieses Problem allerdings dadurch umgehen, daß man analog komparativ-statischer Betrachtung immer zu bestimmten Zeitpunkten (t_0, t_1 usw.) die Besetzung der Güterkategorien neu definiert. Damit wird sowohl dem Tatbestand des Warenzyklus als auch dem der technologischen Lücken Rechnung getragen. Wenn also versucht wird, aufgrund allgemeiner Kriterien ein Modell zu definieren das alle Handelsgüter beinhaltet, so kann auch dies nur ein vorläufiger Versuch sein, der sich an den gerade aktuellen Strukturen orientiert und im Zeitablauf, was die Güterzuordnung (Feinstruktur) betrifft, den jeweiligen Gegebenheiten anzupassen ist. Die Grobstruktur – wie sie z. B. von Hirsch [1977] getestet worden ist – bleibt davon weitgehend unberührt.

Wenden wir uns jetzt den einzelnen Güterklassifikationen zu. Wir werden uns an den von Lorenz [1979] aufgestellten Gütergruppen orientieren. Die Primärgüter werden vernachlässigt, da sie einen ganz besonderen „Problem- und Forschungsbereich" darstellen und für unsere Überlegungen keine besonders große Rolle spielen. So verbleiben vier Gütergruppen: Ubiquitätsgüter, Technologiegüter, Präferenzgüter und Supplementäre Engpaßgüter als Sondergruppe.

Ubiquitätsgüter: Bei ubiquitären Gütern[48] handelt es sich im wesentlichen um Fertigprodukte, die mit in allen Ländern bekannter, relativ einfacher, leicht zugänglicher und weitgehend standardisierter Technologie bzw. einem entsprechenden Technologiebündel produziert werden. Die Produktionsfunktion ist in allen Ländern im Zeitpunkt t_0 identisch. Skalenerträge treten nicht aufh Allerdings ist die Möglichkeit sich verändernder Produktionsfunktionen in den Zeitpunkten $t_1, t_2 \ldots t_n$ nicht ausgeschlossen. Das jeweilige Gut wird dann aber nicht mehr den Ubiquitätsgütern zugerechnet. Erst wenn auch diese neue Technologie in allen Ländern ihre Anwendung findet (t_n), kehrt das jeweilige Produkt – allerdings auf einer anderen Produktionsstufe – wieder zurück in den Kreis der Ubiquitätsgüter.

Der komparative Vorteil ist bei Ubiquitätsgütern abhängig von der relativen Faktorausstattung der einzelnen Länder. Die Exporte finden ihre Begründung in Preisunterschieden, deren Ursprung im komparativen Vorteil – bestimmt durch Faktorausstattung und Faktorproduktivitäten – zu suchen ist. Die Wettbewerbsfähigkeit jedes einzelnen Landes beruht auf den jeweiligen Produktionskosten und damit implizite der Produktivität [Hirsch 1977, Kap. 1]. Folglich unterliegen diese Waren einer außerordentlich starken Angebotskonkurrenz, was sie zu Problemgütern in den internationalen Handelsbeziehungen werden läßt. Ubiquitätsgüter werden aus diesem Grunde in enger Verbindung zu Handelsrestriktionen zu sehen sein [Hufbauer/Chilas 1974, S. 19 f.].

Technologiegüter: Technologiegüter (Aufstellung I-A) sind Produkte, die auf „neue" Innovationen zurückzuführen sind. Ihre Fertigung beruht auf einem absoluten Vorteil bei einem spezifischen technologischen Faktor. Diese Güter sind in enger Verbindung mit dem Namen Schumpeter [1952] zu sehen. Schumpeter hat im Rahmen seiner „Theorie der wirtschaftlichen Entwicklung" auf die besondere Rolle der schöpferischen Kraft zur „Durchsetzung neuer Kombinationen" hingewiesen. Der innovative Prozeß (Entwicklungsprozeß) ist gekennzeichnet durch vollkommen neue, bisher unbekannte Produkte (Novitätenprozeß) [Arndt 1966, S. 208 f.]. Die sich ergebenden prozessualen Monopolsituationen für den Anbieter können nur über den Prozeß der Imitation abgebaut werden.

Das Technologiegut wird im Gefolge einer erfolgreichen Imitation Schritt für Schritt einem Standardisierungsprozeß unterworfen, wodurch die ursprüng-

[48] Zu der Besetzung der Ubiquitätsgüterkategorie vgl. Hirsch [1974, S. 71 f.], Hufbauer/Chilas [1974, Tab. 9, S. 34 ff.] und insbesondere Hirsch [1977, Tab. A2, S. 125]; hier Aufstellung I-A. Die Zuordnung ist allerdings nicht einheitlich!

lichen Charakteristika des Gutes verloren gehen und es im Extremfall zu einem Produkt mit allgemein zugänglicher Technologie denaturiert (Ubiquitätsgut). Die entsprechenden Handelsströme bestimmen sich durch eine spezielle Verfügbarkeit über den/die Innovationsfaktor(en). Vor allem in Industrieländern wird das an das Entwicklungsniveau gebundene notwendige Innovationspotential vorhanden sein. Für das Technologiegut spielt der Preis als Außenhandelsdeterminante nur eine nebengeordnete Rolle.

Präferenzgüter: Basis der Präferenzgüter sind entweder Ubiquitäts- oder Technologiegüter auf dem Wege zur Standardisierung, die eine Modifizierung hinsichtlich einiger produktspezifischer Merkmale erfahren. Die Veränderungen können in jeglicher Ausprägung der Produktgestaltung liegen und sind ohne besondere technologische Faktoren zu realisieren. Sie betreffen auch eher Design, Qualität bzw. Stil[49]. Besondere Absatzstrategien (Marketing, Service) sind ebenfalls eine von vielen Möglichkeiten. Die Produktion des ursprünglichen Gutes ist weitgehend überall möglich, und doch entwikkeln sich spezielle Verfügbarkeiten aufgrund des Differenzierungsprozesses.

Da es sich also nicht um ursprüngliche Verfügbarkeiten wie im Falle der Technologiegüter handelt, wollen wir von „speziell abgeleiteten" Verfügbarkeiten sprechen. Auf letzteren beruht die sich herausbildende Wettbewerbsfähigkeit, die zu „quasi Monopolsituationen" für einzelne Anbieter führen kann. Da der Bestimmungsgrund für den Handel mit Präferenzgütern aber in der Präferenzstruktur der Nachfrage begründet ist und die Präferenzgüter zu einem überwiegenden Teil einen zeitlich limitierten Bedarf (Mode etc.) befriedigen, sind die jeweiligen Monopolsituationen eng mit den sich wandelnden Nachfragepräferenzen und Konsummustern verknüpft. Weitgehend gleiche Nachfragestrukturen zwischen den Ländern sind daher Voraussetzung für die Entwicklung eines Präferenzgüterhandels. Monopolphasen werden aber nicht nur durch Imitation innerhalb der Branche, sondern auch durch weitere Differenzierung der Produkte und durch Änderung der Bedürfnisstrukturen mit Wirkung auf das Konsumentenverhalten abgebaut bzw. neu entwickelt. Das gilt auch dort, wo nationale Besonderheiten internationalen Warenhandel initiieren.

Im Fall des Präferenzgüterhandels spielt der Preis nur eine nebengeordnete Rolle. Er ist nicht ursächlich Bestimmungsgrund der Handelsströme. Die potentielle Wettbewerbsintensität kann bei Präferenzgütern relativ groß sein,

---

[49] Da Chamberlin sich als einer der ersten mit dem Aspekt der qualitativen Produktvariation beschäftigte, steht sein Name in engem Zusammenhang mit der Güterklasse der Präferenzgüter.

da eine Imitation als relativ einfach bei gleichzeitig wachstumsorientiertem Wettbewerb um Marktanteile angesehen werden muß. Sie ist aber geringer als im Fall der Ubiquitätsgüter, da schon geringfügige Differenzierungen einen „quasi konkurrenzgeminderten" – wenn auch zeitlich begrenzten – Markt begründen können. Im Bereich dieser Güter spielt sich ein großer Teil des Industrieländerhandels ab. Intra-industrieller Handel wäre ohne Präferenzgüter kaum denkbar[50].

Supplementäre Engpaßgüter: Supplementäre Engpaßgüter sind für sich genommen keine besonderen Güter über die schon genannten hinaus. Alle bisher erfaßten Waren können zu bestimmten Zeitpunkten und für bestimmte Zeitperioden (kurzfristig) den Charakter supplementärer „Engpaßgüter" annehmen. Es handelt sich generell um eine zeitbezogene, relative Nichtverfügbarkeit, in der das inländische Angebot nicht ausreicht, um die nationale (inländische) Nachfrage voll zu befriedigen [vgl. Gray's B-Güter und Aufstellung II-A]. Die Restversorgung wird dann vom Ausland übernommen. Güter werden durch die jeweilige Funktion des Außenhandels zu supplementären „Engpaßgütern". Nimmt dieser den Charakter des (kurzfristigen) Supplementärhandels an, so wird er auf der Güterebene durch supplementäre „Engpaßgüter" bestritten.

Fassen wir noch einmal die Kerngesichtspunkte der für uns wichtigen Güterkategorien zusammen:

- Ubiquitätsgüterexporte beruhen auf Preisunterschieden, die sich gemäß der komparativen Vorteile aufgrund unterschiedlicher Faktorausstattung ergeben. Sie unterliegen daher einer starken Angebotskonkurrenz.
- Technologiegüterexporte sind preisunabhängig, da die entscheidende Determinante in der Verfügbarkeit über entsprechendes technologisches Potential zu suchen ist. Sie begründen für den Exporteur (ob Unternehmen oder Land, ist nicht entscheidend) einen absoluten Vorteil, der sich in einer monopolistischen Angebotssituation niederschlägt.
- Auch bei dem Präferenzgüterhandel spielt der Preis des gehandelten Gutes keine wesentliche Rolle. Präferenzgüter besitzen aufgrund „speziell abgeleiteter" Verfügbarkeiten einen zeitlich begrenzten absoluten Vorteil. Die handelsbestimmende Determinante ist unter anderem ganz wesentlich in der Präferenzstruktur der jeweiligen Nachfrage begründet.

---

[50] Die Ausnahme bilden z. B. die wirklichen Technologiegüter, die eben nicht in beiden (mehreren) Ländern produziert werden.

– „Engpaßgüter" – als Spezialfall – sind durch die Funktion des Handelsstromes und nicht durch sich selber definiert. Alle Güter können zu bestimmten Zeitpunkten bzw. -perioden kurzfristig zu „Engpaßgütern" werden. Der Tatbestand des „Engpaßgutes" begründet einen absoluten Vorteil. Außenhandelsdeterminante ist z. B. die unterschiedliche konjunkturelle Entwicklung in den am Handel beteiligten Ländern.

1.4.2 Internationale Arbeitsteilung versus Spezialisierung und Supplementärhandel

1.4.2.1 Das mikroökonomische Modell der ex ante Substitutionalität

Die sog. „internationale Arbeitsteilung" traditioneller Provenienz als Ergebnis des Prozesses einer freiwilligen Spezialisierung entsprechend dem ökonomischen Rationalitätsprinzip fußt auf der Modellvorstellung der Substitution (Modell (b) in Aufstellung II-B). Dementsprechend versteht man unter „Substitutionshandel" die „. . . *Angebotssubstitution zwischen in allen Ländern gleichzeitig verfügbaren identischen Gütern*" [Lorenz 1967, S. 28].

> „Im Außenhandelsmodell der statistischen Reallokationstheorie geht es um die ‚Rationalisierung' gegebener Produktionsstrukturen durch Konzentration auf die relativ günstigsten Bereiche. Kosten- bzw. Preisdifferenzen, nicht Wachstumsgleichgewichte steuern den Transformationsprozeß auf die durch Außenhandel möglich werdenden Spezialisierungsstrukturen" [ebenda, S. 69].

Die sich aufgrund dieses Prinzips herauskristallisierenden Handelsbeziehungen sind von Lorenz als der Fall der „internationalen Arbeitsteilung" beschrieben worden, um eine Abgrenzung gegenüber anderen Beziehungen zu gewährleisten. Bei „internationaler Arbeitsteilung" beruht die Angebotskonkurrenz auf unterschiedlichen Produktionskosten, wobei die Produktionsfunktionen international identisch sind (Faktorproportionentheorie). Insofern ergibt sich keine umfangreichere, sondern „nur" eine effizientere Versorgung der Importländer. Der sich „. . . im Rahmen der vorherrschenden Produktions- und Einkommensverwendungsstruktur . . ." [ebenda, S. 83] abspielende substitutive Handel führt durch Reallokation der Faktoren zu internationaler Arbeitsteilung, durch die im Extrem bei vollständiger Spezialisierung die Produktion auch monopolisiert werden kann.

Substitutive Außenhandelsbeziehungen liegen dem Handel mit Ubiquitätsgütern (funktionell homogene Güter/Inputs) zugrunde. Wie schon bei der allgemeinen Betrachtung der Ubiquitätsgüter ausgeführt, ergeben sich recht große Wettbewerbsprobleme durch die außerordentlich starke Angebotskonkurrenz im internationalen Ubiquitätshandel (Verdrängungswettbewerb mit Freisetzungseffekten auf der Faktorebene). Der eigentlich zu erwartende reallokative Prozeß der Spezialisierung wird aus nationalen volkswirtschaftlichen Gründen oftmals reduziert (z. B. im aktuellen Fall der Textilindustrie). Wenn Länder zusätzlich versuchen, ihren Exportanteil auf Kosten anderer zu erhöhen und zudem die Anpassungslasten allgemein außerordentlich hoch sind, dann ist der Weg zur Beschränkung des internationalen Handels – zu einer Verzerrung der Handelsstrukturen – nicht weit. Auf das „weit verbreitete politische Vorurteil gegen Heckscher-Ohlin-Handel" haben Hufbauer/Chilas [1974, S. 20 f.] hingewiesen und nachweisen können, daß die restriktiven Störungen des substitutiven Handels wirklich am größten sind[51].

Substitutiver Außenhandel ist exportorientiert. Er führt zu intersektoraler Spezialisierung und entspricht damit der klassischen Arbeitsteilungsfunktion.

1.4.2.2 Mikroökonomisches Modell der Komplementarität: Fall (I) und (II)[52]

Das handelsrelevante Pendant zum Fall der substitutiven Außenhandelsbeziehungen ist der Austausch auf komplementärer Basis. Die lange Zeit währende Vernachlässigung bzw. Versimplifizierung der Komplementärströme hat zunehmend einer intensiveren Beschäftigung mit diesen Platz gemacht. Von Komplementärhandel (I) sprechen wir, wenn Güter nicht oder nur mit unverhältnismäßig hohen Kosten in der jeweiligen Volkswirtschaft zu erstellen sind (Modell (a) in Aufstellung II-B). Wahlentscheidungen im Sinne des Reallokationsmodells sind hier nicht möglich, da der bestehenden heimischen Nachfrage nach dem Gut X kein entsprechendes nationales Angebot dieses Gutes gegenübersteht.[53].

---

[51] Das mikroökonomische Konfliktpotential des substitutiven internationalen Handels kann makroökonomisch noch verstärkt werden, wenn aufgrund von Wachstumsschwäche und/oder konjunktureller bzw. struktureller Unterbeschäftigung der geforderte Anpassungsprozeß erhebliche – auch sozialpolitische – Belastungen erwarten läßt. Dieser Kuppeleffekt mikro- und makroökonomischer Prozesse bei substitutivem Austausch bedarf auch wirtschaftspolitisch einer stärkeren Berücksichtigung. Vgl. auch Abschnitt 1.4.2.3 dieses Kapitels.

[52] Vgl. hierzu auch Lorenz [1979, S. 15 ff.].

[53] Lorenz nennt diesen Fall mit Blick auf die traditionelle Theorie *„originäre"* Komplementarität, die sich auf unterschiedliche güterwirtschaftliche Verfügbarkeiten gründet. Davon zu unterscheiden ist die *„induzierte"* Komplementarität, die als Folge des Reallokationsprozesses aufgrund unterschiedlicher Kostenrelationen zum Fall divergierender Produktions- bzw. Güterstrukturen führt [Lorenz 1967, S. 72].

Aufstellung II-B: Mikroökonomische Außenhandelsmodelle und Entwicklungsprozeß[1]

Mikroökonomische Modelle / Funktionen und Prozesse	(a) Komplementarität (I) (der Produktion)	(b) Ex ante Substitutionalität (der Produktion)	(c) Komplementarität (II) (dynamisches Nachfrage- u. Angeb. mod. d. Produktdiff.
Außenhandels-theorie	Dynamische Verfügbarkeits-modelle	Statische Modelle	Dynamische Verfügbarkeits-mod. in Verbindung mit un-ternehmenstheoretischen Ansätzen
Außenhandelsgüter	heterogene Güter/Inputs; monopolistische (zufällige) Verteilung – limitiert bzw. re-versibel – absolute Verfügbar-keit	funktionell homogene Güter/ Inputs; ubiquitäre Verfügbar-keiten (physisch identische Angebote)	funktionell heterogene Güter/ Inputs (Präferenzgüter); mo-nopolistische Verteilung (Zeitmonopole)
Funktion des Handels	kein Mittel intern. Arbeitstei-lung (Reallokation), sondern Erschließung des Weltmark-tes – damit Spezialisierung als Folge der Expansion – ver-bunden mit erweiterter Ver-sorgung der Importländer (Versorgungsfunktion)	Mittel der intern. Arbeitstei-lung (Reallokation); über Wettbewerbsprozesse Inten-sivierung des Handels und Kostendegression – klassische Spezialisierungsfunktion →inter-sektorale Spezialisie-rung.	keine Spezialisierung im Sinne der Reallokation, sondern als Erschließung des Weltmark-tes analog der Expansion in Modell (a); aber in „schmale-ren Sektoren" (Substitutions-lücken); Versorgungsfunktion →intra-sektorale Spezialisie-rung.
Kontraprozeß	Hang zur Angebotsimitation führt zur Aufhebung der Komplementarität (I). Zeit-monopolistische Verfügbar-keiten werden ubiquisiert.	Aufhebung der ex ante Substi-tution durch Monopolisie-rung und Abbau der intern. Parallelproduktion.	Wettbewerbsprozesse der Imitation bzw. neuer Kom-plementaritäten (II) (Markt-lückenstrategie im Intra-Be-reich)
Prozessuale Ent-wicklung zu ...	Übergang zu Modellfall (b)	entweder Übergang in a) Komplementarität (I) oder b) Komplementarität (II) als Ausdruck des Entwick-lungsprozesses (steigende Einkommensni-veaus mit entsprechenden Nachfrageveränderungen) intra-industr. Spezialisie-rung.	entweder a) Auffächerung in weitere Komplementaritäten (II) (Produktdifferenzierung), b) bei enger werdenden Substi-tutionslücken in ex ante Sub-stitutionalität oder c) Herausbildung *neuer* Kom-plementaritäten (I) bei abso-luten technologischen Lücken

[1] Vgl. auch im Anhang I.

„Im Fall einer komplementären Spezialisierungsstruktur verfügen die Länder ... produktionsmäßig überhaupt nicht über das eine oder das andere Gut der jeweiligen Partnerländer. Sie erhalten erst und nur über den Außenhandel die Möglichkeit, in den Besitz dieser anderen Güter zu gelangen. Die Spezialisierung erfolgt somit auf Güter, die die Tauschpartner nicht besitzen und nicht auf solche, die sie auch produzieren oder produzieren könnten, wenn auch nur zu unterschiedlichen ökonomischen Bedingungen, d. h. zu höheren Kosten (Preisen). Es tritt also an die Stelle des reichlich unwahrscheinlichen Falles, daß alle oder die zwei Länder des typischen Außenhandelsmodells über die gleichen Güter produktionsmäßig verfügen, der zweckmäßigere Fall, daß die betreffenden Länder über gänzlich andere (neue) oder zumindest nicht-identische Güter verfügen“ [Lorenz 1967, S. 70].

Verfügbarkeiten bzw. Nicht-Verfügbarkeiten sind damit für den Komplementärhandel von entscheidender Bedeutung. Die Dauer der monopolistischen Verfügbarkeiten des Exportlandes läßt sich durch „lags“ definieren.

Vor allem im Primärgütersektor werden Verfügbarkeiten, wenn sie räumlich gebunden sind und das jeweilige Produkt kaum substituierbar ist, lang anhaltende Vorteilssituationen gewährleisten. Die alternative Extremsituation nur ganz kurzer „lags“ ist ebenfalls denkbar. Schon kurze Zeit nach der Innovation kann der daraus resultierende monopolistische Vorteil über den Wettbewerbsprozeß der Imitation durch andere Marktteilnehmer abgebaut werden. Allerdings können z. B. durch Patente rechtliche Hindernisse für eine frühzeitige Imitation bestehen. Andererseits kann auch ein außergewöhnliches technologisches Potential eines Landes bzw. Unternehmens zu lang anhaltenden Monopolsituationen führen. Dauer und Umfang dieser Verfügbarkeiten hängen damit von einer Vielzahl von Faktoren ab, worunter unternehmensspezifische Bestimmungsgründe internationaler Wettbewerbsfähigkeit und dynamische Skaleneffekte eine besondere Bedeutung besitzen.

Neben dem Wettbewerbsaspekt ermöglicht der komplementäre Austausch für die Länder ohne entsprechende heimische Produktionsmöglichkeiten eine Überbrückung langfristig existierender Engpässe der nationalen Wirtschaft. In diesem Fall kommt dem Komplementärhandel eine eindeutige „Versorgungsfunktion“ für das Importland zu. Demgegenüber kann aus der Sicht des Exportlandes der Außenhandel eine „Ventilfunktion“ besitzen. Versorgungsfunktion und Ventilfunktion verhalten sich zueinander wie zwei Komplemente ein und desselben Handelsstromes.

Während im Fall des reinen Substitutionsmodells noch keine Voraussagen über die sich realisierenden Handelsströme getroffen werden können, da erst der Reallokationsprozeß als Arbeitsteilungsprozeß den Umfang der Handelsströme determiniert, läßt sich im „reinen“ Fall des „Komplementär-Modells“ schon vorab die Handelsstruktur bestimmen, da diese durch Nicht-Verfügbarkeit determiniert ist. Allerdings ist es äußerst problematisch, exakt zwischen dem substitutiven und dem komplementären Fall zu unterscheiden, wenn man von dem Tausch Rohprodukte gegen Fertigwaren absieht. Alle zwischen diesen beiden Tauschextrema (reiner Ubiquitätsgüterfall versus reiner Komplementärfall) anzusiedelnden Handelsbeziehungen pendeln aufgrund der jeweiligen Verfügbarkeitssituation im nationalen Entwicklungsprozeß zwischen dem komplementären und substitutiven Fall. Dabei ist der Komplementärfall als der allgemeine und der Substitutionsfall als der spezielle zu kennzeichnen.

Aus dem Komplementärhandel ergeben sich für die Handelspolitik eine Reihe von Konsequenzen. Der Handel mit Technologiegütern wird im Vergleich zu den anderen Güterströmen nur geringfügig behindert, da es sich nahezu ausschließlich um sog. „essentials" handelt. Dabei ist es weitgehend unerheblich, zwischen welchen Ländern gehandelt wird. Selbst wenn im Zeitablauf ähnliche Produkte – ähnlich bezüglich Technologie und Funktion – auf dem Markt angeboten werden, wird der Wettbewerb nicht so vehement wie im Fall der reinen Ubiquitätsgüter sein. Im Gegensatz zu den Ubiquitätsgütern sind die Handelsbeziehungen mit Technologieprodukten mehr import- denn exportorientiert, was sich durch den besonderen Charakter dieser Güterkategorie im Entwicklungsprozeß (als Wachstumsprozeß) erklären läßt. Ein Verzicht auf Technologiegüter kann die nationale Entwicklung be- oder sogar vollkommen verhindern. Erst wenn das Technologiegut zu einem wirklichen Ubiquitätsgut „denaturiert" ist, wie heute z. B. die Produkte der Textilgüterindustrie, dann setzen auch hier die dem substitutiven Warenstrom immanenten Wettbewerbsprozesse ein [hierzu Kaufer 1976, S. 207 ff.].

Eine Komplizierung und gleichzeitig raumtheoretisch bedeutsame Erweiterung ergibt sich dadurch, daß diese standardisierten ubiquitären Produkte nicht mehr nur in den Industrieländern, sondern vor allem in den Peripherienationen gefertigt und von diesen auf dem Weltmarkt angeboten werden. Generell wird man feststellen können, daß die komplementären Technologiegüterströme aufgrund ihres „strategischen" Charakters so lange keine Handelsprobleme begründen, wie sie als Technologiegut unbedingt für den nationalen Entwicklungsprozeß benötigt werden (Importorientierung = Versorgungsfunktion) und im Produktzyklus noch nicht die Reifephase erreicht haben. Weniger die Imitation[54] als vielmehr der Standardisierungsprozeß und die damit verbundene Ubiquisierung der Produktion über die

[54] Durch sie werden vor allem die Marktlagengewinne neu ver- und aufgeteilt, aber nicht grundsätzlich neue Handelspartner (bezogen auf Entwicklungsniveau und Faktorausstattung) auf den entsprechenden Märkten auftauchen.

Welt (einschließlich eines gewissen „Exportzwanges") schaffen die handelspolitischen Probleme. Was die Industrieländer betrifft, so ist davon auszugehen, daß der Handel mit wirklichen Technologiegütern bedeutend[55], aber nur gering behindert ist [Hufbauer/Chilas 1974, Tab. 9, S. 37 f.; Hirsch 1974, Tab. II, S. 87; Bergsten 1974, S. 647].

Wir haben bisher dem Modell der ex ante Substitutionalität das der Komplementarität (I) gegenübergestellt. Damit sind zwar die beiden Basismodelle der Außenhandelstheorie benannt, aber der Gesamtbereich der relevanten mikroökonomischen Außenhandelsbeziehungen über den Produktionsansatz hinaus ist noch nicht erfaßt. Betrachtet man die Außenhandelsbeziehungen als eng verbunden mit – bzw. herleitbar aus – dem weltwirtschaftlichen Entwicklungsprozeß, so ist zum einen als historischer Ausgangspunkt der Fall der Komplementarität (I) zu wählen und zum anderen die Modellsystematik um das dynamische Nachfrage- und Angebotsmodell der Produktdifferenzierung der Komplementarität (II) zu erweitern (Aufstellung II-B).

Geht aufgrund der Ubiquisierung der ehemals zeitmonopolistischen Verfügbarkeit der Komplementarität (I) die Entwicklung über zum Fall der physisch identischen Angebote – der ex ante Substitutionalität –, so kann der Abbau der internationalen Parallelproduktion entweder zurückführen zum Modell der Komplementarität (I) oder aber – und dies ist der interessantere Fall – aufgrund des fortschreitenden Entwicklungsprozesses, einhergehend mit steigenden Entwicklungsniveaus und entsprechenden Nachfragevariationen, überführt werden zum dynamischen Nachfrage- und Angebotsmodell der Produktdifferenzierung.

Hierbei handelt es sich um den Fall des Tausches funktionell heterogener Güter (Präferenzgüter). Ähnlich wie bei den Technologiegütern – oder allgemeiner den heterogenen Gütern – liegt auch hier keine Spezialisierung im Sinne der Reallokation vor. Die Erschließung des Weltmarktes steht im Vordergrund, wenn auch begrenzt auf die eng definierten Bereiche/Sektoren der sog. Substitutions- oder Marktlücken. Die sich entwickelnde intra-sektorale Spezialisierung ist Kennzeichen einer auf Nachfragedifferenzierung und (strategische) Marktexpansion abgestellten Versorgungsfunktion des Außenhandels.

Die Besonderheit der strukturell komplementären Präferenzgüterströme läßt sich wie folgt beschreiben: Erstens ist der Tatbestand des Präferenzgutes nur sehr schwer einzugrenzen und damit auch kaum eindeutig statistisch nachzu-

---

[55] Er dürfte allerdings vom Ubiquitätsgüterhandel übertroffen werden, wenn man nur die „wirklichen" Technologiegüter betrachtet.

weisen. Allenfalls läßt sich aufgrund von signifikantem „Zweiweghandel" auf den Austausch von Präferenzgütern schließen. Zweitens sind Präferenzgüter weniger als Technologiegüter vor einer „Entmonopolisierung" geschützt. Wie schon angesprochen, können Güter im Gefolge eines Standardisierungsprozesses in „niedrigere" Güterkategorien rutschen. Auch bei Präferenzgütern ist dieser Prozeß anzutreffen. Er wird hier sogar eher als bei anderen Gütern einsetzen können; denn Präferenzgüter sind nachfrageabhängig und damit rasch wechselnden Modeerscheinungen und sonstigen Konsumentenpräferenzen unterworfen.

Da diesen differenzierten Gütern kaum umwälzende technologische Errungenschaften zugrunde liegen, ist die Chance bzw. Gefahr substitutiver Prozesse groß. Produktdifferenzierung gewährt zwar Zeitmonopole, ist aber, wenn man längere Zeiträume betrachtet, auch Verdrängungsprozessen ausgesetzt, obwohl es sich ursächlich um komplementäre Beziehungen handelt, die den „Initialgüterstrom" begründen. Wir haben schon auf den Sonderfall intra-sektoraler Spezialisierung hingewiesen, der die Gefahr der potentiellen Verdrängungsprozesse relativierte. Trotzdem kann auch bei Produktdifferenzierung bzw. Präferenzgüterhandel Verdrängungswettbewerb – als substitutiver Prozeß – auftreten[56]. Er wird vor allem dort einsetzen, wo

- die entsprechenden Märkte „enger" werden, d. h. entweder real schrumpfen oder die Anzahl der Wettbewerber schneller wächst als das Marktpotential;
- das bisher wirksame „akquisitorische" Potential der Präferenzpolitik bestimmter Länder sich abgenutzt hat und an deren Stelle andere Anbieternationen treten.

Waren können im Entwicklungsprozeß ihre Zugehörigkeit zu einer der Güterkategorien verändern. Für das Präferenzgut sind grundsätzlich zwei Möglichkeiten denkbar:

- Ein Präferenzgut wird im Laufe eines Standardisierungsprozesses zu einem Ubiquitätsgut. Diesen Fall wollen wir als Ausnahme betrachten, da die Entwicklung der letzten Jahrzehnte zu zeigen scheint, daß reallokative

[56] Daß intra-industrieller Handel nur bedingt substitutiven Austausch darstellt, wurde schon in Abschnitt 1.3 dieses Kapitels betont. Solange nämlich der auf divergierende Käuferpräferenzen und Sortimentsausweitung ausgerichtete Differenzierungsprozeß eine „quasi monopolistische Situation" begründet, schafft der Handel mit heterogenen (differenzierten) Waren komplementäre Handelsbeziehungen. Er wird erst dann substitutivem Handel ähnlich, wenn mit ihm Verdrängungswettbewerb gegenüber dem jeweiligen nationalen Angebot oder der Nachfrage verbunden ist.

Prozesse wegen der großen Anpassungslasten weitgehend vermieden werden. Eher wird man mittels Marketing und sonstigem akquisitorischem Potential diesen Verfall des Gutscharakters mit „allen Mitteln" zu verhindern suchen.

- Das Präferenzgut bleibt aufgrund der beschriebenen „Erhaltungsstrategie" ein Präferenzgut. Aber dieses „erhaltene" Präferenzgut hat mit wachsenden Problemen zu kämpfen. Es treten immer stärker werdende Wettbewerbsprozesse auf, wobei die Substitutionslücken intensiver „umkämpft" werden und trotz technologischer Neuerungen stetig enger werden[57].

Immer noch erfüllt der strukturell komplementäre Präferenzgüterhandel seine Versorgungsfunktion. Er wird aber, wenn man die ablaufenden Prozesse entwicklungshistorisch sieht, unter intensivierten Wettbewerbsdruck geraten. Damit wachsen nahezu gleichermaßen die handelspolitischen Probleme des internationalen Austausches. Ähnlich wie bei dem Ubiquitätsgüterhandel werden sich national begründete Schutzpolitiken in den Vordergrund schieben. Der recht „friedfertige" Präferenzgüterhandel der Nachkriegszeit ist insofern atypisch, als der Nachholbedarf (Wachstumsklima) über weite Strecken eine „Ausartung" verhinderte. Solange der Präferenzgüterhandel seinen Trägern Marktnischen und -lücken gewährt(e), solange kann (konnte) er sich schnell und zum Vorteil aller entfalten. Anders gestaltet es sich, sobald die Märkte „enger", die technologischen Potentiale geringer und Nachfragepräferenzen gleichartiger werden. Diese Situation aber besteht etwa seit Mitte der 60er Jahre.

Unter diesem Blickwinkel würde sich der Präferenzgüterhandel als eine Episode weltwirtschaftlicher Beziehungen darstellen, dessen – gedanklich – vorerst letztes Stadium in kumulativ wachsenden Verdrängungsprozessen zu sehen wäre. Denn irgendwann muß auch die Produktdifferenzierung an Grenzen stoßen, seien sie nun technologischer oder nachfragebedingter Natur. Entscheidendes Gewicht scheint auch hier die Regionalkomponente zu gewinnen, die die Chance bietet, entsprechend dem von Lemper [1974, Kap. 4] entwickelten Konzept der autarkiebegabten Agglomerationszentren diesem externen Wettbewerbsdruck entgegenzuwirken. In diesem Fall würden die Kern-Kern-Beziehungen um den nicht-essentiellen Handel vermindert, während sich der Kern-Binnen-Handel unter neuen sozio-ökonomischen Gesichtspunkten bewußt auf den „soliden", aber wachstumsträchtigen

[57] Denkbar ist in diesem Zusammenhang auch eine Überführung der Komplementarität (II) in eine Komplementarität (I), wenn absolute Verfügbarkeiten ähnlich fundamentalen technologischen Lücken begründet werden können.

Präferenzgüterhandel stützen könnte. Ein anderer, neuer Welthandel wäre das Resultat einer derartigen Entwicklung. Dieses Konzept ähnelt in gewissem Sinn dem des neuerdings für die Entwicklungsländer entwickelten Modells der „Abkoppelung", nur unter anderen Niveaugesichtspunkten und mit anderen Konsequenzen. Der Gedankengang zeigt aber, daß auch der strukturell komplementäre Präferenzgüterhandel nicht als stetig und allseits bzw. jederzeit wachstumsfördernd zu betrachten ist.

Die sich herausbildende Spezialisierungsstruktur aufgrund zeitlich limitierter monopolistischer Verfügbarkeiten bei komplementären Handelsbeziehungen führt über die reine Strukturanalyse hinaus zu zwei weiteren generellen Aspekten, die die besondere Bedeutung des „Komplementär-Modells" begründen bzw. herausstellen. Bezieht die dynamische Außenhandelstheorie notwendigerweise entwicklungstheoretische Gesichtspunkte in ihr Kalkül mit ein, so wäre es aus dieser Sicht „... schlechthin unlogisch, von der Voraussetzung gleich ausgestatteter Länder im Sinne der Verfügbarkeit über identische Güter auszugehen. Entwicklungstheoretisch ist es entscheidend zweckmäßiger zu argumentieren, daß die Länder *noch nicht* alle mit den gleichen Gütern produktionsmäßig ausgestattet sind" [Lorenz 1967, S. 70]. Das „Komplementärmodell" gewinnt damit für die Überwindung des statischen, traditionellen Ansatzes zentrale Bedeutung. Darüber hinaus aber ermöglicht es eine Berücksichtigung von Wettbewerbsaspekten der am internationalen Handel beteiligten Akteure. Dadurch wird der scheinbar simple Komplementärcharakter überwunden, da via Entwicklungsprozeß bzw. strategisches Unternehmerverhalten die Komplementärstrukturen durch Imitation „eingeebnet" [Lorenz 1967, S. 70 f.] oder verkehrt werden oder sich auf einer anderen Ebene (Branche, Sektor) neu entwickeln können.

Die dem Entwicklungsprozeß innewohnende Dynamik wird laufend Handelsbeziehungen begründen, die von der Komplementarität (I) über die Imitation zu Strukturen gleicher Verfügbarkeit – ex ante Substitutionalität – und daraufhin durch Produktdifferenzierung wieder zu neuen Komplementaritäten (II) führen[58]. Unbestimmt sind dabei Zeitpunkt, Art, Umfang und Dauer der ablaufenden Prozesse. Diese werden im einzelnen durch eine Vielzahl mikroökonomischer Bestimmungsgründe beeinflußt. Vor allem sind der Expansionsspielraum bzw. das Nachfrage- und Angebotspotential in diesem Zusammenhang zu nennen. Dadurch, daß die Prämissen der vollkommenen Konkurrenz und gleicher Güterverfügbarkeit aufgegeben wurden,

[58] Hierbei handelt es sich nur um die Globalstruktur, die notwendigerweise im Einzelfall um die spezifische Feinstruktur zu modifizieren ist. Vgl. dazu Aufstellung II-B letzte Zeile.

rücken die unternehmensbezogenen Bestimmungsgründe der Wettbewerbsfähigkeit in den Vordergrund der Analyse. An diesem Punkt ergibt sich die Verknüpfung der Handelsstromkonzeption (internationale Güterkategorien) und der neuen dynamischen Außenhandelstheorien.

1.4.2.3 Makroökonomisches Modell des Supplementärhandels

Es soll nun ein dritter Handelsstrom unterschieden werden, der gewissermaßen über/neben den schon betrachteten mikroökonomisch bestimmten steht. Seine Existenz ist auf andere Ursachen zurückzuführen als die des Komplementär- bzw. Substitutionshandels. Durch makroökonomische Prozesse können die mikroökonomischen Modelle der ex ante Substitutionalität bzw. der Komplementarität (II) überlagert und damit dynamisiert werden.

Der sich herausbildende Supplementärhandel ergänzt ein bestehendes binnenländisches Güterangebot.

> „Die Supplementärfunktion hat ... gegensätzliche nationale Spannungsverhältnisse zwischen dem gesamtwirtschaftlichen Nachfrage- und Angebotspotential zur Ursache" [Lorenz 1969, S. 172].

Auslösendes Moment des Importstromes ist dabei die Binnennachfrage. Initiiert wird der Supplementärhandel durch unterschiedliche Konjunkturverläufe und divergierende Kapazitätsauslastungen in einzelnen Ländern („instabiles substitutives Austauschpotential"). Trotz an sich nachfragegerechter Produktionskapazität kann in einem Land kurzfristig ein Nachfrageüberhang entstehen, dem ein kurzfristiger Angebotsüberhang eines anderen Landes gegenübersteht. Damit kommt diesem supplementären Handelsstrom eine zeitlich sehr begrenzte und auch instabile Funktion („Lückenbüßerfunktion" auf der Importseite und kurzfristige „Ventilfunktion" auf der Exportseite [Lorenz 1967, S. 161]) zu, gerade wenn der Handel unterschiedlichen Konjunkturverläufen entspringt. Die sich herausbildende „komplementäre" Tauschstruktur dieser makroökonomisch bedingten „Übergangsphase" ist laufend von der Auflösung bzw. Verkehrung der makroökonomischen Determinanten bedroht und daher der Gefahr starker und kurzfristiger Fluktuationen unterworfen.

Supplementärer Handel ist in allen Gütergruppen denkbar und möglich. Ganz besonders aber wird der Handel mit Ubiquitäts- und Präferenzgütern unter dem supplementären Aspekt zu sehen sein. Die Kurzfristigkeit und die besondere Bedeutung der Binnennachfrage als auslösende Momente sprechen für diese Sicht. Er ist wie der komplementäre Handelsstrom importorientiert und auf die Versorgung der nachfragenden Volkswirtschaft abgestellt.

Damit ergibt sich in der Zusammenschau aller Handelsströme(-modelle) folgendes Bild (s. a. Aufstellung II-C): Vereinfacht gesehen stehen sich das ex ante Substitutionsmodell und die beiden Komplementärmodelle (I und II) gegenüber. Der Fall des Supplementärhandels (makroökonomisches Modell) wird vernachlässigt, da er für die Mikromodelle nur „Ergänzungscharakter" trägt und hier nicht als ursächlich eigenständige Modellvariante weiter verfolgt werden soll. Ist das statische Substitutionsmodell durch das Prinzip der potentiell allseitigen Produktion homogener Güter (Ubiquitätsgüter) gekennzeichnet, so steht dem der Fall der dynamischen Komplementärmodelle (I und II) gegenüber. Diese erfahren ihre Charakterisierung durch die Berücksichtigung zeitlich begrenzter Verfügbarkeiten. Dem entsprechen auf der Produktebene die heterogenen bzw. funktionell heterogenen – nicht überall zu jeder Zeit verfügbaren – Güter/Inputs (z. B. Technologie- bzw. Präferenzgüter). Beruhen im Substitutionsmodell komparative Vorteile auf Kosten- resp. Preisdifferenzen, so sind in den Komplementärmodellen die Determinanten des Außenhandels in unterschiedlichen Verfügbarkeiten bzw. der Produktdifferenzierung (Produktvariation) zu suchen. Auch in diesem Fall ist Außenhandel aufgrund von Preisdifferenzen denkbar, aber diese Preisunterschiede sind *nicht* der entscheidende Bestimmungsgrund.

Aufstellung II-C: Güterkategorien und Außenhandelsströme (Zeitpunktbetrachtung)

Güterkategorien	Handelsstrom	Außenhandelsfunktion[1]	Orientierung der Handelsströme
Ubiquitätsgut	substitutiv	Spezialisierungsfunktion (Reallokative Spezialisierung)	exportorientiert
Technologiegut	komplementär (ex ante) (im Zeitablauf auch substitutiv)	Versorgungsfunktion (Ventilfunktion für Exportland)	vor allem importorientiert
Präferenzgut	komplementär (im Zeitablauf auch substitutiv)	Versorgungsfunktion (Ventilfunktion für Exportland)	vor allem importorientiert
supplementäres Engpaßgut	konjunkturell supplementär	Versorgungsfunktion (Ventilfunktion für Exportland)	importorientiert

[1] generell Wachstumsfunkton im Exportland.

2. „Multizentrische Weltwirtschaft" und neuere Raumwirtschaftslehre

Bei unseren vorangegangenen handelstheoretischen Erörterungen sind wir immer wieder auf raumspezifische Aspekte gestoßen. Insbesondere die verschiedenen Tests zur Linder-Hypothese haben auf den Raum (in Form des Distanzfaktors) als handelsbeeinflussende bzw. -bestimmende Größe verwiesen. Im folgenden wollen wir der Bedeutung des Raumes für den Güteraustausch nachgehen. Dabei werden wir ausführlicher nur auf einige – neuere – der standort- bzw. raumtheoretischen Ansätze zurückgreifen[59].

Der Standorttheorie als einem Teil der Handelstheorie ergeht es ähnlich wie dem Großteil der neueren dynamischen Außenhandelstheorien. Sie führt ein „bescheidenes Randdasein" [so Lemper 1975, S. 163] und ist überwiegend zum „Fußnotencharakter" [z. B. bei Rose 1976, S. XV f.] degradiert. Rose begründet diese „Selektion" damit, daß eine Berücksichtigung der Raumdimension zu keiner wesentlichen Änderung der im Rahmen der Außenhandelstheorie entwickelten Theoreme führe. „Theoretische Weihen" könne die Standorttheorie erst dann erlangen, wenn sie sich in der Lage sähe, ein „umfassendes System des allgemeinen Gleichgewichts" zu konstruieren[60]. Das aber erweist sich in vielfältiger Hinsicht als äußerst problematisch [s. dazu Lemper 1975, S. 164 f.], und es ist zudem noch zweifelhaft, ob es sich dabei um den richtigen Weg handelt.

In der Theorie des internationalen Handels – der allgemeinen Gleichgewichtstheorie – wird, wenn überhaupt, das Raumelement über die Berücksichtigung von internationalen Transportkosten einbezogen. Die Ausgangs-

---

[59] Ob z. B. eine betriebswirtschaftlich orientierte Standorttheorie [wie z. B. von Behrens 1961 bzw. 1963; Meyer 1960] Ausgangspunkt einer Strukturerklärung der internationalen Wirtschaftsbeziehungen sein kann, muß hier dahingestellt bleiben; denn Untersuchungen darüber existieren bisher nicht. Sinnvoll erschiene ein entsprechendes Vorgehen dann, wenn mehr als nur eine „Internationalisierung" der rein national ausgerichteten empirisch-realistischen Standortbestimmungslehre erreicht wird und die (welt-)wirtschaftspolitischen Implikationen wirklich über das hinausgehen, was die bisher vorliegenden raumwirtschaftlichen Strukturansätze (Predöhl, Lemper) ermöglichen. Demgegenüber kann die angelsächsische Richtung der neueren Raumtheorie um Kindleberger [1971] bzw. [1974] und Cooper [1976], die vor allem auf die „optimale Raumgröße" abstellt, schon Hinweise für weitere Fragestellungen geben. Allerdings können diese Ansätze hier nicht ausführlich diskutiert werden, zumal sie von vollkommen anderen Fragestellungen ausgehen.

[60] Diese Sicht spricht für sich; denn mit dieser Aussage postuliert Rose die allzeitige Überlegenheit der neoklassischen Gleichgewichtsanalyse [Rose 1976, S. XVI].

basis von Außenhandels- und Standorttheorie unterscheidet sich fundamental: Die Handelstheorie geht von Punktmärkten und nicht von Räumen aus, die Standorttheorie von einer geometrischen bzw. geographischen (Weber, Predöhl) Fläche. Die Ausstattung der „Punkte" mit Produktionsfaktoren wird von der Handelstheorie als gegeben, wenn auch zwischen den „Punkten" als unterschiedlich betrachtet. Die Standorttheorie postuliert demgegenüber eine gleichmäßige Verteilung über die Fläche. Gemäß der traditionellen Außenhandelstheorie (HOS) besteht zwischen den „Punkten" (Ländern) vollkommene Immobilität der Faktoren, während die Gütermobilität allein durch Transportkosten inter-regional beschränkt ist. Die Standorttheorie geht von gegenteiliger Sicht aus, wenn sie internationale Mobilität der Faktoren unterstellt. Mithin kennt die Außenhandelstheorie „ihre" Standorte schon, während die Standorttheorie sie erst sucht. Gerade dieses Finden der Standorte ist das eigentliche Problem, zumal neben den Transportkosten auch noch Skalenerträge und externe Effekte zu beachten sind.

Es existieren eine ganze Reihe von standorttheoretischen Ansätzen[61]. Aber nicht in jedem Fall erfüllen sie die Erfordernisse für eine handelstheoretische Verwendung: nämlich die Entwicklung von spezifischen standorttheoretischen Strukturhypothesen, die wiederum Basis für die handelstheoretische Fragestellung sein könnten[62]. Uns geht es nun darum, die bisherigen rein außenhandelstheoretischen Überlegungen zum Industrieländerhandel um die raumtheoretische Strukturkomponente zu erweitern. Damit stellt sich die Frage nach den Implikationen der unterschiedlichen Standortkonstellationen für die internationalen Austauschbeziehungen.

Zwei Ansätze stehen dabei im Vordergrund unserer Betrachtungen: Predöhls [1949] Konzeption der „zentrischen Weltwirtschaft" und Lempers [1974] „Theorie der Industriekomplexe".

---

[61] Vor allem die Arbeiten von v. Thünen [1842], A. Weber [1909] und [1911], Predöhl [1925] und [1949]/[1971], Christaller [1933], Lösch [1944], von Böventer [1962] sind hier zu nennen. Vgl. dazu z. B. die Skizzierungen dieser Theorien bei Lemper [1975] bzw. bei von Böventer [1964].

[62] Als grundsätzlicher „Malus" muß auch die Vernachlässigung der Zahlungsbilanzprobleme im Rahmen der Standorttheorie gelten [dazu Meinhold 1955].

2.1 Das Raumbild der „multizentrischen Weltwirtschaft“ (Predöhl)

Predöhl [1925; 1971] hat als einer der wenigen Ökonomen eine Verknüpfung zwischen Handelstheorie und Standorttheorie – die er zur Raumwirtschaftstheorie weiterentwickelte [1971, S. 21–45] – versucht. Eine enge Verbindung zu den Theorien von v. Thünen, A. Weber [1911] und Lösch ist dabei zu erkennen. Allerdings geht Predöhl über deren Ansätze hinaus, indem er zur Entwicklung seines Raumkonzeptes den standorttheoretischen Ansatz um den entwicklungstheoretischen erweitert, beide aber nebeneinander bestehen läßt. So gelangt er zu einem System zentrisch geordneter Wirtschaftsräume, das durch das Kategoriesystem von Kernen, Randzonen und Peripheriegebieten beschrieben wird.

Die Entwicklung dieser räumlichen Ordnung der Weltwirtschaft wird von Predöhl als historischer Prozeß gesehen. Von der Weltwirtschaft des Frühkapitalismus – als uni-konzentrische Weltwirtschaft bezeichnet – über die bi-konzentrische und tri-konzentrische hat sie sich zu einer multizentrischen hin entwickelt[63]. Diese Veränderung ist nach Predöhl sowohl auf die unterschiedliche Ausstattung mit Produktionsfaktoren[64] als auch auf die Agglomerationstendenz der industriellen Produktionsweise zurückzuführen. Allerdings hat sich trotz wachsender Handelsverflechtung und Multilateralität an der Grundstruktur des zentrischen Aufbaus der Weltwirtschaft nichts Wesentliches geändert. Eher ist es sogar zu einer Verstärkung der Zentrizität gekommen, obwohl die Zahl der Gravitationszentren sich vermehrt hat. Der Predöhlsche Ansatz der zentrisch (asymmetrisch) aufgebauten Weltwirtschaft divergiert damit ganz wesentlich von dem von der Symmetrie ausgehenden Konzept des internationalen generellen Gleichgewichts der neo-klassischen Außenhandelstheorie. Die sich im Entwicklungsprozeß verstärkende oder doch zumindest gleichbleibende „Orientierung“ der weltwirtschaftlichen „Restregionen“ auf die Gravitationsfelder läßt sich mit dem Konzept des internationalen Handelsgleichgewichts nicht vereinbaren.

Grob unterteilt stehen Wirtschaftsräume mit hohem Produktionsniveau (Industrieländer) denen mit niedrigem Produktionsniveau (Entwicklungsländer)

---

[63] Vgl. dazu ausführlich Predöhl [1971, S. 59–66, 82–100 und 118–132]; s. a. Predöhl [1962] und die entsprechenden Einzelstudien von Martin [1962], Rütter [1963], Kuhlmann [1964], Suermann [1964], Harborth [1965] und ders. [1967].

[64] Grundlage bei Predöhl ist die unterschiedliche Verteilung der Ressourcen – Primärprodukte und Bevölkerung – im Raum (Inhomogenität des Raumes). Es handelt sich damit um eine geographische Rauminterpretation.

gegenüber. Die Kerne oder Gravitationszentren sind befähigt, aufgrund ihrer industriellen und landwirtschaftlichen Struktur einen Teil der relevanten restlichen Volkswirtschaften der Welt auf sich auszurichten (Randzonen und Peripherie) [Rütter 1963, S. 113]. Randzonen gelingt dies nur in geringem Umfang, während die Peripherie, da erst im Anfangsstadium der Industrialisierung, nahezu keine gravitierenden Kräfte auf andere „Partner“ wirken lassen kann. Das Prinzip der Verminderung ökonomischer Leistungsfähigkeit vom Zentrum zur Peripherie entspricht in gewisser Hinsicht dem thünenschen Modell, was von Predöhl auch beabsichtigt war. Predöhl leitet nämlich aus diesem Strukturraster thünenscher Prägung handelspolitische Konsequenzen ab: Die „Autarkiebegabung“ eines Landes ist eine Funktion der von ihm abgedeckten thünenschen Kreise.

In historischer Perspektive haben sich Gravitationszentren zu unterschiedlichen Zeiten und an unterschiedlichen Orten der Welt gebildet. Dieser Prozeß kann auch heute nicht als abgeschlossen gelten, obwohl die Entstehung neuer Kerne – und liegen diese auch nur am Rande der bestehenden Gravitationszentren – mit erheblichen Problemen verbunden ist [dazu Harborth 1967 und 1971]. Die Bedingungen der Kernbildung müssen bisher als noch nicht umfassend analysiert gelten. Predöhl geht, mit Rückgriff auf A. Webers Konzept der Standortwahl, von der Eisen- und Stahlbasis der industriellen Produktion aus. Die Stahlindustrie ist eine der wichtigsten Elemente der Kernbildung, da sie Agglomerationsprozesse initiiert und den Kern jeglicher „industriellen Massierung“ (Predöhl) darstellt. Der Rohstahlproduktion ist in der interindustriellen Produktionsverflechtung der höchste „Kopplungseffekt“ zuzurechnen. Die übrigen Industrien sind entsprechend der Transportkostenempfindlichkeit konzentrisch um die Eisen- und Stahlindustrie angesiedelt. Es entwickeln sich interdependente „Industriekomplexe“, wobei Gravitationszentren aus einem oder mehreren solcher Komplexe bestehen können. Neben dem herausragenden Bestimmungselement der Kernbildung, der Eisen- und Stahlindustrie, sind als strukturbestimmendeFaktoren der weltwirtschaftlichen Raumordnung vor allem Transportkosten, Bodenschätze, günstige klimatische Bedingungen und die Konzentration der Nachfrage zu nennen. Dagegen kommt dem Boden-, Arbeits- und Kapitalaufwand nur noch relativ geringe Bedeutung zu [vgl. Rütter 1963, S. 109].

Die weltwirtschaftlichen Gravitationszentren – entsprechend Predöhl – zeichnen sich durch eine hohe Industriedichte mit intensiver interindustrieller Verflechtung und Interdependenz, einer hohen Bevölkerungszahl mit niveaubedingt hohen Pro-Kopf-Einkommen und weitgehend gleichmäßiger Einkommensverteilung innerhalb des Kernraumes aus. Rand- und

Peripheriezonen lassen sich entsprechend den jeweiligen standortrelevanten Bestimmungsfaktoren von den Kernen unterscheiden. Auf der Basis dieser Raumstruktur können raumtypische Handelsbeziehungen beschrieben und darauf aufbauend handelspolitisch relevante Entscheidungen getroffen werden.

Vier wesentliche Austauschbeziehungen lassen sich unterscheiden: der Kern-Binnen-Handel, der Kern-Kern-Handel, der Kern-Peripherie-Handel und der periphere Handel. Alle diese Handelsbeziehungen sind Ausdruck des „Multizentrismus" der weltwirtschaftlichen Raumstruktur. Raumgrenzen und nicht Staatsgrenzen sind folglich für den Predöhlschen Außenhandelsbegriff relevant. Implizite ist damit auch das politische Element in der Predöhlschen Theorie angesprochen, wenn nämlich über die „konstruierten" Räume hinaus agiert wird. Eine grundlegende Folgerung dieser Konzeption ist, daß Länder entsprechend ihren Entwicklungsniveaus unterschiedliche Stellungen in einer „gravitierenden" Weltwirtschaft einnehmen werden. Auch die Verbindung zur Produktebene läßt sich herstellen; denn produktspezifische Standorterfordernisse determinieren den länderspezifischen Fabrikationsort.

2.2 Lempers Konzept „weltwirtschaftlicher Strukturdynamik"

Lemper [1974, Kap. 4] hat die grundsätzlichen Überlegungen zur weltwirtschaftlichen Raumorganisation, die zentrisch orientierten Beziehungen, von Predöhl übernommen und darauf aufbauend ein spezifisches – entwicklungsbedingtes – „Strukturmodell der Weltwirtschaft" entwickelt. Ansatzpunkt ist die Erklärung der zentrischen Organisation aus dem dynamischen Wachstums- bzw. Entwicklungsprozeß [ebenda, S. 143], womit Lemper den marktdynamischen Ansatz des „Expansionswettbewerbs" um den Raumaspekt erweitert. Aus der Verbindung zwischen Wachstums- und Raumwirtschaftstheorie soll zu Erkenntnissen über die Struktur weltwirtschaftlicher Beziehungen vorgedrungen sowie aufbauend darauf eine Diskussion handelstheoretischer Konsequenzen ermöglicht werden.

Ausgangspunkt aller Überlegungen ist die Tatsache, daß aufgrund von Wachstums- bzw. Entwicklungsprozessen die weltwirtschaftliche Raumstruktur ständigen Veränderungen unterliegt: Diese Dynamik ist zu analysieren, und ihre Bestimmungsfaktoren sind zu ergründen.

„Eine Einbeziehung standortlicher Faktoren in das handelstheoretische Kalkül erfordert somit (. . .) Informationen über die Entwicklung handelsrelevanter Standortstrukturen, und es liegt sehr nahe, über Hypothesen entwicklungsbedingter Standortstrukturen und -veränderungen zu Hypothesen entwicklungsbedingter Handelsbeziehungen vorzustoßen" [ebenda, S. 111].

2.2.1 Zentrisches Wachstum und industrielle Agglomerationstendenzen

Wirtschaftliche Wachstumsprozesse führen zu ökonomisch relevanten Ballungsphänomenen, vorausgesetzt, die Entwicklungsprozesse treten zu unterschiedlichen Zeiten und divergierenden weltwirtschaftlichen Lokalisationen auf:

- Weltwirtschaftliche Wachstumsprozesse entwickeln sich im Rahmen zentrischer Strukturraster, so wie es Predöhl mit der Herausbildung von Gravitationszentren bzw. Kernregionen gezeigt hat.
- Industrielles Wachstum ist eng mit Agglomerationsprozessen verbunden. Diese Ballungserscheinungen ökonomischer Aktivität innerhalb der Kerne erfolgen aufgrund spezifischer Standortfaktoren.

Ballungen bzw. regionale Agglomerationen sind ein Tatbestand, der mit der Bildung von Marktflecken begann und über Ortschaften bis zu Städten bzw. regionalen Ballungszonen führte[65]. Bedeutung, d. h. handelstheoretisches Interesse, gewinnen diese Agglomerationen aber erst dann, wenn sie über die politischen Landesgrenzen hinweg ausstrahlen; d. h., im Sinne von Predöhl Gravitationscharakter erlangen und damit andere – umliegende – Länder bzw. Regionen ökonomisch auf sich auszurichten vermögen. Vor allem gilt dies heute für die vier Kernregionen: Westeuropa (vor allem EG), Nordamerika, Sowjetunion und bedingt Japan.

Die zentrische Struktur und Organisation des weltwirtschaftlichen Raumes bedarf aber insbesondere hinsichtlich des Agglomerationsphänomens einer Präzisierung. Wenn die Ballungstendenz eine Folge wirtschaftlicher Entwicklungsprozesse darstellt, dann gilt es, diese auf ihre Struktur hin genauer zu analysieren. Mithin stellt sich die Frage, inwieweit das Agglomerationsprinzip als Funktion des ökonomischen Entwicklungsprozesses erklärt werden kann. Auch hier hat Predöhl wesentliche Vorarbeiten geleistet, indem er auf die unterschiedliche Qualifikation der Orte hingewiesen hat [Predöhl 1971, S. 37]. Diese Qualitäten liegen vor allem in bestimmten Standortbedingungen, die als Basispotential vorhanden sein müssen. Nur bedingt sind Orte mit geringen Standortqualitäten durch den Entwicklungsprozeß zu qualifi-

[65] Lemper [1974, S. 113 ff.] verweist hierbei vor allem auf die Untersuchung von Monreal [1964].

zierten Orten geworden, wenn vielleicht auch dieser Aspekt aufgrund von Emissions- bzw. Umweltschutzgesichtspunkten in der Zukunft größere Bedeutung gewinnen wird. Trotzdem ist grundsätzlich davon auszugehen, daß die Qualität der Orte verändert werden kann und daß diese Qualität auch im und durch den Wachstumsprozeß gezielten Veränderungen unterliegen wird[66].

Direkt aus dem Wachstumsprozeß leitet Lemper [1974] zwei weitere fundamentale zentripetal wirkende Kräfte ab [S. 118 ff.]:

- agglomerative Impulse aus der industriellen Produktion und
- eigenständige lokale Ballungsimpulse aus dem Distributionsprozeß.

Die Konsequenzen für die lokalen Ballungen lassen sich wie folgt beschreiben:

> „Wirksame Arbeitsteilung in der Form der Massen- und Serienproduktion bindet mehr Faktoren in einem Betrieb als die vergleichbare Produktion bei Einzelfertigung, und der erhöhte Umsatz als Resultat der erhöhten Produktivität führt zu einer zwangsläufigen Erweiterung zahlreicher Betriebsfunktionen (...), und somit zu einer massierten Bindung von Faktoren im Raum." – „Der betriebliche Ballungseffekt, der sich in unmittelbarer räumlicher Bindung des Faktors Kapital auswirkt, bedingt ... auch außerbetrieblich Ballungen der Arbeitskräfte in der Nähe der Produktionsstätten mit den sekundären Ballungsfolgen, die sich daraus ergeben (Kumulativwirkungen)" [ebenda, S. 119 und 120].

Wird so die agglomerative Tendenz recht plastisch als Folge des Entwicklungsprozesses gedeutet, wobei konzentrierende und dezentralisierende betriebliche Effekte nahezu als Nebenprodukt eine Deutung finden, so billigt Lemper dem Distributionsprozeß ebenfalls eigenständige Ballungsimpulse zu. Die Beschreibung und Analyse zentripetal wirkender Kräfte im Entwicklungsprozeß allein gibt aber noch keine ausreichenden Hinweise auf die handelsrelevanten Folgen im weltwirtschaftlichen Bereich.

2.2.2 Industriekomplexe als Phänomen weltwirtschaftlicher Raumstruktur

Es gilt jetzt, den begrenzten – lokalen – Rahmen des Agglomerationssachverhaltes zu überwinden. Beschreibt der Ballungsimpuls nur die allgemeine

---

[66] Analoge Tatbestände gelten auch auf der Mikroebene: (a) Unternehmen werden entsprechend ihrer Standorterfordernisse Lokalisationen präferieren, und (b) diese Erfordernisse werden im Entwicklungsprozeß bestimmten Veränderungen unterliegen.

Tendenz lokaler Agglomerationen, so wird über die Einführung der Industriekomplexe als Charakterisierung überlokaler Agglomerations- bzw. Ballungsprozesse die weltwirtschaftliche Dimension in zweifacher Hinsicht erschlossen:

- einmal bezüglich der Herausbildung solcher aus lokalen Agglomerationen zusammengesetzten und entstandenen Industriekomplexen;
- zum zweiten in der Möglichkeit, die durch die Komplexe beeinflußten internationalen Handelsströme in Art und Qualität zu analysieren.

Lemper [1974, S. 126] postuliert einen kausalen Zusammenhang zwischen der „Komplementarität der industriellen Produktion" und der Bildung von Industriekomplexen. Ausgangspunkt eines jeden – lokalen und überlokalen – Agglomerationsprozesses ist das Vorhandensein „qualifizierter Orte", an denen sogenannte „Leit- oder Pionierindustrien" optimale Expansionschancen vorfinden und auch nutzen. Bestimmungsfaktoren solcher Standortqualitäten sind oben schon unter anderem mit internen und externen Effekten beschrieben worden, wobei nicht vergessen werden darf, daß auch nichtökonomische (z. B. politische) Faktoren eine entscheidende Rolle spielen können.

Besondere Bedeutung kommt damit den jeweiligen Leitindustrien mit ihrer zentrenbildenden Kraft zu. Entscheidend ist, daß diese Führer industrieller Entwicklung und Expansion sowohl Standortgebundenheit als auch Standortbindungskraft (Attraktionskraft) aufweisen [Lemper 1974, S. 128]. Die Standortbindungskraft wirkt agglomerationsspezifisch als Anziehungskraft auf komplementäre Beziehungen und initiiert damit den eigentlichen Ballungsimpuls im Entwicklungsprozeß. Raumwirtschaftliche Strukturentscheidungen sind somit schon im Moment der Ansiedlung der Leitindustrien getroffen, von denen Lemper annimmt, daß sie weitgehend irreversibel sind, da die ex ante bestehenden Gravitationskräfte als Entscheidungsdeterminante jegliche potentielle Veränderung der Raumstruktur mitbestimmen.

Leitfunktionen entwickelten vor allem die Textil- sowie die Eisen- und Stahlindustrie. Predöhl hat vor allem letzterer nicht nur Standortgebundenheit, sondern, was noch viel wichtiger ist, Standortbindungskraft zugeschrieben. Welchen Industrien im einzelnen Leitfunktion zukommt, ist vom jeweiligen Entwicklungsstand und ihrer „Gravitationskraft" abhängig. Ob diese Funktion noch von der Eisen- und Stahlindustrie erfüllt werden kann, ist fraglich. Gleichzeitig verweist aber Lemper darauf, daß die sogenannten Wachstumsindustrien (Auto-, Chemie- und Elektroindustrie) kaum die Standortgebundenheit, geschweige denn die Bindungskraft, wie die Stahlindustrie sie hatte, aufweisen[67]. Allerdings scheint sich die Frage der regionalen Schlüsselindustrien für die schon bestehenden Gravitationszentren nicht zu stellen; denn ein großer Teil der „neuen“ Industrien entwickelt sich an den vorgegebenen Agglomerationsorten. Hierbei handelt es sich augenscheinlich um eine gewisse – ex post – „Automatik der Komplexe“.

Neben den Aspekt der Leitindustrien bei der Bildung von Industriekomplexen tritt der der Komplementarität bzw. „industriellen Kopplung der Industrien“ untereinander. Auch diese Entwicklung komplexinterner Interdependenz wird von Lemper [1974, S. 131 f.] aus dem Entwicklungsprozeß und der intensivierten Arbeitsteilung abgeleitet. Erst die komplementäre Struktur der einzelnen Ballungen untereinander bewirkt die Koordination der Subzentren zu einem Industriekomplex. Innerhalb der einzelnen Industriekomplexe ist damit eine weitgehende industrielle Arbeitsteilung gegeben [vgl. auch Punkt 2.3 dieses Kapitels]. Indem sich eine Komplementarität zwischen einzelnen Agglomerationen entwickelt, konstatiert Lemper [1974, S. 132] eine Tendenz zur „Individualisierung großräumiger Industriekomplexe“. Dieser „Homogenitäts- oder Eigenständigkeitsimpuls“ (Lemper) ist eine Folge wachstumsspezifischer Entwicklung sowohl der „komplexinternen Nachfrage“ als auch der technischen und gütermäßigen industriellen Interdependenz.

> „Denn Einkommensniveau und Verbrauchsstruktur sowie das technische Entwicklungsniveau stehen, . . ., in engster Beziehung zueinander“ [ebenda, S. 133].

Auch hier zeigt sich die zentripetale Kraft der komplexinternen Märkte, die ihre bedingte „Bestätigung“ durch die vergleichsweise geringfügige Außenhandelsverflechtung der bestehenden Gravitationsfelder/Industriekomplexe findet. Letztes und zugleich handelstheoretisch wichtiges Strukturmuster eines Industriekomplexes ist seine Tendenz, „. . . sich im Rahmen seines Leistungspotentials möglichst zu vervollständigen“ [ebenda, S. 137]. Je mehr die komplexinterne Nachfrage aufgrund der vorhandenen internen Potentiale befriedigt wird, desto handelsunabhängiger („autarkiebegabter“) stellt sich die Position des Industriekomplexes im weltwirtschaftlichen Raumsystem dar.

Die Möglichkeit, das Ziel der weitgehenden „Vollständigkeit“ zu erreichen, bedarf zweier Voraussetzungen [ebenda, S. 138 f.]: Einmal ist die Größe der Arbeitsbevölkerung entscheidend und zum zweiten die Verfügbarkeit über

---

[67] Vgl. hier auch die Studie von Böllhoff [1968], auf die auch Lemper sich bezieht. Endgültige Aussagen zu den anderen Industrien sind zur Zeit noch nicht möglich, da keine entsprechenden Untersuchungen vorliegen.

produktionsnotwendige Ressourcen (Primärprodukte). Je größer die Arbeitsbevölkerung und je umfangreicher die komplexinternen Vorkommen an Primärgütern, desto größer ist die Chance, dem „Vollständigkeitskriterium“ des Industriekomplexes zu genügen. Dieser Sachverhalt zeigt, daß die Autarkiebegabung der einzelnen Agglomerationen bzw. Industriekomplexe recht unterschiedlich zu beurteilen ist. Es wird Gravitationszentren geben, die mit politischen Grenzen übereinstimmen – z. B. USA –, während andere über diese Grenzen hinauswachsen müssen, um annähernd Komplexcharakter erwerben zu können. Im letzten Fall kann man davon ausgehen, daß mit wachsender Kooperation zwischen einzelnen lokalen Industriekomplexen die Chance der „Vollständigkeit“ zunimmt (z. B. EG)[68].

Es ist leicht einsichtig, daß die Komponenten der „Industriekomplexe“ – vor allem zentrische Komplementarität und relative Vollständigkeit, d. h. weitgehende ökonomische Autonomie und Abgrenzung nach außen – die Struktur des Handelsaustausches beeinflussen, so wie der allgemeine zentrische Aufbau der Weltwirtschaft die Beziehungen zwischen Gravitationszentren, Randkernen und Peripherie determiniert. Auch Lemper [1974] – analog zu Predöhl – konstatiert die Nichtlinearität des weltweiten Entwicklungsprozesses, der nur bedingt Nivellierungskräfte freisetzt, in seiner Grundstruktur aber zentrisch aufgebaut ist und dies auch bleibt [S. 142 f.].

2.3 Weltwirtschaftliche Austauschstrukturen: Intra-Kern- versus Inter-Kern-Beziehungen

Das so entwickelte Raumsystem der Weltwirtschaft, das von einer regionalisierten Form der Entwicklungsprozesse ausgeht, zeigt ganz spezifische Folgen für die internationalen ökonomischen Beziehungen[69]. Der raumwirtschaftliche „Individualisierungsprozeß“, der mit einer intensivierten kom-

[68] Vgl. hierzu die Aufgliederung der Importquoten nach einzelnen Ländern und Gravitationszentren bei Lemper [1974, S. 139 f.]. Die USA mit ihrem überaus großen Binnenmarkt haben eine Importquote von ca. 4% (1971), während die Niederlande auf Werte von über 40% kommen. Im Verbund der EG-Länder allerdings sinkt die Importquote der Niederlande auf 18% (1970).

[69] In Wirklichkeit sind nicht nur die ökonomischen Beziehungen tangiert, sondern es werden gleichfalls weitreichende politische Konsequenzen aus einer derartigen Struktur folgen. Mit dem Hereinwachsen in die Funktion eines Industriekomplexes ändert sich auch die weltpolitische Position und Rolle. Die EG ist hier eines der besten Beispiele. Vgl. dazu z. B. Duchêne [1973]. Wir kommen auf diesen Gesichtspunkt im IV. Kapitel zurück.

plexinternen Verflechtung und einer, allerdings potentialabhängigen, verstärkten „Emanzipation" (Lemper) der Kerne nach außen einhergeht, weist für den Welthandel unterschiedliche Strukturkomponenten auf.

Die Verhältnisse der Komplexe zueinander werden von Lemper zum Teil als „hierarchisch" und zum Teil als „nebengeordnet" charakterisiert[70]. „Hierarchisch" vor allem im Inneren der Komplexe, indem lokale Agglomerationen mit geringerem Vollständigkeitsgrad bzw. geringerem Potential solchen mit höherer Rangordnung untergeordnet sind[71]: Auch hier gilt das zentrische Prinzip. Ebenfalls hierarchisch ist das Verhältnis der Kerne zu den konzentrisch um sie gelagerten Randkernen und der Peripherie. Als „nebengeordnet" läßt sich dagegen das Verhältnis der großen Industriekomplexe (z. B. USA-EG) untereinander bezeichnen (interkomplexitäre Beziehungen), deren gegenseitige Abhängigkeit im ökonomischen Bereich wegen des Komplexkriteriums der Vollständigkeit als relativ gering bezeichnet werden kann.

Je vollständiger bzw. umfassender der jeweilige Industriekomplex sich entwickelt hat, desto weniger unterliegt er in seinem Außenverhältnis hierarchischen Beziehungen [Lemper 1974, S. 149]. Diese Hypothese läßt sich aber schwerlich mit der traditionellen Vorstellung einer arbeitsteilig organisierten Weltwirtschaft vereinbaren. Das weltwirtschaftliche Strukturraster nebengeordneter und nahezu gleichberechtigter bzw. mit annähernd gleichen ökonomischen Fähigkeiten ausgestatteter Industriekomplexe und konzentrisch auf sie ausgerichteter Rand- und Peripheriezonen erfordert eine veränderte Sicht arbeitsteiliger Organisationen[72]. So sind die Gravitationszentren selber auf eine intensive Arbeitsteilung in ihrem Inneren angewiesen, wobei unterneh-

---

[70] Vgl. Lemper [1974, S. 147 f.]. Wenn auch die Begriffswahl von Lemper nicht überzeugt, was insbesondere den Terminus der Hierarchie betrifft, so verwenden wir keine eigenen Bezeichnungen, um die Lempersche Diktion nicht zu verfälschen.

[71] Vernachlässigt wird dabei die nationalstaatliche Sicht, die zusätzlich oder anstelle des reinen Raumaspektes treten kann. So werden „große" Länder gegenüber „kleinen" Ländern schon allein aus ihrer Größe Vorteile ziehen können [hierzu z. B. Breuss 1975, S. 58 ff.].

[72] Inwieweit durch das Phänomen Multinationaler Firmen eine neue weltwirtschaftspolitische (theoretische) Raumkomponente begründet wird bzw. inwiefern das raumtypische Strukturraster von diesen autonom beeinflußt oder verändert (umgangen) werden kann, ist bisher nicht geklärt. Kindleberger [1974] hat, wenn auch mit anderer Zielrichtung, Multinationalen Unternehmen im Rahmen seiner „globalen Strategie" eine besondere Bedeutung für die Integration der Märkte beigemessen, was Auswirkungen auch auf das weltwirtschaftliche Raumbild hat. Robson kennzeichnet die Tätigkeit der multinational agierenden Unternehmen als „a new form of international economic integration", mit erheblichen Einwirkungsmöglichkeiten auf „costs and benefits of integration" [Robson 1972, S. 19]. Vgl. auch von der Groeben/Möller [1976, S. 13 ff.].

merischer Wettbewerb als wichtiger Antriebs- und Selektionsmechanismus wirkt. Der komplexinterne Handel wird vor allem durch den Prozeß der Arbeitsteilung (Reallokationsmodell) beschrieben, wie ihn die neo-klassische Theorie für die gesamten Welthandelsbeziehungen postulierte. Intra-sektorale Spezialisierung ist gleichfalls in dem schon beschriebenen Sinn der Minderung der Anpassungslasten als reales Phänomen des Industrieländerhandels in das Bild des entwicklungsabhängigen Charakters der Industriekomplexe zu integrieren. Grundsätzlich wird der Austausch der dem Kern angehörenden Regionen (Länder, Subkomplexe) untereinander äußerst intensiv sein[73]. Dies wird bewirkt von der durch räumliche und produktionstechnische Interdependenz gekennzeichneten Struktur der Industriekomplexe. Hier ist die Verflechtung der Industrien untereinander am größten, der Bedarf der Nachfrager am ähnlichsten, die Marktkenntnisse der Unternehmer am ausgeprägtesten und die Kosten des Transports bzw. der Kommunikation am geringsten [so auch Sohns 1976, S. 543 f.].

Andere Voraussetzungen und Bedingungen herrschen in den „horizontalen" Beziehungen zwischen den Industriekomplexen, dem interkomplexitären Austausch. Wenn die weltwirtschaftlichen Industriekomplexe wirklich nahezu dem „Vollständigkeitskriterium" genügen[74], dann ist kaum einzusehen, warum die Handelsbeziehungen im interkomplexitären Bereich intensiv oder sogar arbeitsteilig organisiert sein sollten. Zu leugnen ist aber interkomplexitärer Austausch auch wiederum nicht. Gerade seit dem Eintritt Japans in den Kreis der international relevanten Gravitationsfelder sind erhebliche Probleme sowohl für das europäische wie auch das nordamerikanische Kraftfeld aufgrund dieses Kern-Kern-Handels zu konstatieren.

> „In der Realität ist auch der vollständige Komplex nicht ganz handelsunabhängig: Es wird immer gewisse externe Angebote geben, die trotz aller vorhandenen Angebotsfülle Nachfrage zu wecken vermögen. Das sind die häufigsten, temporären Marktnischen, welche Produkt- und Nachfragedifferenzierung aufspüren und ausnutzen" [Lemper 1974, S. 152].

---

73 Sohns [1976], der analog dem Predöhlschen Prinzip der multizentrischen Weltwirtschaft die Standorterfordernisse von Produkten und Standortqualitäten von Ländern analysiert, kommt zu entsprechenden Ergebnissen [S. 490 ff.]. Vgl. besonders S. 498–503, wo er die Handelsbarrieren – er unterscheidet sog. t-Barrieren (Transportkosten), y-Barrieren (Niveauunterschiede) und k-Barrieren (Kommunikationskosten) – der einzelnen Beziehungen betrachtet. „Am weitaus schwächsten ist der Einfluß der dargestellten Außenhandelsbarrieren auf den Intra-Kern-Handel" [S. 502].

74 Europa und Japan sind dies sicherlich nicht im Bereich der Primärgüter und die USA nur bedingt bei den bisherigen Energieressourcen. Das sowjetische Kraftfeld kann in diesem Bereich als weitgehend „autark" angesehen werden.

Diese offensichtlichen „Restbeziehungen“ der Industriekomplexe untereinander werden entweder

- „essentielle“ Bedeutung besitzen, was vor allem im Bereich der Ressourcen (Japan, Europa) oder „technologischer Lücken“ (Sowjetunion) vorliegen dürfte oder
- mehr den Charakter von Angebotslücken im Bereich niveauabhängiger Produktdifferenzierung (Linder) haben bzw. der jeweiligen Stellung im Produktzyklus entstammen (komplementärer (II) Wettbewerbsprozeß).

Im Bereich des „nicht-essentiellen“ Austausches handelt es sich vor allem um den sog. „Wohlstandshandel“, der zwar unter dem reinen Überlebensgesichtspunkt nicht notwendig ist, der aber auch noch einen Zahlungsbilanzaspekt[75] in sich trägt. Auch der sozialpolitische Anspruch an den Nationalstaat bzw. des Nationalstaates darf unter diesem Gesichtspunkt nicht unberücksichtigt bleiben[76]. Insofern ist der interkomplexitäre Handel nicht nur durch größere Transportkosten (t-Barrieren) und Kommunikationskosten (k-Barrieren)[77] belastet und schon daher geringer zu veranschlagen als der komplexinterne Austausch. Der sog. „nicht-essentielle“ Handel zwischen den großen Industriekomplexen, wobei es sich im wesentlichen um den „trilateralen Wirtschaftsraum“ zwischen Nordamerika, Europa und Japan handelt, ist vor allem unter dem Aspekt des marktdynamischen Unternehmerverhaltens zu sehen. Dem entspricht auch die Sicht von Lemper, der allerdings weniger genau von „Exportexpansion“ bzw. „Expansionskonkurrenz“ spricht. Das Lempersche Strukturmodell basiert damit auf maximalem Unternehmenswettbewerb innerhalb der Kraftfelder und auf einer neuen Sicht des Handels zwischen den Kraftfeldern.

---

[75] Dieser fällt insbesondere dann ins Gewicht, wenn der „Wohlstandshandel“ einen positiven Saldo für die jeweilige Volkswirtschaft erbringt und damit kompensatorischen Charakter für notwendige Importessentials (d. h. Handelsbilanzausgleich) besitzt oder darüber hinaus sogar zum Ausgleich anderer Positionen der Zahlungsbilanz beiträgt.

[76] Dieser Handel muß auch als mögliche Reibungsfläche und Exerzierfeld für Bestrebungen einiger Länder gesehen werden, ihre innerwirtschaftlichen Anpassungs- bzw. Steuerungsprobleme durch die Verlagerung „komplementärer“ Wettbewerbsprozesse (über Exporte) in anderen als ihrem Komplex zu lösen. Dies weist nur noch einmal darauf hin, daß seit der Hinwendung zu nationalstaatlicher Autonomie in der Wirtschaftspolitik die Staatsgrenzen wieder elementare Bedeutung gewinnen und dieser Sachverhalt die räumliche Ordnung der Weltwirtschaft determiniert, wenn auch der konzentrische Aufbau grundsätzlich bestehen bleibt.

[77] In der Sicht von Sohns [1976] sind im Intra-Kern-Handel vor allem die t-Barrieren und k-Barrieren groß, während sich die y-Barriere (Niveauunterschiede) wegen des ähnlichen Entwicklungsniveaus nur geringfügig als Hemmnis erweist [S. 500 f.].

An diesem Punkt der raumtheoretischen Analyse weltwirtschaftlicher Beziehung lassen sich die theoretischen Erklärungsvariablen, wie wir sie schon in Punkt 1.2 und besonders 1.3 aufgelistet haben, in die Analyse einbeziehen. Die unterschiedlichen Strukturen der komplexinternen und interkomplexitären Handelsbeziehungen, zu denen bei einer Totalanalyse noch diejenigen zu den Rändern und der Peripherie weltwirtschaftlichen Geschehens hinzukämen[78], implizieren weitreichende welthandelspolitische Konsequenzen. Sie zu erörtern, wird im letzten Kapitel der Arbeit unter anderem unsere Aufgabe sein. Aber schon hier läßt sich feststellen, daß die raumwirtschaftliche Strukturanalyse, und sei sie bisher noch so grob und undifferenziert, entscheidende Hinweise auch und gerade für die Beziehung innerhalb des „Nordens“ zu geben in der Lage ist.

Dadurch, daß durch die Raumwirtschaftstheorie oder allgemeiner die raumwirtschaftliche Sicht die Entwicklung und Zuordnung der weltwirtschaftlichen Räume zueinander in das Blickfeld rückt, ist neben der theoretischen auch für die weltwirtschaftspolitische Strukturanalyse und Entscheidungsfindung zweierlei gewonnen:

- Nicht mehr der globale, von Niveauunterschieden abstrahierende Ansatz weltwirtschaftlicher Re-Integration steht im Vordergrund, sondern ein differenziert raumwirtschaftlich ausgerichteter; und
- die sich herausbildenden Interdependenzen werden in eine bestimmte Richtung profiliert: Der Tatbestand der „überschaubaren und akzeptierbaren“ Interdependenz gewinnt an weltwirtschaftspolitischer Relevanz.

Damit ist man bei einer modifizierten Fassung der schon von Predöhl geforderten weltwirtschaftlichen Re-Integration von „unten nach oben“ [dazu vor allem Predöhl/Jürgensen 1961].

[78] Lemper sieht die Beziehungen zwischen Regionen mit generellen Niveauunterschieden durch die Asymmetrie der Wettbewerbschancen, den sog. „vertikalen Wettbewerb“, bestimmt [Lemper 1974, S. 154 ff.].

Kapitel III
Von der Liberalisierungs- zur Wettbewerbspolitik

Nachfolgend wird die schon im I. Kapitel begonnene Betrachtung und Diskussion aktueller internationaler Wirtschaftspolitik fortgesetzt. Anhand markanter Entwicklungen soll gezeigt werden, wie sich die Bedingungen für eine internationale Integrationspolitik gewandelt haben und wie im internationalen und nationalen Rahmen darauf reagiert wurde.

Wir beginnen mit einem wichtigen Aspekt weltwirtschaftlicher Entwicklung: Da der Wachstumsprozeß auch als Strukturwandlungsprozeß verstanden werden muß, ist es notwendig, eingetretene strukturelle Wandlungen näher zu analysieren. Strukturveränderungen zeigen sich in einer Reihe weltwirtschaftlich relevanter Bereiche, wie z. B. in der Veränderung der länderspezifischen Handelsbeziehungen (regional und sektoral), des internationalen Kapitalverkehrs, der Direktinvestitionen, aber auch in der Veränderung und Effizienz des Handlungsspielraums nationalstaatlicher Wirtschaftspolitik. Aus all diesen Wandlungstendenzen, die unter dem weiten Begriff der Internationalisierung der Märkte und der wirtschaftlichen sowie politischen Beziehungen gefaßt werden können, lassen sich die Begrenzungen der traditionellen wie auch die Ansatzpunkte einer neuen internationalen Kooperation ableiten.

Im Anschluß daran werden Erscheinungsformen der beiden Entwicklungslinien internationaler Wirtschaftspolitik diskutiert, die sich als Resultat der – nicht ausschließlich ökonomischen – Strukturwandlungen erklären lassen. Die der „weichen" Wettbewerbspolitik zuzurechnenden Maßnahmen des GATT verlassen nicht den Boden der „negativen" Liberalisierung. Man versucht vielmehr, mittels Wirtschaftsdiplomatie den Status quo weltwirtschaftlicher Integration in seinem Fundament so weit wie möglich zu bewahren und weiter auszubauen. Da aber den wachsenden internationalen Wettbewerbsproblemen von ordnungspolitischer Seite in „positiver" Hinsicht nicht Rechnung getragen wurde, führte die „weiche" GATT-Politik dazu, daß vermehrt Regelungen außerhalb des Ordnungsrahmens auf bilateraler Ebene zwischen den Staaten gesucht wurden (z. B. Selbstbeschränkungsabkommen). Die sich dazu nahezu parallel entwickelnden nationalen wirtschaftspolitischen Maßnahmen mit internationaler Ausstrahlung, gekennzeichnet z. B. durch Industrie- und Technologiepolitik sowie Exportförderungsmaßnahmen („neue“ Wirtschaftspolitik), sind ebenfalls vor dem Hintergrund des weltwirtschaftlichen Strukturwandels zu sehen und werden oftmals (voreilig?) mit dem schillernden Begriff des Neo-Merkantilismus umschrieben, wobei meist wenig mehr als über den Tatbestand protektionistischer Bestrebungen und Ambitionen an sich reflektiert wird.

Damit stellen sich die folgenden Fragen: Welche Veränderungen der die internationalen Wirtschaftsbeziehungen beeinflussenden Determinanten sind Ergebnis des vielschichtigen Strukturwandlungsprozesses? Welche Konfliktbereiche sind dadurch für die internationalen Beziehungen entstanden, und wie wird darauf bisher im Rahmen der „organisierten Weltwirtschaft“ reagiert? Wo ergeben sich Ansatzpunkte für eine Neuorganisation, und was hat diese vor allem zu berücksichtigen?

1. Erscheinungsformen der internationalen Entwicklungs- und Wettbewerbsprozesse

Es würde den Rahmen der Arbeit bei weitem sprengen, wollten wir alle relevanten Formen und Veränderungen der internationalen Entwicklungs- und Wettbewerbsprozesse nachzeichnen. Aus diesem Grunde werden einige Determinanten nur angesprochen, wohingegen das Hauptaugenmerk auf ausgewählte Entwicklungen gelegt werden soll. Die internationalen ökonomischen Konditionen und die Wettbewerbs- bzw. Machtpositionen der einzelnen Nationen sind seit den Gründungstagen von Bretton Woods grundlegenden Veränderungen unterworfen. Nicht nur die Entwicklung der EG, sondern auch die Industrialisierung einiger Länder des „Südens“ haben entscheidenden Anteil daran. Auch in sektoraler bzw. warenmäßiger Hinsicht hat sich durch die rasante Entwicklung technologischer Neuerungen und deren Adaptierung durch eine Vielzahl von Ländern das Raster der weltwirtschaftlichen Beziehungen gewandelt. Die aktuellen Probleme verdeutlichen, daß den ökonomischen und politischen Prämissen der Nachkriegszeit kaum noch eine allgemeinverbindliche Gültigkeit zukommt.

Zeichnet man die Umrisse der aktuellen internationalen Beziehungen, so sind diese im Industrieländerbereich durch Interdependenz und strukturelle Disparitäten gekennzeichnet; gegenüber dem „Süden“ besteht zwar in großen

Zügen immer noch eine Dominanz-Dependenz, aber dies gilt auch nicht mehr generell; der Ost-West-Bereich ist dagegen eher unter politischen (Détente) denn rein ökonomischen Gesichtspunkten zu sehen. Wieviel an Austauschpotential hier wirklich vorhanden ist, bleibt Spekulation und kann dahingestellt bleiben. Die Entwicklungs- und Wettbewerbsprozesse sind seit 1945 auch bestimmt durch eine Reihe weiterer Einflußfaktoren[1] und damit einhergehenden neu strukturierten Wettbewerbshierarchien. Regionale, sektorale und marktspezifische Strukturwandlungen als Bestimmungsgrund der internationalen Wettbewerbsposition und wirtschaftspolitische Entwicklungen auf seiten der Nationalstaaten sollen wegen ihrer besonderen Bedeutung diskutiert werden.

1.1 Weltwirtschaftlicher Entwicklungsprozeß: Wachstum als Strukturwandlungsprozeß

Herausragende Kennzeichen der weltwirtschaftlichen Entwicklung seit dem Zweiten Weltkrieg sind die erheblichen Realeinkommenszuwächse pro Kopf in den Industrieländern und die damit korrespondierenden Wachstumsraten des internationalen Austausches. Dieser Wachstums- bzw. Entwicklungsprozeß ist in jeder seiner Phasen von vielfältigen Strukturwandlungen begleitet, wodurch es sinnvoll erscheint, den Wachstumsprozeß als Strukturwandlungsprozeß zu interpretieren [Niehans 1964; Schmidt 1972, S. 19–28]. Dieser ist charakterisiert durch zunehmenden Real-Output bei gleichzeitig steigendem Ressourcen-Input und durch produktions- und nachfragebedingte Prozesse der Innovation, Produktdifferenzierung und Spezialisierung. Es besteht eine enge strukturelle Beziehung zwischen industriellem Wachstums- bzw. Entwicklungsprozeß und der Welthandelsexpansion [Cornwall 1977, Kap. IX]. Die These, daß der weltwirtschaftliche Entwicklungsprozeß „... ganz allgemein einen zunehmenden Güter- und Leistungsaustausch" [Lemper 1974, S. 49] bedingt, wird vor allem durch die neueren Untersuchungen von Hirsch [1977] bestätigt. Entwicklungsniveau, Industriestruktur, gehandelte Güter und Leistungen sowie Intensität des internationalen Austausches müssen in einem strukturspezifischen Zusammenhang gesehen werden, den es für die Liberalisierungsperiode genauer zu analysieren gilt.

[1] Behrman nennt z. B. acht Faktoren: Internationalisierung der Produktion, Rolle der Multinationalen Unternehmen, Wirtschaftspolitik der Industrieländer, neue Rolle der Entwicklungsländer, Ost-West-Détente, veränderte Machtverteilung, Kosten des Wachstumsprozesses und »neuen« Nationalismus [Behrman 1975, S. 179–88].

Die folgenden Determinanten dieser Entwicklung seit dem Zweiten Weltkrieg werden zu beachten sein:

- Der Industrialisierungsprozeß, dessen besonderes Kennzeichen in der Verkürzung der Innovations-, Realisations- und Nutzungsdauer der Produktionsverfahren bzw. der Produkte zu sehen ist und der daher durch in immer kürzeren Abständen folgende strukturelle Umwälzungen geprägt wird, ging einher mit einer verstärkt betriebenen Öffnung der Märkte. Dies gilt nicht für alle Länder gleichzeitig, aber es kennzeichnet die generelle Tendenz.

- Dazu gesellt sich als Entwicklungsmerkmal die Produktdifferenzierung als Ausdruck intra-industrieller Spezialisierung. Sie vereinfacht zwar die Anpassung, hebt sie aber nicht auf. Außerdem kann das intra-sektorale Ausweichpotential nicht als unendlich und gleichermaßen „billig“ betrachtet werden.

- Wegen der sich relativ schnell wandelnden Vorteilskategorien aufgrund von kürzeren lags der Innovations-Adaptions-Sequenz und der vergrößerten Zahl potentiell konkurrierender Länder sind die Wettbewerbspositionen der einzelnen Staaten (Industrien) im internationalen Austausch ständig bedroht. Laufende Anpassungsanstrengungen an die veränderten Marktlagen sind die notwendige Konsequenz. Dies aber beinhaltet ein nicht unwesentliches Konfliktpotential, da auch Anpassungsprozesse nicht friktionslos verlaufen, geschweige denn allseitig und allzeitig akzeptiert werden. Anpassung kann und wird als unerwünschte Belastung empfunden werden.

Mikroökonomisch ist der Prozeß der Arbeitsteilung und Spezialisierung notwendig, will man Produktivitätsfortschritte realisieren. Dies ist gerade dann und in großem Umfange notwendig, wenn die Anwendung neuer Technologien zur Steigerung der Produktionseffizienz und/oder zur Entwicklung neuer Produkte als wesentliche Voraussetzung für das Bestehen auf dem Weltmarkt zu gelten hat. Eine derartige Entwicklung mündet aber in einer sich ständig verstärkenden Interdependenz der am Welthandel beteiligten Länder. Die Spezialisierung auf einige Technologien oder Güter und Dienstleistungen bewirkt einen wachsenden regionalen und industriellen Verflechtungs- und Abhängigkeitsgrad. So stellt sich die weltwirtschaftliche Entwicklung außerdem als ein Prozeß dar, der zu einer verstärkten regionalen und industriellen Interdependenz führt [Knorr 1975, S. 207 ff.]. Die Abhängigkeit der einzelnen Volkswirtschaften vom internationalen Handel wächst insbesondere im OECD-Bereich mindestens im gleichen Maße wie der internationale Austausch zwischen diesen Ländern[2]. Er gewinnt damit sowohl für die nationale wie auch internationale Wirtschaftspolitik besondere Bedeutung. Wenn man bedenkt, daß scheinbar partielle Störungen aufgrund der vorhandenen Interdependenz weitreichende Folgen haben und auf andere Volkswirtschaften ausstrahlen, so wird die Problematik aktueller und zukünftiger internationaler Ordnungspolitik deutlich. Wenn man dann noch berücksichtigt, daß es nicht mehr das Führungsland bzw. die Hegemonialmacht – wie nach dem Kriege die USA – gibt, dann wird die Schwierigkeit zukünftiger weltwirtschaftlicher Organisation noch plastischer. Damit stellt sich aber u. a. auch die Frage, wie lange und in welchem Umfang eine weitere Intensivierung der Interdependenz von den Staaten ohne konterkarierende Maßnahmen noch hingenommen wird. Die „neuen Ziele“ staatlicher Politik – und hier vor allem das Primat der Vollbeschäftigung – lassen die internationalen Beziehungen nicht mehr nur in rein ökonomischem Licht erscheinen.

1.2 Strukturwandlungen und Marktentwicklungen

1.2.1 Raumstrukturen in der Trilateralen Wirtschaftszone

Die Welthandelsexpansion spielt sich, unterscheidet man zwischen Industrie-, Entwicklungs- und Sozialistischen Ländern, vor allem zwischen den Industrieländern ab (Tab. III-1 und III-2). Der Anteil des Industrieländerhandels an den gesamten Welthandelsexporten stieg von 46% (1960) auf 56% (1972) und machte damit nahezu drei Fünftel des Welthandels aus. Demgegenüber verzeichneten alle anderen Handelsbeziehungen anteilsmäßig eine stetig fallende Tendenz[3].

Betrachtet man den OECD-Länderhandel, so zeigen sich wesentliche strukturelle Schwerpunktverlagerungen. Neben dem Binnenhandel der EG und der generellen Handelsexpansion Japans kommt vor allem dem Handel zwischen den drei großen Welthandelspartnern besondere Bedeutung zu. 1975 betrug der Anteil Nordamerikas, Japans und der EG an den Weltexpor-

---

[2] Besondere Abhängigkeiten ergeben sich naturgemäß durch eine Handelsorientierung auf wenige und bestimmte Länder sowie Warengruppen. Die Abhängigkeit wächst c. p. überproportional mit abnehmender Zahl der Handelspartner bei unverändertem Außenhandelsvolumen. Wechselkursänderungen und Konjunkturschwankungen werden dann ebenfalls größeren Einfluß auf das Exportland haben.

[3] Zwar hat sich nach der Ölpreiserhöhung eine Intensivierung des Nord-Süd-Handels ergeben, aber die Handelsstruktur blieb insgesamt nahezu unverändert.

ten 56%. Diese Trilaterale Wirtschaftszone konzentriert damit die weltwirtschaftlich relevanten Handelsbeziehungen auf sich. Dabei sind die Verflechtungen zwischen den drei Gravitationszentren, gemessen an den Weltexporten, nicht besonders intensiv, betragen sie doch „nur“ 8% (1975) bzw. 9% (1976) der gesamten Weltexporte. Mißt man mittels sog. „Regionalisierungskoeffizienten“ [Sautter 1974] die Beziehungen der Industrieländer untereinander, so ergeben sich bis 1970 zunehmende Regionalisierungstendenzen zwischen den westeuropäischen Ländern (innerhalb der beiden Integrationszonen) und niedrige Werte für die Beziehungen zwischen Westeuropa-Nordamerika und Japan-Westeuropa, selbst wenn, wie im Falle Westeuropa-Nordamerika, das Außenhandelsvolumen recht hoch ist[4].

Ein differenzierteres Bild ergibt sich, wenn man den jeweiligen Anteil der trilateralen Verflechtung an den einzelnen Länderexporten der drei Gravitationszentren bestimmt (Tab. III-3). Dann stellt man fest, daß vor allem die Exporte Japans an Nordamerika (22%) und die EG (10%) schon ein Drittel der gesamten japanischen Ausfuhren ausmachen. Auch das nordamerikanische Kraftfeld ist mit nahezu einem Drittel seiner Gesamtexporte auf die EG und Japan ausgerichtet. Da Japan eine Außenhandelsquote von 20% (1972) aufweist (Tab. I-9), ist einsichtig, daß sich hinter den lapidaren Anteilswerten ein Konfliktpotential verbirgt, dessen wahren Charakter man erst erkennen kann, wenn zu den reinen Quantitätsaspekten die der Güterstruktur hinzutreten (vgl. Abschnitt 1.2.2 und 1.2.3 dieses Kapitels).

Markantes Kennzeichen für die Entwicklung (durchschnittliche Zuwachsraten) des Handels der USA ist (Tab. III-4), daß die Importe eine größere Steigerungsrate aufweisen als die Exporte, was auch seinen realen Niederschlag in einer Verschlechterung der Handelsbilanz fand. Besonders groß war die Differenz zwischen der durchschnittlichen Import- und Exportwachstumsrate der USA gegenüber Japan und der EG. Die durchschnittlichen Zuwachsraten von Japan sind sowohl bei den Exporten als auch Importen die größten der hier analysierten Regionen und Länder. Hervorzuheben ist dabei die überaus große Handelsausweitung gegenüber Europa mit 21% und im besonderen der EG mit 23%. Diese Entwicklung ist kennzeichnend für die verstärkte Tendenz Japans, sich von den historisch bedingt monomanen Handelsbeziehungen zu den Vereinigten Staaten zu lösen [Hunsberger 1972] und seine Handelspartner im Bereich der Industrieländer nun auch verstärkt im europäischen Raum zu suchen.

---

[4] Zu den unter- bzw. überproportionalen Intensitäten der Regionalisierung vgl. Sautter [1974, S. 575 ff.]; Ströbele [1976, S. 90–92] und Gans [1976, S. 138].

Die regionale Veränderung der Welthandelsströme läßt sich besonders deutlich erkennen, wenn man den Länderexportanteil am Gesamtexport eines Landes nach Ländern und Regionen aufschlüsselt (Tab. III-5). Das Schwergewicht der Weltexporte lag zwar auch schon 1960 bei den europäischen Marktwirtschaften (42%), konnte sich aber bis 1972 noch erheblich ausdehnen und erreichte 47%. In Europa selber spielt die EG mit 27% (1972) die wichtigste Rolle. Nach Europa besitzen die USA (13%), Japan (5%), und Kanada (4%)[5] die größte Bedeutung für den Weltexport, wenn man die Industrieländer außerhalb des europäischen Raumes betrachtet. Die hervorragendsten Handelspartner der EG befinden sich unter den entwickelten Marktwirtschaften Europas; denn 1972 entfielen 72% der EG-Exporte auf diese Länder, wobei allerdings 50% dieser Exporte innerhalb der EG verblieben. Der Trend steigender Eigenhandelsquoten hat sich damit recht deutlich fortgesetzt.

Für die regionale Entwicklung der weltwirtschaftlichen Beziehungen läßt sich damit folgendes feststellen:

- Die Verflechtung mit den Entwicklungsländern und den Planwirtschaftsländern des Ostblocks hat bis 1972 stetig abgenommen, selbst bei absoluter Zunahme des Handels. Erst infolge des „Ölschocks“ haben sich die Handelsanteile der Entwicklungsländer erhöhen können.
- Die Verflechtung der am stärksten am Welthandel teilhabenden Industrieländer untereinander – OECD-Bereich – hat sich in den Nachkriegsjahren erheblich intensiviert, woran auch die weltwirtschaftliche Rezession in den siebziger Jahren strukturell nichts geändert hat.
- Die Beziehungen zwischen den Kernen (Gravitationszentren) Nordamerika, Europa (EG) und Japan sind nicht nur erweitert und intensiviert worden, sondern haben sich in den bilateralen Beziehungen weitgehend konsolidiert, wobei insbesondere Japan auch stärkere Verflechtungen, zwar immer noch auf relativ niedrigem Niveau, zum europäischen Kraftfeld aufbauen konnte. Der sich entwickelnde Trilaterale Wirtschaftsraum ist Ergebnis der regional konzentrierten Wachstumsprozesse und Aktionsraum der Inter-Kern-Beziehungen. Allgemein ist die Tendenz zur Regionalisierung ein markantes Kennzeichen des Handels der industrialisierten Regionen. Die Konstituierung des sog. Trilateralen Raumes hat zu einer Neuorientierung der zum Kriegsende unizentrisch strukturierten Industrieländerregion geführt. Die Bildung des japanischen Kerns und die erneute, aber in der Zusammensetzung neuartige Aktivierung des europä-

[5] Bis 1976 haben sich die Anteilswerte leicht verschoben: USA 11%, Japan 7%.

ischen Kraftfeldes um die EG ist durch vielfältige, insbesondere wettbewerbsrelevante Wirkungen begleitet worden.

- Mißt man die Stärke eines Kraftfeldes an seinen internationalen Handelsbeziehungen, so ist das europäische weltweit führend. Es konnte in den Nachkriegsjahren die weitaus stärksten Wachstumsraten im Außenhandelsbereich verzeichnen. Innerhalb der Industrieländer insgesamt zeigt wiederum der Handel der EG-Länder die bedeutendsten Zuwächse, wobei der Kern-Binnen-Handel den größten Anteil hat.

1.2.2 Industry-mix und Diversifizierung des Handels mit Industrieprodukten

Die wachstumsbedingten Veränderungen im Außenhandel der Industrieländer beruhen vor allem auf einer sich verändernden Wirtschaftsstruktur im Wachstumsprozeß. Diese Struktur ist als komplexes Gebilde zu sehen, das laufenden Veränderungen unterliegt. Die strukturdynamischen Beziehungen zwischen einem durch technischen Fortschritt bestimmten Wachstumsprozeß [hierzu Görgens 1975 und Horn 1976] und dem Außenhandel einer Volkswirtschaft sind eng und interdependent. Eine effiziente Allokation der Ressourcen in Phasen wirtschaftlichen Wachstums verlangt eine stete Veränderung der Produktions- und Außenhandelsstruktur. Der Prozeß des industriellen Strukturwandels, der als Entwicklungspfad der jeweiligen Sektoren im Wachstumsprozeß zu sehen ist, verläuft naturgemäß nicht in allen Ländern gleichartig und gleichzeitig. Es lassen sich aber typische Veränderungen des industry-mix der Nachkriegszeit hervorheben[6].

So verlieren bestimmte Wirtschaftssektoren mit steigendem Entwicklungsniveau (gemessen am Pro-Kopf-Einkommen) an Bedeutung (strukturelle Schrumpfungsbereiche), während andere gleichermaßen oder sogar überproportional gewinnen (strukturelle Wachstumssektoren). Steigendes Pro-Kopf-Einkommen und Veränderungen der Produktionsstruktur im wirtschaftlichen Wachstum stehen in einem engen und interdependenten Zusammenhang[7]. Um sich am Markt behaupten zu können, müssen Produzenten auf die

---

[6] Im Rahmen der „Drei-Sektoren-Theorie" ist versucht worden, ein generelles Entwicklungsschema zu konstruieren. Clark [1951], Fisher [1935], Fourastié [1954] und Wolfe [1955] sind in diesem Zusammenhang zu nennen. Davon zu unterscheiden ist der stufentheoretische Ansatz, wie er von Rostow [1961] entwickelt worden ist.

[7] Zu den Ursachen des sektoralen Strukturwandels, die sowohl in angebots- als auch nachfragebedingten Komponenten zu suchen sind, vgl. Neumark [1964] und Redl [1964].

Änderungen der internen Nachfrage- und Angebotsbedingungen mit Anpassungsmaßnahmen reagieren.

Für den OECD-Bereich lassen sich die folgenden grundlegenden Tendenzen herausarbeiten[8]: Deutliches Kennzeichen der industriellen Umstrukturierung ist der Rückgang des landwirtschaftlichen Produktionsanteils an der Gesamtproduktion zugunsten des industriellen (sekundären) und des tertiären Sektors. Entsprechendes verdeutlicht die Analyse der Wanderungsbewegungen des Produktionsfaktors Arbeit, wie aus Tab. III-6 zu ersehen ist. Der Faktor Arbeit wandert analog zur Veränderung des industry-mix vom Primär- über den Sekundär- zum Tertiärsektor. Diese Verschiebungen innerhalb des „Drei-Sektoren-Modells" lassen sich um solche spezifizieren, die branchenmäßigen Charakter tragen [z. B. Zumpfort 1978]. Einige Branchen entwikkelten sich außerordentlich expansiv. Zu diesen Wachstumsbranchen zählen im Augenblick vor allem die Elektronik-, Chemie- und Teile der Maschinenbauindustrie, während sog. traditionelle Bereiche (Textil und Bergbau) erhebliche Produktionsverringerungen erfuhren[9]. Diese Entwicklung ist zu verstehen aus der Dynamik des industriellen Wandlungsprozesses.

Warenstrukturen

Die Entwicklung der Warenstruktur zeigt, daß bestimmte Warengruppen, gemessen am durchschnittlichen Trend, überproportional am Welthandel teilhaben, andere dagegen konstante oder sogar fallende Anteile aufweisen. Diese Umstrukturierung ist gekennzeichnet durch eine überaus starke Expansion des Handels mit Maschinen und Ausrüstungen (SITC: 7) sowie chemischen Erzeugnissen (SITC: 5) (Tab. III-7). Dies ging eindeutig zu Lasten der Primärprodukte (SITC: 0-4), wobei man allerdings die mineralischen Brennstoffe (SITC: 3) seit der „Ölkrise" weitgehend ausklammern muß[10]. Der Anteil der Primärprodukte am Weltexport verringerte sich von 54% im Jahre 1960 auf 33% bis 1972, wohingegen der Anteil der Industriegüter (SITC: 5–8) von 45% auf 65% stieg. Innerhalb der Gruppe der verarbeiteten Erzeugnisse zeigten sich leicht voneinander abweichende Entwicklungen. Die forschungs- und entwicklungsintensiven Produktgruppen

---

[8] Verwiesen sei hier vor allem auf die Untersuchungen in der Zeitschrift Die Weltwirtschaft [1970/I] und Horn [1976, Kap. IV].

[9] Durch die Ölkrise und das dadurch erhöhte Preisniveau im Energiesektor hat allerdings der Bergbau aus nationalen Sicherheits- bzw. Versorgungsinteressen wieder eine Belebung erfahren. Das Phasenschema der Drei-Sektoren-Theorie berücksichtigt derartige Entwicklungen nicht.

[10] Zu den sehr differenzierten Entwicklungen im Industriegütersektor seit 1972 vgl. Hasenpflug/Lefeld [1977] und GATT, International Trade [1976/77, S. 26-29].

(SITC: 5 + 7) verzeichneten mit nahezu 13% die höchste durchschnittliche Zuwachsrate im Untersuchungszeitraum. Weit darunter liegt die Zuwachsrate (11%) der mehr traditionellen verarbeiteten Erzeugnisse (SITC: 6 + 8), was auf das relativ langsame Wachstum der entsprechenden Branchen, die kurzlebige Konsumgüter produzieren, zurückzuführen ist. Auch der Bereich der Halbfabrikate wie Eisen und Stahl ist in diesem Zusammenhang zu nennen.

Entsprechend der Erhöhung der verarbeiteten Produkte am Welthandel erweiterte sich ihr Anteil an den Exporten der einzelnen Länder und Regionen allerdings in unterschiedlichem Ausmaß (Tab. III–8). Vergleicht man über die letzten zwanzig Jahre den Anteil der einzelnen Ländergruppen am gesamten Industriegüterhandel – gleichgültig, ob für alle (SITC: 5–8) oder nur technologisch hochstehende Industriewaren (SITC: 5 + 7) –, so stellt man fest, daß die länderspezifische Aufteilung dieser Exportsektoren so gut wie *keine* strukturellen Veränderungen erlebt hat. Über den gesamten Zeitraum hinweg werden mehr als drei Viertel des gesamten Industriegüterhandels und des gesamten Handels mit technisch anspruchsvollen Produkten von den Industrieländern bestritten (Tab. III-9).

Spezialisierungstendenzen im Industrieländerhandel

Der Anteil der Industrieprodukte (SITC: 5-8) an den Gesamtexporten der Industrieländer betrug 1960 zwei Drittel (Tab. III-8). Er konnte bis 1972 minimal auf drei Viertel der Gesamtexporte gesteigert werden. Bei einer durchschnittlichen Zuwachsrate von 13% stiegen die Ausfuhren von Gütern einer hohen Verarbeitungsstufe (SITC: 5 + 7) überproportional. Sie bestritten 1972, wie auch 1975, nahezu die Hälfte aller Exporte aus Industrieländern.

Tabelle III-10 verdeutlicht, wie diese Entwicklung die Abhängigkeit der verarbeitenden Industrie vom Außenhandel verstärkt hat. In allen aufgeführten Ländern – und dabei handelt es sich um die bedeutendsten Industrienationen – hat sich das Verhältnis der Fertigwarenexporte zum Bruttoinlandsprodukt (BIP) der verarbeitenden Industrie wesentlich erhöht. Gleichzeitig kennzeichnet diese Entwicklung – zumindest bis 1972 – auch die verstärkte Integration der Industrieländer untereinander; denn der Intra-Industrieländer-Handel mit Industrieprodukten hat sich in einem ähnlichen Verhältnis intensiviert (Tab. III-11).

Es läßt sich weiterhin feststellen, daß die Spezialisierungstendenzen im industriellen Bereich der Industrieländer (spezifisches Exportsortiment), die nicht als Ausdruck einer Arbeitsteilung im Sinne der klassischen Spezialisierungshypothese aufzufassen sind, die Exportstrukturen determinieren und als Ursache der erhöhten Eigenhandelsquote anzusehen sind. Der sich im Wachstumsprozeß entwickelnde intra-industrielle „Wohlstandshandel", bei dem eine hochgradige Differenzierung und Spezialisierung zu dem Austausch von Industriegütern innerhalb derselben Warenklassen führt, ist eines der herausragenden Kennzeichen der Nachkriegsentwicklung im Handel der Industrieländer untereinander. Hier spielt sich der strukturelle Wandel vor allem innerhalb der Branchen ab, und die Intra-Branchen-Differenzierung ist zur Devise der Nachkriegszeit geworden.

Wird die Struktur des Handels der Industrieländer untereinander durch die Ausweitung des Industriewarenaustausches (vor allem SITC: 7) bestimmt (Tab. III-12), so gibt die gleichzeitige Unterteilung nach Ländern einen tiefergehenden Einblick in das Handelsgeschehen des OECD-Bereichs. In allen Regionen/Ländern konnte der Exportanteil der technologisch anspruchsvollen Fertigprodukte (SITC: 5 + 7) gesteigert werden (Tab. III-13). Interessant ist allerdings, daß die Hälfte der Exporte nach Nordamerika aus Erzeugnissen einer hohen Verarbeitungsstufe (SITC: 5 + 7) bestand (Tab. III-14) und Japan aus Industrieländern vor allem Rohstoffe bezog (56%). Für Japan erklärt sich diese Importstruktur im Industrieländerhandel recht einfach: Die geringen Rohstoffvorkommen erzwingen Importe an Primärprodukten, insbesondere industriellen Rohstoffen. Für die Kernregion Nordamerika ist dagegen die Erklärung der überproportionalen Importe an technologisch hochstehenden Produkten nicht so einfach.

Die aufgezeigten strukturellen Entwicklungen bzw. die güter- und länderspezifischen Strukturraster haben naturgemäß weitreichende Folgen; denn sie bestimmen die handelsrelevante Position jedes einzelnen Landes in der Weltwirtschaft. Die sich laufend ergebenden gesamtwirtschaftlichen Anpassungsnotwendigkeiten stellen – selbst wenn sie, wie im Fall der intra-sektoralen Spezialisierung, gemindert sind – besondere Anforderungen an die nationale Wirtschaftspolitik, zumal für die Nationalstaaten der Konflikt zwischen internationaler Wettbewerbsfähigkeit und nationaler Schutzbedürftigkeit strukturschwacher Bereiche permanent besteht[11]. Welche Bedeutung der Anpassungspolitik zukommt, verdeutlicht unter anderem die Analyse der Struktur- und Wettbewerbseffekte. Die statistische Grundlage dafür liefert der folgende Exkurs (1.2.3), der die Besonderheiten in den Handelsbeziehungen der drei weltwirtschaftlichen Kernregionen hervorhebt.

---

[11] Zum zusätzlich strukturbestimmenden Einfluß der Industrialisierungspolitik der Entwicklungsländer auf die Industrieländer vgl. z. B. Dicke/Glismann/Horn/Neu [1976].

1.2.3 Statistischer Exkurs: Güter- und regionalspezifische Austauschstrukturen von Nordamerika, Japan und der EG

Nordamerika: Die Entwicklung des nordamerikanischen Außenhandels ist bis zu Beginn der 70er Jahre gekennzeichnet durch einen dauernden Exportüberschuß. 1971 schlug dieser in einen Negativsaldo (Importüberschuß) um. Die US-amerikanischen Exporte haben sich von 1948 bis 1972 beinahe verdreifacht, während sich die Importe mehr als versechsfacht haben.

Bei der Betrachtung der wichtigsten Handelspartner der Vereinigten Staaten untergliedern wir zunächst nach Regionen und Ländern (Tabelle III-15). Die Handelsentwicklung weist dabei eine deutliche Expansion der Exporte nach Japan auf, die sich von 3% (1948) auf 10% (1972) erhöhten[12]. Demgegenüber zeigt der Anteil der Exporte nach lateinamerikanischen Ländern deutlich abnehmende Tendenz, bei aber immer noch relativ hoher Verflechtung. Die Beziehungen zu den afrikanischen Ländern sind bedeutend geringer und seit 1958 nahezu unverändert (2%). Gestiegen ist dagegen der Anteil Kanadas an den US-Exporten (1972: 25%). Die Anteile Europas resp. der EG blieben mit 30% bzw. 24% in etwa konstant, und diese Regionen bilden damit neben Kanada bisher die bedeutendsten Exportgebiete der Vereinigten Staaten[13].

Drei Viertel aller Exporte Nordamerikas gingen 1972 in Industrieländer, wovon wiederum mehr als die Hälfte im nordamerikanischen Binnenhandel verblieb (Tabelle III-17). Besondere Steigerungsraten ergaben sich bei den Produkten einer hohen Verarbeitungsstufe (SITC: 5 + 7), sowohl im Handel mit Industrieländern insgesamt als auch im Handel zwischen den USA und Kanada. Nordamerikas Exporte an Industrieländer bestanden 1960 noch nahezu zur Hälfte aus Rohstoffen (Tabelle III-18). Ihr Anteil wurde bis 1972 zwar auf ein Drittel gesenkt, ist damit aber immer noch erheblich höher als der entsprechende Anteil anderer Industrieländer. Relativ stark expandierten die Exporte in Industrieländer von Gütern einer technologisch hohen Verarbeitungsstufe (SITC: 5 + 7). Überproportional wuchs dabei der Anteil der Technologieprodukte im Handel zwischen den USA und Kanada. Dies darf aber nicht darüber hinwegtäuschen, daß die Exportstruktur Nordamerikas – insbesondere der USA – strukturell ungünstig ist. Unterscheiden wir zwischen Rohstoffen (SITC: 0–4) und Fertigprodukten (SITC: 5–8), so

---

[12] Analog dazu zeigt sich die Entwicklung in Kanada (Tabelle III–16).

[13] Für Kanada sind die USA herausragender Exportmarkt, gefolgt von der EG und Japan. Die intensive Intra-Kern-Verflechtung zwischen den USA und Kanada wird ergänzt durch eine weitgehend gleichartige regionale Außenverflechtung – vor allem im Inter-Kern-Bereich des Trilateralen Wirtschaftsraumes –, wenn auch in unterschiedlichem Umfang.

entfallen bei den US-Exporten 1972 „nur" 72% auf die expansiven Industriegüter (Tabelle III-19). Demgegenüber liegen die prozentualen Anteile dieser Gütergruppen am Gesamtexport in den nach den USA größten Handelsnationen Bundesrepublik Deutschland und Japan bei 91% bzw. 96%. Bei den Importen zeigt sich dagegen genau das umgekehrte Bild.

Noch ungünstiger stellt sich die Situation der Vereinigten Staaten dar, wenn nach der regionalen Verteilung der Industriegüter-Exporte gefragt wird. Nur knapp 65% der industriellen Exporte der USA werden auf den Märkten der westlichen Industrieländer abgesetzt, die allgemein als „Wachstumsmärkte" bezeichnet werden. Die Bundesrepublik dagegen setzt mehr als 80% ihrer Industriegüterexporte auf diesen Märkten ab. Alles in allem zeigt diese Analyse, daß die regionale und warenmäßige Exportstruktur der Vereinigten Staaten die unterproportionalen amerikanischen Exportwachstumsraten (Tabelle I-7) zu erklären in der Lage ist.

Japan ist in vieler Hinsicht ein Sonderfall. Dies gilt sowohl für seine wirtschaftliche Entwicklung nach dem Zweiten Weltkrieg ganz allgemein als auch für die Expansion und Strukturen seiner Außenhandelsentwicklung [Lemper 1974a; Pohl 1977]. Vor dem Zweiten Weltkrieg war der japanische Außenhandel weitgehend unbedeutend. Nach dem Kriege aber expandierte er außerordentlich schnell (Tabelle III-20). Die Exporte wuchsen zwischen 1954 und 1972 mit einer durchschnittlichen Zuwachsrate von mehr als 16%, wobei die jährlichen Zuwächse sowohl in den 50er als auch in den 60er und 70er Jahren oftmals über 20% lagen. Bis auf wenige Jahre (1965, 1966, 1969–72) bestand aber trotzdem ein Importüberschuß.

Japans Abhängigkeit vom Außenhandel ist entgegen vielerorts geäußerter Vermutungen quantitativ gesehen nicht überaus bedeutend [anders Hollerman 1975, S. 169]. Der Anteil der japanischen Exporte am Bruttosozialprodukt ist mit 9,8% (1970) erheblich geringer als etwa in anderen bedeutenden Industrieländern (Tabelle I-8)[14]. Allerdings gewinnen die Exporte für Japan bezüglich der Importfinanzierung eine besondere Bedeutung. Der bis weit in die 60er Jahre hinein bestehende chronische Devisenmangel läßt der Exportentwicklung als Finanzierungsquelle der für Japan unerläßlichen Importe an Rohstoffen und Industrieprodukten besondere Bedeutung zukommen.

In der geographischen Aufteilung der japanischen Exportströme (Tabelle III-21) haben sich seit dem Beginn der 60er Jahre bedeutsame Entwicklungen

[14] Vgl. auch Tabelle I-9. Auch bei der Berechnung der „Außenhandelsquote" zeigt sich eine relativ geringe Verflechtung für Japan.

vollzogen. Drei grundlegende Tendenzen der japanischen Außenhandelsstruktur unter regionalen Aspekten lassen sich hervorheben:

- Für die Exporte Japans gewannen bis zum Beginn der 70er Jahre vor allem die Märkte der Industrieländer an Bedeutung. Aber selbst 1972 war der Anteil der japanischen Exporte in Industrieländer mit 56% weitaus geringer als der anderer bedeutender Haldelsnationen (USA 69%, Bundesrepublik über 80%). Obwohl auch in den folgenden Jahren die historisch bedingte einseitige Ausrichtung auf den nordamerikanischen Markt – und hier speziell auf den der USA – bestehen blieb, ist eine deutliche Verringerung der Handelsbeziehungen zu den Industrieländern insgesamt festzustellen. 1975 wurden nur noch 37% der japanischen Exporte auf Industrieländermärkten abgesetzt (dagegen USA 57% und Bundesrepublik Deutschland 75%). Die asiatischen Nachbarländer wurden zum wesentlichen Absatzgebiet des Gravitationszentrums Japan[15]. Die infolge des japanischen Entwicklungsprozesses sich verstärkende – erneute, aber strukturell andere – Kern-Rand-Verflechtung trägt vor allem komplementären Charakter. Die Kern-Kern-Beziehungen reduzierten sich zugunsten der Kern-Peripherie-Beziehungen. Diese Zurückorientierung auf die raumwirtschaftlich und niveaumäßig näheren bzw. abhängigeren Länder ist als Spezifikum der neueren japanischen Außenhandelsentwicklung zu sehen. Der strukturbestimmende Einfluß von Handelsbeschränkungen jeglicher Art ist daneben insbesondere im Inter-Kern-Austausch zu berücksichtigen.
- Die regionale Importstruktur Japans (Tabelle III-22) hat sich – auch bedingt durch den „Ölschock" – ebenfalls verändert. Nicht mehr aus den Industrieländern stammt der überwiegende Teil der japanischen Importe, sondern aus den rohstoffreichen Entwicklungsländern (1975: 53%) und hier vor allem aus den OPEC-Staaten (34%).
- Generelles Spezifikum der japanischen Außenhandelsbeziehungen ist deren „Ungleichgewichtigkeit". So sind vor allem gegenüber den USA, Westeuropa und den südostasiatischen Ländern zum Teil erhebliche japanische Exportüberschüsse mit entsprechenden Zahlungsbilanzdefiziten auf der Importländerseite zu verzeichnen, während gegenüber den Rohstofflieferanten – Australien und den westasiatischen Ländern – stetig steigende Importüberschüsse auf japanischer Seite bestehen. Vor allem die regiona-

[15] Japan hat mittlerweile die höchsten Export- bzw. Importverflechtungskoeffizienten zu den Entwicklungsländern insgesamt sowie im besonderen zu den südostasiatischen Ländern [Laumer 1977, S. 33 ff., besonders Tab. 8, S. 39].

len „Ungleichgewichte" im japanischen Exportsektor mit ihren daraus resultierenden Zahlungsbilanz- sowie nationalen Beschäftigungs- und Struktureffekten auf seiten der Importländer sind ein Teil des Krisenpotentials in den internationalen Wirtschaftsbeziehungen der letzten zehn bis fünfzehn Jahre.

Der Anteil der Industrieprodukte an den gesamten Exporten Japans betrug 1972 bzw. 1975 96% und war damit höher als in allen anderen Industrieländern (USA z. B. 67%). Andererseits entfielen nur 20% (1975) der japanischen Importe auf Fertigwaren, die damit geringer waren als in allen anderen großen Industrieländern (USA 53%, Bundesrepublik Deutschland 48%). Japan hat seine gütermäßigen Exportstrukturen gegenüber Industrie- und Entwicklungsländern im Zeitraum 1960–1975 wesentlich verändern können (Tabelle III-23). Entfielen 1960 noch zwei Drittel der Exporte an Industrieländer und drei Fünftel der Exporte an Entwicklungsländer auf Fertigprodukte niedriger technologischer Provenienz, so verschob sich dieses Verhältnis bis 1975 bei beiden Ländergruppen zugunsten der Erzeugnisse einer hohen technologischen Verarbeitungsstufe (SITC: 5 + 7).

Betrachtet man den Regionenanteil an den japanischen Gesamtexporten (Tabelle III-24), so zeigt sich wieder die regionale Strukturkomponente, nur erweitert um den Güteraspekt: Die Entwicklungsländer stellen bei allen Industrieprodukten (-produktgruppen) die bedeutendsten Absatzgebiete dar (1975: 47%), mit weitem Abstand gefolgt von Nordamerika (31%) und der EG (10%). Bei den Exporten haben vor allem die Produkte der Fahrzeugindustrie (Anteil 1975: 26%), der Eisen- und Stahlindustrie (18%), des Schiffbaus (11%), der Elektro- (11%) und der chemischen Industrie (7%) erhebliche Steigerungs- bzw. Anteilsraten aufzuweisen (Tabelle III-25).

Die warenmäßige Importstruktur ist eindeutig determiniert durch Rohstoff- (20%), Nahrungsmittel- (14%) und Brennstoffimporte (44%) (Tabelle III-26) [Saito 1975, S. 522]. Entsprechend den anteiligen Mehrausgaben für Erdölimporte seit den Preiserhöhungen von 1973 hat sich auch das Importverhältnis zwischen Rohstoffen und Industrieprodukten von 70% (Rohstoffe) zu 30% (Industrieprodukte) auf 80% zu 20% verändert.

EG: Wie schon gezeigt, beruht ein ganz wesentlicher Teil der Welthandelsexpansion seit dem Zweiten Weltkrieg auf der Ausdehnung des EG-Binnenhandels, der seinen Anteil am Welthandel von 8% (1960) auf 17% (1975) steigern konnte (Tabelle I-10). 79% der EG-Exporte entfielen 1975 auf Industrieprodukte, was eine leichte Steigerung gegenüber 1960 (77%) bedeutet. Die EG exportiert in Industrieländer hauptsächlich technologisch hochwertige Produkte der Güterklassen SITC 5 + 7. Ihr Anteil am Gesamtexport steigerte sich von 28% (1960) auf 33% (1975) (Tabelle III-27).

Die Handelsstruktur blieb gegenüber Nordamerika nahezu unverändert, wenn man sie aus der Sicht der Gesamtexporte der EG betrachtet (Tabelle III-27). Aus dem Blickwinkel des regionalen Exports und dessen Aufgliederung haben sich allerdings bedeutende Verschiebungen ergeben (Tabelle III-28). Es hat danach eine Umschichtung zwischen den beiden Kategorien industrieller Produkte stattgefunden. Der Anteil der technisch hochwertigen Erzeugnisse (SITC: 5 + 7) steigerte sich um zwölf Prozentpunkte, während der der Produkte einer niedrigen Verarbeitungsstufe (SITC: 6 + 8) um fünfzehn Prozentpunkte sank.

Japan trat bisher nur als ein Land mit geringem EG-Exportanteil (1975: 0,9%) in Erscheinung (Tabelle III-27). Die Rohstoffexporte der EG nach Japan erreichten nur eine Größenordnung von 0,1% an den Gesamtexporten bzw. 0,7% an den Gesamtrohstoffexporten (Tabelle III-12). Im Gegensatz zu allen anderen Exportstrukturen der EG stieg im Japanhandel der Anteil der Industriegüter einer niedrigen Verarbeitungsstufe (SITC: 6 + 8) von 14% (1960) auf 32% (1975), und der Anteil der hochwertigen Industrieprodukte sank von 71% (1960) auf 50% (1975).

Die Importstrukturen der EG sind vor allem bestimmt durch den 50%igen Intra-Kern-Anteil (Tabelle III-29). Im Inter-Kern-Bereich wurde zwischen 1960 und 1975 allein der Anteil Japans (von 0,6% auf 2%) gesteigert, wohingegen der Importanteil der USA sank. Aufgeschlüsselt nach Gütergruppen (Tabelle III-30) entfällt der überwiegende Importanteil auf Industrieprodukte (55%). 32% der Industriewarenimporte entfielen 1975 auf Produkte hohen technologischen Niveaus, also mehr als die Hälfte der gesamten Industriegüterimporte.

1.2.4 Internationale Konkurrenzstrukturen

Die bisher sehr generellen Aussagen zu den Strukturen weltwirtschaftlicher Austauschbeziehungen bedürfen einiger Konkretisierungen. Schon beinahe klassisch zu nennen ist die Diskussion um die vermeintliche „Technologische Lücke" zwischen den USA auf der einen und Westeuropa bzw. Japan auf der anderen Seite. Ausgangspunkt war der sich in unterschiedlichen Bestimmungsgründen ausdrückende Wettbewerbsvorteil der USA auf dem Weltmarkt mit Fertigfabrikaten. Hier ist vor allem die Entwicklung dieses Verhältnisses zwischen den drei Kernregionen und dessen Perspektive unter Berücksichtigung der strukturellen Dynamik von Interesse.

1.2.4.1 Struktur- und Wettbewerbseffekte

Länder werden entsprechend ihren unterschiedlichen regionalen und gütermäßigen Exportstrukturen unterschiedliche Erfolge auf dem Weltmarkt erzielen können. Zu fragen ist, inwieweit bei den gegebenen Exportstrukturen sowie sich wandelnden Importstrukturen das Exportwachstum beeinflußt wird. Über verschiedene ökonometrische Verfahren[16] kann eine Trennung der exportbeeinflussenden Komponenten versucht werden. Dabei wird zwischen Wachstums-, Struktur- und Konkurrenzvariablen unterschieden. Um nun das Exportwachstum sichtbar werden zu lassen, bedarf es einer Eliminierung derjenigen Einflußfaktoren, die ihren Ursprung in der unterschiedlichen Entwicklung der Nachfrage auf den jeweiligen Importmärkten haben. Die Strukturkomponente, aufgesplittert in einen „Länder-" und einen „Gütereffekt" [Schweckendiek 1967, S. 7 ff.], spiegelt den exogen vorgegebenen Nachfrageeinfluß wider. Dies bedeutet, daß Länder im Welthandel dann erhebliche Vorteile erzielen werden, wenn sie sich in ihrer Produktions- und Exportgüterstruktur stets der Weltnachfrage angepaßt zeigen und in solche Länder/Regionen exportieren, die die bedeutendsten Importzuwächse realisieren. Generell wird man konstatieren können, daß der Regional- und Gütereinfluß auf die Exportentwicklung desto bedeutender sein wird,

- je ungleichmäßiger die Nachfrageentwicklung nach einzelnen Produkten auf dem Weltmarkt ist und je unterschiedlicher die Importzuwächse der Importländer sind und
- je mehr die Exportstrukturen der Exportländer divergieren [ebenda, S. 8].

Nun ist aber zu beachten, daß Marktanteilsentwicklungen nicht nur auf den Struktureffekt reduziert werden können. Die zweite Wachstumskomponente der Exporte wird gewissermaßen als Residual- bzw. Differenzfaktor interpretiert: Alle über die hypothetischen Exportmöglichkeiten (Sollexportwachstum) bei gegebener Exportstruktur hinausgehenden oder zurückbleibenden Exportresultate (effektiv realisiertes Exportwachstum) werden auf den Wettbewerbsfaktor zurückgeführt. Die Konkurrenzvariablen bestimmen neben dem Güter- und Ländereinfluß die Exportmöglichkeiten jedes einzelnen Landes. Zu den Konkurrenzvariablen rechnet Schweckendiek nicht nur die Preisrelationen zu den Konkurrenten, sondern auch Lieferfristen, Qualitäten, Service, Werbung, akquisitorische Bemühung etc. [ebenda, S. 11]. Da der Strukturfaktor die Wirkung des Wettbewerbsfaktors auf die Exportent-

[16] Schweckendiek [1967], Henkner [1971] bzw. [1976] und Gans [1976]. Alle verwenden den Constant-Market-Shares-Ansatz (CMS). Die OECD [1978] entwickelt ein Indikatorsystem, bei dem allein auf Preis- bzw. Kostenfaktoren abgestellt wird.

wicklung sowohl verstärken, abschwächen als auch überkompensieren kann, muß der Struktureffekt eliminiert werden.

Bevor wir dieses Verfahren der Strukturanalyse kritisch würdigen, sollen die erzielten Ergebnisse kurz referiert werden. Tabelle III-31 zeigt für sechs Industrieländer die erwarteten und eingetretenen Exportzuwächse im Zeitraum 1954–1961. Die Ergebnisse, die keinen Grund für die unterschiedliche Entwicklung zwischen Soll- und Istwerten erkennen lassen, stellen sich folgendermaßen dar:

- Eine negative Differenz ist für die USA und Großbritannien gegeben, was eine Verschlechterung der Exportposition bedeutet. Entsprechend den Implikationen der Komponentenmethode wird daraus auf einen negativen Wettbewerbseffekt geschlossen.
- Die restlichen Länder weisen alle mehr (Japan, Italien und Frankreich) oder weniger (Bundesrepublik Deutschland) große positive Differenzen auf, was als Wettbewerbsvorteil interpretiert wird.

Eine weitere Aufschlüsselung nach einzelnen Güterklassen ermöglicht das Herausfiltern der Konkurrenzvariablen innerhalb jeder Güterkategorie [ebenda, Tab. 13, S. 106 f.]. Hier zeigt sich insbesondere für die Vereinigten Staaten ein wettbewerbsbedingter Marktanteilsverlust der Güterklasse SITC 7 (Investitionsgüter), während gerade in dieser Klasse die restlichen Industrieländer außer Großbritannien nicht unerhebliche Steigerungsraten aufzuweisen haben. Für den Zeitraum 1954–1967 bzw. 1959–1973 kann außerdem auf die Untersuchungen von Henkner [1971] bzw. [1976] zurückgegriffen werden. Die Tendenz, die schon bei Schweckendiek erkennbar war, setzt sich in den Berechnungen von Henkner fort. Sehr starke positive Einflüsse der Wettbewerbskomponente im Falle Japans[17], Italiens und etwas schwächer – mit Sonderbewegungen – der Bundesrepublik Deutschland[18], stehen erheblichen wettbewerbsbedingten Marktanteilseinbußen Großbritanniens und der USA gegenüber.

[17] „Die Komponentenrechnung zeigt, daß der rasche Anstieg der japanischen Exporte in die übrigen Industrieländer –. . .– vor allem dadurch zustande kam, daß die japanischen Exporteure aufgrund von Wettbewerbsvorteilen ihre Exportanteile auf den einzelnen Märkten zu Lasten konkurrierender Anbieter vergrößern konnten. Strukturvorteile haben nur in geringem Umfang zu dem Exporterfolg Japans beigetragen" [Henkner 1976, S. 40].

[18] In der neuesten Untersuchung kommt Henkner [1976] zu dem Ergebnis, „. . . daß die Expansion des Industriewarenexports der Bundesrepublik Deutschland mehr von Struktur- als von Wettbewerbseinflüssen begünstigt worden ist", wobei die allgemeine Weltkonjunkturlage als eine wichtige Einflußgröße gesehen werden muß [S. 63].

Erweitert man den Untersuchungsgegenstand um den Fall des gegenseitigen Handelsaustauschs der Industrieländer [Schweckendiek 1967, Tab. 14, S. 114 f.; Gans 1976, S. 111 ff.], so verschlechterte sich die US-amerikanische Position auf dem europäischen und japanischen Markt, wohingegen die westeuropäischen Länder, vor allem im Binnenmarkt Europas, und Japan durch eine langsame Umstrukturierung ihrer Absatzregionen Vorteile erzielen konnten. Im Falle Japans ist dabei immer noch von einer gewissen negativen Regionalkomponente auszugehen, die allerdings von einer sehr hohen Wettbewerbskomponente überkompensiert wird. Wenn sich damit auch eine recht deutliche trendmäßige Entwicklung der Wettbewerbspositionen zeigt, so darf doch nicht vergessen werden, daß die berechneten Ergebnisse keine Aussage über die „reinen" Konkurrenzeffekte zulassen. Dies ist denn auch der Ausgangspunkt vielfältiger Kritik.

Ein genereller Einwand betrifft den ex post Charakter der CMS-Analyse, bei der zum einen vorausgesetzt wird, daß eine positive Verknüpfung zwischen Wettbewerbsfähigkeit und Marktanteilserweiterung besteht, und bei der zum anderen in der Residualgröße – dem Index der Wettbewerbsfähigkeit – alle mikro- und makroökonomischen Einflußfaktoren undifferenziert zusammengefaßt sind, ohne daß die wirklichen Ursachen der veränderten Wettbewerbsposition zu bestimmen wären [Jürgensen 1976, S. 475].

Für die Erklärung der Ursachen unterschiedlicher Wettbewerbserfolge sowie der wirtschaftspolitischen Sicherung der Wettbewerbsfähigkeit sind zwei weitere Gesichtspunkte von Interesse. Zu der Kritik an der Unbestimmbarkeit der Einflußgrößen der Restkomponente Wettbewerb tritt eine solche, die zum einen den außenhandelstheoretischen Hintergrund (realer Außenhandelswettbewerb) berücksichtigt [Rothschild 1975] und zum anderen die allein die mikroökonomisch bestimmte Wettbewerbsfähigkeit als zu beengend ansieht [Jürgensen 1976, S. 467–70]. Letztere Kritik zielt darauf ab, die Komponenten der Wettbewerbsfähigkeit in der Interdependenz zwischen binnenwirtschaftlichen Faktoren und Strukturen und in Abhängigkeit von strukturellen Verschiebungen der internationalen Beziehungen zu sehen. Methodisch und analytisch stehen diesem Vorgehen bisher allerdings noch erhebliche Schwierigkeiten entgegen.

In traditioneller Sicht bestimmen exogen gegebene Nachfragestrukturen und -entwicklungen Umfang und Struktur des internationalen Handels, „... while firms (and countries) with available resources and acceptable prices try to get their share when it comes to meeting this demand" [Rothschild 1975, S. 224]. Von der Irrelevanz dieser Hypothese geht Rothschild aus, wenn er den Außenhandelswettbewerb moderner Industrieländer, wie ihn auch die neuen Ansätze der Außenhandelstheorie sehen, als Grundlage der Diagnostizierung von Wettbewerbseffekten wählt:

> „International *competitiveness* in the sale of manufactures does not, therefore, consist exclusively in the ability to serve *given* demand patterns at low prices, but to a large and growing extent in the *creation* of demand for ‚new' products through product innovation, attractive brands, marketing strategies etc. Supply does not – as the market equilibrium model suggests – simply adjust to an exogenous international demand structure; on the contrary, the structure of international trade flows is constantly modified by the supply side through the activities of ‚pioneering' export innovators who discover openings for new products and product differentiation" [ebenda, S. 225].

Aufgrund der angebotsinitiierenden Veränderungen der Nachfragestruktur (des Weltimports) ist eine strenge Trennung in Struktur- und Wettbewerbseffekte nicht mehr möglich[19]. Im Test wird die Hypothese nicht widerlegt, daß der Export von Industriewaren nicht notwendig der internationalen Nachfragestruktur folgt, sondern selbst neue Strukturen schafft. Die Wettbewerbskomponente wäre dann Ausdruck des jeweiligen Entwicklungsprozesses der Länder, und die Wettbewerbsvorteile rührten aus dem spezifischen innovatorischen Erfolg in einzelnen Branchen (Industrien). Kosten-Preis-Relationen und deren unterschiedliche Entwicklung im Zeitablauf werden, worauf schon Henkner [1971, S. 94 ff.] hingewiesen hat, keine besondere Bedeutung besitzen; insbesondere, wenn man den Handel mit technologisch hochstehenden oder produktdifferenzierten Waren betrachtet. Konjunkturelle Einflüsse dagegen werden zu berücksichtigen sein. Damit wird aber vor allem die Transformationskapazität der Volkswirtschaften angesprochen. Der wettbewerbliche Erfolg oder Mißerfolg einzelner Branchen (Industrien) oder Länder läßt sich dann auf Transformationsleads und -lags zurückführen, wie sie schon von Lorenz [1967] beschrieben worden sind[20].

> „The world of foreign trade is one of change. It makes a great difference to the trade of different countries, and to the impact of trade on them, whether they are capable of changing with the world" [Kindleberger 1962, S. 99].

Die international relevante Wettbewerbsposition wird bestimmt durch spezifische innovatorische Erfolge unter Einschluß der Realisierung von economies of scale einzelner Industrien bei weitgehend monopolistischem Wettbe-

---

[19] Vgl. das Beispiel bei Rothschild [1975, S. 226 ff.]. Henkner [1976, S. 30 ff.] mißt diesem Einwand keine besondere empirische Relevanz bei.

[20] Allerdings ist in diesem Zusammenhang der Hinweis von Jürgensen [1976, S. 475] nicht unwichtig, daß der Wettbewerbserfolg nicht notwendig darin zu sehen ist, daß auf Weltniveau expandiert wird, sondern daß der Einsatz des nationalen Potentials optimal ist.

werb und marktstrategischem Verhalten der Unternehmen. Subsummiert werden kann dies unter dem Synonym der nationalen Transformationskapazität als Anpassungs- und Innovationspotential im Entwicklungsprozeß. Die Fähigkeit, in der „pecking order" (Cornwall) in der vorderen Gruppe verbleiben zu können, garantiert einen vorderen Platz in der internationalen Wettbewerbshierarchie.

Kehren wir nach diesen generellen Überlegungen noch einmal zurück zu der realen Nachkriegsentwicklung. Wenn also mittels der CMS-Analyse über die Wettbewerbseffekte nur bedingt etwas ausgesagt werden kann, so kann doch über statistische Vergleiche zumindest die strukturell bedingte Verschiebung der Position einzelner Welthandelspartner verdeutlicht werden. Verwendet man als Indikator die Veränderung der Exportanteile einzelner Industrieländer bei Industrieerzeugnissen (SITC: 5–8), so zeigen sich analoge Entwicklungen, wie sie schon oben beschrieben worden sind (Tabelle III-32). Deutlich wird die sich verschlechternde Stellung der USA und Großbritanniens dokumentiert, deren durchschnittliche Zuwachsraten im Beobachtungszeitraum erheblich unter denen der anderen OECD-Länder lagen. Dagegen konnten die Bundesrepublik Deutschland, Japan, Italien und Kanada ihre Position verbessern. Die weitaus höchsten Zuwächse hatte Japan aufzuweisen. Dabei ist aber dreierlei zu berücksichtigen:

1. Die USA hatten von einem erheblich höheren Niveau auszugehen als z. B. Japan, was im fortschreitenden Entwicklungsprozeß einen überproportional wachsenden technologischen Einsatz verlangt, will man weiterhin die höchsten Zuwächse erzielen.
2. Die USA sind als Land mit großem Binnenmarkt nur bedingt auf den Außenhandel angewiesen.
3. Ein Aufholprozeß als Adaptionsprozeß mit hohen Zuwachsraten ist dann relativ leicht realisierbar, wenn
   - das technologische Wissen weitgehend frei verfügbar ist und
   - Handelshemmnisse vor allem dort abgebaut werden, wo die größten relevanten Importmärkte bestehen. Dies waren für Japan vor allem die USA und für die europäischen Länder die USA und die Integrationspartner in Europa.

Es stellt sich die Frage, inwieweit die aufgezeigte Entwicklung durch die regionale Ausrichtung des Handels und/oder seine güterwirtschaftliche Zusammensetzung beeinflußt ist. Die regionale Komponente dürfte insbesondere für die USA durch die historisch und entfernungsbedingt enge Verflechtung mit dem lateinamerikanischen Raum strukturell nachteilig sein. Demgegenüber war Japan, ähnlich wie Großbritannien, zwar auch durch „historical ties“ gebunden, hat aber seine Regionalstruktur langsam umorientiert. Für Großbritannien begann dies erst mit dem Beitritt in die EG. Beide haben sich mehr und mehr auf Länder und Regionen konzentriert, deren Importzuwachsraten deutlich über denen anderer Importregionen liegen. Während damit ein geographisch-struktureller Nachteil für die Vereinigten Staaten angenommen werden muß, ist für Japan (bisher nur bedingt) und insbesondere die EG-Mitgliedsländer in dieser Hinsicht von einer positiven Regionalkomponente auszugehen.

Für den warenmäßigen Struktureinfluß gilt analog zur regionalen Komponente, daß entsprechend der unterschiedlichen Nachfrageentwicklung nach einzelnen Gütergruppen Vor- und Nachteilskategorien definiert sind. Auch hier ist die USA-Exportstruktur durch einen recht hohen Anteil der wenig expansiven Rohstoffexporte (SITC: 0–4) relativ benachteiligt. Nahezu 30% der US-Exporte entfielen 1972 auf Primärprodukte (Japan 4%; Bundesrepublik Deutschland 9%). Demgegenüber konnte Japan durch eine ausgeprägte Ausweitung und Umstrukturierung seiner Exportpalette (von SITC: 6 + 8 zu SITC: 5 + 7) und der gezielten Spezialisierung in einigen Branchen erhebliche strukturelle Vorteile für sich erringen. Dies trifft, wenn auch mit nicht unwesentlichen Unterschieden, ebenfalls auf die EG-Länder zu [dazu Henkner 1976, S. 9 ff.].

Die Zusammenschau von regionalem und warenmäßigem Struktureinfluß belegt die relativ ungünstiger werdende Stellung der Vereinigten Staaten im Welthandel, während demgegenüber die EG-Mitgliedsstaaten[21], bedingt durch die Integrationszone, aber auch Japan Vorteile aus ihrer strukturellen Handelsausrichtung und -zusammensetzung ziehen konnten. Der zwar weiterhin auf hohem Niveau, aber doch mit Beginn der 60er Jahre real sinkende Welthandelsanteil der USA bei gleichzeitig trendmäßiger Anteilssteigerung der westeuropäischen Staaten und Japans findet so eine gewisse Deutung. Im Zeitablauf hat sich damit eine verstärkte Konkurrenzbeziehung zwischen den drei Kernregionen herausgebildet. Kennzeichen für die Ausgangssituation dieser mittlerweile revidierten Beziehungen war die Diskussion um die sog. „technologische Lücke“.

---

[21] Vgl. zur Strukturelastizität der EG-Exportwirtschaft z. B. Franzmeyer [1977, S. 211–13].

1.2.4.2 *„Technologische Lücken" als Strukturkomponente der Welthandelsentwicklung*

Der Prozeß wirtschaftlicher Entwicklung ist gleichermaßen Basis und Triebfeder wirtschaftlichen Strukturwandels. Den Innovationen (neuen Technologien) kommt dabei eine entscheidende Funktion nicht nur im Hinblick auf die Handelsbeziehungen, sondern auch auf die Auslandsinvestitionen zu. Ein von Land zu Land divergierendes Innovationsvermögen wird zu strukturellen Unterschieden im Produktionsbereich führen und damit die Position eines jeden Landes im internationalen Wettbewerbsprozeß mitbestimmen[22]. Da eine Gleichzeitigkeit und Gleichartigkeit technologischer Entwicklungen kaum bestehen wird, ist der internationale Entwicklungsprozeß von Wachstumsungleichgewichten begleitet, wobei nicht automatisch der Innovationsführer auch der Wachstumsführer ist. Diese Ungleichzeitigkeit vermittelt recht deutlich den prozeßhaften Charakter technologischer Entwicklungen[23].

Die Diskussion um die These von der „technologischen Lücke" begann Mitte der 60er Jahre, hervorgerufen durch den Freeman-Young-Report [1965] der OECD. Dieser Forschungsbericht vermittelte den Europäern vor allem ihre passive technologische Zahlungsbilanz gegenüber einer stark positiven der USA. Eine Reihe von Autoren[24] behauptete daraufhin das Vorhandensein einer „technologischen Lücke" bzw. einiger Lücken (Innovations-, Forschungs-, Finanzierungs-, Managementlücke etc.) zwischen den USA und Westeuropa/Japan. Vor allem den international agierenden US-Unternehmen wurde eine entscheidende Rolle in dieser Entwicklung zugebilligt. Man sah schon ein von US-Unternehmen zum Trabanten der USA degradiertes Europa als nahezu unvermeidliche Zukunftsvision. Die politische Dimension des Problems, die vor allem von Servan-Schreiber herausgestellt wurde, gewann dadurch besondere Bedeutung, daß Europa über die nachkriegsbedingte Abhängigkeit im militärischen Sektor hinaus nun auch in ehemals angestammten starken Bereichen wie Wissenschaft und Technik auf Dauer verdrängt zu werden schien [Nau 1970].

---

[22] Die Bedeutung der technologischen Entwicklung und deren Umsetzung – den technischen Fortschritt – für das wirtschaftliche Wachstum zeigen z. B. die Arbeiten von Solow [1957], Bombach [1959] und Görzig/Kirner [1971].

[23] Vgl. zum Prozeß der technologischen Entwicklung Majer [1973, Schema 1, S. 19] und die neue Untersuchung von Röpke [1977] zur Innovationsstrategie.

[24] Hier sei vor allem auf die stark politisch motivierten, wenn auch aus unterschiedlichen Positionen heraus verfaßten Beiträge von Servan-Schreiber [1970] und Mandel [1968] verwiesen.

Eine weitere Studie [OECD 1968a; 1968b] und eine Reihe von branchenspezifischen Untersuchungen [OECD 1970; 1968–70] erbrachten differenziertere Ergebnisse. So stellte sich heraus, daß die US-Unternehmen in der Datenverarbeitung, der Halbleitertechnik, in großen Teilen der Nuklearforschung, der Telekommunikation und der Luft- und Raumfahrt einen technologischen Vorsprung aufzuweisen hatten. Diese Ergebnisse zeigten aber gleichzeitig, daß von einer generellen „Lücke" nicht gesprochen werden konnte [OECD 1968a, S. 11; Majer 1973, Tab. B-1, S. 351].

Allenfalls war von „lags" und „leads" in bestimmten Branchen als Ausdruck des nicht gleichmäßigen Prozesses technologischer Entwicklung auszugehen [Kaufman 1970, S. 17]. Es ist denn auch nicht verwunderlich, daß von amerikanischer Seite schon zu jener Zeit der vermeintlichen Vormachtstellung die Befürchtung ausgesprochen wurde, daß der über die multinational operierenden Unternehmen eingeleitete Diffusionsprozeß technologischer Entwicklungen recht schnell auf die USA zurückschlagen könnte und gemäß der von Vernon entwickelten Theorie des Produktzyklus über einen Standardisierungsprozeß zu einem Konkurrenzkampf auf dem amerikanischen Binnenmarkt führen würde. In ihrer letzten Konsequenz haben sich beide Hypothesen bzw. Befürchtungen bisher nicht erfüllt, wenn auch bedeutende strukturelle Verlagerungen im Zeitablauf eingetreten sind.

Ein nicht zu unterschätzender Teil der Diskussion und der unterschiedlichen Bewertung der „Lücken-These" ist nicht zuletzt auf die verschiedene Sachverhalte beschreibenden Definitionen des „Lückentatbestandes" zurückzuführen [Majer 1973, S. 13 f. und 30]. Anhand einigermaßen vergleichbarer Kriterien, die Niveau und Entwicklung technologischen Wissens bestimmbar werden lassen, wollen wir einigen Aspekten der „Lücken-Hypothese" nachgehen. Dies stößt allerdings auf erhebliche statistische Ermittlungsprobleme[25].

Nivellierung und strukturelle Umschichtung: In den 50er und auch noch zu Beginn der 60er Jahre war der US-amerikanische Produktivitätsvorsprung gegenüber den westeuropäischen Ländern und Japan erheblich. Bis zum Beginn der 70er Jahre wandelte sich allerdings diese Produktivitätshierarchie. Die Entwicklung des realen Bruttoinlandsproduktes zwischen 1959 und 1972 zeigt z. B. einen stark unterdurchschnittlichen Trend für die Vereinigten Staaten und einen weit überdurchschnittlichen für Japan (Tabelle III-33). Der

[25] Denkbar ist eine Bestimmung über die Indikatormethode oder, wie von Denison [1967] versucht, über einen Produktivitätsvergleich. Vgl. Majer [1973, S. 45, 55, 94 ff. und Anhang A] sowie zu Denison die Kritik von Voigt [1969/70].

Produktivitätsabstand, die ehemals „klassische" Lücke, konnte zwischen den Kernregionen mehr und mehr vermindert werden. Dieser Basistendenz der „Nivellierung" stand eine strukturell-partielle Umschichtung der Vorteilskategorien zur Seite, was vereinzelt dazu geführt hat, von einem „reverse technology gap" zu sprechen [z. B. Heller/Willatt 1975].

Der Produktivitätsvorsprung der USA ist vor allem auf den erhöhten Konzentrationsgrad im Unternehmenssektor und die sich daraus ergebenden Folgen für eine effiziente Innovationsstrategie zurückgeführt worden[26]. Zu den die Wettbewerbsposition der US-Unternehmen positiv beeinflussenden Faktoren zählen vor allem die Größe und Homogenität des Binnenmarktes, der Umfang der verfügbaren Ressourcen (personell und materiell), die große Anzahl von Unternehmen in einer Branche, die zudem noch weltweit operieren und damit auf einen enormen Vertriebsapparat zurückgreifen können, spezielle Managementtechniken, wozu auch die Innovationsbereitschaft und Risikoübernahme zählen, und die relativ leichte Verfügbarkeit von Risikokapital. Noch entscheidender als die qantitative Größenordnung der diesen Unternehmen zur Verfügung stehenden Mittel für F&E ist deren qualitativer Einsatz. Zum einen stellte man für die USA eine erhebliche Konzentration der F&E-Ausgaben auf Großunternehmen fest und zum anderen einen gezielten Einsatz der Mittel [OECD 1970, S. 148 f.].

Dies erwies sich als besonders vorteilhaft für die Realisierung von Innovationen, zumal durch die erhebliche Finanzkraft der Unternehmen und deren Umsatzgrößenordnung kapitalintensive Technologien zum Einsatz gelangten und darüber hinaus über Skalenerträge Wettbewerbsvorteile erzielt werden konnten. Wählt man die Ausgaben für F&E als Indikator und vergleicht die Entwicklung im Zeitablauf, so zeigt sich, daß die „amerikanische Herausforderung" von den westeuropäischen Ländern und Japan mit einer erheblichen Erhöhung der Ausgaben für F&E beantwortet wurde (Tabelle III-34), bei allerdings immer noch höherem Gesamtniveau der USA (Tabelle III-35).

Unter gewissen Einschränkungen kann die Patent- und Lizenzbilanzentwicklung die Ergebnisse der Ausbildungs-, Forschungs- und Entwicklungsbemühungen widerspiegeln[27]. Zwar konnten auch hier die USA einen erheblichen Einnahmeüberschuß verbuchen, doch stiegen in den letzten Jahren die Ausgaben schneller als die Einnahmen [Majer 1973, S. 133 ff., besonders S.

---

[26] Vgl. hierzu aber auch die Überlegungen von Lenel [1970] und die Auswertung eines Hearings von Petry [1969].

[27] Siehe hierzu Majer [1973, S. 48 f. und S. 131 f.]. Vgl. auch Deutsche Bundesbank [1970, S. 24 f. und 1974, S. 26 f.].

135–39]. Es zeigt sich außerdem, daß der US-amerikanische Technologieexport vor allem über die US-Tochterfirmen und Auslandsbeteiligungen abgewickelt wird. So gewinnen die Multinationalen Unternehmen eine besondere Bedeutung für den Technologietransfer zwischen den Industrieländern. Die Struktur der Kapitalbeziehungen und Direktinvestitionen ist seit Mitte der 60er Jahre allerdings erheblichen Veränderungen unterworfen. Insgesamt gesehen ist von den USA der technologische Vorsprung weit ausgeprägter durch den Verkauf von Know-how als durch Warenexport genutzt worden. Eine gegensätzliche Tendenz zeigt sich z. B. für die Bundesrepublik und auch Japan. Diffusionsdichte und -geschwindigkeit unterscheiden sich ab Mitte der 60er Jahre aber nicht mehr entscheidend [Majer 1973, S. 176 ff. und IFO 1970][28].

Im internationalen Handel, insbesondere den Exportschwerpunkten, schlägt sich die Forschungsintensität in einem entsprechend ausgerichteten Güterexport nieder. Tabelle III-36 zeigt zum einen eine führende Position der USA, zum anderen aber auch ein stärkeres Eindringen der Europäer und Japaner in einzelne Branchen. Je niedriger man in der Technologieskala entsprechend der Produktklassifikation geht, desto geringer wird der Anteil der USA und der Bundesrepublik. Andere Länder gewannen an Bedeutung, wobei zum Teil recht deutliche Spezialisierungstendenzen festzustellen sind (zu Japan siehe Pos. 16 bis 25 in Tab. III-36).

> „This is considered to reflect a general tendency toward international specialisation or division of labour deepening with a variety of manufactured goods among industrialised countries against the background of high income and technological progress" [Rey-Report 1972, S. 131].

Ehemals bestehende Lücken konnten nicht in jedem Fall ganz geschlossen werden. Insgesamt verringerten sie sich aber, und in einigen Fällen hat sich mittlerweile ein umgekehrtes technologisches Gefälle herausgebildet. Letzteres gilt z. B. in der Stahlerzeugung, Teilen des Maschinenbaus, der Chemie und dem Kraftfahrzeugbau. Die Führungsposition der USA im Flugzeugbau und der Raumfahrt ist weiterhin noch ungefährdet, auch wenn hier erhebliche Anstrengungen auf europäischer Seite (Airbus, Tornado) unternommen werden.

Dieser Aufholprozeß, der sich z. B. für die Bundesrepublik anhand der erheblichen Fortschritte der weltwirtschaftlichen Wettbewerbsstellung der

[28] Menden [1972] hat auf den interessanten Sachverhalt hingewiesen, daß die US-Unternehmen recht schnell mit neuen Produkten und Verfahren auf den Markt kommen, deren ursprüngliche Innovation in Europa erfolgte.

Reaktorindustrie und der Halbleitertechnologie nachweisen läßt, ist nach dem Muster der „imitativen Innovation" erfolgt. Diese wiederum erklärt sich aus der Konstellation der Nachkriegsphase und insbesondere der vorhandenen „Lücken"[29]. Japan hat diese Strategie nahezu modellhaft entwickelt und praktiziert [Ozawa 1974]. War seine Produktion in den 50er Jahren noch fast ausschließlich auf die reine Imitation ausgerichtet, so gewann ab den 60er Jahren immer mehr die innovative Komponente an Bedeutung. Japan hat dabei eine außerordentlich erfolgreiche Assimilierung der westlichen Technologie in Form einer dynamischen und kreativen Adaption exerziert. Die sinnvolle technische Verfeinerung (z. B. Kleinkomputer, Kameras, Uhren etc.) und die stete Bereitschaft, sich den wandelnden Nachfragestrukturen und Versorgungslagen anzupassen, begründen Japans starke Wettbewerbsstellung auf dem Weltmarkt. Eine immer nur temporäre Spezialisierung aufgrund der immer rascher wechselnden Wettbewerbsfelder erforderte eine gezielte regionale und sektorale Markt- und Wettbewerbsstrategie mit dem Blick für die *zukünftigen* Chancen. Japans Exportstrukturen (Spezialisierungsmuster) müssen somit entwicklungsbezogen und nicht im Sinne der Arbeitsteilungshypothese gesehen werden. Die Spezialisierung erfolgte dabei überwiegend intra-sektoral. Die Japan eigene enge Zusammenarbeit von Handelsministerium (Außenwirtschaftspolitik) und Industrie haben dafür wichtige Voraussetzungen geschaffen (vgl. dazu auch Abschnitt 2.2 und 3.2.1 dieses Kapitels).

Grubel/Lloyd [1975] erklären aus der Sicht der intra-industriellen Spezialisierung die sinkende Wettbewerbsfähigkeit der USA mit dem ausgeschöpften Potential für Skalenvorteile auf dem nationalen US-Markt und dem infolge des Abbaus der Handelsbarrieren generell sowie speziell durch Bildung von EG und EFTA forcierten Prozeß intra-sektoraler Spezialisierung auf seiten der westeuropäischen Länder und Japans [S. 151–53]. Der „Qualitätswettbewerb" in Form von Produktinnovation, Produktdifferenzierung, Marketing, Serviceleistungen etc. entwickelte sich zugunsten der Westeuropäer und auch Japaner durch eine stärkere und weitgehend noch unausgeschöpfte intra-sektorale Spezialisierung. Aus den ehemals traditionellen Handelsbeziehungen zu den USA wurden solche auf der Basis funktionell heterogener Produkte aufgrund von Intra-Branchen-Spezialisierung und „low-wage trade".

[29] Im Falle Japans betrafen diese Lücken nicht nur den technologischen, sondern auch den Kapazitätsbereich. Japan konnte in den 60er Jahren nicht unwesentlich von den bestehenden Kapazitätslücken profitieren. Mit den Veränderungen auf dem Arbeitsmarkt und dem sich damit erhöhenden Druck auf das Lohnniveau in den 70er Jahren ist eine neue Situation eingetreten [Saito 1977].

„Geborgte Technologie" und verengter Wettbewerbsspielraum: Der Entwicklungs- resp. Industrialisierungsprozeß seit dem Kriegsende führte nicht zu einer Balance zwischen den unterschiedlich „erfolgreichen" Ländern und Regionen, wie vielleicht über einen Spezialisierungsprozeß zu erwarten gewesen wäre [s. Kaldor 1970]. Die negativen oder positiven Struktur- und Wettbewerbseffekte machen sich für die Industrieländer besonders bemerkbar, weil

- der internationale Wettbewerb auf den Märkten für hochtechnologische Industriewaren, bedingt durch potentielle Substitutionskonkurrenz und den raschen technischen Fortschritt, besonders ausgeprägt ist, und
- angesichts des großen Exportanteils an der Produktion von Industriewaren die einzelnen Exporteure davon besonders betroffen werden.

Der Wettbewerb im Industrieländerhandel hat sich im Entwicklungsprozeß mehr intensiviert als der zwischen Industrie- und übrigen Ländern, wenn man von dem allmählich stärker werdenden Druck der „Konkurrenzindustrien" aus Entwicklungsländern einmal absieht[30]. Werden nämlich die unterschiedlichen Wettbewerbspositionen der Industrieländer z. B. gegenüber dem „Süden" im Falle der Industriewarenexporte bisher allein durch die unterschiedliche Höhe der Aktivsalden auf seiten der Industrieländer charakterisiert[31], so stehen im Handel der Industrieländer untereinander den zum Teil erheblichen – vielfach strukturellen – Überschüssen entsprechende Defizite gegenüber. Die Brisanz dieser Konstellation ist leicht einsichtig; denn mit steigendem Wettbewerbsdruck bei geringerem Imitationsspielraum wird der strukturelle Anpassungszwang stetig stärker. Bedenkt man zudem, daß die latenten Aversionen gegen einen Strukturwandel in direkten Widerstand umgeschlagen zu sein scheinen, weil die rezessive Entwicklung der 70er Jahre die Nationalstaaten eher veranlaßte, auf die Lösung kurzfristiger Problemsituationen hinzuwirken, und das ökonomische Effizienzkriterium nicht mehr generell Maßstab wirtschaftlichen Handelns einer „Wohlstands- und Sozial-

---

[30] Auch die Ostblockexporte dürfen hier nicht vergessen werden. Inwieweit sie zu einem Problem werden können, das über die Kompensationsfrage hinausgeht, ist außerordentlich schwer abzuschätzen [dazu Lorenz 1979].

[31] Aber auch dieser Saldo steht zur Disposition, „... wenn durch die weitere Ausbreitung der neuen, substitutiven Arbeitsteilung die Entwicklungs- und die sozialistischen Länder ihre komparativen Vorteile verstärkt wahrnehmen und den Überschuß verkleinern und vielleicht ganz abbauen. Der (damit involvierte) Abbau des Netto-Beschäftigungseffektes läßt die Realisierung der substitutiven Arbeitsteilung dann in anderen Dimensionen erscheinen. ‚Reversibler Freihandel' bedeutet Verstärkung der bereits jetzt bestehenden Reserviertheit gegenüber einer substitutiven Arbeitsteilung mit Entwicklungsländern vom Japan-Typ" [Lorenz 1979a, S. 16].

versicherungsgesellschaft" ist, dann wird das Ausmaß der strukturellen Veränderungen recht deutlich. Damit aber stellen sich auch eine ganze Reihe von Fragen neu und/oder anders.

Die Möglichkeit, daß über Lizenzen und Patente das überaus umfangreiche Reservoir technologischer Innovationen weltweit genutzt werden konnte, ist ein entscheidender Faktor des allgemeinen Entwicklungsprozesses der Nachkriegszeit und verlieh diesem seine unverwechselbare Struktur. Durch „borrowing of technology" [Cornwall 1970, S. 108 ff.] wurden die bestehenden Lücken über Imitationsprozesse – oder besser imitative Innovationsprozesse der intra-sektoralen Spezialisierung – wachstumsfördernd und handelsintensivierend ausgenutzt, wirkten aber gleichermaßen auch wettbewerbsintensivierend aufgrund der parallelen Verfügbarkeiten. Der Vorteil lag vor allem bei den Imitationsländern [ebenda, S. 113 ff.], weil sie a) nicht die Kosten der Basisinnovation zu tragen hatten und b) im Rahmen der Produktdifferenzierung eine Verkürzung der Monopolphase des Innovators bewirkten. Damit aber wurde die Wettbewerbsposition im Rahmen der „development ladder" (Cornwall) bei steigendem Einkommensniveau immer wieder neu definiert. Solange noch erhebliche Lücken bestanden, das Expansionspotential ausreichend für die Imitatoren und „ungefährlich" für den Innovationsführer (vor allem die USA) war, entstand ein tolerierbarer Wettbewerbsdruck. Die durch den Aufholprozeß entstehende Nivellierungstendenz bei gleichzeitiger Erschließung neuer Wettbewerbsfelder, vor allem von seiten der „Aufholer", wirkte mindernd auf das Wachstumstempo[32], erhöhte den Wettbewerb aufgrund der Parallelproduktion in allen drei Kernregionen und rückte damit die strukturellen, sektoralen und regionalen Komponenten in das Blickfeld.

Wenn die entwicklungsbezogene Spezialisierungsstrategie à la Japan und mit Einschränkungen auch Westeuropas die Struktur im Trilateralen Raum kennzeichnet und erklärt, so darf darüber nicht der monetäre Aspekt vergessen werden. Von einem strukturneutralen Währungssystem konnte in keiner Phase ausgegangen werden. Mit der Wechselkursfreigabe zu Beginn der 70er Jahre trat denn auch eine Desillusionierung der nationalen Wettbewerbsfähigkeit einiger Länder – oder besser Branchen – ein. Die Wirkungen waren in zwei Richtungen zu spüren:

- Der Dollar mußte seit Mitte der 60er Jahre aufgrund der unterdurchschnittlichen Produktivitätsentwicklung als überbewertet gelten, während

[32] Man hatte sich gewissermaßen eines wichtigen Teiles des Wachstumspotentials durch die weitgehende Schließung der „Lücken" selber beraubt. Der „Aufholprozeß" der Nachkriegsphase mußte als beendet angesehen werden, die „neuen" Rahmendaten diktieren den Wachstumsverlauf.

DM und Yen entsprechend der überdurchschnittlichen Produktivitätsentwicklung und der geringeren Inflationsraten unterbewertet waren. Der Zusammenbruch des Bretton Woods-Systems und die mehrfache Abwertung des Dollar waren Ausdruck des neuen Kräfteverhältnisses zwischen den führenden Industrienationen. Die USA wurden gewissermaßen zu einem „ordinary country" zurückgestuft [Rosecrance 1976, insbesondere S. 11].

- Eine verfehlte Wechselkurspolitik behindert durch ihren Abschirmungseffekt den eigentlich notwendigen permanenten strukturellen Wandel, indem Branchen und Industrien fortbestehen oder sogar erst entstehen können, deren Existenz bei realistischen Wechselkursen im internationalen Wettbewerb in keiner Weise gesichert wäre. Hierbei spielen aber oftmals nicht ursächlich monetäre Gründe die entscheidende Rolle, sondern nationales Sicherheits- und Prestigedenken sowie die sozialverpflichtete Funktion des Nationalstaates moderner Prägung (vgl. Abschnitt 1.3.1 dieses Kapitels).

Eine Ungleichgewichtigkeit in den internationalen Konkurrenzbeziehungen hat es immer gegeben. Aber im Grunde war diese Ungleichgewichtigkeit im OECD-Bereich noch nie von so geringen Unterschieden bestimmt und galt für so viele Volkswirtschaften, wie dies seit den 60er Jahren zunehmend der Fall ist. In der direkten Nachkriegszeit trieb die Ungleichgewichtigkeit (Lücke) den Wachstumsprozeß voran, wodurch strukturelle Probleme – nahezu entsprechend der Verteilungsproblematik – „vertagt" werden konnten. Bei Erreichen einer „graduellen Gleichgewichtigkeit" im Konkurrenzprozeß zwischen den drei Kernregionen stellte sich die Wettbewerbsfrage in Form der Strukturfrage neu; denn (a) war der Aktionsspielraum trotz breiterer Sortimentspalette wegen der zahlreicheren Konkurrenten nicht größer geworden, und (b) war der Entwicklungsschub an Innovationen während der Nachkriegszeit nicht so ohne weiteres in gleichem oder größerem Umfang fortzusetzen, zumal aufgrund der immer problematischer werdenden Nutzbarmachung der Innovationen für den privatwirtschaftlichen Gebrauch. Mensch [1977] hat diese Situation das „technologische Patt" genannt, in der im Zuge sich verschärfender Konkurrenz zwischen den Wachstumsindustrien die Expansion wegen gesättigter Märkte, Scheininnovationen und/oder stagnierender Innovationen auf der Stelle tritt.

In dieser Situation gradueller Gleichgewichtigkeit, wobei bestehende sektorale Vor- und Nachteilssituationen bewußt vernachlässigt werden und nur auf den generellen Entwicklungstrend abgestellt wird, gepaart mit einem enger werdenden Expansionsbereich und unter zunehmendem Druck der

Entwicklungsländer auf dem Weltmarkt bei semi-manufactures, problematisiert sich der Wachstumsprozeß und damit auch die Strukturfrage. Die oftmals vertretene Auffassung, daß gerade die Ungleichgewichtigkeit im Entwicklungsprozeß das Krisenpotential darstellt, ist damit trügerisch. Eher scheint die allgemeine „Gleichgewichtigkeit" und „Gleichzeitigkeit", die nicht nur in den Konkurrenzbeziehungen, sondern auch in der konjunkturellen Entwicklung zu diagnostizieren ist[33], krisenverstärkend zu wirken.

In gewisser Hinsicht findet sich damit die Diskussion um die sog. „technologische Lücke" der 60er Jahre in den ausgehenden 70er Jahren in einem neuen Gewande wieder. Jetzt aber geht es nicht mehr um den Aufholprozeß, sondern um die Frage nach den Gründen für die krisenhaften Entwicklungen nach geschlossener Lücke und vorangeschrittener Liberalisierung. Unter dem Etikett der „Strukturwandlungsstau-These" des Kieler Instituts für Weltwirtschaft oder der des „technologischen Patt" wird sie jetzt ebenfalls wieder kontrovers geführt. Beide Male geht es aber nur vordergründig um rein ökonomische Problemstellungen.

1.2.5 Oligopolisierung der Märkte und Multinationale Konzerne

Neben den schon aufgezeigten strukturellen Veränderungen der Handelsbeziehungen und der Industriestruktur kommt insbesondere dem dynamischen Wettbewerb auf oligopolistisch strukturierten Märkten und den multinational operierenden Unternehmen eine strukturbestimmende Bedeutung zu. Verständlicherweise können dazu hier nur einige grundsätzliche Anmerkungen gemacht werden[34].

Die Oligopolisierungstendenz ist sowohl in engem Zusammenhang zum (technologischen) Entwicklungsprozeß als auch zur Internationalisierung der Produktion zu sehen[35]. Relevante Entwicklungen haben sich in folgender Hinsicht ergeben:

---

33 Hierauf gehen wir in Abschnitt 1.3.2 dieses Kapitels näher ein.

34 Auf die im Wachstumsprozeß generell auftretenden Marktstrukturveränderungen und Konzentrationsprozesse kann hier gleichfalls nicht eingegangen werden [dazu Schmidt 1972].

35 Entsprechende Untersuchungen zeigen, daß der überwiegende Teil der Direktinvestitionen von Großunternehmen aus oligopolistisch strukturierten Branchen stammt und auch innerhalb derselben Branche getätigt wird. Vor allem Wachstumsbranchen sind davon betroffen, womit der Einfluß auf Wachstums- und Strukturwandlungsprozesse durch Multinationale Unternehmen groß ist. Vgl. z. B. Heidhues [1969], Knickerbocker [1973], Jungnickel/Krägenau u. a. [1977, S. 265 ff.].

1. Zum einen wächst im Hinblick auf die abgelaufenen und zukünftig zu erwartenden Konzentrationsprozesse und ihre wettbewerblichen Wirkungen die Gefahr, daß der oligopolistischen Interdependenz verstärkt durch wettbewerbsbeschränkende Strategien und nicht durch die Produktion eigener Varietät (Anpassung) [Röpke 1977, S. 329 ff.] begegnet wird. Diese kooperative Eliminierung des wettbewerblichen Anpassungszwangs bedeutet in wettbewerbstheoretischer Sicht, daß im Rahmen der Oligopolisierung der Märkte die Entwicklung nicht zur Bildung sog. „weiter Oligopole" führt. Verfolgt man die fortschreitenden nationalen Konzentrationsprozesse, wie sie z. B. aus den Jahresberichten des Bundeskartellamtes und den beiden Hauptgutachten der Monopolkommission für die Bundesrepublik Deutschland abzulesen sind, so zeigt sich eine deutliche Tendenz zur nationalen Konzernbildung[36]. Da die kooperative Strategie zur Ausschaltung von oligopolistischer Interdependenz auch die Nutzung von Expansionschancen außerhalb des traditionellen Marktes erfordert, zumal sich die Möglichkeiten des nationalen Rahmens aufgrund der beendeten wachstumsbestimmten Wiederaufbauphase immer begrenzter und differenzierter darstellen, entwickelt sich ein Prozeß der internationalen Produktionsintegration. Der strukturelle Aspekt dieser Entwicklung zeigt sich in einer Verlagerung vom internationalen Handel zwischen Nationalstaaten zu einem solchen zwischen Konzernen.

„Der Welthandel wird mehr und mehr zum Medium des internationalen Austausches zwischen den einzelnen Gliedern multinationaler Konzerne" [Häckel 1975, S. 29].

Durch die Verringerung der Marktzugangsbarrieren infolge der Liberalisierung ist zwar die Anzahl der möglichen Anbieter ausgeweitet worden, aber indem die Internationalisierung der Produktion nicht in jedem Fall zu weiten Oligopolen geführt hat, ist von einer den Wettbewerb beschränkenden Entwicklungstendenz auszugehen, selbst wenn diese von Branche zu Branche unterschiedliche Qualitäten aufweist.

2. Im Falle der Internationalisierung der Produktion, die u. a. auch als Antwort auf die Existenz von institutionellen Faktoren (Handelshemmnisse)[37] gesehen werden muß, ist von vielschichtigen strukturellen Ent-

[36] Zu den Entwicklungen in der EG vgl. Lenel [1972] und Schwarz [1976].

[37] Hufbauer/Chilas [1974, S. 21] haben darauf hingewiesen, daß neben der Marktgröße vor allem die „Zolldiskriminierung" für die Standortentscheidung Multinationaler Unternehmen bedeutend ist. Wesentlich weiter geht die These von Lenel [1976]: „Handelshemmnisse und andere die internationale Arbeitsteilung verzerrende Einflüsse spielten eine wesentliche Rolle dafür, daß große multinationale Unternehmen entstanden ... Gäbe es diese Einflüsse nicht,

wicklungen auszugehen. Der Einfluß des Phänomens Multinationaler Unternehmen kann grob in ökonomisch und politisch relevante Entwicklungen untergliedert werden.

Die strukturelle ökonomische Komponente der Internationalisierung der Produktion wird vor allem deutlich, wenn man berücksichtigt, daß mit der Lokalisation der Direktinvestition auch über die Lokalisation der ökonomischen Potentiale entschieden wird, wobei das Maß an Flexibilität und Reversibilität auf seiten der Unternehmen außerordentlich groß ist. Die sich daraus ergebenden Zahlungsbilanzwirkungen, verbunden mit der oftmals bewußten Beeinflussung des internationalen monetären Gefüges durch spekulative[38] konzerninterne, aber grenzüberschreitende Kapitaltransaktionen, charakterisiert die Dimension des potentiellen Macht- und Konfliktpotentials[39]. Wesentliches Kriterium in diesem Zusammenhang ist die hierarchisch-zentralistische Entscheidungsstruktur, die aus sich heraus die Macht zur Verstärkung oder Vermeidung ökonomischer Entwicklung besitzt.

Untrennbar von dem ökonomischen Faktor ist der politische Einfluß der Multinationalen Unternehmen. Diese Einwirkung wird weithin unter dem Synonym des „nationalstaatlichen Souveränitätsverlustes" zusammengefaßt. Dieser These [Vernon 1971] steht allerdings die der Interessenkonvergenz zwischen Staat und multinational agierendem Konzern gegenüber [Häckel 1975, insbesondere S. 47 ff.]. Die Verlustthese wurde abgeleitet aus der durch die Aktivität der Konzerne bewirkten Umwälzung der wirtschaftlichen (Macht-)Strukturen. Es zeigt sich aber, daß sich die Multinationalen Konzerne und der souveräne Staat eher in ihren bestehenden Grundstrukturen gegenseitig bestätigen und verstärken, als daß sie generell disharmonisch handeln [ebenda, S. 56][40]. Der internationale Konzern benötigt die Leistun-

so wäre die besondere Problematik der multinationalen Unternehmen gering. – Wirtschaftliche Macht würde sich bei multinationalen Unternehmen nicht wesentlich anders äußern als bei Unternehmen, welche zum größten Teil im Inland produzieren. Daraus ist zu schließen, daß die ... ungünstigen Sonderwirkungen multinationaler Unternehmen in der Regel nicht auf deren besondere Bosheit, sondern auf jene Verzerrungen, nicht zuletzt auf eine nachteilige Kombination privater wirtschaftlicher Macht mit Handelshemmnissen und unzureichender nationaler Politik zurückzuführen sind" [S. 188].

38 Auch rein privatwirtschaftliche Rentabilitätsüberlegungen können dazu führen. Allein die Größenordnung der Kapitaltransaktionen zeitigt dann die entsprechende Wirkung.

39 Vgl. z. B. Arndt [1977, S. 47 ff.] und die dort angegebene Literatur. Siehe ebenfalls Gilpin [1975], der multinational agierende Unternehmen unter polit-ökonomischen Aspekten diskutiert.

40 Dem widerspricht im übrigen nicht, daß einzelne wirtschaftspolitische Maßnahmen des Staates gezielt von der Unternehmensseite unterlaufen werden. Es zeigt sich hier nur die

gen des Nationalstaates insbesondere dann, wenn in Krisenphasen eine legitimierte Institution (Staat) in absichernder Funktion für den Konzern aufzutreten hat[41]. Insofern besteht nahezu eine Interessenkollusion, als der Staat aus nationalen Belangen zum Vertreter der Konzerne und die Konzerne wiederum zum Stützpfeiler – „merkantilistischer" – staatlicher Wirtschaftspolitik avancieren [ebenda, S. 48–50; Gilpin 1975, S. 231 ff.]. Diese Konstellation wirkt in ihrer Konsequenz politisch konservierend. Unter diesem Aspekt ist der Integrationsbeitrag Multinationaler Unternehmen nicht hoch einzuschätzen; denn es kann nicht in ihrem Interesse liegen, sich der nationalstaatlichen Basis zu berauben, zumindest so lange nicht, wie auf höherer Ebene keine entsprechende neue politische Organisationsstruktur geschaffen ist[42]. Damit aber wird sowohl die regionale wie auch globale Integration mit einem Faktum konfrontiert, das theoretisch bisher nicht erfaßt ist. Wegen der internationalen Aktivitäten der Unternehmen besteht ohne Zweifel ein um vieles größeres und komplizierteres Konfliktpotential, welches neben dem strukturellen wirtschaftlichen Einfluß im Rahmen von Kooperationsstrategien Beachtung zu finden hat.

Kommen wir jetzt aber noch einmal auf die reale wirtschaftliche Entwicklung der letzten Dezennien zurück. Hier läßt sich eine interessante parallele Entwicklung zu schon diagnostizierten Veränderungen vermerken. Zwar treten die USA noch immer als größter Kapitalexporteur auf und haben ihre Beziehungen auf dieser Ebene zum europäischen Raum (EG) erheblich ausgeweitet[43], doch konnten die europäischen Länder und auch Japan [Franko 1976 und Yoshino 1976] im Gefolge des Entwicklungsprozesses bzw. ihrer erstarkten wirtschaftlichen Position seit den 60er Jahren ihre Direktinvestitionen erheblich, wenn auch auf niedrigerem Niveau, intensivie-

---

Feinstruktur der ambivalenten Beziehungen zwischen Staat und Unternehmen, die auf der Unternehmensseite eben auch weiterhin durch die privatwirtschaftliche Rentabilitätsmaxime bestimmt ist.

[41] „Privateigentum hält sich ‚nicht eine Nacht', wenn es der Staat nicht schützt. Deswegen brauchen die Transnationals nicht den getöteten, sondern den geschwächten Staat. Er hat die Aufgabe, ihre unkalkulierbaren (transnationalen) Risiken zu übernehmen und die daraus resultierenden Verluste auf die Nation abzuwälzen" [Hankel 1977, S. 356].

[42] Häckel [1975] bezieht seine Aussagen nur auf die EG, doch kann davon ausgegangen werden, daß mutatis mutandis für die globale Integration analoge Bedingungen gelten.

[43] Diese Entwicklung ist als direkte Konsequenz der erfolgreichen europäischen Regionalintegration zu sehen, wie auch Wechselkurse, liberales Investitionsklima und der nachkriegsbedingte europäische Kapitalbedarf wichtig gewesen sind. Vgl. zur besonderen Rolle und „Metamorphose" der amerikanischen Direktinvestitionen Bergsten/Horst/Moran [1978, besonders S. 401 ff.].

ren. Die daraus resultierende verstärkte Durchdringung des US-amerikanischen Marktes muß als direkte Gegenbewegung zur vorangegangenen amerikanischen Expansion multinationaler Aktionsfelder angesehen werden [Vernon 1977]. Dollarabwertungen bzw. DM- und Yen-Aufwertungen verstärkten diese Tendenz in den 70er Jahren nicht unwesentlich. Für Europa kommt noch hinzu, daß der Abbau der Restriktionen im Integrationsraum und die allmähliche Angleichung der Faktorkosten dazu führten, daß die Investitionstätigkeit in der Integrationszone abgelenkt und Drittländer außerhalb interessant wurden. Da aber nicht generell von einer Harmonie internationaler Konzerne untereinander ausgegangen werden kann, denn auch hier hat die nationale Bindung Bestand, wird auch der Harmonie der Staaten Grenzen gesetzt[44]. Trotz der weltweiten Tätigkeiten der Multinationalen Unternehmen wird damit die Rivalität der Nationalstaaten im wirtschaftlichen Bereich weiterhin aktuell bleiben, wenn auch weltwirtschaftliche und nationalstaatliche Notwendigkeiten das Konfliktpotential nicht ausufern lassen werden. Diese Notwendigkeiten finden ihre Begründung nicht zuletzt in der strukturellen Entwicklung des Nationalstaates selber.

1.3 Wirtschaftspolitische Entwicklungen

1.3.1 Nationalstaat und Wirtschaftspolitik bei Internationalisierung und Interdependenz

Wirtschaftspolitisch war nach dem Zweiten Weltkrieg eine Rückkehr zum Status quo ante der liberalen Phase nicht mehr möglich. Der Zielkatalog staatlicher Wirtschaftspolitik setzte andere Prioritäten. Die Sicherung der Vollbeschäftigung stand dabei an vorderster Stelle des Zielkanons. Insgesamt wurde der Aufgabenkatalog der Nationalstaaten, die seit dem Kriege unter dem Etikett „pluralistische Wohlfahrtsstaaten“ firmieren, erheblich erweitert. Zum einen ist ihnen die Verantwortung für das Fortbestehen des sozio-politischen Systems an sich übertragen, wozu sie sowohl nach innen (auf Bedürfnisbefriedigung der Staatsbürger) gerichtete Konjunktur- und Wachstumspolitik zu betreiben haben als auch nach außen gerichtete Sicherheitspolitik (ökonomisch und politisch). Zum anderen haben sie eine entsprechende Funktion im supranationalen Rahmen der westlichen Staatengemeinschaft als internationalem Aktionsfeld zu erfüllen.

[44] Davon, daß die internationalen Beziehungen durch „oligopolistische Machtkämpfe“ bestimmt werden, die in kumulativen Prozessen ihren Niederschlag finden, geht z. B. Lord Balogh [1973 bzw. 1975, S. 39 ff.] aus.

Die den weltwirtschaftlichen Entwicklungsprozeß der Liberalisierungsphase kennzeichnenden Strukturwandlungen veränderten eine Reihe von Rahmenbedingungen:

- Zum einen wurde durch den Prozeß der Internationalisierung der Güter- und Faktormärkte sowie der Produktion ein Zustand hochgradiger ökonomischer Interdependenz geschaffen. Diese „economies of interdependence", wie sie von Cooper [1968] beschrieben worden sind, wurden anfangs als positiver Ausdruck voranschreitender Integration, schon bald jedoch als Belastung des Liberalisierungsprozesses empfunden; denn wirtschaftspolitische Initiativen in einem Land strahlten aufgrund der transnationalen Bindungen verstärkt auf andere Länder aus.
- Zum zweiten wurde den Nationalstaaten eine neue, anspruchsvollere und damit diffizilere Rolle im internationalen wirtschaftlichen Geschehen zugewiesen. Die Antwort darauf war ein immer stärker planendes Eingreifen des Staates in die ökonomischen und sozialen Prozesse. Dies führte zu einer Betonung der Souveränitätskomponente, die sich ihrerseits wiederum im steten Konflikt mit dem sich ausweitenden und verstärkenden Interdependenzmoment zeigte; denn sowohl liberale internationale Beziehungen als auch die durch den modernen Wohlfahrtsstaat verfolgte nationale Absicherungspolitik sind mittlerweile Grundpfeiler der realen Ordnungskonzeption.

Der Interdependenzaspekt als politischer und wirtschaftlicher Entwicklungstatbestand ist in den letzten Jahren verstärkt in das Blickfeld gerückt, da die wachsende Interdependenz als zunehmend problematisch empfunden wird. Die erfolgreiche Integration des „Nordens", aber auch die weiterhin bestehenden Asymmetrien der Nord-Süd-Beziehungen müssen als auslösendes Moment dieser Diskussion angesehen werden[45]. Vor allem steht der Versuch im Vordergrund, die real existierenden Beziehungsmuster qualitativ zu analysieren, d. h. den Intensitätsgehalt der Beziehungen zu bestimmen[46]. Über diese Fragestellung hinaus gehen die Überlegungen zur Symmetrie bzw. Asymmetrie innerhalb der Interdependenzbeziehungen.

Hier ist nun interessant, welche Bedeutung der zunehmenden Interdependenz hinsichtlich des Kooperationsziels im Industrieländerbereich zukommt. Vor allem Lindbeck [1975 bzw. 1977; s. a. Cooper 1973, S. 55 ff. und Tumlir

---

[45] Spero [1977, S. 12] charakterisiert die internationalen Systembeziehungen als interdependent im Norden, dependent im Nord-Süd- und independent im Ost-West-Bereich.

[46] Zur Frage, wie sich die Interdependenz entwickelt hat, vgl. z. B. Katzenstein [1975] und Bergsten/Cline [1976].

1977/78, S. 14 ff. bzw. 1978] hat in einer Reihe von Untersuchungen auf die enge und für die Entwicklung der internationalen Verflechtung so wichtige Beziehung zwischen Interdependenz und der Rolle des Nationalstaates hinsichtlich seiner Wirtschaftspolitik hingewiesen.

Internationale Beziehungen erweitern und begrenzen den autonomen nationalen Spielraum. Die Begrenzung erfolgt durch die Integrierung der Länder in eine Matrix von relativ schwer zu beeinflussenden Zwängen, aus denen sie sich zwar theoretisch lösen können, wobei die Kosten dieser Verselbständigung aber von Land zu Land unterschiedlich sind und sich eine Loslösung politisch oftmals als nur schwer durchführbar erweist. Zudem verringert ein formales Ausscheren aus dem jeweiligen ökonomischen oder politischen Machtbereich nicht notwendig das Maß der Abhängigkeit, sondern läßt sie nur in einem anderen Licht erscheinen. Unter ähnlichen Zwängen steht auch die nationalstaatliche Wirtschaftspolitik.

Historisch betrachtet bestand während der liberalen Phase des letzten Jahrhunderts eine enge Verknüpfung zwischen liberaler nationaler Politik und liberaler Außenhandelspolitik. Diese Symbiose konnte sich entwickeln, weil der Nationalstaat als politisches Organisationsprinzip eine grundsätzliche Konsolidierung erfahren hatte. Mit fortschreitender Liberalisierung in der Nachkriegszeit zeigt sich ein anderes Bild.

> „Hence, we have in recent years witnessed a historically rather unusual combination of reduced intervention in the external relations and increased intervention in internal economic matters" [Lindbeck 1975, S. 27 f.].

Es gibt eine ganze Palette von Faktoren, die diese Entwicklung bewirkten. In den vorangegangenen Abschnitten haben wir einige schon eingehender behandelt; sie seien hier nur kurz rekapituliert.

Es hat sich eine deutliche Internationalisierung der wirtschaftlichen Systeme durch die Ausdehnung der Märkte sowie die gegenseitige ökonomische, technologische und kulturelle Durchdringung der Staaten herausgebildet. Demgegenüber blieb das politische System weiterhin dem nationalen Rahmen verhaftet, und dort, wo im Rahmen einer regionalen Integration Bestrebungen auf eine suprastaatliche Organisationsform hin erfolgten, konnten bisher keine nennenswerten Fortschritte erzielt werden. Dem geographisch definierten Nationalstaat steht eine Vielzahl national ungebundener oder über die Grenzen hinweg verbundener Unternehmen gegenüber. Die Sensitivität und Verletzbarkeit der Nationalstaaten wurde dadurch erheblich erhöht [s. a. Cooper 1968, S. 148 ff.]. Lindbeck [1975] sieht in der Spannung zwischen internationalisiertem System und national orientierter Wirtschaftspolitik die Gründe für eine Vielzahl aktueller Probleme. Die Vorbedingung für den Internationalisierungsprozeß wurde unter Mitwirkung der Nationalstaaten durch die Liberalisierungsbestrebungen geschaffen. Indem damit die Operationsgebiete der Unternehmen über die nationalstaatlichen Rechtsgebiete hinauswachsen konnten, wurde die Effektivität nationaler Wirtschaftspolitik stetig verringert.

> „National governments have, like ‚the *Wizard's* Apprentice' helped to release forces which are beyond their own powers to control" [Lindbeck 1977, S. 2.].

Diesem international ausgerichteten Prozeß steht ein mehr nationaler zur Seite. Mit fortschreitender ökonomischer Entwicklung und damit steigendem Einkommensniveau wuchsen die Ansprüche an den Nationalstaat. Die politischen Ziele wurden immer differenzierter und der Ehrgeiz der Regierungen, forciert auch durch den Wahlrhythmus[47] von nur einigen Jahren, immer ausgeprägter. Eine paradoxe Situation stellte sich ein, bei der einer relativen „wirtschaftspolitischen Austrocknung des Nationalstaates" (Lindbeck) ein umfangreicher und komplexer Forderungskatalog gegenübersteht. Kompliziert wird dies durch die gleichzeitig notwendige Erweiterung der Mittel zur Zielerreichung; denn ein Mehr an Zielen erfordert auch ein Mehr an Mitteln.

> „These more ambitious and disaggregated *targets* have often meant that available instruments are no longer appropriate; it has become increasingly necessary to have more different and selective policy instruments" [Lindbeck 1975, S. 34].

Je mehr sich aber das Wachstumsklima der Nachkriegszeit abkühlte und gleichzeitig die Interdependenz wuchs, desto problematischer wurde es für die einzelnen Staaten, den von seiten der Gesellschaft in sie gesetzten wirtschaftlichen und besonders auch sozialen Erwartungen und Ansprüchen gerecht zu werden.

Der Entwicklungsprozeß schuf ständig neue und komplexere Bedürfnisse. Diese wurden im Rahmen des allgemeinen Sozialisierungsprozesses von den Staatsbürgern aufgenommen und als Auftrag an den Staat zur Befriedigung zurückgereicht[48]. Sozial- und verteilungspolitische Aufgaben erlangten so Priorität für die nationale Wirtschaftspolitik. Gleichzeitig aber wurden sie

---

[47] Die Bedeutung sog. bewußt erzeugter „Wahlzyklen" hat Frey [1976] nachgewiesen.

[48] Hinter diesem generellen Tatbestand, der auch mit dem Schlagwort der „permissiven" Gesellschaft gekennzeichnet wird, verbergen sich (a) eine verstärkt korporativ organisierte und damit stark gruppenbeeinflußte Form westlicher Demokratie sowie (b) eine allgemein voranschreitende Veränderung der Wertestrukturen [dazu z. B. Knorr 1977; s. a. Lorenz 1979a, S. 8 ff.].

auch deren zentrales Problem. Bei tendenziell abflachendem Wachstumstrend verschärfte sich der Verteilungskampf, da die realen Einkommenszuwächse für die Umverteilungswünsche nicht mehr ausreichten. Der stets latent vorhandene soziale Konflikt schuf die Gefahr eines wirtschaftlichen und auch politischen Flächenbrandes, der das System als Ganzes bedrohte. Die inflationären Prozesse, die über gewisse Zeit zur Befriedung des sozialen Konflikts beitragen konnten, da sie Wachstumsillusion vermittelten, wurden längerfristig zu einer Bedrohung für die nationale Wirtschaftspolitik. Der Versuch, Inflation in Kauf zu nehmen und dadurch notwendige Anpassungsmaßnahmen zu umgehen, führte im Gefolge der Entwicklung der 70er Jahre zu einem neuen Stadium innerwirtschaftlicher Steuerungsschwierigkeiten, deren Kennzeichen der versuchte Export von nationalen Problemen ist.

Die bewußt überspitzt konstatierte „wirtschaftspolitische Austrocknung des Nationalstaates" muß sowohl vor dem Hintergrund der begrenzten – weil den Entwicklungsprozeß nicht kalkulierenden – internationalen Ordnungspolitik in Form der „negativen" Liberalisierung als auch der den autonomen Handlungsspielraum der Staaten beschränkenden „economies of interdependence" gesehen werden.

> „Festzustellen bleibt . . ., daß die Staaten für die Aufgabe oder Bindung nationaler wirtschaftspolitischer Mittel und Zuständigkeiten immer weniger an effizienter internationaler Wirtschaftspolitik oder -ordnung eintauschen konnten" [Lorenz 1978a, S. 284].

Die zwangsläufige Folge war, daß der von außen (Wettbewerbsdruck) und von innen (Anspruchsniveau) unter Zwang gesetzte Nationalstaat Schutzmaßnahmen sowohl für die bedrohten nationalen Branchen bzw. Industrien als auch zur Zurückerlangung der verlorengegangenen Autonomie entwickeln mußte [Lindbeck 1975, S. 36]. Die schnell wachsende Interdependenz und Internationalisierung, verbunden mit der Effizienzminderung nationaler Wirtschaftspolitik, die „makroökonomische Dilemmasituation" (Lorenz), hat dazu geführt, daß die nationale wirtschaftliche Verteidigungslinie neu gezogen wurde. Unter dem Begriff des „new mercantilism" fand sie schnell Eingang in die Diskussion.

Die neue Rolle des Nationalstaates wird damit als ein zentrales strukturbestimmendes Element im ordnungspolitischen Gefüge der Weltwirtschaft zu betrachten sein[49]. Die traditionelle Außenhandelstheorie hat den Macht- und

[49] Dies gilt trotz oder gerade wegen der Paradoxie des nationalen ordnungspolitischen Status quo: „Der Anspruch des Staates auf eine umfassende Beherrschung der Volkswirtschaft hat sich als überzogen erwiesen; aber der interventionistische Staat wird mehr denn je gebraucht" [Shonfield 1977, S. 107].

Konfliktaspekt in den internationalen Beziehungen, wie er sich real darstellt, vernachlässigt. Allenfalls in der pauschalen Beurteilung aller nicht der Integration förderlichen Maßnahmen taucht der Konfliktfall auf. Die vorangegangenen Überlegungen zeigen, daß dies ein wesentlicher Mangel ist. Die von der Interessenharmonie und dem Grundkonsens zwischen den Staaten bezüglich der Überwindung nationalwirtschaftlicher Interessengegensätze ausgehende Liberalisierung scheiterte gerade an dem Interessenkonflikt bzw. Antinomieproblem. Dies wog um so schwerer, als der Einfluß der internationalen Wirtschaftsorganisationen auf die Koordinierung der divergierenden nationalen Politiken außerordentlich gering war (vgl. Kapitel I). Der strategische Aspekt des internationalen Handels muß in das Blickfeld zukünftiger Organisationsstrukturen gerückt werden; denn jegliche Konzeption zur Intensivierung der internationalen wirtschaftlichen Beziehungen steht „... in Konkurrenz mit dem Macht- und Sicherheitsstreben der souveränen Nationalstaaten ..., deren Politik darauf ausgerichtet ist, sich selbst zu erhalten und, sofern es die Umstände erlauben, ihren relativen Machtanteil oder Einfluß zu erweitern" [Watrin 1961, S. 442]. Aufgabe muß es daher sein, das Konfliktpotential zwischen internationalem Anspruchsniveau an die nationale Wirtschaftspolitik und dem realen autonomen Aktionsspielraum des Nationalstaates so gering wie möglich zu halten. Gleichzeitig und gewissermaßen als Grundvoraussetzung ist die binnenwirtschaftlich orientierte und im weitesten Sinne sicherheitspolitisch bzw. sozial-strategisch ausgerichtete Funktion nationaler Wirtschaftspolitik des modernen Staates anzuerkennen[50]. An dem Status quo kann nicht vorbeigegangen werden, will man nicht Positionen vertreten, denen nur deklamatorischer Charakter zukommt. Vielmehr liegt gerade in der Anerkennung der Gegebenheiten die Chance, einen gemeinsamen neuen Kooperationsnenner zu finden, wobei ein wettbewerblich organisiertes Marktsystem das langfristig anzustrebende Ziel darstellt und die kurzfristigen staatlichen „... Interventionen hauptsächlich dazu dienen ..., die allgemeinen Bedingungen der verschiedenen wirtschaftlichen Aktivitäten zu beeinflussen und nicht das Verhalten der einzelnen Unternehmungen und Haushalte zu regeln – das heißt, die Staaten ‚planen' den allgemeinen Datenkranz für die Unternehmungen und nicht das Vorgehen der Unternehmen selbst" [Lindbeck 1978, S. 45].

---

[50] Noch dezidierter und provokanter formulieren Calleo/Rowland [1973]: „An international economic system that does not make sufficient allowance for nationalism is thus doomed to break down." [S. 256] „Thus the planned democratic welfare state offers the greatest opportunity for peace in today's world" [S. 257].

1.3.2 Niveau-Aspekte

Das Vertrauen in die nationalen Regierungen, eine erfolgreiche Wirtschafts- und insbesondere Konjunkturpolitik zu betreiben, ist ebenso gesunken, wie der Skeptizismus der Regierungen in dieser Frage gewachsen ist. Die strukturellen Wandlungsprozesse nationaler ordnungspolitischer Systeme stellen hinsichtlich der konjunkturellen Fragestellung eine wichtige Erweiterung dar.

In der Bretton Woods-Welt ist die Konjunkturpolitik als nationales Anliegen und nationale Aufgabe zugleich betrachtet worden. Das magische – oder besser mystische – Vier- bzw. Vieleck avancierte zum bestimmenden Referenzmaßstab nationaler Wirtschaftspolitik. Dies implizierte aber gleichzeitig, daß die jeweiligen konjunkturellen Ansprüche und Probleme *innerhalb* des nationalstaatlichen Rahmens zu lösen seien und z. B. nationale Beschäftigungsprobleme nicht etwa exportiert und damit international „sozialisiert" werden durften. Bei wachsender Internationalisierung und Interdependenz wird aber die autonome Realisierung der Zielvorgaben bzw. die Bewältigung der Problemsituationen ein nahezu unlösbares Unterfangen. Dies gilt insbesondere dann, wenn die Außenhandelsabhängigkeit groß und die ökonomische Manövriermasse begrenzt ist.

Die allgemeine Problematik blieb relativ lange verdeckt, da bis in die 60er Jahre hinein der „glückliche" Umstand asynchron verlaufender nationaler Konjunkturzyklen im OECD-Bereich bestand, der sich in den Volkswirtschaften antizyklisch auswirkte. Der internationale Güteraustausch spielte in diesem Zusammenhang eine Ausgleichsfunktion zwischen den unterschiedlichen konjunkturellen Lagen (Phasen). Die Kompensationswirkungen zwischen dem binnenwirtschaftlichen Nachfrageausfall und gleichzeitig vorhandener Unterversorgung in anderen Ländern erleichterte die Überbrückung bzw. Stabilisierung (Nachfrageverstetigung) der konjunkturellen Phasenverläufe[51].

Anhand der italienischen bzw. französischen (1963–65) und der bundesrepublikanischen Rezession (1966/67) läßt sich dieser konjunkturelle Schaukelef-

[51] Zwei grundsätzliche Fälle können unterschieden werden. a) Rezession im Inland und Hochkonjunktur im Ausland: Der Angebotsdruck des Auslandes sinkt bei elastischer werdender Binnennachfrage und zunehmender Sogwirkung der ausländischen Nachfrage. b) Hochkonjunktur im Inland und Rezession im Ausland: Elastisches ausländisches Angebot wird von der Binnennachfrage in Anspruch genommen, wodurch in Abhängigkeit von den Rückgriffsmöglichkeiten auf ausländisches Produktionspotential die Inlandskonjunktur gedämpft – bzw. die inflatorische Lücke geschlossen – wird.

fekt nachweisen. Befanden sich im Falle Italiens z. B. die Bundesrepublik, Großbritannien, Belgien und die Niederlande in einem konjunkturellen Aufschwung, was den italienischen Auslandsabsatz forcierte, so wurden die Exportmöglichkeiten der Bundesrepublik (1966/67) vor allem durch die konjunkturell günstige Lage Italiens und Frankreichs erleichtert.

Henkner [1971; 1976] hat in zwei von uns schon zitierten Untersuchungen eine Bestimmung des konjunkturellen Einflusses auf die Außenhandelsbeziehungen im Falle der Bundesrepublik versucht. Übereinstimmend konnte für die Untersuchungsperioden ein entscheidender Einfluß auf das Exportwachstum der Bundesrepublik aufgrund der konjunkturellen Lage anderer Industrieländer diagnostiziert werden.

„... Veränderungen der Wettbewerbsrelationen im internationalen Handel (können) konjunkturell bedingt sein ... und insofern Einflüssen unterliegen, die aus Unterschieden der Konjunkturentwicklung und damit der relativen Anspannung der Ressourcen in den Exportländern resultieren" [Henkner 1971, S. 97]. – „Die Berechnungen zeigten, daß die Exportentwicklung der Bundesrepublik viel stärker von der allgemeinen Weltkonjunkturlage abhing, als von der Veränderung der Kosten, Preise und sonstiger Faktoren ..." [Henkner 1976, S. 98].

Lorenz hat in einer Erweiterung seiner Theorie komparativer (mikroökonomischer) Entwicklungsvorteile den handelsbeeinflussenden Makro-Determinanten Rechnung getragen und im Falle fester Wechselkurse makroökonomische Entwicklungsvorteile aus den international unterschiedlich verlaufenden binnenwirtschaftlichen Wachstumsprozessen erklärt[52]. Unterschiedliche nationale konjunkturelle Phasen im Sinne international divergierender Ausnutzungs- bzw. Beschäftigungsgrade führen zu supplementären Handelsbeziehungen, dem Ausgleichshandel (vgl. Abschnitt 1.4 des II. Kapitels der Arbeit). Die Verfügbarkeit über nicht voll genutzte Produktionskapazitäten allein begründet aber noch keine makroökonomischen Entwicklungsvorteile. Hinzutreten muß das zeitlich und wahrscheinlich auch räumlich[53] determinierte Zusammentreffen von Überschußkapazitäten im Exportland und einem Nachfrageüberhang in anderen ähnlich oder gleich strukturierten Ländern. Der makroökonomische Entwicklungsvorteil hat monopolistischen Charakter, wenn nur ein Land oder eine Ländergruppe darüber verfügt.

---

[52] Die folgenden Ausführungen beziehen sich auf Lorenz [1967, § 11, besonders S. 157 ff.; ders. 1969, insbesondere S. 171 ff.]. Vgl. auch Rose [1976, S. 203].

[53] Die Hinzufügung des räumlichen Gesichtspunktes scheint wesentlich, da wohl davon auszugehen ist, daß supplementärer Handel wegen seiner Kurzlebigkeit und des Niveauaspekts vor allem im engen Kern- oder Kern-Randkern-Bereich realistisch ist. Ähnlich auch Lorenz [1967, S. 163].

Angebotserhöhungen bzw. Nachfragesenkungen in dem ehemaligen Importland beenden den Handelsstrom und können ihn umkehren, wenn sich in darauffolgenden Konjunkturphasen die Versorgungslage umgekehrt hat. Makroökonomische Entwicklungsvorteile können generell komparative mikroökonomische Vorteils- und Nachteilslagen nur verstärken. Durch supplementäre Handelsströme wird die Struktur der internationalen Arbeitsteilung nicht verändert; denn dieser Außenhandel ist „. . . nicht das Ergebnis irgendeiner wachstums- oder wettbewerbsrelevanten *Spezialisierung*" [Lorenz 1967, S. 161].

Über die rein theoretische Erfassung des Phänomens „Austauschhandel" hinaus ist hier insbesondere die Frage der Vorteilhaftigkeit wichtig. Ohne diesen Problemkreis hier in allen Einzelheiten diskutieren zu können [Lorenz 1969, S. 176 ff.], läßt sich doch der Fall ausgeprägter von dem schwacher Reversibilität unterscheiden. Bei ausgeprägter Reversibilität der Konjunktur- und Wachstumsprozesse handelt es sich per Saldo kaum um nationale Vorteile, sondern aufgrund der Labilität der wechselseitigen Vorteilhaftigkeit um solche weltwirtschaftlicher Natur. In der Erhöhung der Wachstumsflexibilität offener Volkswirtschaften zeigt sich dieser Effekt, der generell positiv wirkte, solange die „lags" nicht strukturellen Charakter erlangten. Dieser wirtschaftliche Vorteil wird dann in Frage gestellt, wenn es

- aufgrund unbeeinflußter oder willentlich geförderter schwacher Reversibilität zu einer asymmetrischen Kumulierung makroökonomischer Vorteile in einigen Ländern kommt[54] (strukturelle Ungleichgewichte);
- und/oder wenn die konjunkturellen Phasen nicht mehr asynchron, sondern synchron verlaufen.

Seit Implementierung der Kennedy-Runde sehen sich die westlichen Industrieländer der verstärkten Tendenz zu einem synchronen Verlauf der nationalen Konjunkturzyklen gegenüber. Dies wurde schon in der Rezession 1969/70 deutlich, erheblich ausgeprägter aber noch im Boom 1972/73 und der starken rezessiven Phase 1974/75. Auch der gebremste Aufschwung 1975/76 vollzog sich im OECD-Bereich nahezu gleichzeitig.

> „Damit hat sich der markante Konjunkturgleichschritt zwischen den Vereinigten Staaten, Japan und den europäischen Ländern fortgesetzt, wie er seit 1971 zu beobachten ist. Einen so ausgeprägten Gleichlauf wie in den letzten Jahren gab es in der Nachkriegszeit bislang nicht" [Ahnefeld/Gebert u. a. 1976, S. 2].

---

[54] Lorenz [1969, S. 179] unterscheidet den Fall der Überschußwirtschaften von dem der unterschiedlichen Inflationsraten.

Der Prozeß der Internationalisierung und Interdependenz förderte den engen Konjunkturverbund und bewirkte die spezifische Art von nahezu parallel verlaufenden konjunkturellen Phasen bei allgemein steigenden Inflationsraten und wachsenden Beschäftigungsproblemen. Der sich herausbildende konjunkturelle Gleichschritt im Trilateralen Raum[55] bewirkt, daß die via Außenhandel übertragenen konjunkturellen Entwicklungen prozyklisch und damit verstärkend und nicht mehr abschwächend wirken: Aufschwungphasen werden beschleunigt und Inflationsprozesse verstärkt. Gleichfalls stärker sind dadurch auch die zyklischen Oszillationen des internationalen Austausches. Mit dem Beginn der 70er Jahre führte dies zunehmend zu Problemen hinsichtlich der Struktur der „Verteilung der konjunkturpolitischen Anpassungslasten“, wobei nicht zuletzt die Machtkomponente eine Rolle spielt und eine Neubestimmung der „Kosten-Nutzen-Rechnung“ (Hager) des internationalen Handels notwendig wird. Folgende Aspekte bedürfen in diesem Zusammenhang einer näheren Beachtung:

- Indem die ehemals stabilisierend wirkenden Vorteile asynchron verlaufender nationaler Konjunkturzyklen nur noch in geringem Umfang genutzt werden können, besteht die Gefahr verschärfter Wachstumskonflikte. Die Konzipierung weltweiter wirtschaftlicher Abstimmungsmechanismen, die diese Strukturkomponente internationaler Beziehungen berücksichtigt, wird damit dringlicher denn je.

- Zwar werden trotz weitgehendem konjunkturellen Verbund und Gleichschritt immer noch „lags“ bestehen und damit weiterhin konjunkturbedingte – makroökonomische – Verfügbarkeiten die Ursache internationaler Handelsströme sein, aber diese sind in einer Hinsicht auf jeden Fall neu strukturiert: Da die Dauer der „lags“ erheblich abnimmt, werden c. p. durch makroökonomische Veränderungen schnelle Umschichtungsprozesse der Vorteilslagen wahrscheinlich, in deren Verlauf z. B. Exporte zu Importen und vice versa werden[56]. Dies erhöht die Ansprüche an die Spezialisierungsprozesse (bei verstärktem inter-industriellem Austausch) und schafft damit nicht unerhebliches nationales Unsicherheitspotential. Die Intensität der einzelnen Vorteilssituationen kann bei nahezu vollständiger Synchronisation erheblich ausgeprägter sein und als neue Form eines „Niveauwettbewerbs“ interpretiert werden. Der erhöhte wettbewerbliche

---

[55] Im Zeitraum 1959–69 herrschte nur innerhalb bestimmter Ländergruppen konjunktureller Gleichlauf [Gebert/Schmidt 1970].

[56] Diese Handelsströme entsprechen einem Zweiweghandel, aber nicht aufgrund von Produktdifferenzierung, sondern aufgrund makroökonomischer Veränderungen und mit homogenen Gütern.

Druck, gleichgültig ob real oder nur erwartet, schürt die Gefahr neuer Vermeidungsmechanismen. Die protektionistischen Tendenzen der letzten Jahre sollten auch vor diesem Hintergrund gesehen werden.

- Gleichzeitig werden kurzfristige zyklische Schwankungen verstärkt auftreten und eine Nachfrageverstetigung erschweren. In der Aufschwungphase ist mit verstärkten inflationären Tendenzen zu rechnen, da die Gefahr einer ungenügenden Nachfragebefriedigung aufgrund von Kapazitätsbegrenzungen besteht. Wettbewerbsprobleme ergeben sich vor allem in Phasen nahezu gleichzeitigen konjunkturellen Abschwungs, wenn mit sinkender Auslandsnachfrage der Angebotsdruck und damit der Konkurrenzdruck wächst.

- Besonders dieser verstärkte Wettbewerbsdruck, der auf einer sich abschwächenden Binnenkonjunktur bei gleichzeitig auf eine Intensivierung der Exporte ausgerichtetem Verhalten der Unternehmer basiert (Export-Push-Argument) [Rothschild 1966], läßt die Gefahr von Distorsionen wachsen. Damit wird aber der eigentliche makroökonomische Vor- oder Nachteil zerstört, denn er wird wirtschaftspolitisch angestrebt. Exportförderung auf der einen und/oder Importbeschränkung auf der anderen Seite können als Abwertungssurrogate eingesetzt werden. Umfang und Art dieser Maßnahmen hängt nicht zuletzt von der generellen Struktur- bzw. Wettbewerbsstellung des einzelnen Landes/Branche/Industrie ab, womit auch die Gefahr der asymmetrischen Kumulierung von Makro-Vorteilen (strukturelles Zahlungsbilanzungleichgewicht) und damit die Verzerrung mikroökonomischer Vorteile gegeben ist.

- Auf die Gefahr, die sich aus dem konjunkturellen Gleichlauf ergibt, wurde bereits vom wissenschaftlichen Beirat beim Bundesministerium für Wirtschaft hingewiesen. In einem Gutachten heißt es:

  „Eine internationale Koordination der Konjunkturpolitik ist wünschenswert, aber sie sollte beachten, daß in den großen Industrieländern parallel verlaufende Konkunkturschwankungen sich als besonders nachteilig erwiesen haben und daß demzufolge versucht werden muß, eine solche Parallelität zu verhindern, und falls sie sich trotzdem einstellt, den internationalen Konjunkturverbund wieder zu lockern" [Gutachten zu „Fragen einer neuen Weltwirtschaftsordnung" vom 20. 11. 1976, S. 55 f., vgl. auch Cohen 1978].

- Fraglich bleibt, wie auf diese Strukturkomponente zu reagieren ist. Auf jeden Fall erscheint die traditionelle Koordinierungspolitik hierfür kaum geeignet. Da vor allem der wettbewerbsstrategische Aspekt (oligopolistische Märkte) dieser Entwicklung zu beachten ist, der sowohl die Gefahr der Installierung von Vorteilskategorien als auch die Vermeidung von

Wettbewerb durch einen intensiven Solidaritätsverbund zwischen den Oligopolisten[57] in sich birgt, ist eine angepaßte weltwirtschaftliche Abstimmungsstrategie zu entwickeln. Lorenz [1969] hat darauf hingewiesen, daß eine Harmonisierung wirtschaftspolitischen Verhaltens „nach oben" (Gefahr des Inflationsdralls) anders zu bewerten ist als eine solche „nach unten" [S. 178].

- Die von S. Cohen [1978, S. 284] geforderte „macroeconomic policy coordination" muß auch die neuen monetären Gegebenheiten beachten. Der von Lorenz [1978a, S. 184] in Zusammenhang mit flexiblen Wechselkursen und wachsender Interdependenz bei geringeren generellen Entwicklungsvorteilen und engeren Substitutionslücken gesehene Niveauwettbewerb durch Wechselkurslabilitäten ist ein Ausdruck dieser veränderten Wettbewerbskonstellation[58].

Die systemkonformen Politiken und Verhaltensweisen müssen durch ein Abstimmungsverfahren wenn nicht total behoben, so doch in großem Umfang vermieden werden. Damit stellt sich die Frage nach dem Einfluß unterschiedlicher nationaler Konjunktur- und Währungspolitik hinsichtlich der Wettbewerbsprozesse auf oligopolistisch strukturierten Märkten. Eine Wettbewerbsstimulierung ist dann zu erwarten, wenn durch wechselnde Phasenverschiebungen stets neue, den Ausgleich fordernde Divergenzen zwischen nationalen Märkten auftreten. Eine weitgehend parallele Konjunkturentwicklung vermindert den Wettbewerb auf oligopolistisch strukturierten Märkten. Insofern ist zwar eine Koordination der nationalen Konjunkturpolitiken unerläßlich, doch bedarf es der Berücksichtigung deren wettbewerblicher Wirkungen im Hinblick auf die binnenwirtschaftlichen Ziele der Staaten.

---

[57] Es ist zusätzlich zu berücksichtigen, daß Multinationale Unternehmen (a) aufgrund ihrer regionalen Streuung und Planungsstruktur resistenter gegen binnenwirtschaftliche Konjunkturschwankungen sind, sie aber (b) gleichzeitig damit eine konjunkturelle Steuerung durch Regierungen oder auch übergreifende Institutionen (z. B. in einer Wirtschaftsunion) in gewissem Umfange unterlaufen können [s. a. Stegemann 1966].

[58] Andererseits kann gerade durch Wechselkursänderungen, wenn diese als Reaktion auf Zahlungsbilanzungleichgewichte in der richtigen Richtung und dem richtigen Ausmaß erfolgen, ein Beitrag zur Auflösung des konjunkturellen Gleichschritts gesehen werden. Dies aber würde ein an internationalen Notwendigkeiten ausgerichtetes Verhalten voraussetzen, wovon nur bedingt ausgegangen werden kann. „Damit der Wechselkurs stabilisierend wirken kann, muß allerdings sichergestellt sein, daß die Geldpolitik die Tendenzen, die von den zyklischen Schwankungen der außenwirtschaftlichen Transaktionen auf den Wechselkurs ausgehen, unterstützt, und sie nicht, . . ., aufhebt" [Gebert/Schmidt 1970, S. 18].

2. „Weiche“ Wettbewerbspolitik als Stütze „negativer“ Liberalisierungspolitik

In Anlehnung an die ursprünglich von Tinbergen verwendete und von Pinder [1968] aufgegriffene Unterscheidung in „positive“ und „negative“ Integration wurde die GATT-Liberalisierung als eine in ihrer Art „negative“ Politik charakterisiert (Kapitel I), die allein auf den Abbau von Behinderungen und Verzerrungen des internationalen Handels abstellt.

Die Expansion des internationalen Austausches und eine oftmals offensive Preispolitik einzelner Exporteure erzwang vielfach „schmerzhafte“ Umstellungen der heimischen Produktionsstruktur. Mit voranschreitendem Entwicklungsprozeß wurde daher der Konflikt zwischen den nationalen ökonomischen und sozialen Zielen der Nationalstaaten und den von diesen eingegangenen internationalen Verpflichtungen (IWF, GATT) immer deutlicher. Das Zusammenwirken von verstärkter allgemeiner Wettbewerbsintensität, schwächerem Wachstum, kumulierenden Zahlungsbilanzungleichgewichten sowie weltweiter stagflationärer Prozesse, insbesondere nach den Ölpreiserhöhungen, führte zu nationalstaatlichen Initiativen, deren Zielrichtung vor allem die Abwehr der durch den Außenhandel übergreifenden Wettbewerbsprozesse war[59]. Zum erheblichen Teil wurden hierbei die Unzulänglichkeiten der Bretton Woods-Ordnung auf das Handelssystem abgewälzt, wobei unrealistische Wechselkurse und finanzierte Anpassungsvermeidung zu strukturellen Ungleichgewichten führten. Mit dem Übergang zu flexiblen Wechselkursen hat sich daran in der Tendenz kaum etwas geändert. Eine Verbesserung der nationalen branchenspezifischen Wettbewerbsfähigkeit wird weiterhin kaum durch wirkliche Anpassung angestrebt; denn aufgrund der lange Zeit vermiedenen bzw. verschobenen Anpassungsprozesse konnten diese mittlerweile nur noch sehr schwer gegen nationale Gruppeninteressen durchgesetzt werden.

Der eigentlich anvisierte verstärkte internationale Wettbewerb über den Abbau von internationalen Behinderungen und Verzerrungen kann vom GATT-System weder gegen die binnenwirtschaftlichen Interessen der Nationalstaaten noch gegen die Politik des IWF bewirkt werden. Das GATT

[59] Diese Entwicklung zeichnete sich nicht erst mit der Rezession der 70er Jahre ab. Allerdings wurden die Maßnahmen ab 1974 zahlreicher und umfassender, so daß innerhalb derselben Branche gleichzeitig mit Anti-Dumping-Maßnahmen, Selbstbeschränkungsabkommen und Ausgleichsabgaben zu arbeiten versucht wurde.

versagte sich außerdem von Beginn an einer wirklichen internationalen Wettbewerbspolitik, über die ein Ordnungssystem hätte geschaffen werden können. Vielmehr wurde im Rahmen der allgemeinen „negativen“ Liberalisierung allein durch die Inkorporierung der Schutz- und Ausweichklauseln, die als „safety net“ der internationalen Handelsordnung zu sehen sind [McBean 1978], dem Wettbewerbsaspekt in defensiver Hinsicht Rechnung getragen. Hiermit beschränkte man sich auf die Bereitstellung von Absicherungsmaßnahmen für die Nationalstaaten in Situationen ökonomischer Überlastung bzw. Überforderung. Der damit geschaffene Ordnungsrahmen ist aber so wenig bestimmt, daß vor extensiven Handhabungen keine Sicherheit besteht. Eine Pervertierung ist zu jeder Zeit möglich, sobald der außenhandelsinduzierte Wettbewerbsdruck als zu stark und für die nationalen Interessen und Interessenten als zu gefährlich diagnostiziert wird.

Die Politik des GATT ist in dreifacher Hinsicht als „weiche“ Wettbewerbspolitik zu charakterisieren:

- Das GATT beschränkt sich auf die Bereitstellung von Schutzmöglichkeiten im Sinne von Defensivmaßnahmen, ohne hier in jedem Fall Rechtssicherheit und Multilateralität zu gewährleisten.
- Das GATT verfügt nur über geringe Steuerungs- und Einflußmöglichkeiten im Falle der Inanspruchnahme der Schutzklauseln. Der Einfluß ist vor allem auf der schwer zu kalkulierenden Ebene der Wirtschaftsdiplomatie angesiedelt. Diese Unzulänglichkeit zeigt sich besonders deutlich, seitdem dazu übergegangen wird, Schutzvorkehrungen außerhalb des GATT unilateral oder bilateral vorzunehmen bzw. auszuhandeln[60]. Obwohl schon seit Beginn der 60er Jahre von einer Vielzahl von Staaten so verfahren wird, hat das GATT bisher darauf nur partiell zu ragieren vermocht. Erst in allerletzter Zeit sind Anzeichen für eine gewisse Wandlung der GATT-Politik zu verzeichnen.
- Im Rahmen der Ausweichklauseln werden vom GATT keine verbindlichen Forderungen an den wirtschaftlichen Konsolidierungsprozeß in bezug auf die Anpassungsmaßnahmen gestellt, und hinsichtlich einer Politik der Anpassungshilfe sind konkrete Initiativen ebenfalls nicht zu erwarten.

[60] Die bestehenden Schutzmöglichkeiten nutzte man, wenn überhaupt, um strukturelle ökonomische, soziale und politische Folgen des Wandels auf ein Mindestmaß zu begrenzen oder sogar kurz- bzw. mittelfristig ganz auszuschließen. Begleitet bzw. unterstützt wird dies in Industrieländern nicht zuletzt durch sog. Defensivinvestitionen, wodurch eine Verteidigung komparativer Vorteile über den verstärkten Einsatz von technischem Fortschritt in Verbindung mit Kapitalintensivierung versucht wird [Grubel 1974].

Es scheint vielmehr, als warte man auf die Einsicht der „ungläubigen“ Staaten in das allgemeinen Wohlstand verheißende Konzept freihändlerischer Politik, was in das Bild der „negativen“ Liberalisierung bzw. einer Status quo-Politik paßt.

Diese Politik mochte so lange verständlich sein, wie stetes Wachstum, Vollbeschäftigung und tolerierbare Inflationsraten einen ausreichenden Expansionsspielraum zum Vorteil aller ermöglichten. Die Situation des ökonomischen „slow-down“ aber stellt weitergehende Anforderungen an ein internationales Ordnungsgefüge. Die „weiche“ Wettbewerbsstrategie unterstützte einerseits die „negative“ Liberalisierung, da tarifäre Handelshemmnisse dann eher freiwillig aufgegeben werden, wenn Ausnahmeregelungen für Notfälle zur Verfügung stehen, während sich andererseits zeigte, daß eine derartige Politik, die weder eine konkrete Verknüpfung zwischen Schutzmaßnahmen und Anpassungsanforderungen herstellt noch Hilfsmaßnahmen zur Bewältigung des Anpassungsprozesses offeriert, keinen adäquaten Ordnungsrahmen bereitstellt.

So mußte denn auch zwangsläufig der Versuch scheitern, den Status quo der Liberalisierung in seinem Fundament langfristig mittels Schutzklauselpolitik zu bewahren. Andererseits besteht kein Dissens darüber, daß die Schutzklauselpolitik als Bestandteil einer internationalen Wettbewerbspolitik zu einem entscheidenden Eckpfeiler weltwirtschaftlicher Ordnungskonzeption und internationaler Kooperation würde, wenn die Unsicherheit über ihre Anwendung beseitigt und gleichzeitig ihre Allgemeinverbindlichkeit um den Anpassungsprozeß bzw. die Anpassungshilfe erweitert wird. Gleichfalls besteht aber auch kein Zweifel darüber, daß ein alleiniges Krisenmanagement durch Schutzklauseln nicht ausreicht, die internationalen Wettbewerbsprobleme in den Griff zu bekommen.

2.1 Schutzklauselpolitik zwischen „safety net“ und Anpassungsvermeidung

Das Welthandelssystem der Nachkriegszeit wird durch die Eckpfeiler Nichtdiskriminierung, Reziprozität, Handelsintensivierung durch Liberalisierung und ein Ordnungssystem, bestehend aus Schutzklauseln und multilateraler Überwachung, gebildet. Die Schutzklauseln (GATT-Vertrag Art. VI; XI, 2c; XII; XVIII, 2; XIX–XXI; XXV, 5; XXVIII) müssen in direktem Zusammenhang mit den Erfahrungen der Desintegrationsphase und den unterschiedlichen Ausgangslagen der Länder in der Nachkriegszeit gesehen werden. Ihre

Rolle als „safety net“ wird von daher verständlich, und es ist stets betont worden, daß ohne ihre Aufnahme in das Vertragswerk kaum ein Land dem GATT beigetreten wäre. Den Schutzklauseln wird auf der einen Seite eine systemstabilisierende Funktion zugesprochen, indem sie einen erheblichen Teil des Konfliktpotentials durch das Rechtsinstitut der multilateralen Überwachung internalisieren [Curzon/Curzon 1976, Kapitel 3]. Auf der anderen Seite kann ihnen die inhärente Gefahr nicht abgesprochen werden, bei Mißbrauch fundamental handelsverzerrend zu wirken[61]. Ob das GATT-System sich dieser Herausforderung gewachsen zeigte oder ob die Maschen des „safety net“ zu grob gewoben waren und damit den Umschlag in den Schutzklausel-Protektionismus nicht zu verhindern vermochten oder gar provozierten, bedarf einer genaueren Analyse.

Aus dem Kreise der Schutzklauseln sind in diesem Zusammenhang zwei von besonderem Interesse:

- Art. XII (generelle Schutzklausel) als „Sicherung“ der Zahlungsbilanz durch quantitative Restriktionen;
- Art. XIX (spezielle Schutzklausel), der im Falle eines durch verstärkte Importe drohenden Schadens inländischer Produzenten Notstandsmaßnahmen erlaubt.

2.1.1 Artikel XII des GATT versus „import surcharges“

Das in Art. XI enthaltene Prinzip der Beseitigung mengenmäßiger Importbeschränkungen stellte in der direkten Nachkriegszeit zu große Anforderungen an die unter Zahlungsbilanzproblemen leidenden Länder. Ausweichmöglichkeiten mußten notwendigerweise gewährt werden, allerdings mit zeitlicher Begrenzung, um nicht eine Abwälzung der binnenwirtschaftlichen Anpassungsprozesse zu provozieren (Art. XII, 2b und 3a). Man glaubte, dies über den Konsultationsmechanismus (Art. XII, 4) und die darin enthaltene Möglichkeit der „Entbindung von eingegangenen Verpflichtungen“ (Art. XII, 4d) bzw. möglichen Retorsionsmaßnahmen gewährleisten zu können. Es zeigte sich allerdings das Gegenteil:

[61] „Properly employed, safeguard provisions should facilitate trade liberalisation and economic growth, but if misused they can frustrate movements towards improved efficiency in resource allocation – as well as nullify negotiated ‚concessions‘ and thereby erode international agreements. The balance – in negotiating safeguard provisions – between promoting the objectives of an agreement and providing security to signatory countries is delicate“ [Robertson 1977, S. 6].

- Zum einen erwies sich das Konsultationsverfahren als bei weitem zu umständlich und langwierig, und auch die potentiellen Retorsionsmöglichkeiten wurden mit der zunehmenden Bedeutung nicht-tarifärer Hemmnisse immer weniger gewichtig.
- Selbst wenn von den Industrieländern in den 60er Jahren allein noch Japan auf den Art. XII zurückgriff, so ist doch eine andere Entwicklung viel einschneidender. Bei Zahlungsbilanzproblemen entsprechend Art. XII wandten die Staaten eher sog. „import surcharges" an, als daß sie das Instrumentarium quantitativer Importbeschränkungen einsetzten[62].

Durch surcharges entzog man sich dem Regelmechanismus des GATT-Systems und vermied die offensichtlichen Nachteile des Art. XII[63]. Außerdem deutet dies darauf hin, daß eine nichtdiskriminierende Anwendung einer Importsteuer den Bedürfnissen der Länder eher gerecht wird, womit surcharges auch als Ausdruck unzulänglicher Wechselkurspolitik zu sehen sind. Auch darf nicht vergessen werden, daß surcharges ein hoher „Bargaining-Effekt" beizumessen ist [Lorenz 1978, S. 47; Hager 1978, S. 81 und 83 f.], da sie in Höhe und Umfang allgemein bekannt und zu kalkulieren sind, sie nur die Importe betreffen und nicht subventionierend auf die nationalen Exporte wirken, wie dies durch eine Abwertung der Fall sein kann.

Die Importsteuer steht bisher uneingeschränkt außerhalb des GATT-Systems. Trotzdem sehen Curzon/Curzon [1976, S. 216 ff.] die „diplomatische Kraft" des GATT an der surcharge-Politik verifiziert. Sie interpretieren die Anwendung des multilateralen Konsultationsmechanismus bei surcharges als pragmatische Antwort auf den unzulänglichen Anpassungsmechanismus des Währungssystems sowie als festen Bestandteil der Konfliktvermeidungsstrategie. Richtig ist, daß im Zusammenwirken unterschiedlicher Koalitionen [ebenda, S. 217–19] in den bisherigen Fällen auf einen relativ schnellen Abbau der jeweiligen surcharges hingewirkt werden konnte. Der Abbau der Importsteuer allein spricht aber keineswegs für die Problembewältigung; denn im Sinne einer „positiven" Wettbewerbspolitik müßte diese gewissermaßen „hinter" den Restriktionen ansetzen und den aktiven Anpassungsprozeß in die Problemlösungsstrategie einbeziehen, wobei aber gleichzeitig die Berechtigung von Notstandsmaßnahmen allgemein anzuerkennen ist. Es scheint

[62] Z. B. Frankreich 1958, Kanada 1962, Großbritannien 1964, Dänemark 1968 und die USA 1971.

[63] „In practice the provisions of Article XII have been totally disregarded for, in cases of external disequilibrium, import surcharges, or similar financial measures, have appeared more likely to yield the most rapid results in most advanced industrial countries" [Robertson 1977, S. 15].

vielmehr, als ziele auch hier die bisherige GATT-Politik allein auf den Abbau der wie auch immer gearteten Behinderungen des internationalen Austausches an sich ab. Damit aber verbleibt die von Curzon/Curzon hervorgehobene Konfliktbewältigung im Bereich der „negativen" Liberalisierung altvertrauter Provenienz. Die jeweilige nationale ökonomische Lage findet nur insoweit Berücksichtigung, als auf multilateraler Ebene die Angemessenheit der ergriffenen Maßnahmen geprüft wird. Dieses Prozedere reichte in den bisherigen Fällen, unter zusätzlicher Ausübung internationalen Drucks der Betroffenen, aus, daß eingeführte surcharges schon bald aufgegeben wurden. Aber wie im Falle der USA wurde schon kurze Zeit darauf die „offizielle protektionistische Signalwirkung" durch handfesten Protektionismus bis hin zum überdimensionierten Dollarverfall ersetzt.

Dies zeigt dreierlei:

(1) Auch die offensichtliche Unzulänglichkeit der generellen Schutzklausel, verdeutlicht durch deren Umgehung über surcharges, hat die GATT-Politik des alleinigen Abbaus von Behinderungen nicht verändern können.

(2) Weiterhin verharrt der Blick des GATT allein auf dem Importland, das im Sinne des GATT aktiv wird. Mögliche in Exportländern entstandene Verzerrungen, die sich über den internationalen Handel in anderen Ländern bemerkbar machen, werden bei der sog. Konfliktvermeidung nicht in das Kalkül gezogen. Damit aber wird ein entscheidender Teil des internationalen Wettbewerbsproblems negiert.

(3) Curzon/Curzon haben sicherlich recht, wenn sie die pragmatische Strategie der Konfliktbewältigung des GATT hervorheben. Aber es zeigt sich, daß diese Strategie, die nur auf die Bewahrung des Status quo ausgerichtet ist, an ihre Grenzen stößt, weil sie zu sehr an die vordergründige Bewältigung der Probleme (jeweilige Restriktionen) gebunden ist und zu wenig eigene Lösungsmöglichkeiten anbietet. Dabei wäre es nicht sonderlich problematisch, z. B. die surcharge-Politik in einem „positiven" Sinne in das GATT zu integrieren, zumal Importsteuern ihre Bedeutung bei flexiblen Wechselkursen in keiner Weise eingebüßt haben. Die Einbindung der Importsteuer in das GATT-System und damit ihr verpflichtender Bezug zu Art. XIII (Nichtdiskriminierung) ließe sie zu einem sinnvollen Schritt auf dem Weg der Anpassungspolitik und auch der Anpassungshilfe werden, wie schon von Robertson [1972 bzw. 1977] vorgeschlagen.

2.1.2 Artikel XIX des GATT: Sektorale Abschirmung gegenüber Importwettbewerb

Mehr als Art. XII hat bisher die sog. escape clause (Art. XIX) im Brennpunkt des handelspolitischen Interesses gestanden. Der einzelwirtschaftliche Schutzcharakter der escape clause hat von jeher erhebliche Bedenken gegen ihre Anwendung hervorgerufen, wobei vor allem auf den unbestimmten Ermessensspielraum bei der Bestimmung eines „ernsthaften Schadens“ und die Gefahr der Prolongation bzw. Proliferation einmal sanktionierter Schutzmaßnahmen durch die begünstigten „vested interests“ verwiesen wird. Andererseits zeigt die Entwicklung, daß bisher nicht übermäßig von der Möglichkeit der mikroökonomischen Schutzklausel Gebrauch gemacht worden ist[64]. Dabei entfällt der Hauptanteil auf zwei Länder – die Vereinigten Staaten und Australien [Curzon/Curzon 1976, S. 223–25]. Der relativ seltene Rückgriff auf Art. XIX wird nicht zuletzt auf die verhältnismäßig einfachen Anpassungsmöglichkeiten in der durch rasches und stetiges Wachstum gekennzeichneten Nachkriegsentwicklung zurückgeführt [Robertson 1972, S. 104]. Mit der Änderung der allgemeinen Rahmenbedingungen aber wuchs das Interesse an Schutzmöglichkeiten vor Importwettbewerb. Allerdings zeigt sich seit den 60er Jahren – in Analogie zum Art. XII –, daß man auch hier verstärkt nach neuen Formen des Schutzes neben der escape clause und damit außerhalb des GATT suchte und in der Form der „freiwilligen“ Selbstbeschränkungsabkommen bzw. der bilateral ausgehandelten Importquoten zumindest zeitweilig auch gefunden zu haben scheint.

Zu berücksichtigen ist, daß zwei generelle Entwicklungen zu einer neuen „Bedarfskonstellation“ führten:

- Die stetig vorangeschrittene Integration ging mit umfangreichen Änderungen komparativer Vorteile und damit wechselnden Wettbewerbslagen einher. Der Wettbewerbsdruck in einzelnen Branchen wurde infolge der Exportoffensiven aus sog. Niedriglohnländern des „Südens“ zunehmend stärker. Die billigen Importe brachten die heimischen Produzenten in Schwierigkeiten und stellten einzelne Industrieländer vor erhebliche innerwirtschaftliche Steuerungsprobleme; denn auf den Industrieländermärkten gerieten die nationalen Produzenten korrespondierender Produkte unter starken Wettbewerbsdruck. Was sich zunächst im Textilbereich zeigte, breitete sich schnell auf andere Sektoren und Industrien aus (Stahl, Schiffbau etc.) [dazu Nowzad 1978, S. 8 ff.].

---

[64] Bis 1973 sind etwas mehr als 60 Fälle bekannt [Tumlir 1973, S. 409]. Für den Zeitraum 1971–77 vgl. Nowzad [1978, Tabelle II-1, S. 78].

- Der langsam, aber stetig abflachende Wachstumstrend mit weltweiter Rezession und Inflation in den 70er Jahren schuf neue Rahmendaten auch und gerade für Anpassungsprozesse. Der Nationalstaat moderner Prägung sah sich unter Druck von innen (Beschäftigungsproblem) und von außen (Importwettbewerb), wobei den nationalen Zielen Priorität eingeräumt wurde, ohne aber über adäquate Instrumente zur Zielerreichung zu verfügen (Abschnitt 1.3.1).

Der Einfluß dieser Entwicklung auf die Schutzklauselpolitik war nachhaltig und zeigte sich in einer Abwendung von den GATT-Prinzipien.

> „When Article 19 has been invoked it has usually had little association with previously negotiated tariff reductions. More often the difficulties have arisen as a consequence of structural changes in world markets, especially involving exports from new sources of production, principally in less developed countries“ [Robertson 1972, S. 117].

Das Ausweichen auf z. B. Selbstbeschränkungsabkommen ist gleichzeitig der Nachweis dafür, daß sowohl die escape clause nicht mehr den Anforderungen gerecht wird, als auch dafür, daß das neue wirtschaftliche Klima andere Mittel und vor allem einen erneuerten und angepaßten Konsens über die internationale Handelsordnung benötigt [McBean 1978, S. 153–55].

Die durch den amerikanischen Kongreß (Reciprocal Trade Agreement Act) in das GATT-Vertragswerk eingebrachte escape clause ermöglicht unter gewissen Umständen[65] eine sektorale Entbindung von eingegangenen Verpflichtungen. Die Palette reicht dabei von Zollerhöhungen bis zu mengenmäßigen Importrestriktionen, wobei in Art. XIX die Abwehrmöglichkeiten nicht beschrieben sind. Entscheidend ist, daß in jedem Fall bei den Notstandsmaßnahmen gemäß dem Prinzip der Nichtdiskriminierung zu verfahren ist und in der Regel die vorgesehenen Maßnahmen den betroffenen Vertragsparteien vorab zur Kenntnis zu geben sind. Den Vertragsparteien steht dann die Möglichkeit des Konsultationsverfahrens offen. An diesen beiden Verpflichtungen der die Importrestriktion verhängenden Vertragspartei (Nichtdiskriminierung und Konsultationsverfahren) läßt sich die immanente Problematik der escape clause aufzeigen, die auch erklärt, warum z. B. immer mehr auf Selbstbeschränkungsabkommen ausgewichen wird.

- *„Zu undifferenziert“-Argument:* Eine wirksame Handhabung erwies sich in der Praxis deshalb als schwierig, weil aufgrund des generellen Diskrimi-

[65] Diese bestehen in: unverhältnismäßigem Ansteigen der Importe in einer Produktkategorie; einer dadurch bereits eingetretenen oder unmittelbar bevorstehenden Schädigung der nationalen Produzenten der entsprechenden konkurrierenden Produkte, sofern diese Entwicklung unvorhergesehene Folge eingegangener GATT-Verpflichtungen ist.

nierungsverbots (Art. XIII) keine zielgerichteten Maßnahmen möglich sind. Artikel XIX bewirkt in gewissem Maße einen ungezielten „Rundschlag" über sämtliche Exporteure der entsprechenden Produktkategorie. Die internationalen Beziehungen werden dadurch nachhaltig belastet, und die ohnehin schon geringe Harmonie der Interessen und Interessenten wird noch mehr eingeschränkt. Dabei ist auch zu bedenken, daß im Falle eines nominalen nicht-diskriminierenden Notstandszolls die Nichtverursacher bestraft werden und der eigentliche Problemauslöser kaum betroffen wird, da er weiterhin günstigster Anbieter neben den geschützten nationalen Produzenten bleibt. Somit wirkt Artikel XIX ausgesprochen diskriminierend und auch wettbewerbsverzerrend, wenn der Verursacher der Schädigung seinen Wettbewerbsvorteil z. B. autonomen exportfördernden Maßnahmen (Subventionen etc.) verdankt.

- *„Zu teuer"-Argument:* Die grundsätzliche Gefahr aus der Anwendung der escape clause sollte über den Konsultationsmechanismus und insbesondere über seine Erweiterung zur Möglichkeit der Entschädigung gebannt werden. Entschädigungen können die betroffenen Länder als Gegenleistung für getroffene Schutzmaßnahmen des durch den Importsog belasteten Importlandes für sich beanspruchen. Wird darüber keine Einigung erzielt, so besteht die Möglichkeit, von seiten der Exportländer über den Weg der Retorsion autonom zu kompensieren. Das Land, das sich auf Artikel XIX beruft, wird daher a priori von zu leistenden Kompensationen ausgehen müssen, die sich auf andere als die betroffenen Waren erstrecken, wobei entsprechend der Meistbegünstigung zu verfahren ist. Dies bedeutet aber, daß auch Länder entschädigt bzw. begünstigt werden, die einen Anspruch gemäß Artikel XIX nicht geltend machen können. Dadurch kann ein Anrufen der escape clause ausgesprochen „teuer" werden. Generell sind die Kosten der Notstandsmaßnahmen im voraus für alle Vertragsparteien überaus schwer zu kalkulieren, was ein Ausweichen auf andere Instrumente plausibel erscheinen läßt.

Damit begründet Artikel XIX folgende Dilemmasituationen: (1) Es besteht zwar eine unbestrittene Notwendigkeit, die heimische Industrie vor Schäden aus überzogenem Importsog zu schützen, wobei die Schutzklauselpolitik schon deswegen notwendig ist, weil eine Balance des Interessenkonflikts zwischen langfristigen nationalen Interessen aus der Handelsliberalisierung und dem Risiko des Anpassungsprozesses bzw. der kollektiven Verpflichtung aus der Handelsordnung gefunden werden muß [McBean 1978, S. 151; Robertson 1972, S. 113 bzw. 121]; (2) gleichzeitig entsteht aber im Fall der Inanspruchnahme der Notstandsmöglichkeiten das Risiko der Vergeltung durch Drittländer. Per Saldo können die „Vorteile" aus den Notstandsmaßnahmen durch die Vergeltungsmaßnahmen der Betroffenen überkompensiert werden. Auch der entgegengesetzte Fall ist denkbar, der verstärkte oder anhaltende Schutzmaßnahmen geradezu heraufbeschwört. Tumlir stellt denn auch fest: „. . . the article is at the same time too exacting, in that the country invoking it risks retaliation or paying too much for taking emergency action, and too lenient, in allowing emergency protection to become permanent" [Tumlir 1973, S. 406].

Artikel XIX wird in seiner bestehenden Form weder den generellen Anforderungen einer Schutzklausel gerecht, noch konnte einer mißbräuchlichen Anwendung vorgebeugt werden. Vielmehr scheint es gerechtfertigt, von einem Instrument zur Anpassungsvermeidung zu sprechen [Krämer 1975, S. 426]. Dabei ist es unerheblich, ob die Anpassungsvermeidung aus der Anwendung der Schutzklausel oder im Gegenteil gerade aus deren Nichtanwendung resultiert. Eine Modifizierung und Präzisierung der Schutzklausel wird auch aus folgendem Grunde notwendig: Mit der zunehmenden Entwicklung protektionistischer Tendenzen in den späten 60er Jahren sowohl in den USA als auch in Europa und der stetig voranschreitenden Integration Japans in die Weltwirtschaft entwickelte sich eine neue Form der Außenhandelsregulierung, die ebenfalls wettbewerbsmindernd und damit strukturkonservierend wirkt: die Selbstbeschränkungsabkommen in unterschiedlichen Ausprägungen.

Surcharges als flexibleres Instrument gegenüber Artikel XII und Selbstbeschränkungsabkommen als Antwort auf die Unzulänglichkeiten der escape clause und die veränderten internationalen Handelsstrukturen schufen eine neue Ordnung neben dem traditionellen GATT-System, deren jeweiliger Rahmen unilateral in Kraft gesetzt oder bilateral ausgehandelt wird, wobei die Verhandlungspartner nicht in jedem Fall aus der gleichen Position der Stärke heraus zu agieren vermögen.

2.2 Neue Formen internationaler Wettbewerbsbeschränkungen im Exportbereich als Reflex auf unzureichende internationale Ordnungsprinzipien

Wettbewerbsbeschränkende Absprachen im Außenhandel haben mit zunehmendem Abbau der traditionellen tarifären Handelshemmnisse und dem dadurch intensivierten internationalen Wettbewerb immer mehr zugenommen. Sogenannte Selbstbeschränkungsabkommen[66] gehören in diese Kategorie der erst seit dem Ende der 50er Jahre auftretenden Wettbewerbsbeschränkungen. Zu Beginn haben sie hauptsächlich im Bereich des Nord-Süd-Handels ihre Anwendung gefunden. Erst durch die besondere Außenhandelsexpansion und -politik Japans traten sie auch im Industrieländerhandel mit dem Abkommen zwischen der EG bzw. Japan und den USA (Stahlhandel) in Erscheinung. Mit der Rezession (1974) und aufgrund des unerwarteten Ausmaßes nationaler Beschäftigungsprobleme und hochschnellender Inflationsraten sind die Regierungen immer mehr versucht, den auf sie zukommenden starken Anpassungsdruck auf Drittländer zu verschieben. Die Importrestriktionen auf der Basis der Selbstbeschränkungsabkommen oder bilateral ausgehandelter Importquoten haben sich daher mittlerweile über den Textil- und Stahlbereich auch auf andere Branchen ausgeweitet[66a].

Durch eine Vielzahl und die ihnen eigene Publizität haben derartige Vereinbarungen stetig steigende Beachtung erlangt, wobei vor allem ihre volkswirtschaftlichen Kosten und ihre Wirkung auf die Allokation der Faktoren im Vordergrund steht [Glismann 1975]. Allen wettbewerbsbeschränkenden Absprachen ist gemeinsam, daß sie Einfluß auf die Faktorallokation sowohl im Import- als auch im Exportland nehmen können. Sie sind zudem ganz entscheidend von der Machtkomponente bestimmt und keineswegs so freiwillig, wie dies auf den ersten Blick erscheinen mag[67]. Es soll hier vor allem dem handelspolitischen Hintergrund dieser Absprachen größere Beachtung geschenkt werden, da auf diesem Wege sowohl die Wettbewerbspolitik des GATT verdeutlicht wird als auch Anhaltspunkte für eine zukünftige Schutzklauselpolitik gewonnen werden können.

2.2.1 „Freiwillige" Selbstbeschränkung und GATT-Initiativen

Im Rahmen „freiwilliger" Selbstbeschränkungsabkommen beschränkt das Exportland auf Betreiben des Importlandes seine Ausfuhren. In der Regel

[66] Wir beschränken uns im folgenden auf Selbstbeschränkungsabkommen. Zu der Vielzal unterschiedlich motivierter und ausgerichteter Exportbeschränkungen vgl. z. B. Krämer [1975a] und Hasenpflug [1977, S. 80 ff.].

[66a] Vgl. Balassa [1978, S. 414 ff.] und Nowzad [1978]. Murray/Schmidt/Walter [1978] schätzen, daß 1976 im Gegenwert von mehr als 9 Milliarden Dollar internationaler Handel durch Selbstbeschränkungsabkommen betroffen war [Tabelle 1, S. 628].

[67] Der Terminus „Freiwilligkeit unter Zwang" beschreibt den wahren Charakter dieser Abkommen recht plastisch [Glismann 1972, S. 190]. Ob die „Freiwilligkeit" auf das „. . .Zusammenwirken des Privatsektors mit den Verbänden und der Regierung . . ." bezogen werden kann, wie Quambusch [1976, S. 172] es tut, muß doch sehr bezweifelt werden.

handelt es sich dabei um bilateral ausgehandelte Abkommen. Bergsten hat sich mit Recht gegen eine materielle Gleichsetzung von Selbstbeschränkungsabkommen und quantitativen Importrestriktionen ausgesprochen, was nicht nur aus dem formalen Grund der unterschiedlichen Eingriffsart, sondern auch aus dem qualitativ divergierenden Reglementierungseffekt gerechtfertigt werden kann.

> „VERs („voluntary" export restraints; E. M.) are limitations on export sales (a) administered by one or more exporting countries or industries (b) on the volume or value of their sales (c) to a single foreign market or several markets, or (rarely) the world as a whole (d) triggered by pressure from the government or industry of the importing country or countries (e) carried out either bilaterally or within a multilateral framework (f) sometimes explicitly authorized or guided by domestic law, and sometimes not" [Bergsten 1975, S. 158].

Das Interesse des Importlandes an den Beschränkungen der Exporte Dritter findet seine Begründung vor allem in dem (vermeintlichen) Schutzbedürfnis einzelner Industrien bzw. Branchen. Hierin zeigt sich die enge Verbindung zur escape clause, nur mit dem Unterschied, daß eine Schädigung nicht notwendig der Grund ist, um auf Selbstbeschränkung zu drängen. Vielmehr kann das Motiv des Schutzbedürfnisses in einer nationalen branchenspezifisch strukturellen Wettbewerbsschwäche liegen, die eigentlich mit Anpassung statt mit Protektion beantwortet werden müßte. Die zentralen Argumente gegen Exportbeschränkungsabkommen setzen denn auch an diesem Sachverhalt an:

- Die eigentlichen Voraussetzungen für selbstbeschränkende Interventionen liegen in den meisten Fällen nicht vor. Vielmehr wird die politische und ökonomische Machtposition des Importlandes dazu benutzt, die Exportländer zu einem „freiwilligen" Exportverzicht zu bewegen. Dies zeigt sich z. B. darin, daß die entsprechenden Produkte der angeblich bedrohten Branche eine unterdurchschnittliche internationale Wettbewerbsfähigkeit besitzen [Glismann 1975, S. 45].
- Da Selbstbeschränkungsabkommen die Konsumentenfreiheit einschränken und außerdem die Preiserhöhungen der inländischen Anbieter nur mehr in geringem Umfang durch das ausländische Angebot begrenzt werden können, ist von nicht unerheblichen volkswirtschaftlichen Kosten auszugehen[68]. Die Exportkartellierung weist zudem noch Sekundäreffekte auf,

[68] Vgl. hierzu auch Glismann [1972, S. 190–91], der eine ständige Schwächung der Wettbewerbsfähigkeit einmal durch Selbstbeschränkungsabkommen geschützter Branchen postuliert. Zudem wird die Machtstellung der Anbieter verbessert, was auch dem Exporteur Preiserhöhungen ermöglicht und Qualitätseffekte hat [s. a. Gröner 1974, S. 40–47].

denn nicht nur im Importland wird der Wettbewerb beschränkt, sondern „. . . the whole international market has become less competitive" [Robertson 1977, S. 27].

- Allgemein werden die internationalen Handelsstrukturen verändert, der Außenhandelsumfang vermindert und die einzelnen Ströme umgelenkt, soweit überhaupt Ersatzexportgebiete vom Exportland gefunden werden können.
- Durch die einmal in Gang gesetzten Selbstbeschränkungen wird ein „Lawineneffekt" ausgelöst, da durch Anschlußabkommen die negativen Folgen der Umlenkung gebannt werden sollen [Glismann 1975, S. 228]. Das bedeutet, daß eine Kumulierung fortschreitender staatlicher Reglementierung in Kauf genommen werden muß (weiterer Sekundäreffekt) [ebenda, S. 229], die in letzter Konsequenz zu einem weltweit eng verwobenen Netz von zweiseitigen Selbstbeschränkungsabkommen führen kann.

Wenn auch dem generellen Argument der hohen volkswirtschaftlichen Kosten wettbewerbsbeschränkender Absprachen entgegengehalten werden kann, daß nicht der „Idealfall des Freihandels" als Referenzsystem zu dienen hat, sondern einer, der alternative Schutzmaßnahmen kalkuliert, so bleiben die kartellartigen Selbstbeschränkungen, wie sie im Rahmen des LTA abgeschlossen worden sind, doch ein eindeutig auf Wettbewerbsbeschränkung abzielendes Instrument.

Der weltwirtschaftspolitische Hintergrund des LTA und die aus Art. 4 dieses Abkommens ableitbare Legitimierung von Selbstbeschränkungsabkommen ist kurz zu skizzieren[69]. Der Wettbewerbsdruck auf den Industrieländermärkten durch den steigenden Export aus sog. Niedriglohnländern Asiens, bei allgemein geringer Wettbewerbsfähigkeit der Industrieländer in der Textilbranche[70], führte 1961 zu einem kurzfristigen Baumwollabkommen und 1962 zum LTA, welches immer wieder verlängert, bis es in erweiterter und

[69] Text abgedruckt bei Liebich [1971, S. 198]. Auch Art. 7 des Anti-Dumping-Kodex kann als Legalisierung sektoraler Selbstbeschränkungsabkommen interpretiert werden [ebenda, S. 187].

[70] Die Textilindustrie zeigte sich besonders anfällig, weil sie (a) arbeitsintensiv produzierte, (b) vor allem ungelernte und (c) teilweise mehr als 10% der gesamten industriellen Arbeitskräfte beschäftigte, was die Anpassung vor außerordentliche Beschäftigungsprobleme stellte, und (d) mit ausgereifter und überall relativ leicht zugänglicher Technologie arbeitete. In den konkurrierenden Exportländern des „Südens" war vor allem das Lohnniveau der wichtigste Wettbewerbsfaktor. Daher konnte auf Art. VI GATT (Antidumping) nicht zurückgegriffen werden, weil die Exporte nicht unter dem „normalen Wert" getätigt wurden.

modifizierter (restriktiverer) Form 1973/74 durch das MTA abgelöst wurde [ausführlich Robertson 1977, S. 35–37].

Das LTA wurde vor dem Hintergrund einer Strukturkrise des Baumwollmarktes in den Industrieländern abgeschlossen und sollte (a) den Interessenausgleich zwischen den Exportanliegen der Entwicklungsländer und dem Schutzbedürfnis der Industrieländer sowie (b) eine ungestörte Entwicklung des Textilwarenhandels durch die Vermeidung von Marktzerrüttung im internationalen Rahmen gewährleisten. Dazu aber war es notwendig, mengenmäßige Importbeschränkungen für Baumwolltextilien in gewissen Größenordnungen zu akzeptieren. Hiermit wurde zwar der Boden des GATT-Vertragswerkes verlassen, das Baumwolltextil-Abkommen aber trotzdem im GATT-System gehalten, indem es formell nicht als ein Ausnahmefall behandelt wurde und Art. 11 bzw. 12 LTA langfristig den Abbau von mengenmäßigen Importrestriktionen vorsah. Der rechtliche Status „freiwilliger“ Selbstbeschränkungsabkommen ist dadurch abschließend nicht geklärt; denn da sie ursächlich diskriminierend wirken, verstoßen sie gegen eines der fundamentalen GATT-Prinzipien, wenn auch das LTA als legale Ausnahme von Art. XI GATT angesehen werden kann.

Diese etwas verworrene Situation erfährt dann eine Klärung, wenn man den weltwirtschaftlichen bzw. -politischen Hintergrund der ausgehenden 50er Jahre berücksichtigt. Ein ungenügend ausgestattetes GATT versuchte, einen Weg für die weltwirtschaftliche Eingliederung eines „Außenseiters“ zu finden. Japans Integration in die Weltwirtschaft ist in engem Zusammenhang mit dem Baumwolltextil-Abkommen zu sehen[71].

Obwohl schon 1955 formell in das GATT eingetreten, wurde Japan insbesondere von den europäischen Ländern aufgrund der Erfahrungen aus den 20er und 30er Jahren (Exportexpansion) weiterhin diskriminiert. Man berief sich dabei auf Art. XXXV bzw. XIV GATT. Die USA, die aus politisch-militärischen Überlegungen eine schnelle Einbeziehung Japans in die westliche Staatengemeinschaft betrieben, sahen sich in den 50er Jahren erheblichen Problemen auf dem Textilsektor aufgrund japanischer Exporte gegenüber. In Verbindung mit ökonomischem und politischem Druck wurde Japan 1957 „überredet“, freiwillig seine Exporte gegenüber den Vereinigten Staaten im Textilbereich zu beschränken[72].

---

[71] „Japan was accomodated into the GATT system by means of the LTA and discriminatory safeguards agreements with some major European trade partners“ [Curzon/Curzon 1976, S. 266].

[72] Die USA konnten auf Art. XIX nicht zurückgreifen, da er eine selektive Anwendung allein gegenüber Japan nicht ermöglichte.

„In fact, the ‚voluntary' export controls imposed and operated by the Japanese government in conjunction with Japanese industry were technically the only way out of the textile dilemma which did not clash with one legal constraint or another." [Curzon/Curzon 1976, S. 258 f.].

Gewissermaßen auf dem durch diese bilaterale Vereinbarung bereiteten Boden (außerhalb des GATT!) wurde das nicht allein die USA und Japan betreffende Textilproblem – unter der Aufsicht des GATT – in einer jetzt multilateral ausgehandelten Regelung durch das STA (1961) und dann das LTA (1962) zu lösen versucht. Die hiermit geschaffene Konstellation geduldeter, aber eigentlich nicht GATT-konformer Selbstbeschränkung im Exportsektor ermöglichte auf der einen Seite ein Abgehen von der Anwendung der Art. XXXV bzw. XIV und auf der anderen Seite eine Aufrechterhaltung der Diskriminierung gegenüber Japan; nur mit dem entscheidenden Unterschied, daß sich Japan jetzt gewissermaßen selbst diskriminierte bzw. die Diskriminierung akzeptierte[73].

Inwieweit sich derartige Selbstbeschränkungsabkommen „bewährt" haben, ist eine außerordentlich schwer zu beantwortende Frage[74]. Schließt man allein von der Vielzahl der mittlerweile vorhandenen Abkommen auf deren Effizienz, so müßte man zu einem positiven Urteil gelangen. Wie aber die Untersuchungen von Wolter [1974] und Glismann [1975] zeigen, sind zumindest im Stahl- und Baumwolltextilsektor die Anstöße zu Selbstbeschränkungsabkommen von den wettbewerbsschwachen, eigentlich zur Anpassung verpflichteten Branchen ausgegangen[75], und auch der mehrjährige Schutz vor ausländischer Konkurrenz konnte ihre Wettbewerbsfähigkeit in keiner Weise erhöhen. Da sowohl die Textil- als auch die Stahlindustrie als ökonomisch-strategische Industrien betrachtet werden und ihnen damit politische Relevanz zukommt, sind sie unter besonderen Vorzeichen zu sehen. Trotzdem bleibt festzustellen, daß das LTA bzw. die abgeschlossenen Selbstbeschrän-

---

[73] Die andauernden Verhandlungen zwischen der EG und Japan über einen Handelsvertrag, die von dem Wunsch der EG nach Aufnahme einer umfassenden escape clause auf bilateraler Basis bestimmt sind, scheiterten bisher an dieser Frage, da Japan mittlerweile auf einer multilateralen Schutzklausel besteht.

[74] Bergsten geht über die enge Beziehung zu Japan hinaus und verweist darauf, daß durch die Lösung der Textilfrage 1957 mit Japan die Verlängerung des Reciprocal Trade Agreement Act und damit die Dillon-Runde ermöglicht wurde, ähnliches für die Kennedy-Runde galt, da auch hier die Wünsche der amerikanischen Textilindustrie über Selbstbeschränkungsvereinbarungen befriedigt werden konnten, und die Nixon-Runde unter anderem durch das MTA erst ermöglicht wurde. Insofern haben die Selbstbeschränkungsabkommen den Weg für Liberalisierungsfortschritte bereitet [Bergsten 1975, S. 171].

[75] Zu analogen Ergebnissen gelangt auch Lloyd [1977, Kap. 2 und 3], in einer Untersuchung über die Anwendung von Anti-Dumping-Maßnahmen.

kungsvereinbarungen bisher nicht zu einem Abbau der errichteten Importbeschränkungen (Kontingente) geführt haben. Auch Anpassungsprogramme, wie z. B. in Großbritannien (1959), den USA und in den 70er Jahren in der EG, haben eher subventionierend denn reallokativ gewirkt, wenn auch konzediert werden muß, daß die Kapazitäten in gewissem Umfang vermindert werden konnten. Als ausgeschöpft kann dieses Potential aber noch bei weitem nicht betrachtet werden. Grundsätzlich wird man feststellen müssen, daß die Anreize zur wirtschaftlichen Anpassung, die durch das LTA geschaffen werden sollten (Art. 11 bzw. 12 LTA), gering waren und die bestehenden Anpassungsnotwendigkeiten in die Zukunft verschoben wurden[76].

Nun ist dies sicherlich nur die eine Seite des Problems; denn daraus den Schluß zu ziehen, daß eine generelle Befreiung von allen Handelsbehinderungen die Ultima ratio der Problemlösung sei, geht an der ökonomischen und politischen Realität eines interdependenten, aber trotzdem auf dem souveränen Nationalstaat fußenden internationalen Organisationsprinzips vorbei. Vielmehr wird es darum gehen, der bisher halbherzigen GATT-Politik zu einer neuen Qualität zu verhelfen. In gewisser Hinsicht ist dies durch das MTA sogar schon geschehen, das einen möglichen Weg von den außerhalb des GATT stehenden Selbstbeschränkungsabkommen zurück zu einem veränderten Art. XIX vorgezeichnet hat. Solange aber diese Regelungen nicht in das GATT aufgenommen werden, solange ist weder Rechtssicherheit für die Vertragsparteien noch eine ordnungspolitisch stringente Anpassung an die veränderten weltwirtschaftlichen Konstellationen und Ansprüche gewährleistet. Das aber ist gerade erforderlich, wenn das GATT nicht weiterhin auf einer kaum mehr effizienten „negativen“ Liberalisierung verharren will. Es besteht nicht nur der reallokative Anpassungsprozeß im ökonomischen Bereich, sondern auch eine Anpassungsnotwendigkeit im ordnungs- und organisationspolitischen Bereich eines interdependenten Staatensystems. Bevor hierzu für den Bereich der Schutzklauselpolitik einige Grundprinzipien diskutiert werden, kommen wir zu einer speziell japanischen Variante der Exportbeschränkung, die für einen „Freihandelsästheten“ die bisher deutlichste Abkehr von ordnungspolitischen Idealen darstellen muß.

---

[76] Wie Curzon/Curzon [1976] betonen, erklärt sich die Proliferation der Selbstbeschränkungsabkommen in den 60er und 70er Jahren denn auch nicht zuletzt aus der Meinung der Beteiligten, daß sie alle davon profitieren: „. . . industry in the exporting country enjoyed monopoly profits, while industry in the importing country gained respite from ‚disorderly‘ imports; government in the importing country could satisfy domestic producers without contravening GATT rules, and government in the exporting country avoided the uproar which mandatory controls in the importing country would have evoked“ [S. 262].

2.2.2 Das außenhandelspolitische Präventivkonzept des „Orderly Marketing"

Auf eine besondere Form wettbewerbsbeschränkender Absprachen im Außenhandel ist im folgenden einzugehen, die insoweit als „freiwillig" bezeichnet werden kann, als sie vom Exportland selbst angestrebt wird und zudem als Bestandteil einer außenhandelspolitischen Strategie verstanden werden muß. Die japanische Politik des „Orderly Marketing" ist Anfang der 70er Jahre zu einem offiziellen Mittel der Außenhandelspolitik avanciert, indem „Orderly Marketing Maintenance Committees" vom Handelsministerium eingesetzt wurden. Darin sind sowohl das Industrieministerium (MITI) als auch der eigentliche Initiator, der Industrieverband Keidanren, vertreten. In der Zwischenzeit hat sich nicht nur gütermäßig (erst Textil- und Stahlbereich, jetzt auch z. B. Farbfernseher, Kugellager und Schuhe), sondern auch ländermäßig das „Orderly Marketing"-Konzept ausgeweitet. So sind z. B. 1977 „Orderly Marketing"-Arrangements von den USA mit Korea und Taiwan abgeschlossen worden.

Der Struktur des japanischen Außenhandels mit seiner Konzentration auf spezielle, technisch profilierte, an der Nachfrage ausgerichteten Produktsortimente, dem intensiven Erforschen, Erschließen und Pflegen der Märkte sowie der hohen Transformationskapazität bzw. der schnellen Umstellung des Produktionsapparates auf die Belange des Marktes verdankt Japan seine einmaligen Entwicklungs- und Exporterfolge. Aber gerade wegen dieser Erfolge und aufgrund der sich herausbildenden zahlungsbilanzmäßigen Ungleichgewichtigkeiten zwischen Japan und seinen Handelspartnern entstanden erhebliche ökonomische wie auch politische Probleme. Vor allem seit Beginn der 70er Jahre wird Japan daher mit einer Reihe von Forderungen konfrontiert, die neben währungspolitischen Anpassungsmaßnahmen (Aufwertung) vor allem auf die Öffnung des japanischen Marktes sowie eine Dämpfung der japanischen Exportoffensiven abzielen [Simonis 1973, S. 483 ff.]. Teil des von Japan als Antwort darauf ins Leben gerufenen Maßnahmenkatalogs gegen die wachsenden Zahlungsbilanzüberschüsse ist die handelspolitische Konzeption des „Orderly Marketing".

Ziel dieser außenhandelsrelevanten „Präventivpolitik" (Glismann) ist es, ein reines Reagieren auf von Importländern geforderte Selbstbeschränkung dadurch zu vermeiden, daß man, schon bevor der Vorwurf der Marktzerrüttung von Dritten erhoben werden kann, die Exportanstrengungen in „bedrohten" (sensiblen) Sektoren durch Absprachen begrenzt. Japan ist ja in der Vergangenheit immer wieder der Vorwurf der „räuberischen" Exportexpansion und des unfairen Wettbewerbs gemacht worden. Die handelspolitische Strategie des „Orderly Marketing" versucht, diesem Vorwurf aktiv entgegenzuwirken. Vor allem geht sie davon aus, daß langfristig gesehen selbstlimitierter Export wichtiger ist als Export „um jeden Preis". Wenn auf die Freiwilligkeit zur Exportbegrenzung als Mittel der Aufrechterhaltung des Marktzuganges verwiesen wird, so darf darüber nicht vergessen werden, daß „Orderly Marketing" zuvorderst das handelspolitische Surrogat der Währungspolitik war. Nachdem Japan mit Beginn der 70er Jahre durch eine nahezu 17%ige Aufwertung (1971) des Yen seine Zahlungsbilanzüberschüsse nicht abbauen konnte, wurden die Exportkontrollen des „Orderly Marketing" 1972 ein Teil des japanischen „Yen-Verteidigungsprogramms" (Glismann). Man hoffte, durch Mindestpreise und Höchstmengen bei besonders exportoffensiven Produkten eine Verminderung der Zahlungsbilanzüberschüsse zu erreichen, um damit gleichsam weitere Paritätsänderungen zu verhindern oder doch zumindest hinausschieben zu können, womit „. . . Außenhandelskartelle bewußt als Substitut für Wechselkursänderungen eingesetzt . . ." [Glismann 1975, S. 9] wurden. Erfolgreich war in dieser Hinsicht die „Orderly Marketing"-Strategie nicht; denn weder konnten anhaltende Exportüberschüsse noch Yen-Aufwertungen vermieden werden.

Mittlerweile hat sich ein mehrstufiges „. . . System zur Lenkung der Exportströme entwickelt . . .", das „. . . eine Mischung aus ordnungs-, preis- und mengenpolitischen Maßnahmen darstellt . . ." [Simonis 1973, S. 490]. Diese Exportstrategie „. . . ist eine zwar staatlich gesteuerte aber letztlich autonome privatwirtschaftliche . . ." [Engels 1974, S. 309] Politik, die sich an folgenden Maximen orientiert [ebenda und Simonis 1973, S. 490]:

- Export zu „vernünftigen" Preisen;
- keine exzessiven Exportanstrengungen bezüglich bestimmter Länder und Märkte;
- Rücksicht auf die Marktbedingungen und -gepflogenheiten in den Importländern;
- Diversifizierung der Exportmärkte und des Exportsortiments.

Aus japanischer Sicht lassen sich zwei Zielbereiche unterscheiden: Zum einen soll generell die Wettbewerbsintensität auf Drittländermärkten begrenzt werden, um nicht einen Prozeß der Handelsbeschränkung (Importrestriktion) und Vergeltung zu provozieren bzw. zu fördern. Zum anderen soll auch dem ruinösen Preiswettbewerb japanischer Exporteure untereinander auf Drittländermärkten entgegengewirkt bzw. vorgebeugt werden. Somit verbindet „Orderly Marketing" das internationale mit dem nationalen Anliegen. Es sind weiterhin die folgenden Vorteile, die auf der Seite des Exportlandes ein derartiges Vorgehen interessant werden lassen:

- Das Instrumentarium des „Orderly Marketing" ist äußerst flexibel zu handhaben und zudem ein vielseitig verwendbares „Bargaining-Instrument" [Simonis 1973, S. 491].
- Die Entscheidung über restriktive Handelsabsprachen liegt zum überwiegenden Teil beim Exporteur, wobei zwischen Absprachen privater Art zwischen Importeuren und Exporteuren sowie Absprachen mit Unterstützung bzw. Veranlassung wirtschaftspolitischer Instanzen zu unterscheiden ist [ebenda, S. 490].
- „Orderly Marketing" kann vorbeugend praktiziert werden und als präventive Kooperationsmaßnahme eingesetzt werden.

Diesen handelspolitischen Vorteilen stehen hinsichtlich des Wettbewerbsaspekts eine Reihe von Gefahren gegenüber, die denen „freiwilliger" Selbstbeschränkung entsprechen. Durch Exportkartelle wie „Orderly Marketing" wird der internationale Wettbewerb generell beeinträchtigt und durch die gezielte Verknappung preislich günstiger Waren auf den nationalen Märkten – bzw. die sektorale Ausschaltung des Importwettbewerbs –, wodurch inländischen Anbietern ein künstlicher Schutz gewährt wird, das dortige Preisniveau erhöht und damit die nationale Stabilitätspolitik vor erhebliche Probleme gestellt. Ob „Orderly Marketing" im Importland den Anpassungsprozeß begünstigt, muß damit sehr in Frage gestellt werden.

„Orderly Marketing" ist in erster Linie eine Befriedungs- bzw. Pazifizierungsstrategie (Simonis) gegenüber ausländischen Konkurrenten und Regierungen. Unter dem polit-ökonomischen Gesichtspunkt der internationalen Beziehungen ist die Exportbeschränkung dieser Art wohl eher mit dem Maßstab der handelspolitischen Kooperation denn mit der ökonomischen Elle der Faktorallokation zu messen. Von der Anlage und der Durchführung her verstößt diese Präventivpolitik gegen Art. XI GATT und aus wettbewerblichen Gründen z. B. auch gegen das deutsche Kartellrecht[77] sowie Art. 85 und 86 der Römischen Verträge. Solange aber die multilaterale Schutzklausel durch eine Revision des Art. XIX GATT nicht bewerkstelligt ist, solange werden „... Selbstbeschränkungsabsprachen der kleinste gemeinsame Nenner zum Ausgleich der Interessen und leichteste Duldungsbasis sein"; denn „es ist heute kaum mehr zu erwarten, daß hochgradig konzen-

[77] Der Verstoß ist aus § 1 und § 98 Abs. 2 GWB abzuleiten und eine zeitlich befristete Ausnahme allenfalls aufgrund § 8 GWB (Ministerkartell) möglich.

trierte Exporte von den Importländern kritiklos hingenommen werden." Gleichzeitig darf dies aber „... kein Freibrief sein, über die strukturpolitischen Versäumnisse in eben diesen Ländern hinwegzusehen" [Simonis 1973, S. 492].

Auf informeller Basis scheint sich in dieser Frage zwischen den einzelnen Ländern wie auch zwischen den Vertragsparteien des GATT eine entsprechende Lösung herausgebildet zu haben. Dies läßt sich aus der Haltung des GATT ablesen, das keine grundsätzliche Kontraposition gegenüber der Selbstbeschränkung eingenommen hat. Vielmehr wurde versucht, eine multilaterale Übergangs- bzw. Musterlösung (LTA, MTA) zu schaffen. An diesen Gegebenheiten und nicht an theoretischen Idealkonzeptionen muß sich eine zukünftige Liberalisierungspolitik orientieren.

Der Fall Japan in Verbindung mit praktiziertem „Orderly Marketing" bzw. Selbstbeschränkungsabsprachen allgemein verweist noch auf einen zweiten weltwirtschaftlichen Sachverhalt: Japan hat seine Markteroberungen in den Industrieländern und die sich anschließenden Exporterfolge in der Vergangenheit vor allem aufgrund höherer Produktivität, größerer Flexibilität und qualitativer Vorteile des Gütersortiments gegenüber seinen Konkurrenten erzielt. Der Angriff auf die eherne Festung der traditionellen Welthandelsmächte (USA, Westeuropa) und damit das Nachkriegssystem war aber nur „... das erste erfolgreiche Einzelbeispiel einer grundsätzlichen Herausforderung ..." [Simonis 1973, S. 499]. Im Sinne eines Ablösungsprozesses als Folge weltweiter Entwicklungen wird auch Japan entsprechend anderen Industrieländern als Exporteur spezifischer Produkte unter Konkurrenzdruck von „unten" geraten.

In einigen Branchen ist dies schon jetzt recht ausgeprägt, und die sog. Exportwunderländer Südostasiens stehen hier an vorderster Front. Ob dieser eher vertikal zu nennende Prozeß internationaler Arbeitsteilung langfristiger Natur ist, kann durchaus bezweifelt werden [Lorenz 1977, S. 51 f.]. Möglicherweise erledigen sich hier einige Probleme bzw. Befürchtungen nahezu von selbst, wenn die Entwicklungsländer im Nachholprozeß soweit voranschreiten, daß ihr Ziel der internationalen Arbeitsteilung erfüllt ist. Davon unberührt bleibt aber, daß der substitutive (inter-industrielle) Wettbewerb generell intensiver geworden ist und sich an der Aversion gegen substitutiven Handel – wegen seiner mikroökonomischen Belastungen – nichts geändert hat. Hierbei handelt es sich zudem kaum um eine transitorische Erscheinung. Vielmehr stellt sich die grundsätzliche Frage nach dem möglichen Erfolg der Anpassung, zumal weder Spezialisierungsprozesse noch Expansionspotentiale als unendlich anzusehen sind. Aus binnenwirtschaftlicher Sicht wird es hier nicht zuletzt auf die Transformationskapazität jeder einzelnen Volkswirtschaft ankommen, der überdies strukturpolitisch „nachgeholfen" werden kann, was zu erneuten Abstimmungsproblemen führt.

Japan ist, wenn auch keinesfalls beliebig reproduzierbares Muster zukünftiger Entwicklungsprozesse, so doch der erste der „Neuankömmlinge" im Duett der beiden traditionellen Kernregionen. Unabhängig davon, ob ein vierter oder fünfter dauerhaft in dieses Dreigestirn einbrechen kann, werden die internationalen Wettbewerbsprozesse wegen ihrer Intensivierung – eben nicht nur von „unten" – den Großteil des internationalen Konfliktpotentials im wirtschaftlichen und politischen Bereich bilden. Auch von daher ist eine erweiterte GATT-Politik notwendig.

2.3 Zu einer modifizierten Schutzklauselpolitik: „Safety valve" und Anpassungshilfe

Die Gefahr international wuchernder Selbsthilfe auf unilateraler oder bilateraler Basis wird zunehmend deutlicher. Mit wachsenden „wilden Reglementierungen im internationalen Handel und damit einhergehenden Verzerrungen werden auch stabilitätspolitische Ziele immer schwerer erreichbar. Insofern kommt dem internationalen Wettbewerb grundsätzliche Bedeutung zu [Glismann 1975, S. 6 f.]. Eine zukünftige Schutzklauselpolitik muß als notwendiger Bestandteil einer internationalen Wettbewerbspolitik gesehen werden. Sie ist damit aus der Beschränkung „negativer" Liberalisierung herauszuführen. Generell wird es darum gehen, einen handhabbaren, den ökonomischen Rahmendaten einer zwar nicht mehr in der Aufbauphase befindlichen Weltwirtschaft, aber weiterhin expandierenden Exportkapazitäten gerecht werdenden Regelmechanismus zu entwickeln, der eine Rückführung bisher außerhalb des GATT getroffener Maßnahmen in ein multilaterales Ordnungsschema ermöglicht und zukünftigen Ausweichmanövern vorbeugt. Es gilt, ein multilaterales „fail safe"-System (Robertson) zu konstituieren.

Dies zu erreichen, dürfte z. B. bei Art. XII GATT wesentlich problemloser sein als bei Art. XIX. So ist es verständlich, daß gerade an der escape clause, die vor allem die „enge Nachbarschaft von Schutzklausel-Protektionismus und liberaler Anpassungspolitik" (Lorenz) hat deutlich werden lassen, die Überlegungen ansetzen. Ohne hier im einzelnen eine Neukonzeption der Schutzklauselpolitik erarbeiten zu können, soll doch auf einige zentrale Aspekte hingewiesen werden, die zeigen, von welchen Positionen eine Neuordnung des internationalen Handelssystems auszugehen hat. Dabei darf nicht vergessen werden, daß eine wie auch immer revidierte und präzisierte Schutzklauselpolitik keineswegs alleiniges Instrument zur Lösung anstehender Welthandelsprobleme sein kann. Sie kann aber einen wichtigen Beitrag in einem durch Strukturwandlungen gekennzeichneten weltwirtschaftlichen Entwicklungsprozeß leisten, wenn sie dazu beiträgt, einerseits der Gefahr des Schutzklausel-Protektionismus zu wehren und andererseits die entstehenden Anpassungsnotwendigkeiten zu stützen und abzusichern, so daß diese nicht zu einem unkalkulierbaren Vabanquespiel für die einzelnen Staaten eskalieren. Die folgenden Schwerpunkte können das Gerüst einer derart modifizierten Schutzklauselpolitik bilden[78]:

- Es ist ein Schutzklauselsystem zu entwickeln, das denjenigen nationalen Bereichen/Industrien einen zeitlich begrenzten Schutz gewährt, deren Fähigkeit, gesteigertem internationalen Wettbewerbsdruck aufgrund wachsender Importe (Importwellen) ohne Schaden zu widerstehen, vorübergehend nicht gegeben ist. Dies darf nicht für den Fall gelten, daß mit Hilfe der Schutzklausel eine Konservierung nicht mehr wettbewerbsfähiger Strukturen angestrebt wird. Die Anpassung der Produktionsstrukturen an die veränderten internationalen Wettbewerbskonstellationen muß Hauptziel der den zeitlichen Schutz ausnutzenden nationalen Wirtschaftspolitik sein. Insofern lassen sich Notstandsmaßnahmen nur damit rechtfertigen, daß sie dem Anpassungsprozeß zeitlich größeren Spielraum einräumen, unverantwortliche Härten verhindern und soziale Belastungen verringern.

- Dies verlangt nach einer handhabbaren Schutzklausel, wobei deren Anwendung zu objektivieren ist, indem ein fester Regel- und Verfahrenskatalog entwickelt wird und die Eingriffskriterien sich ebenfalls an objektiven Tatbeständen ausrichten. Damit wird auch eine Beschränkung der zulässigen Nostandsmaßnahmen möglich, was die Kontrolle erheblich vereinfacht und die allseitige Rechtssicherheit erhöht. Es sind diejenigen Schutzmaßnahmen zuzulassen, die

(a) das momentane Anpassungsproblem der jeweiligen Industrie beheben helfen und die
(b) als Ergebnis dieser Strategie langfristig die Wettbewerbsstärke erhöhen, d. h. die Importabsorptionskapazität vergrößern.

Nicht mehr das temporäre (zyklische) Problem hohen Importwettbewerbs steht im Vordergrund, sondern die neuen Strategien müssen als Mittel

---

[78] Die folgenden Überlegungen basieren auf den Vorschlägen des Rey-Reports [1972, Teil II, Kap. V]; GATT-Plus [1976] und den Untersuchungen von Robertson [1972 bzw. 1977]; Tumlir [1973]; Cairncross/Giersch u. a. [1974, S. 191–93] und McBean [1978].

stetiger Anpassung und Transformation eingesetzt werden. Modifizierte Schutzklauselpolitik ist als andauernder Prozeß zu verstehen, bei dem Anpassung als Basisstrategie für die Zukunft verstanden wird und nicht als Notstandsmaßnahme für die Gegenwart.

– Die Anwendung der Schutzmaßnahmen ist mit einem intensivierten multilateralen Kontrollverfahren zu verbinden. Dazu sind neben dem schon genannten Regel- und Verfahrenskatalog feste Verpflichtungen für das die Schutzklausel anrufende Land aufzunehmen. Diese bestehen vor allem in der wechselseitigen Verknüpfung von Notstandsmaßnahmen und innerwirtschaftlicher struktureller Anpassung, so daß mit fortschreitender Anpassung der Schutzumfang verringert wird, bis er total entfällt. Diese Verpflichtung zur Durchführung von Anpassungsmaßnahmen ist eine der entscheidenden Erweiterungen der Schutzklauselpolitik.

– Damit die Kontrolle über die Einhaltung der Verpflichtungen gewährleistet wird, ist eine multilaterale Kontrollinstanz im Rahmen des GATT zu konstituieren, die im Konfliktfall auch vermittelnd zu wirken hat. Dabei wäre zu überlegen, ob allein die Betroffenen diesem Gremium angehören sollen, ob es sich um eine Expertengruppe handeln soll oder um eine Verbindung aus beidem. Der Anti-Dumping-Kodex kann hierfür als Modell gesehen werden.

– Grundsätzlicher Natur ist das Problem der Retorsion und Kompensation. Das Recht durch Schutzmaßnahmen betroffener Drittländer auf Ausgleichs- oder Retorsionsmaßnahmen sollte insofern begrenzt werden, als in der multilateral festgelegten Anpassungsphase nur in Ausnahmefällen diesbezügliche Maßnahmen zuzulassen sind. Vergeltungsmaßnahmen sind für diesen Zeitraum auszuschließen, um ein Anrufen der Schutzklausel nicht mit unkalkulierbaren bzw. untragbaren Kosten zu belasten. Erst wenn offensichtlich wird, daß der eigentlich notwendige Anpassungsprozeß von dem die Schutzklausel anrufenden Land bewußt verzögert wird, dann sollte auch die Möglichkeit der Retorsion bestehen, wobei auch dies erst nach multilateralen Konsultationen zu geschehen hätte.

– Letzte Erweiterung neben der Akzeptierung der zeitlich limitierten Notwendigkeit von Notstandsmaßnahmen und deren Verknüpfung mit dem Anpassungsprozeß ist die Entwicklung geeigneter, komplementär wirkender Anpassungshilfen. Entsprechend Hesse sind unter Anpassungshilfen Maßnahmen zu verstehen, „. . . die einen Re-Allokationsprozeß auslösen oder beschleunigen . . . und . . . einen Strukturwandel unterstützen . . .“ [Hesse 1976, S. 375, Fußnote 2]. Dies beginnt z. B. mit der Inanspruchnahme der

Schutzmöglichkeit an sich, der zeitlichen Festlegung des Schutzzeitraumes und läßt sich in vielfältiger Hinsicht multilateral oder sogar bilateral ausgestalten. Vor allem wird es darauf ankommen, die Verlagerungsprozesse aus den importkonkurrierenden Branchen über staatliche Hilfsmaßnahmen z. B. im Technologiebereich zu forcieren, um wettbewerbsfähige Strukturen zu schaffen. Es sollte hierbei auch daran gedacht werden, gezielt eine intra-sektorale Spezialisierung zu fördern, um den Anpassungsprozeß längerfristig zu erleichtern[79]. Auch eine Verknüpfung mit dem Währungssystem (IWF) über den Kreditmechanismus ist durchaus denkbar, womit einer größeren Parallelität von Anpassungsmaßnahmen aus makroökonomischen Gründen und solchen aus sektoralen (mikroökonomischen) Vorschub geleistet würde. Auf keinen Fall aber darf Anpassungshilfe zur Verfestigung oder dem Überleben nicht mehr wettbewerbsfähiger Sektoren eingesetzt werden.

Ohne hier auf alle Formen und Methoden einer Anpassungshilfepolitik eingehen zu können [z. B. O'Cleireacain 1972 und Hesse 1976; s. a. Miles 1974, besonders S. 98 ff.], sei ein Aspekt besonders hervorgehoben. Zu der Vielzahl der möglichen Hilfs- und Unterstützungsmaßnahmen gehören auch solche, die oftmals mit neo-merkantilistischen Ambitionen in Zusammenhang gebracht werden. Struktur-, Regional-, Technologie- und Industriepolitik sind die herausragenden Schlagworte hierfür. Anpassungsunterstützung gegenüber Importwettbewerb kann nur als Teil des umfassenderen generellen Reallokationsvorgangs marktwirtschaftlich organisierter Systeme verstanden werden. Anpassungshilfepolitik ist damit nicht nur reaktiv, sondern auch prophylaktisch bzw. zukunftsorientiert. Es wird daher notwendig sein, die vielleicht zu generell als neo-merkantilistisch apostrophierten Maßnahmen und Politiken in das Anpassungskonzept zu integrieren. Auf diesem Wege kann ein erhebliches Maß an latentem Konfliktpotential und Mißverständnissen bezüglich angeblich unfairen Verhaltens gebannt werden. Ob dies durch einen multilateral abgestimmten und entsprechend der Meistbegünstigung bzw. Reziprozität arbeitenden internationalen Kodex des Anpassungsprozesses erreicht wird, ist weitgehend eine rechtlich-technische Frage. Allerdings sollte eine generelle Abstimmung zwischen den nationalen Anpassungspolitiken erfolgen, da unterschiedliche nationale Anpassungskonzeptionen, -politiken oder -hilfen Basis internationaler Wettbewerbsverzerrun-

[79] Außerdem kommt man damit noch dem nationalen Sicherheitsstreben entgegen, und der zukünftige Liberalisierungsprozeß wird erleichtert [Grubel/Lloyd 1975, S. 143 f. und Hesse 1976, S. 362 f.].

gen sein können[80]. Einem Wettlauf um Hilfen (z. B. Subventionen) könnte so ein Riegel vorgeschoben werden. Grundlage der Ausgestaltung eines entsprechenden Kodex muß die Überlegung sein, daß von seiten der Nationalstaaten nicht auf Maßnahmen verzichtet werden wird, die, extensiv genutzt, neomerkantilistisch wirken können. Gerade das Abdriften flankierender Anpassungshilfen zum Protektionismus oder sogar Merkantilismus muß verhindert werden, indem Anpassungshilfe in weitem Umfang zugelassen wird, auch z. B. in der Form von Industrie-, Struktur-, Technologie- oder Regionalpolitik.

Eine a priori Abstempelung bestimmter Anpassungshilfen muß vermieden werden, weil damit in ordnungspolitischer Hinsicht nichts gewonnen wäre. Würde dies rechtlich gesichert, so würden auch bisher außerhalb des GATT stehende wettbewerbsbeschränkende Regelungen in das GATT-System zurückgeholt werden können. Dies würde dem GATT vieles von dem zurückgeben, was Curzon/Curzon [1976] mit pragmatischer Politik bezeichnet haben.

Ein modifiziertes multilaterales Schutzklauselsystem wird das Recht auf Notstandsmaßnahmen ohne drohende Vergeltung, aber mit einem nachweislichen Zwang zur Anpassung gewährleisten müssen. Damit würde ein Ausgleich zwischen dem Recht auf Maßnahmen und den aus diesen Maßnahmen abgeleiteten Verpflichtungen geschaffen. Der Anpassungshilfepolitik kommt hier eine unterstützende und den Wandlungsprozeß absichernde Bedeutung zu. Allerdings wird man auch auf diesem Wege nicht alle Protektionismen abbauen können; denn das widerspräche allem Anschein nach dem strategischen Sicherheitsdenken der Staaten. Man wird von keinem Land eine Entscheidung gegen die autonomen politischen und ökonomischen Maximen erwarten dürfen. Der notwendige Souveränitätsverzicht darf nicht über das allseits von den Regierungen freiwillig konzedierte Maß hinaus verlangt werden, aber alle Staaten müssen sich einer verbindlichen internationalen Disziplin unterwerfen. Wenn man das Ausmaß dieser autonomen Politiken begrenzen und kontrollfähig machen kann, wird ihnen ein entscheidender Teil des inhärenten Konfliktpotentials genommen, da es „verhandlungsfä-

---

[80] Dies heißt nicht, daß eine unbedingte Parallelität der Maßnahmen notwendig ist. Die nationalen Hilfsprogramme sollten sich aber an folgenden übergeordneten Prinzipien orientieren:

(a) durch sie muß die Förderung der Anpassung gewährleistet sein (durch Ressourcenverlagerung von Industrien mit niedriger zu solchen mit hoher Produktivität);

(b) gegenüber Drittländern ist die Abwälzung der Anpassungskosten zu minimieren.

hig“ wird. Das genau ist das Ziel einer Schutzklauselpolitik, deren Ausgestaltung oben skizziert wurde.

In das MTA haben eine Reihe der oben herausgestellten Erweiterungen schon Eingang gefunden [Robertson 1977, S. 37–42 sowie Kuschel 1975]. So wird das Recht auf flankierende Maßnahmen zur Anpassungsunterstützung anerkannt, aber nur als vorübergehende Maßnahme für die Dauer eines Jahres. Es ist den Regierungen erlaubt, den Anpassungsprozeß zusätzlich zu unterstützen, wobei der Maßnahmenkatalog allein dem jeweiligen nationalen Ordnungsrahmen verpflichtet ist. Die Präzisierung des Marktstörungsbegriffs, wobei analog zu Art. 3b des Anti-Dumping-Kodex verfahren wird, führt zu einer Objektivierung der Eingriffskriterien. Indem auf die Herkunft der Störung abgestellt wird, ist die Möglichkeit der selektiven Anwendung von Schutzmaßnahmen eine folgerichtige Konsequenz[81]. Auch das Verbot von Retorsions- und Kompensationsmaßnahmen sowie die zeitlich begrenzte Möglichkeit einseitiger Importrestriktionen und bilateraler Selbstbeschränkungsvereinbarungen erhöht die Rechtssicherheit und vereinfacht es den Staaten, sich dem MTA und seinen Kontrollmechanismen zu unterwerfen. Insbesondere ist hier auf den „Textile Surveillance Body“ (TSB) zu verweisen, der als Expertengremium die Eingriffsmöglichkeiten feststellt und deren Ausführung überwacht, ohne allerdings verpflichtende Entscheidungen treffen zu können[82]. Das MTA geht weit über die bestehenden Regelungen des GATT hinaus und bewegt sich in den vorgezeichneten Bahnen einer revidierten Schutzklauselpolitik. Wenn das MTA über eine Modifizierung des Art. XIX in das GATT überführt werden könnte, wäre das im Augenblick ohne Zweifel die ansprechendste Lösung[83]. Denkbar ist allerdings auch eine Ausweitung entsprechender sektoraler Abkommen auf die jeweiligen „kritischen“ Sektoren. Auf jeden Fall aber hat das MTA einen Maßstab gesetzt, wie einer ausufernden und zügellosen internationalen Wettbewerbsbeschränkung längerfristig entgegengewirkt werden kann. Insofern ist es kein Proto-

---

[81] Es besteht bisher keineswegs Einigkeit darüber, ob von dem Prinzip der Nichtdiskriminierung auch bei einer Revision des Art. XIX GATT abgewichen werden soll [vgl. dazu Robertson 1977, S. 65 f.].

[82] Bei Zuwiderhandlungen gegen die Empfehlungen des TSB kann allein auf Art. XXIII GATT (Aussetzung von Zugeständnissen) zurückgegriffen werden. Ob eine Ausdehnung der Kompetenz bis hin zur verpflichtenden Entscheidung möglich ist, hängt allein von dem Willen der Vertragsparteien ab.

[83] Diese Einschätzung wird auch dadurch nicht beeinflußt, daß offensichtlich das MTA bisher den protektionistischen Ambitionen der USA und der EG im Gefolge der Ölkrise nicht entgegentreten konnte. Die Zunahme der Protektionismen zeigt nur, daß eine rechtsverbindliche Lösung im GATT zu konstituieren ist.

typ, aber sicherlich ein Modell für eine zukünftige Schutzklauselpolitik und damit eine internationale Wettbewerbspolitik.

3. Neo-Merkantilismus und Liberalisierungsprozeß

Der komplexe Prozeß weltwirtschaftlichen Strukturwandels hat einzelne Staaten veranlaßt, über eine Vielzahl teilweise sehr subtiler protektionistischer Maßnahmen ihre Verteidigungslinien für importbedrohte – d. h. wettbewerbsbedrohte – Industriebranchen langsam wieder auszudehnen und vorzuverlegen. Hierbei wurde eine weitere offene Flanke[84] der „negativen" Liberalisierung aktiv genutzt. Während das GATT sein Augenmerk seit je vor allem auf die Importpolitik richtete, wurden die Regierungen verstärkt im Exportbereich, d. h. der Exportförderung, tätig, ohne daß z. B. über Artikel VI (Anti-Dumping) oder Art. XVI GATT (Subventionen) Eingriffsmöglichkeiten bestanden; denn der Großteil der Maßnahmen ist vielfach versteckt und äußerst differenziert angelegt. Dies bedeutet auch, daß ein erheblicher Teil der Produktion und des Welthandels nicht durch die gegebenen komparativen Vorteile bestimmt sind, sondern mehr und mehr Folge eines – oftmals bilateralen – Verhandelns um Marktzugänge. Im Falle der Industrieländer stellt sich mittlerweile aber generell die Frage, in welchem Umfang das laissez faire-Modell des internationalen Austausches mit den jeweiligen nationalen struktur- und beschäftigungspolitischen Zielprojektionen überhaupt noch kompatibel ist.

Der sich ausweitende Protektionismus stellt nach Meinung einer Reihe von Ökonomen einen Versuch dar, „. . . die Kluft zwischen strukturellem Anpassungsbedarf und der Anpassungsfähigkeit und -bereitschaft zu überbrücken" [Donges 1978, S. 199]. Zu den eingesetzten Maßnahmen sind auch solche zu rechnen, die ohne Zweifel merkantilistischem Gedankengut ent-

[84] Es ist von drei offenen Flanken auszugehen:
- der Einseitigkeit der „negativen" Liberalisierung, die allein auf den Abbau von Behinderungen abstellt (Kap. I);
- der Inflexibilität, auf Änderungen weltwirtschaftlicher Rahmendaten angemessen zu reagieren. Hier hat die „negative" Liberalisierung vor allem zur Absicherung ihrer selbst gewirkt (Kap. III, Abschnitt 2).
- der Liberalisierungsnische im Exportbereich, wo sich staatliche Politik relativ frei bewegen kann (Kap. III, Abschnitt 3). Dem entspricht im monetären Sektor die Einseitigkeit des Anpassungsvorganges (Kap. I).

springen. Insbesondere die Verknüpfung von Importschutz und Exportförderung bei gleichzeitiger Absicherung der nationalen Versorgung sowie die Verbindung zwischen Außenpolitik und Handelspolitik lassen diese Assoziation nicht fehl am Platze erscheinen. Mit dieser Identifizierung aktueller Wirtschaftspolitik allein ist aber noch nichts gewonnen; denn es bleibt zu fragen, inwiefern sich heutiger Neo-Merkantilismus und historischer Merkantilismus gleichen oder ob nicht aus einer Unterscheidung auch und gerade ein anderes Urteil über die jetzigen neo-merkantilistischen Praktiken folgen muß.

Dieser Fragenkomplex steht im Vordergrund des folgenden Abschnitts, ohne daß eine auf alle Einzelheiten eingehende Diskussion des neuen Merkantilismus geleistet werden kann [s. a. Lorenz 1979a]. Als erschwerend erweist sich zudem, daß die spezifischen, auch ländermäßig unterschiedlichen Beweggründe für merkantiles Handeln heute ungleich schwerer zu ergründen sind, als es im System des historischen Merkantilismus vor dem Hintergrund des absolutistischen Staates der Fall war. Heute dürfte ein nicht unerheblicher Teil merkantilen Gebahrens Antwort bzw. Reaktion auf die Handlungsweise von einzelnen Staaten sein, die – zumeist aufgrund von verminderter Konkurrenzfähigkeit – zu einem neuen Merkantilismus fanden. Ein derartiger Ketteneffekt dürfte für den umgekehrten Fall, den Übergang zu liberalem Handeln, nicht mit solcher „Zwangsläufigkeit" zutreffen.

3.1 „Liberalisierungs-Merkantilismus"

3.1.1 Merkantilismus als latentes Phänomen

Merkantilistische Verhaltensweisen werden alleweil diagnostiziert, meist aber ohne ausreichende Anamnese. Jede protektionistisch wirkende Maßnahme wird sehr schnell als Indiz für eine grundsätzlich vorhandene Tendenz merkantilistischer Politik interpretiert. Nun ist sicherlich kaum zu bezweifeln, daß gerade in den letzten Jahren nach der Ölpreisexplosion und der weltweiten Rezession der Protektionismus, trotz bzw. gerade wegen der weitgehend abgebauten tarifären Hemmnisse, eher stärker denn schwächer geworden ist. Eine enge Verbindung zwischen diesen Entwicklungen und der Ausdehnung des Protektionismus dürfte kaum zu leugnen sein. Ist dies aber nun wirklich ein Hinweis für wiedererwachten Merkantilismus oder Neo-Merkantilismus, wie er jetzt genannt wird? Eines trifft sicherlich die Situation: „. . . everyone is keen to sell and wary of bying" [Robinson 1966, S.

10]. Exporte mit ihren Wirkungen auf Beschäftigung und Einkommen werden zunehmend als die erwünschten Gewinne aus dem Handel gesehen, während die Importkonkurrenz der nationalen Hochkostenproduktion durch Niedrigkostenimporte als die Kosten des noch weitgehend liberalen internationalen Handels betrachtet werden.

Weiterhin fallen drei Dinge auf:
- Man trennt zwar in den meisten Fällen zwischen Merkantilismus und Neo-Merkantilismus bzw. „new mercantilism" (Joan Robinson), aber
- was nun den heutigen Neo-Merkantilismus, der eigentlich ein Neo-Neo-Merkantilismus ist[85], wirklich ausmacht, muß bisher als weitgehend ungeklärt gelten. Dies wohl nicht nur, weil er „. . . is littered with fossilised layers of earlier economic thinking" [Johnson 1974, S. IX], sondern weil aus liberaler Sicht das Urteil schon seit mehr als zwei Jahrhunderten gesprochen ist [vgl. in diesem Sinne Werner 1976, besonders S. 48 ff.].
- Protektionismus und Neo-Merkantilismus werden meist synonym verwendet, was auf eine ausgesprochen undifferenzierte Sicht deutet.

Wenn auch bis heute recht wenige Fragen hinsichtlich des neuen Merkantilismus überhaupt gestellt sind und zudem von den gestellten mehr unbeantwortet als befriedigend beantwortet geblieben sind, so wird doch eines recht deutlich: Die Vorstellung des liberalen internationalen Ordnungsmodells, die Fiktion von der Gleichheit der Staaten, daß bestehende ökonomische Interessengegensätze auf der Grundlage eines generellen Konsenses über die Handelsliberalisierung und -intensivierung weitgehend problemlos zu bewältigen seien, hat sich ein weiteres Mal als utopischer Wunschtraum erwiesen, oder wie Joan Robinson es ausgedrückt hat:

> „The beautiful harmony of the free-trade model is far indeed to seek" [Robinson 1966, S. 10].

Gerade dies aber ruft eindringlich in Erinnerung, daß die Theorie der internationalen Handelsbeziehungen, die von zwei konkurrierenden und antithetischen Modellen bestimmt wird, dem merkantilistischen Konfliktmodell und dem klassischen Kooperationsmodell (Watrin), nicht behaupten kann, eine Synthese der unterschiedlichen Ansprüche entwickelt zu haben. Geht das Konfliktmodell von einem internationalen Wirtschaftssystem aus, das durch gegenseitige Rivalität (Zieldivergenz) und antagonistische Auseinandersetzungen geprägt ist, so postuliert das Kooperationsmodell eine

---

[85] Vgl. zum Neo-Merkantilismus der 30er Jahre Giersch [1961, S. 168 ff.] und zur Unterscheidung zwischen dem klassischen Merkantilismus und dem zurückliegenden Neo-Merkantilismus Niehans [1945, passim].

grundsätzliche Zielharmonie aufgrund konvergenter Interessen der am internationalen Handel beteiligten Staaten.

„Der kritische Punkt der klassischen Analyse besteht ... nicht in einer angeblich naiven Harmonieökonomik, sondern in der Überzeugung, daß sich ein sozialer Zustand herstellen läßt, in dem ökonomische Interessengegensätze *endgültig* reguliert werden können“ [Watrin 1967, S. 203]. Damit wird aber „... das zentrale Phänomen des politischen und sozialen Lebens, das *Sicherheitsstreben* politischer Machtgebilde und die daraus resultierende *Machtkonkurrenz* ...“ unterschätzt [ders. 1961, S. 427].

Schon so wird deutlich, daß von einem stets latenten Merkantilismus auszugehen ist und Außenhandelspolitik seit je ein Amalgam von freihändlerischer und merkantilistischer Politik war. Damit ist auch bedingt eine Antwort auf die Frage gegeben, ob merkantilistische Politik als wesensfremdes oder wesenscharakterisierendes Element marktwirtschaftlich-kapitalistischer Staaten zu betrachten ist. Weder ist sie wesensfremd noch wesenscharakterisierend; sie ist ein stets vorhandener Zug, der immer mehr oder minder ausgeprägt war und der darauf hinweist, daß die strikte Trennung zwischen dem Freihandels- und dem Merkantilsystem sich als zu oberflächlich erweist. In diesem Zusammenhang wird auch verständlich, was Joan Robinson meint, wenn sie feststellt:

„It seems after all that free-trade doctrine is just a more subtle form of mercantilism. It is believed only by those who will gain an advantage from it“ [Robinson 1966, S. 24].

Merkantilistische Politik wird daher dann in den Vordergrund rücken, wenn der kunstvolle Konsens über die Vorteile aus liberalen Wirtschaftsbeziehungen nicht von allen Partnern als sinnvoll oder gleich vorteilhaft angesehen wird. Dies kann sowohl bei zu hoher oder grundsätzlich asymmetrischer Interdependenz (Dependenz) als auch im Falle der „Machtkonkurrenz“ der Staaten der Fall sein.

Die generelle Frage ist aber noch nicht beantwortet, warum denn alle drei bisherigen liberalen Phasen in Depressionen endeten und trotz theoretisch postulierter Vorteilhaftigkeit die liberalen Kräfte an Einfluß verloren. Die Frage stellt sich gerade heute wieder, wo doch Untersuchungen zu belegen scheinen, daß eine weitere Ausdehnung liberalen Handels Wohlfahrtsgewinne für alle Partner erhoffen ließe und auch im Industrieländerhandel noch signifikant unausgeschöpfte Spielräume vorhanden seien, was im besonderen für den intra-industriellen Handel diagnostiziert wird [z. B. Blackhurst/Marian/Tumlir 1977, Dick/Loertscher 1977 und Cline/Kawanabe u. a. 1978]. Es scheint einen „politischen Zyklus“ (Tumlir) zu geben, der aufgrund einer Umschichtung politischer Kräfteverhältnisse, die wiederum als Reaktion auf ökonomische und soziale Veränderungen auftreten, zu einem Auf und Ab in der liberalen Grundhaltung führt. Zudem scheint, worauf Kindleberger [1973] in seiner Untersuchung über die Weltwirtschaftskrise hingewiesen hat, für eine liberale Ordnung eine Führungsnation, ein „land of last resort", unerläßlich, ja geradezu konstitutiver Teil zu sein. Mit dem Verlust derartiger Führungsnationen konnte auch das Vertrauen in die liberale Ordnung nicht erhalten werden.

> „It is that in all three historical instances, liberalism in international trade, in general economic policy and, in some cases, even in domestic politics gave way to a rising tide of popular belief in the efficacy of state action" [Tumlir 1978, S. 4].

Die Rolle des Staates als Träger der vielschichtigen Verantwortlichkeit wird von Tumlir in das Zentrum der Analyse gerückt. Hiermit ist die Frage nach dem Hintergrund des aktuellen Neo-Merkantilismus gestellt.

3.1.2 Neo-Merkantilismus im Kontext internationaler Entwicklung

Zwei Fragen stehen am Beginn unserer Überlegungen:
- Wie zeigt sich der heutige Merkantilismus?
- Was steht hinter dem Zug zu neo-merkantilistischer Politik?

3.1.2.1 Merkantilsystem versus partikulärer Protektionismus

Die Diskussion um den neuen Merkantilismus ist mit zwei Entwicklungen eng verknüpft: einmal mit der Bildung der Integrationszonen – hier insbesondere mit dem sog. „agriculturalism" [Johnson 1974] der EG[86] – und zum zweiten mit der Wachstums- und Technologieorientierung staatlicher Wirtschaftspolitik. Bezog sich der historische Merkantilismus auf die Nationalstaatsbildung, die Industrialisierung mit welthandelspolitischer Ausrichtung und die Verstetigung von Beschäftigung an sich, so hat sich die Verlagerung zu einem eher „technologischen Merkantilismus" ergeben, der durch Schaffung bzw. Erhaltung einer technologischen Überlegenheit bestimmter Industrien seine Wachstums- und Beschäftigungsziele insbesondere über den Export zu realisieren sucht.

Die Mittel und Techniken, die dafür eingesetzt werden, sind ungleich subtiler, differenzierter und damit sophistischer als der traditionelle Zoll [Malm-

[86] Hier werden die wenig leistungsfähigen Produzenten aktiv geschützt, und gleichzeitig wird durch Exportsubventionierung eine Drittländerschädigung erreicht.

gren 1973, S. 26–39]. Ein Zoll wird zudem nur schützend wirken, ohne ein aktives generelles Förderungsinstrument darzustellen. Gerade dieser Förderungsgesichtspunkt aber steht heute im Vordergrund. Er bezieht sich gleichermaßen auf importkonkurrierende Industrien wie auch auf technologieintensive Exportindustrien. Die zahlreichen staatlichen Exportförderungsmaßnahmen bestehen vor allem in Subventionierungen unterschiedlichster Art, wobei gleichzeitig bzw. zusätzlich die, sofern vorhandene, Marktmacht als Instrument bilateraler Verhandlungen eingesetzt wird, um gewissermaßen die Protektion über den nationalen Markt auf den Exportmarkt auszudehnen.

In ihrer Grundstruktur läßt sich merkantilistische Politik einmal generell in funktioneller Hinsicht als Verletzung der Funktionsbedingungen von Märkten fassen [Riese 1978, S. 150, Fußnote 17]. Des weiteren kann man den nationalen politischen Gesichtspunkt, ohne allein auf Handels- und Zahlungsbilanzüberschüsse abzustellen, betonen und Merkantilismus als den Versuch von Regierungen beschreiben, die ökonomischen Bedingungen so zu beeinflussen, daß ihre nationalen Interessen maximale Berücksichtigung finden, gleichgültig, ob dies auf Kosten der Handelspartner geschieht oder nicht. Die Interessen können dabei nach innen (Vollbeschäftigung, Wachstum etc.) und/oder nach außen (Sicherheit, Unabhängigkeit etc.) gerichtet sein. Das Wesen des Merkantilismus besteht dann in der Priorität nationaler wirtschaftlicher und politischer Ziele gegenüber den Erwägungen globaler ökonomischer Effizienz [Gilpin 1975, S. 232 f.].

Es wird damit deutlich, daß Merkantilismus auf einer polit-ökonomischen Metaebene definiert ist, während Protektionismus eher den Eingriffstatbestand an sich beschreibt. Beides ist nicht notwendig identisch. Von Protektionismus kann auch gesprochen werden, ohne daß merkantilistische Ideologie dem zugrunde liegt, wohingegen im Fall merkantilistischer Bestrebungen immer protektionistische Maßnahmen ergriffen werden, die dann nicht allein auf der Importseite ansetzen, sondern vielmehr im Exportbereich und eher mit „aggressivem" Charakter. Auch kennzeichnet in diesem Fall die Interessenkollusion zwischen Industrie, Gewerkschaften und Regierung merkantiles Vorgehen (Makroebene), während bei „nur" Protektionismus von der gemeinsamen Kraft der unterschiedlichen Interessenten nicht unbedingt auszugehen ist und die Aktionen eher auf die Mikroebene abgestellt sind.

Will man zu den Spezifika des aktuellen Merkantilismus vordringen, so ist der Neo-Merkantilismus im Zusammenhang mit dem weltwirtschaftlichen Entwicklungsprozeß zu thematisieren.

3.1.2.2 Weltwirtschaftlicher Hintergrund

Es läßt sich kein einzelner Faktor ausfindig machen, der die neuerliche Hinwendung zu merkantilistischer Ideologie ausreichend erklären würde. Die unterschiedlichen Einfluß- und Bestimmungsfaktoren können aber, wenn auch grob und vereinfachend, unter zwei Schlaglichtern subsumiert werden:

(1) *Wettbewerbsdruck und Anpassungsprozeß:* Der Rückgriff auf merkantilistische Praktiken kann zurückgeführt werden auf den seit den 60er Jahren mit veränderten Wachstumsbedingungen einhergehenden Strukturwandel bei gleichzeitig sich verstärkendem Wettbewerbsdruck auf einige Industriebranchen. Dieser Strukturwandel ist sowohl verbunden mit allgemein veränderten Produktionsbedingungen, die einen langfristigen strukturellen Anpassungspozeß erfordern, als auch mit der gewachsenen Wettbewerbsstärke Japans und einiger Entwicklungsländer. Hinzu kommt der gleichfalls erhöhte Konkurrenzdruck aus dem Bereich der Industrieländer selber als Folge der technologischen Nivellierungstendenz im Entwicklungsprozeß.

(2) *Zugzwang nationaler Wirtschaftspolitik:* Die allgemein gesteigerten Ansprüche an nationale Wirtschaftspolitik und die ausgeweiteten Verantwortlichkeiten der Nationalstaaten, die zu immer größeren Steuerungsproblemen führen, weil sich gesteigerte nationale Sicherheitsbedürfnisse entwickelten und das Gewicht der „public goods" gegenüber denen der „private goods" ständig gewann, umreißen den zweiten wichtigen Einflußfaktor.

Die über den Handelsbereich hinausgreifende Internationalisierung ökonomischer Aktivitäten hat zu einer Intensität der Beziehungen geführt, die neben einer enormen Wohlstandssteigerung auch einer Effizienzminderung der nationalen Globalsteuerung aufgrund ständig auftretender externer unkalkulierbarer Einflüsse Vorschub leistete. Im besonderen ist es der sich herausbildende Kontrast zwischen nationaler Politik und internationaler Liberalisierung, der der „non-laissez-faire world" den Stempel aufdrückt und in der seit je tarifäre Maßnahmen als untaugliche Protektionismusinstrumente angesehen werden [G. Ohlin 1969]. Mit dem Zusammenbruch der Bretton Woods-Ordnung und der damit verbundenen Aufgabe des Systems fester Paritäten entfiel die letzte der wenn auch nur äußerst losen Klammern weltwirtschaftlicher Koordination. Die seit 1976 (Jamaica) erfolgten monetären Neuregelungen weiten zwar die Möglichkeit zu autonomer Stabilisierung aus, erzwingen aber keine Stabilisierungspolitik und erleichtern die angestrebte Organisierung auf makroökonomischer Ebene in keiner Weise [Whitman 1977, S. 313 ff.]. Auch im Falle flexibler Wechselkurse besteht kein ständiger Schutz vor übergreifenden realwirtschaftlichen Störungen. Da bei wachsender Interdependenz aber bisher kein internationaler Stabilitätskonsens erzielt werden konnte und außerdem die Anpassungsnotwendigkeiten durch die internationalen Finanzierungsmöglichkeiten pervertiert werden (können), zeigen sich weiterhin erhebliche (strukturelle) Ungleichgewichte und Instabilitäten. Auch daraus entwickelte sich ein forcierter Rückzug auf die nationale Wirtschaftspolitik, gewissermaßen als „Selbsthilfeversuch" und Reaktion auf zu hohe Belastungen und unkalkulierbare Risiken.

Bei zunehmendem Wettbewerbsdruck aufgrund erfolgreicher internationaler Integration und Entwicklung mit sich aber akut verstärkenden Anpassungszwängen bei geringer werdendem Expansionsspielraum, weitgehend fest definiertem Manövrierbereich [Behrman 1975, S. 186–88] bzw. Zielproliferation und gleichzeitiger Abflachung des Wachstumstrends griffen die Regierungen verstärkt auf selektive Instrumente der Exportförderung und Importbeschränkung zurück. Hierin drückt sich vor allem der Versuch der Nationalstaaten aus, etwas von der wirtschaftspolitischen Autonomie zurückzugewinnen oder überhaupt zu gewinnen, die im Zuge des Internationalisierungs- bzw. Interdependenzprozesses verloren ging oder sich erst gar nicht herausbilden konnte. Dahinter steht im überwiegenden Maße die Anpassungsfrage und insbesondere die Verteilung oder besser Verlagerung der Anpassungskosten.

Gleichzeitig wuchs, ebenfalls aufgrund des ökonomischen „slow down", aber auch, weil das Verhalten der Partner nicht mehr von allen als fair erachtet wurde (Ketteneffekt), das Interesse organisierter nationaler Gruppen an Fragen des Außenhandels und der Außenpolitik. Diese Interessengruppen entwickelten die Erwartung, daß in Phasen der Bedrohung nationaler Belange (z. B. Importkonkurrenz mit erwarteter Schädigung des nationalen Marktes) spezielle Hilfen durch die Regierung im nationalen – partikulären – Interesse gewährt werden. Wirtschaftliche Fragen wurden mehr und mehr zu Hauptfragen der internationalen Politik stilisiert, wobei sich in rezessiven Phasen mit Beschäftigungsproblemen die nationalen Regierungen den Ansprüchen von Industrie und Gewerkschaften kaum mehr entziehen können. Dieses Überführen von Wirtschaftsfragen in den Bereich der „high politics" [Cooper 1973a], dem nur kurzzeitig durch GATT und IWF entgegengewirkt werden konnte, wobei die gesamte Nachkriegskonstellation dem zugute kam, hat die immer weiter und exzessiver definierte Frage nationaler Sicherheit an die vorderste Stelle wirtschaftspolitischer Kalküle gerückt. Im Zuge der weltpolitischen und ökonomischen Entwicklungen der 70er Jahre hat sich diese Tendenz eher verstärkt als abgeschwächt, wozu auch vollkommen neue internationale politische und ökonomische Machtkonstellationen ihren Teil beigetragen haben [Hager 1978]. Gleichzeitig klingt damit an, daß die heutigen Nationalstaaten bzw. deren Regierungen nur mehr bereit sind, ein „kalkuliertes Risiko“ (Lemper) einzugehen, das den Anspruch auf nationale Autonomie und die Vorteile (eingeschränkter) liberaler Außenwirtschaftspolitik zu einer Synthese vereint.

Haben wir oben den Neo-Merkantilismus in seiner Anwendungsform als „technologisch“ bezeichnet, so ist er von seinen Ursachen her ein „Liberalisierungs-Merkantilismus“ [Lorenz 1978a, S. 285]. Sieht man die zweifach gewachsenen Aufgaben des Staates – von außen durch Internationalisierung und Interedependenz und von innen durch Anspruchserhöhung und Zielausweitung bei unzureichenden wirtschaftspolitischen Instrumenten – im Zusammenhang mit der „negativen“ Liberalisierung, dann stellen sich die neo-merkantilistisch wirkenden „Verteidigungsmaßnahmen“ in einem neuen Licht dar. Das Bestreben besteht darin, eine existierende ökonomische Struktur, bei der für das jeweilige Land subjektiv die Nachteile die Vorteile zu überwiegen scheinen, mittels autonomer Maßnahmen so zu korrigieren, daß den nationalen Belangen mehr Rechnung getragen wird. Die „negative“ Liberalisierung hat sich diesen nationalen und sicherheitspolitischen Aspekten versagt und entsprechend liberaler Ökonomie das statische Allokationsprinzip als alleiniges Referenzsystem erkoren. Das aber entspricht offensichtlich nicht den Anforderungen der komplexen internationalen Beziehungen, die durch ungleiche Partner und unterschiedliche Machtverteilung bestimmt sind. Die berechtigterweise von Johnson [1974] bemängelte „ad hoc piecemeal decision“-Strategie, die zu einer Protektionsspirale führt, weil bei jeder Einzelmaßnahme für sich der Eingriff als noch zulässig ansgesehen wird, ist nichts anderes als die Antwort an sich souveräner Staaten auf eine allein „negative“ internationale Ordnungspolitik. Dieser Antinomie aber muß von ihrem Ursprung her mit geeigneten Mitteln entgegengewirkt werden. Diese Mittel können schon darin bestehen, daß man die Diskussion um den Neo-Merkantilismus erweitert, damit aus der rein wohlfahrtstheoretischen Argumentationsebene herausführt und die Ursachen merkantiler Politik in die Überlegungen einbezieht. Damit würde Handelspolitik auch als Entwicklungspolitik gesehen werden können, was wichtige weltwirtschaftspolitische Gesichtspunkte eröffnet.

3.1.3 Defensiver versus offensiver Merkantilismus

Vergleicht man die Methoden des „new mercantilism“ mit der Grundstruktur der nicht-tarifären Handelshemmnisse (Aufstellung III-A), dann stellt man eine weitgehende Übereinstimmung fest. Der Maßnahmenkatalog merkantilistischer Politik ist neben seiner Vielfältigkeit und Differenziertheit in der Zusammenschau mit „negativer“ Liberalisierung vor allem von defensivem Charakter [Lindbeck 1973, S. 48]. Defensiv meint hier, daß die entsprechenden Maßnahmen strukturkonservierend eingesetzt werden und damit gegen den reallokativen Anpassungsprozeß wirken. Dies verwundert den Kritiker neo-merkantilistischer Politik keinesfalls, erblickt er doch darin das entscheidende Manko dieser Strategie. Vor allem die „negative“ Liberalisierung förderte aufgrund ihrer (a) geringen Koordinations- sowie Sanktionsmöglichkeiten wie auch (b) der unzureichenden Berücksichtigung des Interessenkonflikts zwischen freiem Handel und nationalem Sicherheitsstreben einen defensiven Neo-Merkantilismus.

Es wäre aber nur die halbe Wahrheit, würde man Neo-Merkantilismus nur in diesem bewahrenden Sinne begreifen. Lindbeck [1973] hat darauf aufmerksam gemacht, daß neo-merkantilistische Maßnahmen auch offensiv wirken können, wenn sie die Reallokation erleichtern und die Wettbewerbsfähigkeit eines expansionsrelevanten Sektors aktiv unterstützen. In der Regel wird das auf eine staatliche Förderungspolitik hinauslaufen. Dies ließe sich als „merkantilistischer Weg zum liberalen Ziel“ (Riese) beschreiben und rückt merkantile Politik in die Nähe eines neu verstandenen – erweiterten – Erziehungsschutzes. Zudem darf offensiv hier nicht nur als reine Anpassungspolitik interpretiert werden, sondern ist in einem weiteren Sinne zukünftiger Konkurrenzfähigkeit zu verstehen. Offensive Maßnahmen werden nach Lindbeck daher vor allem in forschungs- und technologieintensiven Bereichen (Raumfahrt, Atomenergie, Datenverarbeitung, Elektronik etc.) anzutreffen sein, während Defensivmaßnahmen in traditionellen Sektoren vorherrschen [vgl. die Aufstellung bei Lindbeck 1973, S. 57–58].

Wenn neo-merkantilistische Politik so differenziert werden kann und gleichzeitig vor dem Hintergrund der bisherigen Liberalisierung gesehen wird, wie muß dann in ordnungspolitischer Hinsicht international vorgegangen werden, wenn nicht ein Ausufern merkantiler Rückzugsgefechte das Bild der internationalen Beziehungen bestimmen soll? Kann dann die reine „Abschaffung“ neo-merkantilistischer Politik noch ein realistisches und sinnvolles Ziel darstellen? Muß nicht vielleicht diejenige Handelspolitik, die Neo-Merkantilismus als Antithese zum liberalen Modell begreift, diese ihre Position

Aufstellung III-A

Methods in the new mercantilism [nach Lindbeck 1973, S. 48a]

(1) Subsidies of production, investment, employment and R and D expenditures

I Reallocating activities
a) income compensations
b) mobility increasing measures
c) offensive measures

II Non-reallocating activities

(2) Public capital grants and credit priorities
(3) Selective import fees and export subsidies
(4) Tying of foreign aid
(5) Protectionist government purchases
(6) Protectionism implied in product standards and environmental protection
(7) Attempts by national governments to deal with international firms

Classification of trade-distorting policies [nach Baldwin 1971, S. 10–12]

(1) Quotas and restrictive state-trading policies
(2) Export subsidies and taxes
(3) Discriminatory government and private procurement policies
(4) Selective indirect taxes
(5) Selective domestic subsidies and aids
(6) Restrictive customs procedures
(7) Antidumping regulations
(8) Restrictive administrative and technical regulations
(9) Restrictive business practices
(10) Controls over foreign investment
(11) Restrictive immigration policies
(12) Selective monetary controls and discriminatory exchange-rate policies

Für folgende Positionen ergibt sich eine gute Übereinstimmung zwischen Lindbeck (L) und Baldwin (B):

L (1)–(2) mit B (5)
L (3) mit B (2)–(7)–(12)
L (5) mit B (3)
L (6) mit B (8)–(6)
L (7) mit B (10)

Die Positionen (1)–(4)–(9) und (11) von Baldwin und die Position (4) von Lindbeck eignen sich nicht für einen Vergleich.

Quelle: Lorenz WS 1977/78

aufgeben und merkantilistische Maßnahmen unter Entwicklungsgesichtspunkten (und, im speziellen Fall, als Gegenwehr bei Überlastung) begreifen und berücksichtigen, ohne dabei die protektionistisch wirkende ordnungspolitische Variante langfristig zu legitimieren? Es stellt sich die grundsätzliche Frage, inwieweit das Anpassungsproblem, das eigentlich ein Wettbewerbsproblem ist, überhaupt noch ohne potentiell neo-merkantilistische Maßnahmen gelöst werden kann, zumal wir es in den internationalen Wirtschaftsbeziehungen heute und in der Zukunft eher mit dem Überleben denn mit der Expansion zu tun haben werden [Dahrendorf 1975, S. 146, zitiert nach Werner 1976].

3.1.3.1 Offensiv-kooperative Variante

Es gilt, zukünftig folgende Tatbestände zu berücksichtigen:

- International ist von einem Konfliktmoment – wie in Abschnitt 3.1.1 dieses Kapitels ausgeführt – auszugehen, das sich auf verschiedenen Ebenen in unterschiedlichen Ausprägungen immer wieder neu konstituiert. Dies gilt es als Realität zu akzeptieren, gleichzeitig aber bedarf es der kollektiven Beschränkung.
- Es muß daher eine multilaterale Strategie entwickelt werden, die einem Umschlagen in eine wirkliche – weil allein defensiv ausgerichtete – neomerkantilistische Politik durch geeignete Maßnahmen so weit wie möglich vorbeugt.
- Dies aber bedeutet, daß die internationalen Wettbewerbsprozesse stärker zu berücksichtigen und so zu steuern sind, daß von den möglichen Alternativstrategien zur Bewältigung des internationalisierten und interdependenten Wirtschaftssystems nicht diejenigen von den Regierungen gewählt werden, die langfristig einen strukturkonservierenden Rückzug aus dem multilateralen System bedeuten würden.
- Vielmehr ist ein soziales System zu konstituieren, das die nationalen und internationalen Belange gleichermaßen berücksichtigt, ohne nur am statischen Allokationsziel ausgerichtet zu sein:
  - (a) Auf nationalstaatlicher Seite muß die entwickelte Interdependenz weitgehend akzeptiert werden können, d. h. zu keiner Überlastung führen, wofür
  - (b) international eine Anerkennung der Notwendigkeit zeitweilig schützender – aber langfristig vornehmlich offensiv wirkender – Maßnahmen die Grundlage bietet.

Dadurch würde erstmals eine Anpassung des internationalen Wirtschaftssystems an den nationalen Charakter des politischen Systems möglich, wodurch gleichzeitig eine friedliche Kooperation zwischen den divergenten Interessen erreicht und abgesichert werden könnte.

- Dies bedeutet, worauf schon Berg [1976, S. 55 f.] hingewiesen hat, daß die von Stegemann [1966] formulierte „Wachstumskonkurrenz der Staaten" die ordnungspolitische Aufgabe definiert. Neo-merkantilistische Politik ließe sich in ihrem Offensivbereich als wesentlicher Bestandteil einer derartigen internationalen Wettbewerbspolitik begreifen. Damit „... hängt für das Konfliktpotential zwischen innenwirtschaftlichen Steuerungsproblemen und liberalem Handelssystem viel davon ab, wieviel im Interesse einer funktionsfähigen Arbeitsteilung und Weltwirtschaft harmonisiert werden darf und wieviel ex ante Strukturpolitik erforderlich ist, um die notwendige Wachstumskonkurrenz der Staaten nicht wegen untragbarer laissez-faire-Anpassungsbelastungen in die Arme einer neomerkantilistischen Industriepolitik und/oder ‚moderner' Industriekartelle zu treiben" [Lorenz 1978, S. 53 f.].
- Darüber hinaus ist zu bedenken, daß der offensive Neo-Merkantilismus, wie die Vergangenheit lehrt, zwei grundverschiedene Richtungen einschlagen kann. Er kann (a) die international kooperative Komponente beinhalten, d. h. offensiv im Sinne einer fortschreitenden Multilateralität über gesteigerte Wettbewerbsfähigkeit wirken; er kann aber auch (b) mehr der (ehemaligen?) japanischen bzw. Entwicklungsländerkomponente entsprechen, die recht deutlich egoistische Züge trägt[87]. Insofern ist z. B. auch der Vorwurf des Merkantilismus gegenüber der japanischen Wechselkurspolitik von dem gegenüber der Bundesrepublik zu unterscheiden, weil die ökonomischen und politischen Hintergründe in Japan andere waren als die der Bundesrepublik, wenn man auf den Entwicklungsprozeß abstellt. Es darf mithin nicht die offensive Variante idealisiert werden, sondern es

---

[87] Wir haben schon in Abschnitt 1. dieses Kapitels die offensive Exportpolitik Japans hervorgehoben, bei der ganz gezielt Marktlücken, aber auch Wettbewerbsschwächen der Konkurrenten ausgenutzt werden und damit nahezu zwangsläufig Struktur- und Beschäftigungsprobleme bei den Industrieländern entstehen. Diese Markteroberungsstrategie in Zusammenhang mit der weitgehend vertikal betriebenen Arbeitsteilung zwischen Japan und seinen Handelspartnern ist insoweit egoistisch, als sie die eigene Exportoffensive (mit Pufferfunktion gegenüber nachlassender Binnennachfrage) durch die bewußt starke Abschottung des Binnenmarktes zu einer Einbahnstraße werden ließ. Dieses japanische Handelsverständnis beruht auf den Erfahrungen des Industrialisierungsprozesses und kann insofern als gewisses Entwicklungsmuster auch für nachrückende Länder (EL) generell angenommen werden.

bedarf einer Unterscheidung des „Entwicklungs(länder)falls" von dem offensiv-kooperativen. Der Nord-Süd-Merkantilismus ist ein gesondertes Feld, das bisher ebenfalls nur ungenügend analysiert ist. Inwieweit z. B. die japanische Industriepolitik diese Egozentrik gestützt bzw. hervorgerufen hat, ist in Abschnitt 3.2 dieses Kapitels noch zu untersuchen.

Die vorangegangenen Überlegungen haben keineswegs alle Gesichtspunkte des „new mercantilism" berücksichtigen können, wie auch weiterhin eine Reihe von Fragen offen gelassen werden mußte. Es hat sich aber gezeigt, daß neo-merkantilistische Politik (a) anders als nur aus der allokativen Perspektive gesehen werden kann und muß und daß (b) eine Einbeziehung der hinter dem neo-merkantilistischen Trend stehenden Faktoren einen tieferen Einblick in die Bestimmungsmomente des „Liberalisierungs-Merkantilismus" (Lorenz) gewährt, der ganz wesentlich als Reaktion auf Entwicklungen im Rahmen der „negativ" ausgerichteten ordnungspolitischen Bedingungen der Nachkriegszeit zu verstehen ist. Zwar läßt sich nicht abschließend klären, ob eine zeitweilige – geordnete – Zurückziehung aus der die Staaten offensichtlich überfordernden Interdependenz zu einem längerfristigen Überleben grundsätzlich liberaler Prinzipien und einer neu konzipierten und organisierten Weltwirtschaft gefunden werden kann. Es spricht aber zumindest vieles dafür, daß die post-liberale Phase der 70er Jahre ein defensiv-merkantilistisches Zwischenspiel bleiben könnte und der offensive Bereich des Neo-Merkantilismus als pragmatische second best-Lösung interpretiert werden kann, da sich die first best-Variante ein weiteres Mal international als nicht durchsetzbar erwiesen hat. Fruchtbare Wettbewerbsprozesse können auch durch kooperativ-offensiven Merkantilismus hervorgebracht werden. Allerdings ist darauf zu achten, daß die so errungenen Wettbewerbsvorteile nicht wiederum strukturellen Charakter annehmen.

3.1.3.2 Interpretationen neo-merkantilistischer Wechselkurspolitik

Daß sich die vorangegangenen Überlegungen nicht vollkommen abseits der realen Bedingungen bewegen, zeigen zwei Beispiele aktueller Diskussion. Der Merkantilismusvorwurf richtet sich seit geraumer Zeit gegen die längerfristig bewußt unterbewertet gehaltene DM und den japanischen Yen. Dieser Fall ist insofern interessant, als Grubel/Lloyd [1975] mit Blick auf den intra-industriellen Handel als weltwirtschaftlichen Wachstumsfaktor die These vertreten haben, daß „. . . mercantilism may not be a complete irrational policy" [S. 150]. Ansatzpunkt ihrer Überlegungen ist die besondere Rolle und Funktion von Skalenerträgen im Rahmen intra-industriellen Handels.

Wenn nämlich, so ihre Argumentation, zu den Vorteilen der Massenproduktion nur dann vorgedrungen werden kann, wenn für gewisse Zeiträume (Einführungsphasen) künstliche Vorteilssituationen geschaffen werden[88], dann ist auch eine merkantilistische Politik zu vertreten. Durch die kostensenkende Wirkung von economies of scale werden bei internationalem Handel auch Dritte, potentiell diskriminierte, Wohlfahrtsgewinne realisieren, indem sie aus den so kostengünstig produzierten Produkten ihren Nutzen ziehen.

Eine auf den ersten Blick merkantilistische Strategie wird aufgrund spezieller Erwägungen so umgedeutet, daß sie augenscheinlich eine gesamtwirtschaftlich sinnvolle Funktion – d. h. effiziente Situation – übernehmen kann. Sie wird damit in den Argumentationsraum des Erziehungsschutzgedankens traditioneller Prägung gerückt. Daß dies nicht gefahrlos ist, haben auch Grubel/Lloyd [1975, S. 151] gesehen. Doch gemäß ihrer Argumentation bleibt, daß zur Realisierung von Skaleneffekten staatliche Förderungsmaßnahmen (oder solche in absichernder Hinsicht) unumgänglich sein können[89], wenn diese sowohl zur Intensivierung des Wettbewerbs als auch zu einer gesteigerten Bedürfnisbefriedigung auf oligopolistisch organisierten Märkten beitragen.

Gleichfalls hat sich Riese [1978] in einem jüngst veröffentlichten Aufsatz mit den Wirkungen der unterbewerteten DM auseinandergesetzt. Aus der Kritik an der Kieler These, daß die Unterbewertung der DM die Ursache des unterlassenen Strukturwandels darstelle, entwickelt Riese Hinweise zum Verständnis und Stellenwert nationaler Wirtschaftspolitik. Während die liberale Ökonomie vor allem auf die allokativen Wirkungen einer Unterbewertung abstellt und einen Wohlfahrtsverlust durch Fehlallokation postuliert, zeigt Riese, daß im Falle der Bundesrepublik die Wachstumsimpulse aus der Unterbewertung Wohlfahrtsgewinne ermöglichten, die sich in Gestalt langfristiger Produktivitätsvorteile zeigen. Die allokativen Nachteile sind dagegen als Nebeneffekte zu sehen [ebenda, S. 156], die zudem vom raschen Produktivitätsfortschritt überlagert werden. Die so in der Entwicklungsphase der Bundesrepublik geschaffene Möglichkeit, aufgrund der monetären Abschirmung durch Unterbewertung „... die Produktivkräfte nach marktwirtschaftlichen Gesichtspunkten zu entwickeln" [ebenda, S. 161], wodurch

[88] Sie stellen auf eine Unterbewertung der nationalen Währung ab, doch läßt sich der Katalog möglicher Maßnahmen mit entsprechender Ausrichtung beliebig erweitern.

[89] Der hier angesprochene Fall ist von dem zu unterscheiden, bei dem Skaleneffekte nicht die Ursache für Exporte, sondern erst die Folge dieser sein können [Hesse 1974, S. 49]. In letzterem Fall stellt sich die Frage merkantilistischer Politik neu und anders.

bestehende Niveauunterschiede zwischen Ländern mehr als nur ausgeglichen wurden, hat dazu geführt, daß aufgrund der Preisinflexibilität der deutschen Exportgüter auf den internationalen Märkten in der Reifephase sukzessive Aufwertungen zu keiner nennenswerten Beeinträchtigung der relativen Einkommensposition führten.

> „Damit sind die langfristigen Wohlfahrtsgewinne der Bundesrepublik eng mit der Verletzung liberaler Normen verknüpft" [ebenda, S. 156][90].

Wie eng die Verbindung zwischen liberalem Anspruch und merkantilistischer Wirkung ist, wird gleichfalls deutlich, wenn man die Maßnahmen zur Wettbewerbsintensivierung betrachtet[91]. In der keynesianischen Revolution und ihren nationalstaatlichen Zielen der Vollbeschäftigung, Preisniveaustabilität etc. müssen sie als mittelbar angelegt gelten. Auch im liberalen Modell sind sie keineswegs auszuschließen.

Damit aber sind wir wieder zum Ausgangspunkt unserer Überlegungen zurückgekehrt. So wie das liberale Freihandelspostulat zur Konservierung von Ungleichheiten beitragen kann, so kann andererseits auch durch merkantilistische Politik eine Ungleichheit in Form der Sicherung der Vormachtstellung bewirkt werden. Vor allem dies gilt es, mittels geeigneter Ordnungsprinzipien (kooperativ-offensiv) langfristig zu verhindern.

3.2 Industriepolitik

Zusammen mit den unterschiedlichsten nicht-tarifären Distorsionen wird die Industriepolitik nicht selten unter dem „new protectionism" subsumiert. Industriepolitik bzw. die „new industrial policy" (G. Ohlin) ist Teil des in den OECD-Ländern verstärkt betriebenen ökonomischen Managements der Regierungen. Sie ist mehr als nur reine Anpassungspolitik und unter dem

---

[90] Diese Sicht wird von Calleo/Rowland [1973, Part I und S. 140 f.] für die gesamte westliche Welt geteilt.

[91] „Förderung des Wettbewerbs, insbesondere durch Abbau von Handelshemmnissen wie Förderung technologieintensiver Innovationen sind sicherlich sinnvolle Instrumente einer Wirtschaftspolitik, die die Funktionsbedingungen einer Marktwirtschaft sichern will. Nur sollte man sich nicht der Illusion hingeben, daß eine solche Politik lediglich Wirkungen in dem liberalen Sinne erzielt, daß sich auch die Wohlfahrt oder die Entwicklungsmöglichkeiten anderer Länder erhöhen" [Riese 1978, S. 163]. In dem Maße nämlich, in dem eine solche Politik „. . . nach innen stetigen Produktivitätsfortschritt und nach außen Preisinflexibilität der exportierten Güter . . ." ermöglicht, schafft sie eine Situation, „. . . bei der der Nachbar entweder auf Wohlfahrt oder auf Entwicklung verzichten muß" [S. 164].

Entwicklungsaspekt zu betrachten. Die durch sie virulent werdenden Probleme sind in der sektoral und/oder zeitlich unterschiedlichen Ausgestaltung der jeweiligen nationalen Maßnahmen angelegt. Verzerrungen des internationalen Wettbewerbs können sowohl Ursache als auch Folge industriepolitischer Maßnahmen sein. Es ist nicht verwunderlich, daß die Industriepolitik, wenn hier einmal recht pauschal die verschiedensten Maßnahmen von der Subventionierung bis zur Importbehinderung in speziellen Sektoren unter diesem Sammelbegriff zusammengefaßt werden [ansonsten OECD 1975], in einen engen Zusammenhang mit dem Neo-Merkantilismus gebracht wird. Dies gilt insbesondere dann, wenn sie (a) in rein defensiver Hinsicht strukturkonservierend wirkt und/oder wenn sie (b) als aggressive Exportförderungspolitik auftritt.

Die mehr und mehr in den Vordergrund tretende Bedeutung der Industriepolitik ist sowohl in Zusammenhang mit dem strukturellen Entwicklungsprozeß als auch mit dem generellen Wachstumsziel nationalstaatlicher Wirtschaftspolitik bzw. der damit eng verbundenen Wettbewerbsfähigkeit zu sehen. Industriepolitik ist insofern keineswegs neuartig; denn sektorale Strukturpolitik zur „Steuerung“ der Industriestruktur im nationalen Interesse hat es schon immer gegeben. Der entscheidende Unterschied zwischen der traditionellen und der „new industrial policy“ besteht darin, daß früher die Maßnahmen weitgehend ad hoc-Charakter trugen, sie dagegen heute aus der engen Beziehung zwischen Regierung und Industrie bzw. Gewerkschaften abzuleiten sind und zugleich als Bestandteil der staatlichen Verantwortlichkeiten interpretiert werden müssen.

Industriepolitik hat, bei allen nationalen Unterschieden, immer nachhaltiger eine die nationale Wirtschaftspolitik verstärkende und stützende Funktion erlangt, was wiederum in Zusammenhang mit der „negativen“ Liberalisierung zu stellen ist. Aus diesem Grunde ist die Erörterung der Industriepolitik im Hinblick auf eine zukünftige Strategie internationaler Kooperation von Interesse. Anhand von zwei Beispielen (Japan und EG) sollen die Konzeptionen, Ziele und Wirkungen herausgearbeitet werden, bevor wir zu einigen grundsätzlichen Überlegungen zurückkehren.

3.2.1 „Japan Incorporated“-Syndrom: Industrialisierungspolitik

Die japanische Wirtschaftspolitik stand nach dem Zweiten Weltkrieg unter dem Motto der Erringung ökonomischer und politischer Unabhängigkeit durch eine gezielte Industrialisierungsstrategie. Japan, als Entwicklungsland, sah seine zukünftigen Chancen im konsequenten Prozeß des wirtschaftlichen Aufbaus und Strukturwandels, mit der Priorität im industriellen Sektor. Über die internationale Wettbewerbsfähigkeit seiner Industrie sollte langfristig die Zahlungsbilanzbegrenzung durchbrochen und der Lebensstandard erhöht werden. Dieser Aufholprozeß ist in kaum vorhersehbarem Ausmaß innerhalb von weniger als drei Jahrzehnten durchgeführt worden. Dabei halfen vor allem die schon seit der Meiji-Ära angewendete, aber erst nach dem Zweiten Weltkrieg voll ausgestaltete und umgesetzte staatliche Förderungspolitik sowie die zentralisierte Steuerung des Transformationsprozesses.

> „Der Industrialisierungsprozeß Japans unterscheidet sich von demjenigen in den westlichen Ländern vor allem dadurch, daß dieser Prozeß nicht durch die mehr oder weniger autonomen Entwicklungen in der Wirtschaft selbst vorangetrieben, sondern durch den Staat weitgehend initiiert, finanziert und somit gezielt durchgeführt worden ist" [Yawata 1974, S. 71–90, hier S. 71].

„Japan Inc.", wie dieses System auch bezeichnet wird, um auf die enge Verflechtung von privater Wirtschaft und Regierung hinzuweisen, entwickelte sich zum Mechanismus einer umfassend konzipierten und gezielt eingesetzten Industrie(alisierungs-)politik. Das Ministry of International Trade and Industry (MITI) wurde Koordinationszentrale bzw. Schaltstelle und effizientes Instrument zur Steuerung des Entwicklungsprozesses[92]. Aus heutiger Sicht ist die japanische Industriepolitik in mehrere Phasen zu untergliedern [Namiki 1978, S. 125 f.], wobei ab den 60er Jahren durch das Vordringen Japans auf den Weltmärkten der „catch up process" (Namiki) in seine entscheidende Phase trat. Die Entwicklung basierte vor allem auf der Nutzung zweier technologischer Faktoren: Einmal betätigte sich Japan unter Ausnutzung bestehender gaps (follower-nation) unnachahmlich als imitativer Innovator, und zum zweiten profitierte es „by riding the product cycles" [Kogiku 1978, S. 683]. Dies hätte aber kaum so erfolgreich sein können, wenn nicht das System des „Japan Inc." die nationalen wirtschaftspolitischen Voraussetzungen dafür geschaffen hätte. Es sind der historisch fundierte ökonomische und gesellschaftliche Konsens über die Ziele in Verbindung mit der japanischen Sozialstruktur und die kooperative Interaktion zwischen Staat und Industrie auf dem Wege zur Zielerreichung, die die japanische Industriepolitik so unnachahmlich und erfolgreich haben werden lassen [ausführlich Shinohara 1976 und Pempel 1977].

---

92 Die französische „planification" ist von Japan als Vorbild betrachtet worden [Kogiku 1978, S. 693].

Industrie- und Außenhandelspolitik, gleichermaßen vom MITI gesteuert und in untrennbarem Verhältnis zueinander stehend, kamen von Anbeginn die strategisch wichtige Bedeutung im Wachstumsprozeß zu,

- notwendige Importe über die durch den Export erwirtschafteten Devisen zu alimentieren sowie den Industrialisierungsprozeß selber zu finanzieren und
- die sich im Aufbau befindlichen Industrien so lange zu schützen, wie deren Wettbewerbsfähigkeit international noch nicht gegeben ist.
- Ist dies erreicht, dann erleichtert eine Exportförderungspolitik den Eintritt in die internationalen Märkte.

Dabei stellte die Industriepolitik darauf ab, nach der Rekonstruktion der Basisindustrie die Veränderung bzw. den Ausbau der Industriestruktur zu technologieintensiven Sektoren zu forcieren, wodurch die Förderung des Exports erreicht werden sollte. Mittel- und langfristige Nachfrageprojektionen bestimmen die Investitionsschwerpunkte und Rationalisierungsziele. Das MITI hat dabei die administrative Führung, ist Mittler und Abstimmungsinstitution zwischen der Unternehmens- und Regierungsebene und ist für die Durchführung der indikativ erstellten Planung zuständig. Daneben repräsentiert und vertritt es die Handelsinteressen japanischer Firmen bzw. der japanischen Regierung gegenüber Dritten. Durch die gezielte Lenkung von nationalen und importierten Ressourcen in als förderungswürdig erachtete Industrien[93] wurde eine Konzentration des Industrialisierungsprozesses erreicht. Die Zentrierung auf kapital- und technologieintensive Sektoren ließ langfristig komparative Vorteile durch Rationalisierungs- und Forschungsvorteile erwarten. Diese zukunftsträchtigen Wachstumsbranchen erhielten durch protektionistische Importmaßnahmen im Gütersektor, im Bereich der Direktinvestitionen und auf der Währungsebene sowie durch zollsenkende Maßnahmen bei notwendigen Vorprodukten einen Sonderstatus innerhalb der japanischen Wirtschaft[94]. Zusätzlich zur Protektion erfuhren sie durch eine ebenso gezielte wie umfangreiche Exportförderungspolitik[95] eine Stärkung ihrer internationalen Wettbewerbsfähigkeit.

[93] Es handelt sich hier um die Stahl-, Automobilindustrie, die Elektrotechnik und die Petrochemie oder globaler um die SITC-Klassen 5 und 7, denen eine Entwicklungs- und Wachstumsfunktion zugesprochen wird.

[94] Hierzu gehört auch eine „infant industry"-Politik, die die Anlaufphase dieser zukünftigen Wachstumsbranchen materiell und finanziell stützt.

[95] Die Japan External Trade Organisation (JETRO) hat als institutionelles Dienstleistungsinstrument des MITI im Bereich des Außenhandelsmarketing entscheidenden Anteil an der Exportförderungspolitik.

Die japanische Industriestruktur wäre aber unvollständig dargestellt, würde nicht auf zwei weitere Besonderheiten hingewiesen, denen ein ganz entscheidender Anteil sowohl am binnenwirtschaftlichen Entwicklungsprozeß als auch am Vordringen auf dem Weltmarkt zukommt. Dies ist einmal das System des „subcontracting", die hierarchische, vertikale Bindung zwischen Groß- und Kleinindustrie, bei der die Nachfragermacht der Großfirmen strukturbestimmend wirkt [s. a. Shinohara 1976, S. 369 ff.]. Zum anderen sind es die Generalhandelshäuser (sōgōshōsha), deren zehn größte zwischen 1960 und 1973 etwa 50% der japanischen Exporte und über 60% der Importe abwickelten. Sie liefern die außenhandelsnotwendige Software, während die Industrie gewissermaßen die technologische Hardware zur Verfügung stellt [ebenda, S. 372 f.]. Das Wissen um die Vermarktung japanischer Produkte auf den internationalen Märkten durch das ausgeklügelte System der Marktbeobachtung der sōgōshōsha, das dynamische Skalenvorteile erst ermöglichte, ist ein entscheidender komparativer Vorteil Japans gegenüber anderen Industrieländern[96]. Der über das Komitee für Exportordnungsprobleme betriebene Versuch, der gegenseitigen japanischen Konkurrenz auf dem Weltmarkt vorzubeugen, hat die Wirkung eines staatlich verordneten Exportkartells.

Importrestriktionen, gezielte und geplante Aufbauförderung und Exportpromotion sind das Dreigestirn der japanischen Industriepolitik, die, begleitet von einer Strategie des „supply ahead of demand" [Kogiku 1978, S. 679], zu weltweiten Exporterfolgen führte. Die für Japan dadurch bewirkten positiven Folgen des industriellen Aufschließens zu den führenden Industrienationen kontrastieren deutlich zu den nationalen[97] und insbesondere internationalen Effekten. Es wird der japanischen Industriepolitik ein merkantiler Zug von denen zugesprochen, die durch den japanischen „export drive" auf nationalen oder Drittmärkten unter erheblichen Konkurrenzdruck gerieten. Die Struktur des japanischen Außenhandels und die gezielte Exportförderung über Subventionierung und Importschutz ist die Basis der kritischen Haltung gegenüber Japan. Das Wachstums- und Exportmuster (aggressives Exportmarketing) Japans steht in starkem Gegen-

[96] Der Lockheed-Skandal hat allerdings die oftmals zwielichtigen Praktiken der Generalhandelshäuser offenbart und gleichzeitig die negative Seite des „Japan Inc." im Binnen- und Außenverhältnis deutlich werden lassen.

[97] Als für Japan selber negativ erachtete Entwicklungen im Gefolge der industriellen Entwicklung sind hier die Schaffung einer ausgeprägt oligopolistisch strukturierten Industrie, die umfangreichen sozialen Ungleichgewichtigkeiten (soziales Dumping) und die im Wachstumsprozeß vernachlässigten Umweltschäden hervorzuheben.

satz zu dem anderer Industrieländer, weil der Wachstumsprozeß nicht über Importe *und* Exporte, sondern fast ausschließlich über die Exporte allein betrieben wurde. Die entstehenden Ungleichgewichtigkeiten wiegen im Falle Japans besonders schwer, weil sich die Exportanstrengungen auf knapp ein Dutzend Exportgüter konzentrieren. Die sich daraus entwickelnden ökonomischen Primäreffekte wurden und werden zunehmend von politischen resp. polit-ökonomischen Sekundäreffekten begleitet. Dies zeigt sich besonders deutlich in den Selbstbeschränkungsabkommen und dem „Orderly Marketing".

Inwieweit die japanische Strategie als unfair zu bezeichnen ist, muß hier dahingestellt bleiben. Es sollte aber nicht vergessen werden, daß Japans Ausgangsposition die eines Entwicklungslandes war und sicherlich andere Entwicklungsmuster für sich in Anspruch nehmen kann als schon entwickelte Länder, ohne damit den Erziehungsschutzgedanken über Gebühr strapazieren zu wollen. Wenn zudem der Wettbewerbsprozeß als stetiger Suchprozeß zu verstehen ist, dann hat Japan diesen Weg äußerst konsequent beschritten: aber eben mit den schillernden Mitteln strukturpolitischer Planung und Steuerung und über den Weg der Parallelproduktion.

Seit der Energiekrise und deren Folgeerscheinungen im Rohstoffbereich allgemein (Ressourcen-Nationalismus) haben sich auch für Japan die ökonomischen und politischen Rahmendaten geändert. Der Konsens über die industriepolitischen Ziele und Maßnahmen wird zunehmend schwieriger und die neuen Bedingungen auf den Weltmärkten durch weitere „late starter" problematischer, da diese von Japan gelernt haben. Insofern gehört die oben thematisierte Industriepolitik, selbst wenn sie weiterhin Eckpfeiler der japanischen Wirtschafts- und Handelsstrategie bleibt, in dieser Form der Vergangenheit an. Es gelten nicht mehr die ehemaligen Ziele mit dem Supremat des Exports und des Wachstums, sondern das Gewicht hat sich, wie Kogiku [1978, S. 705] es formuliert, von der „economic independence" zur „economic security" verlagert, und die Wirtschaftspolitik hat mehr die nationalen Belange des Umweltschutzes und der Wohlfahrtsfragen in das Zentrum zukünftiger Strategien gerückt [Shinohara 1976, S. 379].

3.2.2 Industrielle Strategie der EG

Es sind wohl weitgehend zwei Gründe, warum in letzter Zeit die industriepolitischen Programme der EG immer mehr Argwohn erwecken:

(1) Aufgrund der Erfahrungen in der Agrarpolitik erwartet man zukünftig

ähnlich ausgeprägte merkantile bzw. protektionistische Tendenzen im industriellen Sektor.

(2) In dem seit Mitte der 70er Jahre in einigen kritischen Sektoren (Stahl, Textilien) entstandenen europäischen Krisenmanagement mit internationaler Ausstrahlung sieht man den ersten Schritt zu einem weltweiten System des sog. „Liberalisme organisé" mit ausgehandelten Mindestpreisen und Außenschutz[98].

Noch aber befindet sich die gemeinsame Industriepolitik der EG in einem eher programmatischen Anfangsstadium. Dies ist wesentlich darauf zurückzuführen, daß die ersten integrationspolitischen Ziele (Zollunion) bis 1968 das volle Engagement verlangten und in der Wachstumsphase der Nachkriegszeit sektorale Wirtschaftspolitik nicht notwendig erschien [Warnecke 1975, S. 167 f.]. In den einzelnen Ländern selber aber wurde in unterschiedlichem Maße und aus unterschiedlichen Gründen sektorale Strukturpolitik betrieben [Beiträge in Warnecke/Suleiman 1975], was sowohl den Integrationserfolg zu konterkarieren droht als auch international seine Effekte zeigt[99].

Die Notwendigkeit einer gemeinsamen Industriepolitik nach der Vollendung der Zollunion erklärt sich einmal aus den Entwicklungsbedingungen des Integrationsprozesses an sich – politisch wie ökonomisch. Eine Wirtschafts- und Währungsunion verlangt im Bereich der internen Wirtschaftspolitik eine Harmonisierung der nationalen Politiken[100]. Außerdem bedürfen interne und externe Wirtschaftspolitik der Angleichung, wozu wiederum die ländermäßigen ökonomischen Grundstrukturen zu vereinheitlichen sind, sollen nicht unterschiedliche Entwicklungsmargen den Integrationsfortschritt gefährden. Mit einer gemeinschaftlichen Strukturpolitik wird neben dem Erreichen einer qualitativ höheren Integrationsstufe auch eine integrationspolitisch bedeutsame Aktivitätsumschichtung von der Handels- auf die Produktionsebene vollzogen. Zum zweiten kommt einer koordinierten Industriepolitik auch eine wichtige Außenwirkung zu, nämlich über die Stellung der gemeinschaftlichen Industrien im internationalen Wettbewerbsprozeß. Reallokation und

[98] Letztere Entwicklung wird insbesondere mit dem Namen des Kommissionsmitglieds Vicomte Etienne Davignon verknüpft, der seit 1977 für die Binnenmarkt-, Rechtsangleichungs- und Industriepolitik der EG verantwortlich zeichnet.

[99] Zu den integrationspolitischen Widersprüchen aufgrund sektorbezogener Unternehmensförderung vgl. Franzmeyer [1977] und Warnecke [1975].

[100] Dies gilt neben der Industrie- gleichermaßen für die Regional-, Forschungs- und Verkehrspolitik.

Stärkung der internationalen Konkurrenzfähigkeit bedingen sich und sind gleichermaßen die Effekte fortschreitender Integration.

Die Errichtung der Zollunion bewirkte eine erhebliche Ausweitung des für den Handel interessanten Integrationsmarktes. Es existieren bisher allerdings keine wirklichen Binnenmarktverhältnisse für die Träger der industriellen Produktion in der Gemeinschaft. Unter Wettbewerbsaspekten hat dies erhebliche Nachteile für die Industrien der Integrationszone insgesamt. Hinzu kommt, daß aus Gründen nationaler Strukturpolitik eine Reihe von nicht-tarifären Behinderungen die Wettbewerbsstrukturen verzerrt. Die zunehmenden amerikanischen Direktinvestitionen in Europa und die wachsende Bedeutung Japans auf dem Weltmarkt schärften schon in den 60er Jahren den Blick der Europäer für die Notwendigkeit einer europäischen industriepolitischen Initiative. Mit dem sog. Colonna-Memorandum 1970 und der Pariser Gipfelkonferenz von 1972 wurden die ersten Schritte in Richtung einer Industriepolitik auf Gemeinschaftsebene getan[101].

Die Grundgedanken einer gemeinschaftlichen Industriepolitik zielen darauf ab, „die industrielle Dynamik von den noch bestehenden Hemmnissen zu befreien", wobei die Gemeinschaft darauf zu achten hat, daß das „Handeln besser aufeinander abgestimmt wird und damit an Wirksamkeit gewinnt" [Colonna-Memorandum, S. 15, zitiert nach Hellmann 1977, S. 3]. Sektorale Allokation der Ressourcen, Verbesserung der Industriestruktur und Förderung des technologischen Fortschritts wurden die einprägsamen Schlagworte der entwickelten Programme. Die Aufgabenbereiche einer europäischen Industriepolitik lassen sich gemäß dem Colonna-Memorandum in zwei Schwerpunkten zusammenfassen:

- Schaffung eines gemeinsamen Marktes für die Industrieproduktion durch Abbau nicht-tarifärer Distorsionen;
- Neustrukturierung der europäischen Industrieproduktion mit dem Ziel, den Erfordernissen einer gleichrangigen industriellen Entwicklung innerhalb der Gemeinschaft gerecht zu werden und eine Stärkung der internationalen Konkurrenzfähigkeit zu erreichen.

Der Abbau der technischen und administrativen Hemmnisse sowie eine Liberalisierung der öffentlichen Beschaffungspolitik und darüber hinaus die Verwirklichung einer einheitlichen Rechts-, Steuer- und Finanzordnung

[101] In den Römischen Verträgen ist die Industriepolitik aus naheliegenden Gründen noch kein Thema, und so bildet bisher Art. 235 EWG die rechtliche Grundlage gemeinschaftlichen Handelns.

müssen als wesentlicher Schritt zur Eliminierung von Wettbewerbsverzerrungen gesehen werden. Dies wirft Probleme auf, weil mit dem Abbau der Distorsionen gleichzeitig der Spielraum für eine nationale Industriepolitik eingeengt, wenn nicht sogar vollkommen aufgehoben wird. Ferner enthält eine regional koordinierte Industriepolitik die Gefahr, – à la Agrarpolitik – international Retorsionsmechanismen wegen subjektiv empfundener oder realer Wettbewerbsverzerrungen in Bewegung zu setzen.

Die Notwendigkeit industrieller Umstrukturierung im Integrationsraum ergibt sich aus den bestehenden Strukturmängeln, deren „Behebung" bisher ländermäßig (autonom) betrieben wird. Hierbei können nicht unerhebliche Wettbewerbsverzerrungen auftreten, wobei „zu Zeiten weltweit gedämpften Wachstums" es im wesentlichen der „Konflikt zwischen Beschäftigungssicherung einerseits und – ... – Arbeitsplatzvernichtung und Strukturanpassung andererseits (ist), der zu zwischenstaatlichen Spannungen in der Ausgestaltung der sektoralen Strukturpolitik führen kann" [Franzmeyer 1977, S. 216 f.]. Die Anpassung der Unternehmensstrukturen an den gemeinsamen Markt ist noch längst nicht ausreichend. Vielmehr ist, so Gloystein/Wand [1973, S. 351], die Reaktion der europäischen Unternehmen auf die neue Marktdimension weniger strukturverbessernd als vielmehr wettbewerbsbeschränkend. Ihre Politik ist dabei „... in starkem Maße defensiv auf nationale Konzentration zur Verteidigung traditioneller einheimischer Marktstellungen ausgerichtet" [ebenda, S. 352].

Die gemeinschaftliche Steuerung der strukturellen Veränderungen resp. der Anpassungsvorgänge dient der Bewältigung der steigenden Anforderungen des Strukturwandels. Zwei Maßnahmenbündel sollen die Zielerreichung fördern[102]:

- die Erarbeitung einer gemeinsamen Strategie für die technologisch hochentwickelten Sektoren, wobei nicht mehr der Aufholprozeß aus der „Lückensituation" die Zielrichtung bestimmt, sondern eine offensiv ausgerichtete Technologiepolitik mit Blick auf die zukünftigen Wachstumssektoren;
- die Koordinierung der einzelstaatlichen Maßnahmen in den Sektoren bzw. Industrien, die sich am Ende der Produktivitätsskala befinden. Der Industriepolitik ist hier die Aufgabe zugedacht, für eine weitgehend reibungslose Umstellung der Produktionsstrukturen zu sorgen. Das Problem der

[102] Zu den einzelnen Instrumenten von der Arbeitsmarkt- bis zur Technologiepolitik vgl. Gloystein/Wand [1973], Krägenau [1973], Cairncross/Giersch u. a. [1974] und Warnecke [1975].

Ausgestaltung der Anpassungshilfepolitik tritt dabei in den Vordergrund; denn auch hier kann eine rein defensive Vorgehensweise a priori nicht ausgeschlossen werden.

Es wird entscheidend auf die Koordinierung der Ländermaßnahmen auf Gemeinschaftsebene ankommen, wobei über die Kriterien und Konditionen der staatlichen Hilfsmaßnahmen Einigkeit zu erzielen ist. Dies zeigt, daß der Erfolg der Maßnahmen weitgehend von dem Willen und Interesse der Mitgliedsländer abhängt, an einem Strang zu ziehen und nicht über ländermäßig unterschiedliche Regional-, Technologie- oder allgemeiner Exportförderungs- bzw. Importsubstitutionspolitik auf erweiterte Schutzbarrieren zurückzugreifen und damit die Verzerrungen des Wettbewerbs möglicherweise zu intensivieren.

Betrachtet man die bisherigen Entwicklungen auf der Gemeinschaftsebene, so muß festgestellt werden, daß die programmatischen Ansätze allenfalls im Bereich der nicht-tarifären Distorsionen in reale Politik umgesetzt worden sind, die gemeinsame Technologiepolitik bisher dagegen recht wenig zur Entwicklung einer gemeinsamen industriellen Basis beigetragen hat. Nicht zuletzt die konzeptionellen nationalen Unterschiede zur Aktivierung einer industriellen und technologischen Zusammenarbeit zwischen den Mitgliedstaaten haben bisher eine systematische Fortentwicklung der gemeinsamen Technologiepolitik erheblich behindert [EG-Kommission 1977]. Die sektorale Strukturpolitik leidet immer noch darunter, daß sich die Staaten bisher mehr auf nationale Maßnahmen als auf die Konzipierung gemeinschaftlicher Lösungen verlassen haben [EG-Kommission 1978, S. 29]. Die technologischen Spitzenindustrien bzw. Wachstumsbranchen (neue Energien, Luftfahrt, Fernmeldewesen, Informatik, Elektronik) sind, was das Engagement der Gemeinschaft betrifft, weniger im Blickfeld als die Krisensektoren der Stahl-, Textil-, Schiffbau-, Papier- und Schuhindustrie [ebenda, S. 30]. Die durch den internationalen Wettbewerb bedrohten Industrien, die bisher höchstens allgemeine Absichtserklärungen zum Gemeinsamen Markt abgegeben hatten, entdeckten in der Krise die Gemeinschaft. Die EG-Kommission entwickelte sich zu einer „zweiten Instanz", auf die man zurückgreift, wenn die nationalen Regierungen nicht ausreichende Hilfestellung leisten (können). Im Grunde ist man mit dem Schutzbegehren auch an der richtigen Adresse, seitdem die Zuständigkeit für die Außenhandelspolitik von den Mitgliedstaaten an die Kommission abgetreten worden ist. Daraus aber resultiert ein regionales und ein internationales Problem:

- Es existiert bisher auf Gemeinschaftsebene kein ausreichendes Instrumentarium für die langfristige Bewältigung einer strukturspezifischen Branchenpolitik. Ad hoc-Hilfsmaßnahmen bestimmen das Bild. Je länger und intensiver aber die Mitgliedstaaten sektorale Strukturprobleme im nationalen Rahmen durch z. B. unkoordinierte Subventionspolitik zu beheben versuchen, desto mehr gefährdet ist der Integrationsprozeß.

- Gleichzeitig wird der Versuch, wie vom zuständigen Kommissionsmitglied Davignon bevorzugt, über koordinierte partielle Intervention (Stahl, Textil) die Anpassungsprobleme nicht den einzelnen Staaten zu überlassen, international als merkantilistische europäische Industriestrategie interpretiert.

Die Lösung des innergemeinschaftlichen Dilemmas wird so lange äußerst kompliziert bleiben, wie kein „positives Leitbild" für den verlangten Autonomieverzicht eingetauscht wird [Franzmeyer 1977, S. 223 ff., hier S. 225]; denn es sind weniger die Integrationshemmnisse in den instrumentellen Details zu erblicken als „. . . in tieferen Schichten der Motivation, der Verhaltensremanenz, der Staatsauffassung (und) des gesellschaftlichen und politischen Kräftespiels . . ." [ebenda, S. 223]. Die Problematik der Koordination betrifft markanterweise die künftigen technologischen Schlüsselindustrien mit ihrem hohen nationalen Prestigewert und nicht die Krisenbranchen.

Ob international eine Kodex-Politik für Anpassungs- und Förderungsmaßnahmen allein den unterschiedlichen Ansprüchen gerecht werden kann, muß bezweifelt werden. Dies erscheint insbesondere dann fraglich, wenn sich zusätzlich zu den rein ökonomischen Problemen der Industriepolitik noch die der Ökologie und der rechtlichen Ausgestaltung der Arbeitnehmermitbestimmung im europäischen Raum hinzugesellt. Auch hier werden Wettbewerbsverzerrungen [Buhné 1976] zu erwarten sein, wenn nicht über eine Harmonisierung eine einvernehmliche Lösung erreicht wird [hierzu Gloystein/Wand 1973, S. 377 ff.]. Die Industriepolitik der EG wird zukünftig sowohl in ihren Innen- als auch ihren Außenwirkungen viel grundsätzlicher die Frage des internationalen Wettbewerbs und der ordnungspolitischen Ausgestaltung stellen müssen. Auf Industriepolitik aber wird man generell nicht mehr verzichten wollen und auch nicht können. Dies wird besonders deutlich in der Programmrede des Präsidenten der Kommission der Europäischen Gemeinschaften, Roy Jenkins, vor dem Europäischen Parlament am 14. 2. 1978. Dort stellte er zur Industriepolitik fest:

> „Die Kommission verfolgt zweierlei Ziele. Kurzfristig beschäftigen wir uns mit Dringlichkeitsmaßnahmen zur Unterstützung von Industriezweigen, die . . . nicht mehr konkurrenzfähig sind. Längerfristig gesehen sind unsere Bemühungen auf eine Stimulierung des Wirtschaftswachstums gerichtet, damit wir den Bürgern Europas Beschäftigung und Wohlstand

bieten und uns wieder zu den Spitzenreitern des wirtschaftlichen Fortschritts in der Welt zählen können, statt zu den Nachzüglern zu gehören.

Die Erholung der Gemeinschaftsindustrie hängt zunächst und vor allem von einer Erhaltung der Stärke des Gemeinschaftsmarktes ab. Wir dürfen uns aber nicht hinter einem theoretischen Konzept der Marktwirtschaft verschanzen, um uns der Verantwortung zu entziehen, die den Regierungen und der Gemeinschaft in einer Krise der gewerblichen Wirtschaft zufällt. Wenn die Umstrukturierung der Krisensektoren allein dem Wirken der Marktkräfte überlassen bliebe oder ausschließlich auf durch einzelstaatliche Grenzen eingeengten Märkten durchgeführt würde, dann wäre der Strukturwandel ein zufallsabhängiger Prozeß, der den gemeinsamen Markt gegenstandslos machen und soziale und wirtschaftliche Opfer fordern würde, die durch Gemeinschaftsmaßnahmen in Grenzen gehalten werden könnten und sollten" [EG-Kommission 1978, S. 7–20, hier S. 8].

3.2.3 Weltwirtschaftliche Implikationen

In den vorangegangenen Erörterungen der japanischen und europäischen Industriepolitik haben sich deutlich die unterschiedlichen Ansätze und Konzeptionen, aber auch die sich ergebende Problematik strukturpolitischer Maßnahmen gezeigt. Die japanische Politik steht stellvertretend für eine umfassend geplante, geschickt eingesetzte und administrativ gezielt durchgeführte Entwicklungsstrategie. Ihrem Charakter nach ist sie weitgehend offensiv und durch ihre regionale und gütermäßige Konzentration nicht selten selbst dann aggressiv zu nennen, wenn die komparativen Vorteile auf japanischer Seite liegen. Ihre Stärke ist vor allem darin zu sehen, daß sie konsequent die zukünftigen Wachstumssektoren stützt, die ehemaligen aber zu „Rückzugsgebieten" (Yawata) erklärt. Sie erreicht damit einen Transformationslead, der erhebliche Wettbewerbsvorteile gewährt.

Die europäische Industriepolitik muß gewissermaßen dreigeteilt gesehen werden: Als Beziehung der Mitgliedsländer untereinander, zwischen diesen und der Gemeinschaft und zwischen der Gemeinschaft und den Mitgliedstaaten gegenüber Dritten. Im Innenverhältnis ist Industriepolitik entscheidend Integrationspolitik und vermittelt anschaulich den Konflikt um die Souveränitätsverteilung zwischen dem einzelnen Mitglied und der Gemeinschaft. Die qualitative Fortentwicklung der Integration hat hier ihre größten Hindernisse zu überwinden. Solange die politische sowie administrative und finanzielle Potenz der Gemeinschaftsinstitutionen derart unzureichend ist wie bisher, solange wird eine wirklich europäische Industriepolitik nicht zu verwirklichen sein und nur eine untergeordnete Rolle im Verhältnis zu den nationalen Strukturpolitiken spielen können. Allerdings muß hier eine Ausnahme gemacht werden, die die Struktur des Souveränitätsverzichts nachzeichnet: Für wettbewerbsmäßig bedrohte Branchen ist eine gemeinsame Initiative unter Führung der EG leichter zu erreichen, weil augenscheinlich das Interesse der Mitgliedsländer groß ist, daß hier die Verantwortlichkeit auf Gemeinschaftsebene „sozialisiert" wird. EG-Industriepolitik war, wenn überhaupt, bisher eher defensiv angelegt[103]. Dies vermitteln auch die Probleme um eine gemeinsame Technologiepolitik, dem eher offensiven Teil der industriellen Strategie. Hier erweisen sich nationale Industrieziele nicht so ohne weiteres als mit den Gemeinschaftszielen kompatibel.

Die industrielle Entwicklung hat international zu einem intensivierten Wettbewerb um Märkte geführt. Die Regierungen sind aus ihrer nationalen (ökonomischen und sozialen) Verantwortung aufgerufen und gezwungen, die Evolution der nationalen industriellen Strukturen verstärkt zu beeinflussen, selbst wenn sie dafür nur ungenügend gerüstet sind und die externe Beeinflussung (Interdependenz) eine autonome Steuerung erheblich kompliziert[104]. Zwei Ausgangssituationen sind zu unterscheiden [s. a. Warnecke 1975a, S. 1]:

- Der klassische Prozeß der Industrialisierung betrifft den Fall, bei dem eine Agrarwirtschaft zu einer industriellen Volkswirtschaft entwickelt wird (Entwicklungsländerfall).
- Der Industrieländerfall richtet sich mehr auf den Schutz und die qualitative Verbesserung schon bestehender industrieller Strukturen sowie den Aufbau neuer Industrien auch aufgrund der „Nachrücker" im Entwicklungsprozeß.

Entsprechend der Zugehörigkeit zu einem dieser beiden Fälle werden die jeweiligen Maßnahmenbündel industrieller Strukturpolitik divergieren. Bei einer möglichen internationalen Abstimmung industriepolitischer Maßnahmen müssen die unterschiedlichen Entwicklungsniveaus, die Disparitäten bzw. qualitativen Unterschiede der industriellen Struktur ihre Berücksichtigung finden.

Die allgemein gewachsene Interdependenz und der gesteigerte Wettbewerb als Folge der Liberalisierung führen zu überaus kurzfristigen und umfangrei-

---

[103] Es bietet sich dafür auch eine weitere Erklärung an. Man wird leichter wachstumsschwache Branchen diagnostizieren können als zukünftige Spitzenindustrien. Daher ist bei ersteren eine koordinierte Strategie leichter zu verwirklichen.

[104] „The more governments are concerned not only with the general condition of their economies but, rather specifically, with their structure, the more they will be drawn toward a variety of measures that affect the interests of our countries in ways that cannot be dealt with adequately by negotiations confined by trade barriers" [Diebold Jr. 1972, S. 338].

chen Änderungen komparativer Vorteile. Ökonomisch sowie politisch wirksame Destabilisierungseffekte durch erhöhte Anpassungsbelastungen sind die Folge. Intensivierte staatliche Steuerungseingriffe zur Erhaltung der Produktions- bzw. Handelsmuster und der Marktanteile sind damit gewissermaßen die andere Seite der „negativen" Liberalisierung. Das Ziel industriepolitischer Initiativen ist aber nicht nur auf die reine Anpassung, sondern auch auf die Erhaltung der Wettbewerbsfähigkeit ausgerichtet. Industriepolitik ist damit zugleich ebenso eine ex post Anpassungspolitik wie auch eine die zukünftige Entwicklung antizipierende Strategie der Verbesserung nationaler Wettbewerbsfähigkeit. Sektorale Strukturpolitik steht für die Ziele einer gezielten Erhaltung, geordneten Anpassung und vorausschauenden Gestaltung [Gahlen 1977, S. 11 ff.].

Die Frage eines Pro oder Kontra zur Industriepolitik erweist sich heute als überholt. Es kann nur noch um die Ausgestaltung industriepolitischer Maßnahmen gehen, d. h. die internationale Bewältigung der durch divergierende Steuerungsmaßnahmen entstehenden Abstimmungsprobleme. Eine nationale Branchen-Strukturpolitik ist trotz der ihr immanenten Probleme [hierzu z. B. Giersch 1964 und Bombach/Gahlen/Ott 1977] ein notwendiges wirtschaftspolitisches Instrument geworden, um die Flexibilität des volkswirtschaftlichen Produktionspotentials zu erhöhen[105]. Es wird dabei nicht ohne gewisse Ausnahmebereiche gehen (z. B. strategische Industrien, Energiesektor und Landwirtschaft), die gezielt entgegen den strukturellen Wandlungen erhalten werden [so auch Gahlen 1977, S. 12].

Jedwede Art staatlicher Politik zur strukturellen Erhaltung, Anpassung oder Gestaltung verursacht durch den Einsatz entsprechender Instrumentarien (z. B. Subventionen) internationale „spill over"-Effekte. Es können und werden akute Probleme entstehen, wenn der innere Widerstand gegen Strukturwandlungen über intensivierte Importhindernisse nach „außen" getragen wird und/oder wenn im Anpassungsprozeß mehrere die gleichen Substitutionsbranchen wählen bzw. eine aktive Exportförderungspolitik zu fundamentalen Wettbewerbsverzerrungen führt. Subventionswettläufe bzw. eine Eskalierung von Distorsionsmaßnahmen sind nicht auszuschließen. Eine

---

[105] Daß durch eine Überschätzung der industriepolitischen Steuerungsmöglichkeiten die Gefahren strukturverzerrender Wirkung groß sind, sollte allerdings nicht vergessen werden. Es wird daher, wie auch im Gutachten des wissenschaftlichen Beirats des Bundeswirtschaftsministeriums über „Staatliche Interventionen in einer Marktwirtschaft" [1979] betont, vor allem darum gehen, daß die nationalen wirtschaftspolitischen Steuerungsmaßnahmen dazu dienen, den Anpassungsprozeß „sozial erträglich" zu gestalten. Strukturpolitik darf nicht vom Mittel zum Ziel werden.

internationale Abstimmungsnotwendigkeit wird offensichtlich. Aber wie und in welchem Umfang entsprechende Koordinationsmaßnahmen aussehen sollen bzw. ob überhaupt solche getroffen werden können, ist bisher nur unzulänglich diskutiert. Dies liegt wohl nicht zuletzt daran, daß die Abstimmungsfrage, wie z. B. von Diebold Jr. [1978] dargestellt, durch den Einsatz verschiedenster Instrumente (nicht-tarifärer Art) außerordentlich komplex ist und zudem eine erhebliche politische Dimension besitzt. Es verwundert denn auch nicht, daß der Rey-Report [1972, S. 52 f.] auch nur auf die Unzulänglichkeiten und Gefahren unkoordinierter Industriepolitik hinweist, ansonsten aber allein über die Neufassung der Regelungen zu einzelnen nicht-tarifären Handelshemmnissen diskutiert wird. Man verbleibt hier eindeutig in den Bahnen traditioneller Liberalisierung.

Der Behrman-Vorschlag [1975, S. 214 f.], man solle zur internationalen Koordination der Industriepolitik eine neue Organisation (Organization for International Industrial Relation) schaffen, die als Informationsbasis den Regierungen zur ex ante Abstimmung beabsichtigter Initiativen dient, erscheint so nicht als der Weisheit letzter Schluß. Die Vielzahl der länderspezifischen und unterschiedlichen sektoralen Probleme wird über eine Institution kaum adäquat bewältigt werden können, da die sachliche Verzahnung mit schon bestehenden Ordnungsträgern (GATT, IWF) ein überaus kompliziertes Ordnungsgefüge erfordern würde. Die Abstimmungsfrage sollte von ihrer Anlage her viel grundsätzlicher betrachtet werden. Dies betrifft einmal den Bereich der internationalen Koordination generell und zum anderen speziell die Ausgestaltung industriepolitischer Maßnahmen. In jedem Fall ist sowohl der Souveränitätsfrage als auch der Unzulänglichkeiten einer reinen Eliminierung von Handelsdistorsionen („negative" Liberalisierung) Beachtung zu schenken. Es verwundert denn auch kaum, daß immer mehr von einer „positiven" Koordinations- oder Abstimmungspolitik die Rede ist [z. B. Diebold Jr. 1972, S. 334 ff.]. Zur Ausgestaltung der Industriepolitik – als Vorbedingung einer Koordinierung – sind zwei Gesichtspunkte besonders herauszustellen [vgl. auch ebenda, S. 166–72 und 334–42]:

(1) Eine Industriepolitik hat konkrete Ziele einer angestrebten industriellen Struktur zu entwickeln. Dies wiederum hat zwei weitere Implikationen:
   - Es sind Überlegungen dazu anzustellen, welche zukunftsträchtigen Branchen gefördert werden sollen (Wachstumssektoren). Hierbei handelt es sich um die vorausschauende Gestaltung der Industriestruktur[106].

[106] G. Ohlin [1978] bezeichnet dies als „positive" Industriepolitik.

- Parallel zur offensiven Strategie ist eine gezielte Anpassungshilfepolitik zu konzipieren, die entsprechend der allgemeinen Zieldefinition den Rückzug aus unproduktiven Sektoren sozial tragbar gestaltet.

(2) Industriepolitik ist als mittel- bzw. langfristige – aber „rollend" geplante – Strategie zu verstehen, zu deren konkreter Ausgestaltung nur jeweils kurzfristig sektoral stützend oder überbrückend im Hinblick auf die Zieldefinition von staatlicher Seite eingegriffen werden sollte.

Eine derart gestaltete Industriepolitik bedarf aufgrund ihrer weiterhin bestehenden externen Wirkungen einer internationalen Koordinierung. Voraussetzung für eine praktikable Lösung des industriepolitischen Abstimmungsproblems ist es, daß die Handelspartner untereinander die Notwendigkeit entsprechender einzelstaatlicher Maßnahmen sowohl im Anpassungs- als auch im Gestaltungsprozeß verstehen und akzeptieren können. Dazu bedarf es einer globalen ordnungspolitischen Absicherung im instrumentellen und rechtlichen Bereich. Im instrumentellen Sektor kann z. B. auf die Ausgestaltung des Art. XIX GATT zurückgegriffen werden, wobei entsprechend den speziellen Belangen der Industriepolitik auch die Subventionsproblematik[107] und weitere nicht-tarifäre Distorsionen – vor allem im Exportsektor[108] – einer Regelung im internationalen Rahmen bedürfen. Zielrichtung darf dabei nicht allein der Abbau, sondern muß der reglementierte Einsatz dieser wirtschaftspolitischen Instrumente sein. Ihnen würde damit der rein protektionistische resp. merkantile Charakter genommen. Hierdurch wäre auch eine Verlagerung von der bisher bevorzugten ex post-Erhaltungs- zur ex ante-Anpassungs- bzw. Gestaltungsintervention wahrscheinlicher. Dies wiederum würde zu einer Verbesserung der nationalen Transformationskapazität mit ihrer Wachstums- und Liberalisierungswirkung beitragen.

Allerdings ist damit im konkreten Einzelfall das Abstimmungsproblem nicht endgültig gelöst. Wie die Schwierigkeiten um eine europäische Industriepolitik verdeutlichen, ist selbst in einer Integrationszone die zwischenstaatliche Zielkoordination zwischen „nur" neun Ländern außerordentlich diffizil. Man wird aus diesem Grunde Strukturfragen eher sektoral und unter den direkt Betroffenen regeln müssen; eher in kleinerem Kreise und möglicherweise auch mehr regional. Dem entspricht in gewisser Hinsicht der Ansatz einer Dezentralisation in der Entscheidungsfindung, wie er unter dem Termi-

---

[107] Vgl. hierzu die Vorschläge in Warnecke [1978].

[108] Die Dringlichkeit einer Hinwendung zum Exportbereich wird z. B. durch die neue amerikanische Exportförderungspolitik vom 26. 9. 1978 deutlich. Vgl. Amerika Dienst vom 4. 10. 1978 und Bergsten [1978].

nus des „piecemeal functionalism" von Cooper/Kaiser/Kosaka [1977] vertreten wird. Eine supranationale Abstimmung wird immer dort leichter zu verwirklichen sein, wo das Interesse aller Partner daran groß ist. Bei sektoralem bzw. sektoral-regionalem Vorgehen wird dies eher der Fall sein als im Modell der „one world".

Der hier aufgenommene Gedanke einer erweiterten, mit anderer Zielrichtung versehenen – „positiven" – Liberalisierung weist den Weg zu einem zukünftigen internationalen Ordnungssystem. Im folgenden Kapitel der Arbeit sollen einige Aspekte eines solchen Ordnungssystems konkretisiert werden.

Kapitel IV
Zu einer „positiven" Liberalisierungspolitik: Harmonisierungsgrade des internationalen Wettbewerbs

Nach der Aufarbeitung der handels- und währungspolitischen Entwicklungen der Nachkriegszeit (Kapitel I), der Analyse entwicklungsimmanenter Wandlungstendenzen und den sich daraus erklärenden neuen Formen weltwirtschaftlicher Beziehungen (Kapitel III), in denen die internationale Arbeitsteilung mehr ausgehandelt denn durch die Marktkräfte bestimmt gesehen wird, stellt sich die Frage nach der Ausgestaltung eines Ordnungsrahmens für die Zukunft. Nachdem schwerpunktmäßig gewissermaßen die „hellmarks" der aktuellen weltwirtschaftlichen und weltpolitischen Situation herausgestellt wurden, werden jetzt Hinweise zur Konzeption einer internationalen Kooperation entwickelt, die den Wettbewerbs- und den Regional- bzw. Raumgesichtspunkt in das Zentrum der Überlegungen rücken.

1. Ökonomischer und politischer Rahmen

Die internationalen Beziehungen haben sich nach dem Zweiten Weltkrieg stärker als je zuvor entwickelt. Entsprechend hat auch die weltpolitische und weltwirtschaftliche Verflechtung zugenommen. Die Gravitationszentren USA, Europa (EG) und Japan sind Eckpfeiler und Hauptträger dieser Entwicklung. Ein Konglomerat von Wachstumsfaktoren begünstigte diese Entwicklung (Kapitel I). Der für die Volkswirtschaften wohl bedeutendste Beitrag, den der expansive Welthandel leistete, war seine das gesamtwirtschaftliche Wachstum treibende Kraft. Allerdings flachte das Wachstum seit den 60er Jahren immer mehr ab. Die Jahre der ruhigen und stetigen wirtschaftlichen Expansion gehören vorerst, wahrscheinlich sogar für längere Zeit, der Vergangenheit an. Gleichsam mit der durch Ölschock und der sich daran zeitlich wie auch sachlich anschließenden weltweiten wirtschaftlichen Rezession und politischen Machtverschiebung hat sich eine veränderte Konstellation der internationalen Beziehungen ergeben: Die scheinbar gefestigte, weil ordnungspolitisch durch GATT und IWF abgesicherte Gemeinschaft der Staaten sieht sich einer kaum für möglich gehaltenen fundamentalen Ordnungs- und Identitätskrise gegenüber. Ursachen dieser Krise sind sowohl im System selber angelegte Konfliktbereiche und Unzulänglichkeiten des Regelmechanismus als auch die sich in und durch den Entwicklungsprozeß ergebenden weltwirtschaftlichen bzw. allianzpolitischen Wandlungen. Verloren gingen dabei der sog. intellektuelle Konsens über Regeln und Prinzipien der internationalen Ordnung und die ehemals dominierende bzw. hegemoniale Stellung der Vereinigten Staaten[1].

1.1 Antinomieproblem und Staatsfunktion

Im Anschluß an den Zweiten Weltkrieg war eine Rückkehr zum Status quo ante der Periode relativen Freihandels unmöglich, zumal die Zielkataloge staatlicher Wirtschaftspolitik andere Prioritäten setzten. Die Sicherung der Vollbeschäftigung stand jetzt an vorderster Stelle. Die Aufgabenkataloge der Staaten, die unter dem Etikett „pluralistische Wohlfahrtsstaaten" firmieren, wurden außerdem erheblich erweitert: einmal durch nach innen orientierte Konjunktur- und Wachstumspolitik (zur Erreichung und Aufrechterhaltung sozialer Sicherheit) und zum anderen durch nach außen gerichtete Sicherheitspolitik, die sich ökonomisch als Versorgungspolitik darstellt.

So sollte nach dem totalen Zusammenbruch der europäischen Volkswirtschaften und der bis dahin durch Bilateralismus gekennzeichneten internationalen Beziehungen die Steuerung der Re-Integration über internationale Organisationen als Sachwalter der Grundwerte erfolgen. Die beiden Re-Integrationspfade, der regionale (EG, EFTA) und der multilaterale (IWF, GATT), konkurrierten dabei ab Ende der 50er Jahre miteinander. Aus diesem Umstand entwickelte sich ein die weltwirtschaftlichen Beziehungen prägendes Element: die Regionalkomponente.

Die globale Re-Integration konnte nur bedingt und außerdem nur für relativ kurze Zeit ihre gestaltende Kraft entfalten. Dies hatte mehrere Gründe: Zum einen ist das System, und das ist eine gewisse Paradoxie, an seinen eigenen Erfolgen der ersten zwanzig Jahre zerbrochen. Zum anderen hat es nie so gearbeitet wie eigentlich angestrebt. Letzteres aber ermöglichte erst die per

---

[1] Über den Umfang des verbliebenen Handlungsspielraums der USA herrscht allerdings keine Einigkeit. Vgl. die Beiträge in Kaiser/Schwarz [1977].

Saldo fruchtbare Tätigkeit bis zum Ende der 60er Jahre. Solange die dem System immanenten Ausnahmebereiche dem System nutzbar gemacht werden konnten, solange funktionierte es. Woran lag es nun aber, daß die Fiktion von der von weltwirtschaftlichen Auflösungserscheinungen freien und harmonischen Weltgemeinschaft langfristig wieder einmal nur Illusion blieb?

Zwei Aspekte sind hervorzuheben, die bei näherer Betrachtung beide unter einen Tatbestand subsumiert werden können:

(1) Die im Grunde bar jeder politischen und wirtschaftlichen Macht und frei von Wirtschaftslenkung konzipierte liberale Weltwirtschaftsordnung funktionierte paradoxerweise nur so lange, als ein Land die Funktion des das System steuernden „Kapitäns" übernahm. Diese Rolle konnte nach dem Kriege allein den Vereinigten Staaten zufallen. Die unverbindlichen, da nicht normativen Charakter tragenden wirtschaftspolitischen Zielkonzeptionen des liberalen Ordnungssystems hingen damit weitgehend von den Initiativen oder Unterlassungen der Weltmacht USA ab. Die bestehende Interessenharmonie, in der die Legitimation durch Anerkennung der Verhältnisse bekundet wurde, veranlaßte denn auch potente Industrieländer vorerst nicht, in Konkurrenz um die Macht des „leaders" zu treten.

Das sollte sich erst ändern, als die USA aufgrund der mit der Zeit stärker betriebenen Ausrichtung ihrer Politik an den eigenen Interessen den einmal initiierten Prozeß nicht stoppen, geschweige denn rückgängig machen konnten und wollten. In den Dienst des Systems hatten sie sich eine Reihe von Jahren gestellt, wobei weltwirtschaftliche und außenpolitische Gründe eine gewichtige Rolle spielten [Calleo/Rowland 1973 und Gilpin 1975, S. 99 ff.]. Zur Erhaltung einer kongruenten Interessenlage der westlichen Staaten verzichteten die USA dabei bewußt auf wirtschaftliche Gleichbehandlung. Mit der zunehmenden politischen Konsolidierung und wirtschaftlichen Stabilisierung akzeptierten die ehemals Geführten aber nicht mehr die Leitfunktion der USA, die sich ihrerseits in ihrer wirtschaftlichen Entwicklung mehr und mehr von kurzfristigen Erwägungen leiten ließen und die Regeln des Systems für sich interpretierten[2]. Dies fand nicht mehr die ungeteilte Zustimmung der Handelspartner (Gläubigerstaaten)[3]. Als die Interessenlagen dadurch nicht mehr übereinstimmten, kam es zum Eklat, dessen erster Markstein die

[2] Vgl. dazu und zu den Pendelbewegungen der amerikanischen Handelspolitik der Nachkriegszeit die Studie von Baldwin [1976].

[3] Der Versuch, die Atlantische Gemeinschaft durch die Interdependenz des liberalen Handels zu erhalten, führte nur zur Ausweitung der Friktionen in den transatlantischen Beziehungen [Calleo/Rowland 1973, S. 193].

währungspolitischen Beschlüsse der USA im Jahre 1971 (Nixon-Schock) waren.

(2) Aus anderem Blickwinkel betrachtet, zeigt diese Entwicklung nur, daß der im System angelegte Antinomiekonflikt zeitweilig verdrängt, aber nicht gelöst war, worauf im übrigen namhafte Ökonomen (Henderson) schon bei der Konstruktion der Havanna-Charta mit Nachdruck hingewiesen hatten. Die die nationale Wirtschaftspolitik seit Keynes kennzeichnende Art der Wirtschaftssteuerung mußte notgedrungen mit der freihändlerisch konzipierten Ordnung der internationalen Beziehungen kollidieren. Der Zusammenstoß konnte allenfalls verschoben, aber nicht verhindert werden. Schon durch die in mancher Hinsicht halbherzigen internationalen Regelungen wurde der Konflikt zwischen nationaler Autonomie und internationaler Arbeitsteilung weitgehend zugunsten der nationalen Komponente entschieden. Damit gewannen nationale Zielsysteme international systembestimmende Kraft. Das Antinomieproblem steht hiermit stellvertretend für das Souveränitätsproblem des modernen Nationalstaates. Der Wohlfahrtsstaat ist aufgrund seiner Verpflichtungen nur schwer in der Lage, Souveränitätsrechte zugunsten internationaler Prinzipien aufzugeben, wenn er im Gegenzug dafür nicht Garantien oder aktive Unterstützung hinsichtlich seiner nationalen Prioritäten erhält.

Der die Freihandelsepisode des letzten Jahrhunderts kennzeichnende Konsens über die Grundwerte der internationalen Ordnung zwischen den Staaten war während der Nachkriegsperiode allenfalls in Ansätzen vorhanden. Die Werte des Systems als Ganzem unterschieden sich in entscheidenden Punkten von den wirtschaftspolitischen Wertvorstellungen der Teilnehmerstaaten. Das Ergebnis war mittelfristig eine Politik der Anpassungsvermeidung und langfristig ein Ausweichen in den Protektionismus. Entscheidend erleichtert bzw. geradezu provoziert wurde dies durch eine zu einseitig angelegte internationale Ordnungspolitik. Die praktizierte „negative" Liberalisierung stieß denn auch folgerichtig bald an ihre vorgezeichneten Grenzen: als sich nämlich nach der recht unproblematischen Aufbau- und Wachstumsphase, die spätestens mit der Kennedy-Runde ihr Ende fand, die handels- und währungspolitischen Probleme zuspitzten. Zahlungsbilanzungleichgewichte wiesen bald strukturellen Charakter auf; falsche bzw. „unfaire" Wechselkurse verzerrten die Wettbewerbsbedingungen, was auch über das Floaten bisher nicht bereinigt werden konnte; nach dem Abbau der tarifären Behinderungen reagierte man verstärkt mit der Errichtung nicht-tarifärer Handelsbehinderungen. Deren Vordringen war zu erwarten; stellen sie doch das einzig verbliebene Instrument der Nationalstaaten dar, die aufgrund von Strukturwandel und Wettbewerbsproblemen erschwert zu verwirklichenden und doch vermehrt bestehenden Anforderungen wenigstens für gewisse Zeit und bedingt zu gewährleisten. Anpassungsmaßnahmen als eigentliche Alternative fielen aus demselben Grunde ja weitgehend aus.

So wie der Konsens über die nationalen und internationalen Grundwerte in der weltwirtschaftlichen Realität kaum existierte, so hat der Prozeß weltwirtschaftlicher Entwicklung aus sich heraus zu Wertverschiebungen geführt, die die Auflösungserscheinungen einmal als allgemeingültig erachteter Ordnungsprinzipien verstärkten. Indem der Prozeß weltwirtschaftlicher Beziehungen einige Partner ebenso offensichtlich bevorzugte, wie er andere benachteiligte, wurde die These von der „globalen Wohlfahrtsmaximierung über optimale Faktorallokation" nicht mehr ohne weiteres akzeptiert. Das Prinzip der „formellen Chancengleichheit" wurde umformuliert in das der „Gleichheit des Resultats" [Hager 1976, S. 16]. Hinzu kommt, daß die im ordnungspolitischen System ausgeschlossene Machtkomponente mit der Zeit immer mehr an Gewicht gewann. Das, was sich seit der Bildung von EWG und EFTA als Regionalkomponente oder Interessenkoalition darstellte, ist nur eine Ausprägung dieses Sachverhaltes. Die viel weitergehende, weil an den Grundprinzipien rüttelnde Entwicklung besteht darin, „. . . daß die Starken und Mächtigen im internationalen System die Möglichkeit besaßen (besitzen), die vermeintlich allgemeingültigen Regeln zu interpretieren bzw. sie zu ändern" [ebenda]; wobei Macht nicht nur dazu verwendet wird, „. . . marginale Vorteile innerhalb eines gegebenen Systems zu erhalten, sondern auch dessen ‚Verfassung' zu ändern" [ebenda, S. 17].

1.2 Internationale Interdependenz, Sicherheitspolitik und weltpolitische Datenänderungen

Liberalisierungspolitik war bisher weitgehend Wachstumspolitik und durch glückliche – nachkriegsbedingte – Umstände, die sowohl im Bereich der Politik (Systemkonflikt) als auch der Wirtschaft (Nachholbedarf) anzusiedeln sind, begünstigt. Solange diese Kräfte den Entwicklungsprozeß und damit über den Ausbau der internationalen Beziehungen den nationalen wirtschaftlichen Vorteil für die Volkswirtschaften förderten, konnte die „negative" Liberalisierung den internationalen und nationalen Anforderungen genügen. Die den weltwirtschaftlichen Entwicklungsprozeß kennzeichnenden Strukturwandlungen veränderten allerdings die Bedingungen entscheidend:

- zum einen durch die schon diskutierte Erweiterung nationalstaatlicher Aufgabenbereiche;

- zum anderen wurde durch den Prozeß der ökonomischen Internationalisierung ein Zustand hochgradiger Interdependenz geschaffen.

Ersteres führte zu einer Verstärkung der Souveränitätskomponente, die sich ihrerseits wiederum im steten Konflikt mit den sich ausweitenden und verstärkenden Interdependenzmomenten zeigte.

Weltwirtschaftliche Interdependenz hat, vereinfacht gesehen, zwei Seiten [Whitman 1976/77]: Eine „freundliche“, die durch vergrößerte Spezialisierungsmöglichkeiten zu einer ökonomischen Effizienzsteigerung verhilft, und eine „empfindliche“, die durch die Übertragung externer Störungen zu einer Effizienzminderung hinsichtlich nationaler Makro-Politik führt. Innerhalb der westlichen Allianz wurde Interdependenz nach 1945 das, was man ein ordnungspolitisches Programm nennt. Je mehr sich das Wachstumsklima der Nachkriegszeit abkühlte, gleichzeitig aber durch die fortschreitende Liberalisierung die Interdependenz wuchs, desto problematischer wurde es für den Nationalstaat, den von seiten der Gesellschaft in ihn gesetzten wirtschaftlichen Erwartungen und Ansprüchen gerecht zu werden[4]. Der konjunkturelle Gleichlauf stellte die Staaten ebenfalls vor neue und umfangreiche nationale Steuerungsprobleme. Daß nicht mehr nur das Beschäftigungs- bzw. Wachstumsziel, sondern auch neue soziale Ziele (Umweltschutz etc.), weitgehend abgebaute Zollschranken und verstärkter Wettbewerbsdruck für die einzelnen Regierungen Probleme aufwerfen, ist leicht einsichtig. Eine Zielerreichung allein über die Marktkräfte ist zwar gemäß traditioneller Theorie und traditionellem wirtschaftspolitischen Selbstverständnis wünschenswert, in der heutigen internationalisierten Welt allerdings nur noch unter Inkaufnahme hoher und manchmal einseitiger Anpassungsbelastungen möglich.

Die ökonomischen Interdependenzbeziehungen sind seit dem Ende des Zweiten Weltkrieges eng mit den politischen Absichten der Großmächte verbunden. Liberaler Handel muß daher im westlichen Allianzsystem gleichermaßen unter wirtschaftlichen und politischen Gesichtspunkten gesehen werden. Gesteigerte wirtschaftliche Interdependenz sollte das gemeinsame militärische bzw. politische Sicherheitsinteresse erhalten und stärken. Handelspolitik beinhaltete zu Zeiten des „Kalten Krieges“ eine eminent strategische Bedeutung im Zusammenhalt der Bündnispartner. Aber schon in den 60er Jahren geriet diese Interessenharmonie der Allianz unter Druck von innen. Der fortschreitende europäische Integrationsprozeß, die abnehmende

---

[4] Vgl. zu den unterschiedlichen Ausgangssituationen die Länderstudien in Katzenstein [1977].

Wettbewerbsfähigkeit der USA und die weltweiten politischen Umstrukturierungsprozesse bewirkten diese Entwicklung.

So wie neue Zentren weltpolitische Bedeutung erlangten (Japan, China), so zeigten sich gleichermaßen entscheidende Wandlungen in den Beziehungen der Supermächte untereinander (Détente) wie innerhalb des westlichen Lagers [Griffith 1975]. In den Ost-West-Beziehungen ist eine Entwicklung vom konfliktgeladenen Zeitalter zum Kräfteausgleich zwischen den Supermächten sowie den Blöcken insgesamt festzustellen (Entspannungspolitik). Entgegen der Vorstellung der „Gründerjahre" nach 1945, die eine enge Partnerschaft der westlichen Staaten unter der weitgehend unbestrittenen Führung der Vereinigten Staaten als Grundlage der Bewältigung des Systemkonflikts und des Nord-Süd-Problems sahen, hat sich mittlerweile eine politische Struktur unter den westlichen Industrieländern herausgebildet, die mehr und mehr auf den Prinzipien der Gleichgewichtigkeit und Gleichberechtigung zwischen den Gravitationszentren beruht und damit den Nachkriegskategorien der Hegemonie und Dominanz nicht mehr entspricht. Die Dezentralisierung der weltwirtschaftlichen Führung durch den Sprung Japans in den „melting-pot" Weltmarkt, die Verstärkung der EG von sechs auf neun Mitgliedsländer[5] und die sich in diesem integrationspolitischen Zusammenhang ergebenden Entwicklungen (Assoziierungsverträge, Präferenzpolitik, Süderweiterung etc.) haben die im Grunde einfache Nachkriegssituation der politischen Blöcke sowohl rein quantitativ (mehr Handelspartner und Konkurrenten) als auch – und das ist entscheidender – qualitativ (mehr Handelspartner mit erhöhten Ansprüchen an das System und umfangreicherer Wirtschaftsmacht)grundlegend verändert. Besonders deutlich wurde dies in der 71er Krise, bei der sowohl Japan als auch die Europäer ihre Interessen gegenüber den USA äußerst konsequent vertraten. Es blieb nicht aus, daß sich dadurch auch das traditionelle Verhältnis von Sicherheits- und Wirtschaftspolitik in der westlichen Allianz änderte.

> „War vorher die wirtschaftliche Verflechtung ein zusätzlicher Garant für die Bündnistreue, so wurde von nun an die militärische Allianz zum Garanten wirtschaftlicher Solidarität unter den Verbündeten" [Hager 1978, S. 86].

---

[5] Selbst wenn der „fragmentierende Nationalismus" (Kaiser) innerhalb der Gemeinschaft den Integrationsfortschritt weiterhin verlangsamt, so bleibt die EG ein wirtschaftlicher und politischer Machtfaktor im internationalen Staatengefüge. Allerdings wird sich mit der Zunahme des politischen Gewichtes auch vermehrt die Frage der militärischen Sicherheit neu stellen; denn der wirtschaftliche Riese EG kann weltpolitisch nicht als Zwerg auftreten [Duchêne 1973].

Gleichzeitig ging mit diesen Entwicklungen auch allgemein eine „Globalisierung" der – außerordentlich wichtigen – Sicherheitspolitik einher, die die traditionelle militärische Ausrichtung erweiterte und die regionale veränderte [s. a. Kaiser 1977].

- Zur politisch-militärischen trat die wirtschaftliche Sicherheit der Versorgung hinzu [Hager 1976], deren Elemente (Wachstum, Vollbeschäftigung, Rohstoffsicherung etc.) die Verbindung zur wirtschaftspolitischen Aufgabe des Nationalstaates zeigen.
- Des weiteren bewirkte die auf Entspannung gerichtete Ost-West-Politik, daß die bisherige Ausrichtung der Sicherheitsanstrengungen einer Erweiterung auf neue Regionen Platz machte (Nord-Süd-Problem), die, wie z. B. im Nahen Osten, oftmals in enger Verbindung zum wirtschaftlichen Sicherheitsstreben steht (Energie) oder außenpolitischen Doktrinen der Allianz folgt.

Das Interdependenzverständnis innerhalb der OECD-Staaten blieb von diesen ökonomischen und politischen Wandlungen nicht unberührt. Die sich als Folge ständig wachsender und intensivierter zwischenstaatlicher Beziehungen ergebende gegenseitige Verflechtung beinhaltet nicht nur die Nutzung der Vorteile internationaler Arbeitsteilung, sondern auch die Geißel geringerer Bewegungsmöglichkeiten nationaler Politik und Wirtschaftssteuerung. Letzteres ließ eine wachsende Verflechtung eher als Belastung denn als positive Entwicklung erscheinen. Das neue Selbstverständnis der Bündnispartner führte aber nicht zu einer Auflösung der wirtschaftlichen Beziehungen, sondern in problematischen Bereichen zu deren „Organisierung", allerdings meist außerhalb der traditionellen Prinzipien.

Insgesamt gesehen ist die weltpolitische Lage, die zwischen 1968 und 1974 ihre entscheidenden Wandlungen erfuhr, erheblich labiler und unbestimmter geworden. Gleichzeitig ist diese Situation aber wohl „normaler", d. h. typischer für eine heterogene Staatengemeinschaft, wenn man sie mit der recht „synthetischen" ökonomischen und politischen Konstellation in den 50er und beginnenden 60er Jahren vergleicht. Die Spannungen in der westlichen Allianz sind Ausdruck unterschiedlicher Interessen und symptomatisch für eine dezentralisierte Entscheidungsstruktur, die aber in globalen Fragen (Energie, Umwelt, Weltwährungssystem etc.) nach einer gemeinsamen Linie sucht. Dies läßt auch in der Zukunft neue, sich verändernde Interessenkoalitionen erwarten, bei denen z. B. entsprechend der ökonomischen Potentiale zwischen den Primärproduktexporteuren im OECD-Lager (USA, Kanada, Australien) und den weitgehend Rohstoffabhängigen (EG, Japan) die unterschiedlichen Interessenlagen die weltwirtschaftliche und -politische Entscheidungsstruktur beeinflussen werden. Besonderen Anteil wird daran auch die weitere Entwicklung der EG haben, die aufgrund ihrer fortschreitenden inneren Heterogenität und der „globalen politischen Herausforderung“ (Kaiser) ihre eigentliche Bewährungsprobe erst noch zu bestehen hat. Der Ausgang des Integrationsprozesses ist zwar noch weitgehend offen, doch wird auch in der Zukunft die regionale Integration das Muster weltwirtschaftlicher Koordination entscheidend mitbestimmen. Unabhängig davon aber läßt die größere Eigenständigkeit der Staaten des trilateralen Raumes einen intensivierten industriellen Wettbewerb erwarten. Auch die Markterweiterungen werden z. B. durch das stärkere Auftreten der Schwellenländer des Südens zu keiner langfristigen Entlastung führen, und es kann nicht ausgeschlossen werden, daß dem Textil-Fall andere Branchen folgen.

1.3 Ausgestaltung des Ordnungssystems: „Positive“ Liberalisierung

Die bedrohlichen Auflösungserscheinungen der multilateral angelegten Weltwirtschaftsordnung verlangen nach einem veränderten, d. h. an die neuen Bedingungen angepaßten, internationalen Ordnungssystem[6]. Unbestritten ist, daß dessen Konzipierung, Errichtung und Durchsetzung weitaus mehr Probleme aufwerfen wird, als dies direkt nach dem Ende des Krieges der Fall war. Daher kann es kaum verwundern, wenn Diebold Jr. [1977, S. 122] pessimistisch feststellt, daß es eigentlich keinen guten Grund gibt, daran zu glauben, daß dies überhaupt möglich sein wird. Die große Zahl der mittlerweile international relevanten Länder, deren enge Verflechtung, die nicht ausschließlich wirtschaftlicher Natur ist, die unterschiedliche Machtverteilung zwischen den Staaten, die Dezentralisierung der Entscheidungsstrukturen im OECD-Bereich und vor allem die auseinanderlaufenden Entwicklungen zwischen nationalen staatlichen Zielsystemen und globalen ordnungspolitischen Anforderungen bilden ein Konfliktpotential von bisher unbekannten Ausmaßen. Die sich zudem überlagernden und mit erheblichen Kosten und sozialpolitischen Unwägbarkeiten verbundenen Anpassungsprozesse als Folge neuer Partner und technologischer Veränderungen der Produktionsstrukturen verdeutlichen die Dringlichkeit eines modifizierten internationalen Abstimmungssystems.

---

[6] Rothschild [1979] verdeutlicht diese Notwendigkeit anhand der sog. „trade-off“-Problematik zwischen optimaler Güterversorgung und der Störungsabschirmung von außen.

Was aber kann überhaupt getan werden? Wo sollte ordnungspolitisch angesetzt werden? Kann unter den aktuellen Gegebenheiten ein auf der Freihandelsdoktrin aufgebautes Ordnungs- und Regelsystem noch ein adäquates Instrument zur Lösung der anstehenden Probleme darstellen? Muß vielleicht ein Weg gefunden werden, der die Zunahme der Interdependenz begrenzt und sogar auf eine Reduzierung bestehender Verflechtungen hinarbeitet? Inwieweit kann überhaupt noch von einer steigenden Außenhandelsquote ausgegangen werden, wenn die nationalstaatlichen Ziele konjunktureller und wirtschaftspolitischer Autonomie mit dem laissez faire-Ideal kollidieren? Dieser Fragenkatalog ließe sich beliebig erweitern. Doch zeigt er schon, welchen grundsätzlichen Fragestellungen man sich gegenübersieht. Die Weiterentwicklung der Liberalisierungspolitik, die Bewältigung des Antinomieproblems und die Frage der Interdependenz stehen im Zentrum der Überlegungen.

Zur Lösung der anstehenden Probleme kann sicherlich kein Patentrezept angeboten werden. Es kann nur darum gehen, die, wie in Kapitel I und III der Arbeit aufgezeigt, auseinanderlaufenden Pfade weltwirtschaftlicher Entwicklung und ordnungspolitischer Ansprüche unter einem modifizierten Ordnungsrahmen so weit wie möglich kompatibel zu gestalten. Wegen der ex ante nicht zu kalkulierenden Entwicklungsprozesse wird die jeweilige Ausgèstaltung der Ordnungskonzeption nur begrenzte Zeit Gültigkeit besitzen. Insofern ist auch hier ein steter Anpassungsprozeß notwendig, der aber vor allem die Ausgestaltung der instrumentell-ordnungspolitischen Feinstruktur betrifft.

Die Modifizierung des weltwirtschaftlichen Systems verlangt die Beachtung dreier Kernbereiche, die als Gegenpositionen bisheriger Ordnungspolitik zu verstehen sind und sich aus der Analyse des weltwirtschaftlichen Entwicklungsprozesses herauskristallisiert haben:

- Die Ausgestaltung des ordnungspolitischen Rahmens zukünftiger internationaler Kooperation erfordert eine „positive" Liberalisierungspolitik, die neben die bestehende „negative" tritt und diese um entscheidende Elemente erweitert.
- Liberalisierungspolitik wird in Zukunft nicht mehr vordringlich Wachstumspolitik sein können, sondern vor allem die Wettbewerbsaspekte weltwirtschaftlicher Beziehungen zu berücksichtigen haben, was auch die Frage des Umfanges zukünftiger Interdependenz resp. die Angleichung nationaler Wettbewerbspolitik aufwirft.
- Liberalisierungspolitik bzw. das internationale System wird nicht mehr

allein von der mondialistischen Sicht der „one world" ausgehen können, sondern die raumwirtschaftlichen Determinanten stärker als bisher kalkulieren bzw. akzeptieren müssen, womit unterschiedliche Liberalisierungsgrade und -intensitäten relevant werden.

Es fragt sich, ob dies mit Hilfe eines global ausgerichteten Ansatzes entsprechend der Freihandelsdoktrin erreicht und gesichert werden kann. Wie gezeigt (Kapitel III), sind die Zielsysteme staatlichen Handelns im internationalen Rahmen seit der Zunahme der nationalen Steuerungsprobleme weitgehend an den nationalen Bedürfnissen ausgerichtet. Der grundsätzliche gesellschaftliche Konsens darüber, daß wirtschaftliche Wohlfahrt durch das „magische Viereck" bestimmt wird, ließ den staatlichen Handlungsspielraum – bei steigendem Anspruchsniveau – im internationalen Rahmen erheblich schrumpfen. Die der Freihandelskonzeption entsprechende optimale Allokation der Ressourcen, die ihre Realisierung über den Wettbewerbsprozeß erfährt, ist heute nur noch Subziel im Rahmen der Zielhierarchie nationaler und internationaler Wirtschaftspolitik. Dem uneingeschränkten Wettbewerbsprozeß will und kann sich kein Staat mehr unterwerfen, insbesondere dann, wenn dieser zu Überlastungen hinsichtlich der Anpassungserfordernisse führt. An dieser Tatsache führt auch ordnungspolitisches Klagen nicht vorbei. Die zur Wahl stehenden Grundpositionen beschreibt Kindleberger [1971] folgendermaßen:

> „The choice is whether to accept the trend to wider world scale in economics and build the political machinery that would be needed to harmonise purposes that would otherwise diverge, to provide for necessary exceptions or special transitional arrangements, or to accept the difficulties of political institution-making and adapt economic policy to the realities of national policies" [S. 492][7].

Der Tatbestand verstärkter oligopolistischer Interdependenz, der das Konfliktpotential zwischen den Staaten um einiges erweitert hat, zwingt sowohl zur Anerkennung der neuen – sozialen – Zielsysteme als auch zu einer diese Ziele berücksichtigenden internationalen Politik. Unter dem „Druck praktischer Politik" (Hagėr) hat sich der wirtschaftliche und politische Bedingungsrahmen grundlegend verändert, und diese Entwicklung läßt sich weder zurückschrauben noch negieren. Es wäre selbstzerstörerisch, würde man den historischen Freihandelsidealen aus ordnungspolitischer Rigorosität folgen;

---

[7] Vgl. auch Rothschild [1979, S. 55 f.]. Die vereinfachende Gegenüberstellung von sog. „konservativen" und „initiativen" Unternehmern, als Ausdruck grundsätzlich protektionistisch oder freihändlerisch orientierter Wirtschafter – wie z. B. von Molsberger [1978] – verkennt bzw. ignoriert die strukturellen Wettbewerbsdivergenzen als Folge des weltwirtschaftlichen Entwicklungsprozesses.

denn das bedeutete, denkt man den Prozeß der internationalen Beziehungen weiter, auf lange Zeit mehr Konfrontation denn Kooperation. Eine Rückkehr zum Freihandel hieße nämlich, den innerwirtschaftlichen Ansprüchen der Staaten nicht gerecht zu werden und damit die aktuellen Bedingungen der internationalen Kooperation zu negieren. Das würde unweigerlich den unbefriedigenden Zustand der internationalen Beziehungen auf unbeschränkte Zeit prolongieren.

Ebensowenig würde aber auch eine Abkapselung durch den rigorosen Abbau der zwischenstaatlichen Beziehungen die grundsätzlichen Probleme der innerwirtschaftlichen Steuerung lösen, wenn auch formal ein größerer Handlungsspielraum für die nationale Wirtschaftspolitik impliziert wäre. Eine Rückkehr zur beggar-my-neighbour-Politik, was mit Blickrichtung auf die weltwirtschaftlichen Auswirkungen eine „Beschäftigungskonkurrenz der Staaten" (Stegemann) bedeutete, würde unweigerlich zu teuren und unberechenbaren wirtschaftlichen und in deren Gefolge auch politischen Feindseligkeiten unter den Nationen führen. Auch hier stünden den großen „Gewinnern" eine Vielzahl von Verlierern gegenüber. Die drohende Gefahr einer „Anarchie des bloßen Unilateralismus" [Peeters/Hager 1973, S. 54] kann nicht im Interesse der Welthandelspartner liegen, die ihren Wohlstand ja nicht zuletzt dem Grundstock an Partnerschaft der letzten drei Dezennien verdanken.

Zwischen den beiden grob skizzierten ordnungspolitischen Polen liegt der Handlungs- und Organisationsspielraum einer neuen internationalen Ordnung. Die Entwicklung der weltwirtschaftlichen Beziehungen seit Mitte der 60er Jahre hat deutlich werden lassen, daß eine allein auf den Abbau von Handelsbehinderungen und Verzerrungen ausgerichtete Liberalisierungspolitik den Erosionsprozeß der internationalen Ordnung eher beschleunigt denn verhindert. Zudem wird – entgegen der bisherigen Entwicklung – der Wachstumsprozeß, bedingt durch politische, gesellschaftliche, soziale und produktionstechnische Entwicklungen (Kapitel III), die Liberalisierungspolitik nicht mehr in dem Umfange tragen bzw. abstützen können wie in den ersten zwanzig Nachkriegsjahren. Daher bedarf es in der Phase des umfassenden weltwirtschaftlichen und -politischen Strukturwandels, in der sich der Wettbewerbsdruck erhöht und die Anpassungsflexibilität der Industrieländer aufgrund ihrer sozialen Verpflichtungen nur relativ gering ist, mehr als nur „negativer" Liberalisierung; denn diese wird in wachstumsschwachen Zeiten das Koordinationsproblem erheblich komplizieren, weil die Interdependenz noch ausgeprägter, die Anpassungsbelastung noch umfangreicher und einseitiger, die Verwirklichung sozialpolitischer Ziele der Nationalstaaten noch komplizierter und unwahrscheinlicher und ein Ausweichen in Protektionismus oder sogar Merkantilismus noch wahrscheinlicher werden wird.

Und noch eines bedarf der Beachtung: Die sich aufgrund zunehmend differenzierter Nachfragestrukturen und erhöhtem Wettbewerbsdruck auf der Produzentenseite sowie des technischen Fortschritts entwickelnde intra-industrielle Spezialisierung kann gleichfalls nicht für alle Zeiten das Auffangbecken eines ohne große Friktionen verlaufenden Strukturwandels abgeben. Zwar können im Rahmen dieser Spezialisierungsstrategie die gesamtwirtschaftlich spürbaren Anpassungslasten erheblich gemindert, aber dennoch nicht total aufgehoben werden. Bei allgemein vorhandenem oder zugänglichem technologischen Wissen (im OECD-Bereich), geringeren Expansionsspielräumen und immer kürzeren Umschlagszeiten im Produktzyklus wird auch diese spezifische Anpassungsstrategie problematischer. Das intra-sektorale Spezialisierungspotential ist nicht unendlich, geschweige denn gleich „billig“. Der von Blackhurst/Marian/Tumlir [1977, S. 16 f.] postulierte auch zukünftig große Spielraum des sog. Input-Handels ist damit so groß wiederum auch nicht und birgt zudem eine erhebliche Täuschungsgefahr [Lorenz 1978a, S. 283, Fußnote 4]; denn die Auswirkungen von Handelsbehinderungen potenzieren sich über den Vorprodukthandel. Ebenso verhält es sich mit den von Cline/Kawanabe u. a. [1978] errechneten Wohlfahrtsgewinnen aus einem weiteren Abbau der tarifären Behinderungen; denn hier wird nur die eine und zudem hypothetisch hochgerechnete Seite der Liberalisierungsmedaille betrachtet. Vielmehr ist festzustellen, daß das internationale Abstimmungsproblem wegen der politischen und wirtschaftlichen Brisanz z. B. von Arbeitslosigkeit, Anpassungskosten und Sicherheitserwägungen nicht mehr allein als Frage des liberalen Handels betrachtet werden kann. Entscheidend ist in diesem Zusammenhang auch die folgende Feststellung:

> „Es wäre unrealistisch im internationalen Bereich einen Liberalismus in weitestgehender Form weiterhin zu fordern, während man ihn im nationalen Bereich längst mit mehr oder weniger sozialen Komponenten sozusagen entschärft hat und fortwährend weiter abbaut“ [Lemper 1972, S. 8].

In welche Richtung die Entwicklung gehen sollte, deutet Diebold Jr. [1978] an, wenn er in Zusammenhang mit der Abstimmung nationaler Industriepolitiken eine einseitig „negative“ Politik in Frage stellt, da „. . . nicht ganz klar (sei), ob Marktkräfte allein ausreichen, die Expansion und Kontraktion von Industrien und ihre sinnvolle Standortänderung zu bewirken, wie es langfristig nötig ist“ [S. 624]. Demzufolge ist davon auszugehen, daß „negative“ Liberalisierung nur noch ein begrenzt einsetzbares Instrument darstellt (da sie kontraeffizient wirkt), um die Anforderungen internationaler Wirtschaftspolitik zu erfüllen. Die neuen Aufgaben dieser Politik ergeben sich daher aus der Abstimmung zwischen internationalen Anforderungen und nationalstaatlichen Zielsystemen.

Eine zukünftige internationale Wirtschaftspolitik muß dafür Sorge tragen, daß eine Organisationsform als Basis gefunden wird, die die weltwirtschaftlichen Entwicklungsbedingungen in den einzelnen Phasen berücksichtigt, die darauf abgestellten ordnungspolitischen Anforderungen an die Staaten definiert und Zielkonflikte in einem durch allgemein anerkannte Normen rechtlich abgesicherten Rahmen auf friedlichem Wege lösen hilft. Damit würde einem Ausufern und Ausweichen in rechtsfreie Räume (ungezügelte Protektion mit Tendenz zu merkantilem Gebaren) vorgebeugt und den Staaten eine spezielle Kooperationsmöglichkeit gegeben, ohne daß sie diese mit einem nicht akzeptierbaren Souveränitätsverzicht „bezahlen" müßten[8]. Indem ihre sozialen Bedürfnisse anerkannt und ordnungspolitisch eingebunden würden, eröffnete sich eine neue Dimension weltwirtschaftlicher Kooperation. Eine derartige Politik ist aber nur dann wirklich realisierbar, wenn die Ordnungsmuster über institutionelle Kontrollmechanismen bzw. -organe gewährleistet werden, so daß die Interessen aller geschützt sind und dem Versuch von „Alleingängen" ein erträgliches Maß an Beschränkung auferlegt wird. Die Bereitwilligkeit der Regierungen, sich internationalen Beschränkungen zu unterwerfen, bestimmt sich aus dem Verhältnis zwischen erwartetem Nutzen und vermuteten Kosten aus der Akzeptierung des Ordnungssystems. Der Nutzen wird dann höher als die Kosten eingeschätzt werden, wenn die Ordnungsprinzipien (a) den Staaten eine aktive Politik inklusive Sicherheitszonen konzedieren und (b) die Ordnungsträger in Problemphasen Konzeptionen zu deren Bewältigung anbieten.

Der allgemeine Anspruch an eine internationale Wirtschaftspolitik kann folgendermaßen formuliert werden: Es bedarf ordnungspolitischer Kompromisse, die die beiden zentralen Bereiche weltwirtschaftlicher Beziehungen ernst nehmen: einmal den Anspruch auf nationale Souveränität, was den ökonomischen und politischen Sicherheitsbereich betrifft, und zum anderen, gewissermaßen im Gegenzug, die unverzichtbaren Voraussetzungen einer internationalen Ordnung. Bei einer daran ausgerichteten Gestaltung des Ordnungsrahmens handelte es sich für die einzelnen Staaten nur um ein limitiertes Risiko; denn der Bedarf an materiellen, wenn auch zeitlich begrenzten Ausnahmebereichen würde faktisch und rechtlich anerkannt. Da-

---

[8] Es gilt der von Kindleberger [1971, S. 502] hervorgehobene Sachverhalt: „Sovereignty is the last asset to be pawned."

durch würde die rein „negative" Politik der Eliminierung von wirtschaftspolitischen Instrumenten überwunden, ohne daß damit ein Zurückfallen in den Bilateralismus vergangener Tage verbunden wäre. Vielmehr handelte es sich um eine „Strategie der Kontrolle durch Kooperation" (Kaiser), die durch den kontrollierten Einsatz von wirtschaftspolitischen Maßnahmen Regierungen davon abhielte, sich außerhalb des kodifizierten Ordnungssystems dieser Maßnahmen und Instrumente zu bedienen, was schwerwiegende Folgen sowohl für die internationalen Beziehungen insgesamt als auch die nationale Politik haben würde[9].

Eine an derartigen Prinzipien ausgerichtete internationale Ordnungspolitik soll mit dem von Tinbergen in die Diskussion gebrachten Terminus „positiv" umschrieben werden; „positiv", weil über die Eliminierung von international wirksamen wirtschaftspolitischen Instrumenten hinaus

- ein Setzen von Rahmendaten notwendig wird, was einen aktiven wirtschaftspolitischen Beitrag der Ordnungsträger verlangt;
- sie damit in gewissem Umfang auch entwicklungsprogrammatischen Charakter trägt, da die Probleme und Bedingungen des Entwicklungsprozesses in seiner Form als Strukturwandlungsprozeß zu berücksichtigen sind;
- und sie zudem ein erhebliches, aber differenziertes, Mehr an Kontrollfunktionen auszuüben hat, damit die global anerkannten Grundprinzipien internationaler Ordnung nicht durch die rigide Nutzung der geschaffenen Ausnahmemöglichkeiten ausgehöhlt werden und die ordnungspolitischen Stützen des Systems – die patterns der Koordination – einseitigen Be- oder Überlastungen ausgesetzt sind.

„Positive" Liberalisierungspolitik, die neben bzw. in Zukunft vor der „negativen" steht, geht damit über die reine Handelspolitik hinaus[10], was eine erhebliche und nicht unproblematische Erweiterung der Anforderungen an das System, dessen Institutionen und die Staaten bedeutet. „Positive" Liberalisierung wird ihr Heil nicht allein in einer institutionellen Ausgestaltung des Systems suchen dürfen. Vielmehr geht es darum, daß die nationalen struktu-

[9] In diese Richtung zielt auch der Vorschlag von Rothschild [1979], der jedem Staat einen „Fonds an Außenhandelswerten" zubilligen möchte, den der jeweilige Staat „. . . während einer Periode maximal – auf diese oder jene Weise – auf bestimmte Zeit und nach Konsultationen handelspolitisch ‚manipulieren' darf" [S. 57].

[10] Sie geht auch über die Vorschläge eines International Code of Good Conduct z. B. von Balassa [1978, S. 432 ff.] hinaus, die sich weithin noch in traditionellen Bahnen einer ausschließlich auf Wachstum ausgerichteten Weltwirtschaft bewegen. Einige Teile allerdings lassen sich auch in ein „positives" System übernehmen.

rellen Konsequenzen des äußerst differenzierten Entwicklungsprozesses im internationalen Rahmen kalkuliert werden und in der aktiven Politik der Ordnungsträger ihre Berücksichtigung finden. Dies wiederum stellt große Anforderungen an die materielle Ausgestaltung des Ordnungsrahmens[11].

Der ökonomische Ansatz „positiver" Liberalisierung besteht dann auch in der – allerdings differenzierten – Anerkennung von bisher nur mit dem Kainszeichen des Protektionismus oder Neo-Merkantilismus versehenen Maßnahmen als unter bestimmten Bedingungen adäquates Steuerungsinstrument nationaler Wirtschaftspolitik. Hierbei handelt es sich um die sog. flankierenden Anpassungsmaßnahmen, die z. B. als Struktur-, Industrie- oder Umweltpolitik erheblichen Argwohn erregen. Wenn die These vertreten werden kann, daß unter den heutigen und zukünftigen Bedingungen der Weltwirtschaft Anpassungspolitik bzw. der Entwicklungsprozeß ohne flankierende Maßnahmen kaum mehr denkbar ist, dann kann es vorerst nur noch darum gehen, den Einsatz der Instrumente zu steuern. Durch eine Bewältigung z. B. von Zahlungsbilanzschwierigkeiten auf diesem Wege könnten längerfristig die errichteten Diskriminierungsmaßnahmen aufgehoben werden. Daß „positive" Liberalisierung dabei nur auf die Spitzen- oder Überlastbereiche (z. B. entsprechend Art. XIX GATT) internationaler Beziehungen Anwendung finden kann, wäre als These zu formulieren, ebenso wie sich weiterhin die Frage nach der Relevanz des globalen oder raumtheoretischen Ansatzes stellt.

Die hier „positiv" umschriebene Liberalisierungspolitik, deren Kennzeichen in der Elastizität gegenüber sich wandelnden Anforderungen zu sehen ist, wird seit kurzer Zeit, wenn auch zum Teil weniger umfassend und mit anderer Blickrichtung, von einer Reihe von Autoren propagiert. Sie tritt als positive makroökonomische Koordination, positive Anpassungspolitik oder generell positive Politik auf [Diebold Jr. 1972, S. 334 ff.; Whitman 1976/77; Tumlir 1977/78, S. 15; OECD 1978a]. Thesenartig lassen sich nach den oben

[11] Wie die institutionelle Ausgestaltung im einzelnen auszusehen hat, kann hier nicht diskutiert werden. Die Erörterungen zu Art. XIX GATT (Kapitel III der Arbeit) und die Vorschläge sektoraler Vorgehensweise von Behrman [1972] bzw. Cooper/Kaiser/Kosaka [1977] und bedingt der GATT-Plus-Entwurf [1976] zielen in eine vergleichbare Richtung. Weit darüber hinaus, wenn auch auf historischen Pfaden, bewegt sich der Solomon-Report [1976], der eine Fortschreibung der nie realisierten ITO durch eine World Trade Organization (WTO) propagiert. Im Prinzip wird wohl analog zum Whitman-Vorschlag [1976/77] vorzugehen sein, der eine enge Kooperation zwischen einigen (core-countries oder core-regions) und eine mehr auf das Grundsätzliche angelegte zwischen vielen vorschlägt. Hier könnte eine WTO den großen Rahmen, ein GATT-Plus oder ähnliches das Feingewebe abgeben.

herausgearbeiteten Ansatzpunkten die Folgerungen für eine zu entwickelnde Ordnungskonzeption folgendermaßen zusammenfassen:

- Die sich als Folge „negativer“ Politik durch den Internationalisierungsprozeß und die Handelsintensivierung ergebende Interdependenz hat ihre traditionelle Bedeutung verloren und kann nicht mehr unbeschränkt weiterentwickelt werden[12]. Wie eine „optimale Interdependenz“ aussehen muß, bleibt fraglich, doch können hier wettbewerbstheoretische in Verbindung mit raumwirtschaftlichen Ansätzen fruchtbare Hinweise geben.
- Man wird in Zukunft mit einem gewissen Grad an Handelsbehinderungen resp. Protektionismus leben müssen. Dies wäre zwar keine first best-Lösung, aber immerhin überhaupt eine und, wenn „positive“ Politik sich als Harmonisierungsstrategie langfristig durchsetzen ließe, eine solche mit grundsätzlich liberaler Verfassung. Mithin wird Liberalisierungspolitik nicht mehr nur am Freihandelsideal orientierte Politik sein können und dürfen.
- „Positive“ Liberalisierung wird in gewissem Umfang eine mehr geplante Kooperation bedeuten, wobei
  (a) dies als antizipative Strategie für Wettbewerbsprobleme zu sehen ist, ohne daß damit in allen Einzelheiten nationale Politik zentral gelenkt wird und
  (b) zudem noch Intensitätsgrade unterschieden werden können, die sich aus der räumlichen Organisationsform der Weltwirtschaft ergeben.

Ob unter diesen Bedingungen der Motor des Nachkriegswachstums, der substitutive bzw. produktdifferenzierte Handel zwischen den OECD-Ländern, seine ehemalige Funktion beibehalten kann, muß sehr in Frage gestellt werden.

12 „... the logical conclusion is that interdependence should be somewhat reduced, or at least we should act in such a way as to stop the increase of interdependence.“ Montbrial [1976/77, S. 6]. Vgl. auch Knorr [1975, S. 207 ff., besonders S. 212 ff.].

2. Harmonisierungsgrade des internationalen Wettbewerbs und raumwirtschaftliche Implikationen

2.1 Totale versus optimale Harmonisierung

Die Analyse weltwirtschaftlicher Beziehungen und Strukturen (Kapitel I und III) hat vor allem den Blick auf die durch „negative" Liberalisierung und strukturelle Wandlungsprozesse sich zuspitzenden Wettbewerbsprobleme gelenkt. Viele der selektiv wirkenden wirtschaftspolitischen Instrumente sind von den Staaten eingesetzt worden, um dem von der weltwirtschaftlichen Integration ausgehenden Wettbewerbsdruck entgegenzuwirken. Damit stellt sich die ordnungspolitische Frage nach der Rolle des internationalen Wettbewerbs als Steuerungsmechanismus weltwirtschaftlicher Kooperation.

Die Außenhandelsphilosophie der Nachkriegszeit wurde von der Ansicht bestimmt, daß der Außenhandel eine der letzten Möglichkeiten für die Erhaltung und Aktivierung des nationalen Wettbewerbs neben der Vermittlung optimaler arbeitsteiliger Produktionsstrukturen darstelle. Der internationale Handel übernahm damit gewissermaßen die Funktion einer nationalen Monopolkontrolle [vgl. Blackhurst/Marian/Tumlir 1977, S. 28 sowie Lorenz 1978a, S. 283]. Gleichzeitig fand aber der im internationalen Rahmen sich entwickelnde laissez faire-ähnliche Zustand im binnenwirtschaftlichen Bereich keine Entsprechung. Trotzdem sprach man dem Außenhandel die Rolle des Rettungsankers für die Binnenwirtschaft weiterhin zu, was aber durch den Dualismus von internationalem laissez faire und binnenwirtschaftlicher Steuerung nicht friktionslos funktionieren konnte. Mit der Erschöpfung der kriegsbedingten Nachholprozesse und sich „normalisierenden" Wachstumsraten offenbarte sich die Gefahr derartiger Vorgehensweisen.

„Abgegraste" Märkte, geringere Innovationsnischen, konjunkturelle Parallelität, neue Konkurrenten von „unten" und die Internationalisierung der Produktion durch Multinationale Unternehmen erhöhten die wettbewerblichen Anforderungen, zumal fast alle Industrieländer von ähnlichen nationalen Steuerungsproblemen betroffen wurden. Eine Problemlösung konnte und kann kaum von verstärkten Exportoffensiven oder ähnlich wirkenden Maßnahmen erwartet werden; denn die Sensibilisierung gegen eine derartige Bedrohung von außen und die Allergie gegen Außenhandel entwickelten sich als direkte Folge des durch die Interdependenz erhöhten und oftmals strukturell verzerrten Konkurrenzdrucks.

Es stellt sich die Frage, inwieweit in einer solchen Situation Wettbewerb und Außenhandel überhaupt noch harmonieren können[13]. Der Integrationsprozeß hat bis einschließlich der Kennedy-Runde weitgehend die Wachstumsaspekte internationaler Ordnungspolitik im Auge gehabt. Durch die Öffnung der Märkte und deren wechselseitiger Durchdringung bewirkte ein intensivierter Wettbewerb positive Allokations- und Wachstumseffekte. In der Diktion der Wettbewerbstheorie wurden damit die im nationalen Rahmen friedlichen, weil „engen" Oligopole durch die Aufschließung zu sog. „weiten" mit eher kompetitivem Charakter. Dieser Prozeß aber geriet unter zweifachen Druck: einmal, weil die – hauptsächlich sozialen – Belastungen für einige Länder durch die Marktöffnung offensichtlich zu groß wurden und zum anderen durch Konzentrationsprozesse als Antwort auf ausländische Direktinvestitionen und das Vordringen der Entwicklungsländer.

Was während der ersten zwanzig Jahre der weltwirtschaftlichen Re-Integration zu einem tragbaren und erwünschten Wettbewerb führte, verursacht nun, wenn auch in unterschiedlichem Ausmaß, eine zunehmend individuell oder bilateral ausgehandelte Reglementierung der gegenseitigen Marktöffnung resp. -durchdringung. Wettbewerbsdruck, der für zu belastend gehalten wird, führt wegen der sozialen Kosten nicht zu Anpassungs-, sondern zu reaktiv wirkenden, defensiv ausgerichteten Verteidigungs- und Abschließungsmaßnahmen. Diese Entwicklung gilt es bei zukunftsorientierten ordnungspolitischen Konzeptionen als Ausgangstatbestand zu berücksichtigen und anzuerkennen, wenn die langfristig angestrebten Integrationsziele, d. h. weitgehend freier zwischenstaatlicher Wirtschaftsverkehr, weiterhin ihre Gültigkeit behalten sollen.

Die Problematik nationaler wettbewerbsbeschränkender Maßnahmen ist darin zu sehen, daß durch sie ungleiche internationale Wettbewerbsbedingungen geschaffen werden, die zu einer potentiellen Veränderung bzw. Verzerrung der internationalen Struktur der Produktion und des Handels führen. Eine international angelegte Wettbewerbspolitik unter entsprechender institutioneller Absicherung könnte daher ein Instrument zur Wahrung der wettbewerblichen Funktionsanforderungen wie auch zur Begrenzung strukturverzerrend wirkender staatlicher Ambitionen und Aktivitäten sein. Schon in der legendären Havanna-Charta (Kapitel V, Art. 46–54) wurde der

[13] Auch wäre in diesem Zusammenhang zu klären, ob zwischen nationaler Wettbewerbspolitik und außenwirtschaftlicher Absicherung ein korrelativer Zusammenhang besteht. Einiges scheint für diese These zu sprechen, wenn man Länder wie die Bundesrepublik und die USA z. B. mit Frankreich oder auch Japan vergleicht.

Versuch einer internationalen Wettbewerbspolitik unternommen, ebenso durch das GATT [1959] und die OECD [1967 und 1973]. Diese Bestrebungen sind aber nicht über den konzeptionellen Ansatz hinausgekommen. Auch heute stellen sich dem eine Reihe von Hindernissen in den Weg, so daß kaum davon ausgegangen werden kann, daß eine umfassend angelegte internationale Wettbewerbspolitik in absehbarer Zukunft zu verwirklichen sein wird:

- So ist bis heute in der Wettbewerbstheorie keine Einigkeit darüber erzielt, wie, ob überhaupt und, wenn ja, unter welchen Maximen im nationalen Rahmen der Wettbewerbsprozeß zu steuern ist[14].
- Zu einer internationalen Ausgestaltung eines Ziel-Mittel-Katalogs ist man noch nicht vorgedrungen. Eine einfache Zusammenfassung nationaler Wettbewerbspolitiken zu einer internationalen scheitert an deren zu differenzierter Gestaltung [Ruppelt 1978].
- Die Außenhandelstheorie wird zwar zunehmend von wettbewerbstheoretischen Ansätzen bestimmt, doch existiert bisher noch kein umfassendes Erklärungs- und Prognosegebäude für Produktions- und Faktorstrukturänderungen. Die dynamischen Ansätze, wie in Kapitel II dargestellt, bedürfen noch einer weiteren Ausgestaltung, wahrscheinlich auch über den rein ökonomischen Bereich hinaus.
- Hinzu kommt die grundsätzliche Aversion der Staaten gegen eine umfassende ordnungspolitische Regelung auf multilateraler Ebene, wenn diese stark reglementierend wirkt und damit in Kontraposition zu nationalen Prinzipien tritt. Dies wird z. B. in der Kartellproblematik (Exportkartell) besonders deutlich[15].

Den bisherigen Mißerfolgen auf globaler Ebene stehen gewisse Erfolge supranationaler Wettbewerbspolitik in der EG und teilweise auch der EFTA gegenüber. Vor allem in der EG[16], die den Wettbewerbsgedanken in der

---

[14] Die Situation der aktuellen Diskussion verdeutlicht das folgende Zitat: „So herrscht Übereinstimmung darüber, daß der Beitrag der Wettbewerbstheorie unbefriedigend ist und daß die Theorie zur Lösung von Problemen beitragen soll. Uneinigkeit besteht bereits darin, welches diese Probleme sind“ [Engels 1976, S. 34]. Auch die Theorie der Wettbewerbsverzerrungen, wie von Meyer [1967] entwickelt, orientiert sich bisher an der statischen Allokationstheorie und öffnet sich damit nicht der dynamischen Betrachtungsweise, die unbedingt notwendig wäre.

[15] Vgl. hierzu z. B. auch Gross [1950, S. 163 ff.], der die Kartelldiskussion der Havanna-Charta nachzeichnet.

[16] Vgl. die „Berichte über die Wettbewerbspolitik“ seit 1972.

Präambel der Römischen Verträge und als Integrationsziel in Artikel 3 festgeschrieben hat[17], konnten grundlegende ordnungspolitische Fortschritte im Wettbewerbssektor erzielt werden [Thompson 1978]. Aber auch hier blieben die Schwierigkeiten nicht aus; denn weiterhin bestehen die nationalen neben den EG-Regelungen. Trotzdem wird in der EG supranationale Wettbewerbspolitik praktiziert. Die regionale Begrenzung erweist sich damit offensichtlich als dem globalen Ansatz überlegen.

Wenn eine umfassende internationale Wettbewerbspolitik zwar als ein langfristig anzustrebendes Ziel akzeptiert wird, mittelfristig aber kaum verwirklicht werden kann, ist nach den Alternativen für den Übergangszeitraum zu fragen, die als Schritte auf dem Weg zu einer umfassenden multilateralen Steuerung internationalen Wettbewerbs zu verstehen sind. In dem gegenwärtigen weltwirtschaftlichen Ordnungsgefüge können internationale Wettbewerbsverzerrungen nur von den nationalen Wettbewerbs- resp. Wirtschaftspolitiken bekämpft werden. Gleichzeitig können Wettbewerbsbeschränkungen bzw. -verzerrungen aber gerade ihren Ursprung in den unterschiedlichen nationalen Ordnungssystemen haben, wobei nicht die von den Staaten angewendeten Instrumente oder betriebenen Politiken an sich in jedem Fall wettbewerbsverzerrend wirken müssen, sondern ihr ländermäßig unterschiedlicher und an den nationalen Belangen ausgerichteter Einsatz, der die Drittländerschädigung teilweise bewußt betreibt. Wenn die Staaten internationale Wettbewerbsbeschränkungen durch nationale Ordnungsinstitute bewußt begründen und legitimieren, dann muß international an diesem Punkt angesetzt werden. Es stellt sich die Frage, ob nicht durch eine Harmonisierung jener wettbewerbsbeeinflussenden staatlichen Maßnahmen, die Verzerrungen und damit zusammenhängende Überlastungen hervorrufen, eine adäquate Integrationsstrategie zu begründen ist, selbst wenn damit die Verzerrungen nicht total beseitigt, sondern nur vermindert werden und ein Restbestand an suboptimaler Allokation nicht vermieden werden kann. Dies hieße, den verzerrend wirkenden staatlichen Maßnahmen ihre Wirkung zu einem erheblichen Teil dadurch zu nehmen, daß man eine Einschränkung und Kontrolle der Wachstumskonflikte über eine Harmonisierungspolitik (Strukturharmonisierung der Instrumente) betreibt und eine wettbewerbsorientierte Wachstumspolitik als Aufgabe stellt. Damit würde bei der Problemlösung von der mikroökonomischen Ebene, auf der die Verzerrungen wirksam werden, zur makroökonomischen Ebene der wirtschaftspolitischen

[17] In Artikel 3 f EWG wird ein Ziel folgendermaßen beschrieben: „. . . die Errichtung eines Systems, das den Wettbewerb innerhalb des Gemeinsamen Marktes vor Verfälschungen schützt."

Koordinierung gewechselt, was auch der geforderten „positiven" Ausgestaltung zukünftiger Integrationspolitik zugute käme.

Wie ist nun die Aufgabe einer entsprechenden Harmonisierungspolitik zu definieren? Wenn Harmonisierung und Koordinierung analog verwendet werden können, wofür Untersuchungen sprechen, die keine signifikant unterschiedlichen Bedeutungsinhalte feststellen konnten[18], dann läßt sich eine Harmonisierungspolitik folgendermaßen beschreiben:

> „Mithin soll als Koordinierung eine Politik verstanden werden, die sich auf die gegenseitige Abstimmung in Form einer Reduzierung von solchen Kostenunterschieden zwischen den Ländern bezieht, die als ‚künstlich' anzusehen sind. Koordinierung der Wirtschaftspolitik bedeutet dann ‚... Berichtigung oder ... Ausgleich der Auswirkungen spezifischer Verzerrungen, die gewisse Wirtschaftszweige begünstigen oder benachteiligen ...' ..." [Pascaly 1973, S. 48 f.].

Harmonisierung darf nicht als Ziel an sich verstanden werden, sondern nur als Subziel eines dynamischen Prozesses und als Instrument zur Erreichung übergeordneter Ziele des Integrationsablaufs. Die Harmonisierungsstrategie gesteht a priori jedem Integrationspartner einen erheblichen Gestaltungsspielraum zu, der von einer geringen Annäherung bis zur völligen Vereinheitlichung nationaler wirtschaftspolitischer Maßnahmen reicht[19] und damit den Ansprüchen an eine differenziert angelegte Liberalisierungspolitik entspricht. Erst das vereinbarte Ziel bzw. die kodifizierten ordnungspolitischen Normen und Grundsätze definieren den Handlungsspielraum genauer. Das Harmonisierungsziel selber kann wiederum durch in sich qualitativ unterschiedliche Politiken erreicht werden, was sich aus dem Bezug zu den unterschiedlichen nationalen Rahmenbedingungen ergibt. Dieser Aufbau einer Harmonisierungspolitik gewährleistet eine wirtschaftspolitische Flexibilität, wie sie die aktuelle weltwirtschaftliche Wettbewerbsstruktur verlangt, die durch die unterschiedliche Wettbewerbsfähigkeit der Staaten bestimmt ist[20]. Hauptaufgabe einer wettbewerbspolitischen Harmonisierungspolitik ist es demzufolge, die Entstehung von Wettbewerbsverzerrungen zu vermeiden und bereits

---

[18] Die von Lochner [1962] und Krämer [1969, S. 59–68] anhand der europäischen Vertragstexte vorgenommenen Begriffsbestimmungen können problemlos auf den weltwirtschaftlichen Bereich übertragen werden, da sie einen grundlegenden Prozeß der Integration beschreiben.

[19] Dies bedeutet, daß die Staaten weiterhin unterschiedliche Maßnahmen ergreifen können, nur mit dem entscheidenden Zusatz, daß hierbei die ökonomische Lage und Entwicklung der Partnerstaaten sowie die Wirkung der zu ergreifenden Maßnahmen auf letztere und deren Außenhandel Berücksichtigung zu finden hat.

[20] Vgl. zu den Bestimmungsgründen der internationalen Wettbewerbsfähigkeit Petry [1969, S. 287 ff.] sowie die theoretischen Erörterungen im II. Kapitel dieser Arbeit.

bestehende Verzerrungen abzubauen. Welche Anforderungen sind nun an eine solche Harmonisierungspolitik zu stellen?

(1) Es bedarf einer Unterscheidung zwischen sog. totaler und optimaler Harmonisierung. Bei einer Harmonisierung der Wettbewerbsbedingungen darf und kann es nicht darum gehen, diese total zu vereinheitlichen; denn das hieße in letzter Konsequenz, auf eine Eliminierung des Außenhandels und des (Firmen-)Wettbewerbs hinzuwirken. Nur bei künstlichen Verzerrungen erweist sich eine Harmonisierung als notwendig, nicht dagegen bei natürlichen Unterschieden. Es sind die Strukturverzerrungen und nicht die Niveauunterschiede, die für eine Harmonisierungspolitik relevant sind. Divergierende einzelstaatliche Maßnahmen, die wettbewerbsverzerrend wirken, müssen so weit wie möglich eingeschränkt werden, ohne die Wettbewerbsvorteile, die einzelnen Ländern aufgrund komparativer Vorteilslagen zustehen, zu beeinträchtigen[21]. Optimale Harmonisierung im Sinne der Beseitigung von „störenden" internationalen Wettbewerbsverzerrungen beschreibt daher die ordnungspolitische Aufgabe. Hierbei ließe sich in Annäherung an die von Kantzenbach [1967] entwickelte Wettbewerbstheorie eine Parallele zum Konzept des weiten Oligopols herstellen, das auch als Konzept der optimalen Wettbewerbsintensität zu verstehen ist. Unabhängig von aller Kritik an diesem wettbewerbstheoretischen Ansatz, die hier nicht zur Diskussion steht [dazu z. B. Willeke 1973], bestünde die Aufgabe einer wettbewerbspolitisch relevanten Harmonisierungspolitik darin, auf die Bedingungen einer optimalen – internationalen – Wettbewerbsintensität hinzuarbeiten, womit die statischen und insbesondere dynamischen Funktionen des Wettbewerbs angesprochen sind[22].

(2) Eines der Hauptprobleme der Harmonisierungspolitik besteht in der Entwicklung eines geeigneten institutionellen Rahmens. Als Fundamentalprinzip sowohl auf regionaler (z. B. EG) wie auch überregionaler Ebene (z. B. OECD) hat die fakultative Beteiligung und das Zusammenwirken grundsätzlich gleichberechtigter Partner im Interaktionsprozeß der weltwirtschaftlichen Beziehungen zu gelten. Die Probleme gerade in diesem Bereich wirtschaftspolitischer Abstimmung sind Legion[23], betrachtet man z. B. die

---

[21] Es ist seit je ein Kennzeichen autonomer Außenhandelspolitik, daß künstliche und natürliche Unterschiede unbesehen zugunsten der nationalen Wirtschaft ausgeglichen werden.

[22] Die dynamischen Funktionen des Wettbewerbs sind gemäß Kantzenbach: (a) die Förderung der Anpassungsflexibilität an Änderungen der Nachfrage und des technischen Wissens sowie (b) die Förderung des technischen Fortschritts (Innovationswettbewerb).

[23] Aus der Aufarbeitung der Harmonisierungspolitik von z. B. EG oder auch EFTA lassen sich eine Reihe wichtiger Anhaltspunkte für eine Ausgestaltung der Harmonisierungspolitik

Entwicklung in der EG. Auch hier bestimmen die Souveränitätsaspekte und die Befürchtungen um negative Auswirkungen auf die eigene Zahlungsbilanzsituation bzw. um einseitige Überlastungen für schwache Branchen die Bedenken gegen eine Fortentwicklung abgestimmter Politik. Harmonisierungspolitik im wettbewerbspolitischen Bereich muß durch die Gestaltung der Wettbewerbsprozesse, was im wesentlichen das Anpassungsproblem betrifft (Kapitel III, Abschnitt 2. und 3.), diesen Bedenken durch aktive („positive") Politik den Boden entziehen.

2.2 Harmonisierungsgrade und „Wachstumskonkurrenz der Staaten"

Die bisherigen Ausführungen zu einer Harmonisierungsstrategie haben die grundsätzliche Notwendigkeit eines abgestimmten wirtschaftspolitischen Verhaltens der Staaten im Rahmen einer „positiven" Politik betont. Damit ist noch nichts darüber gesagt, wie groß der Harmonisierungsspielraum ist und ob in wettbewerbspolitischer Hinsicht unterschiedliche Harmonisierungsgrade zu beachten sind. Es geht einerseits um den Zusammenhang zwischen der Intensität des Wettbewerbs und der Harmonisierung nationaler Politiken und andererseits um die Frage, unter welchen Bedingungen der Funktionsmechanismus des dynamischen Wettbewerbs auch bei wirtschaftspolitischen Eingriffen der Nationalstaaten und oligopolistischer Marktstruktur funktionsfähig bleibt. Wird der Wettbewerb wirklich durch fortschreitende Integration bzw. Harmonisierung erhöht bzw. effizient, oder wird er ab einer bestimmten Harmonisierungsschwelle eher vermindert?

Mit analogen Fragestellungen hat sich Stegemann [1966] auseinandergesetzt und ist zu für uns interessanten Ergebnissen gelangt. Vor dem Hintergrund der EG verknüpft er die Erkenntnisse der dynamischen Wettbewerbstheorie (Clark) mit den dynamischen integrationstheoretischen Ansätzen (Scitovsky und Balassa) und bezieht damit Gesichtspunkte in seine Analyse ein, die bei der (statischen) wohlfahrtstheoretischen Betrachtung nicht berücksichtigt wurden. Er erreicht so eine dynamische Interpretation der internationalen Arbeitsteilung, die eine Übertragung seiner Überlegungen „. . . mutatis mutandis für jede Freihandelsgemeinschaft mit dezentralisierter, heterogener Wirtschaftspolitik und – a fortiori – für eine Welt des Freihandels" [ebenda, S. 19] gestattet. Stegemann versucht, die These zu begründen, „. . . daß zwischen einer Harmonisierung der nationalen Wirtschaftspolitiken, die Verhältnisse eines Binnenmarktes anstrebt, und der Förderung des Wettbewerbs im Gemeinsamen Markt Konflikte bestehen, sofern es sich um den

Wettbewerb unter Oligopolisten handelt“ [ebenda, S. 12]. Damit stellt sich die Frage, welche Unterschiede in den nationalen Institutionen und Politiken den dynamischen Wettbewerb auf oligopolistischen Märkten hemmen und welche ihn möglicherweise stimulieren.

Gemäß traditioneller Überlegungen wird durch voranschreitende Integration[24] eine Intensivierung des Wettbewerbs erreicht. Ob dies im Falle des Übergangs zur Harmonisierung auf oligopolistisch strukturierten Märkten auch gilt, ist für Stegemann fraglich. Zwar wird auch hier die Marktöffnung und -erweiterung eine Erhöhung des Wettbewerbs durch Individual- oder Kollektivimpulse bewirken, aber mit zunehmender Konsolidierung und der Annäherung an Binnenmarktverhältnisse entsteht die für Oligopole typische Tendenz zum solidarischen Verhalten. Es „... verringert sich die Chance, daß durch aggressive Anstöße wirksame Wettbewerbsprozesse entstehen“ [ebenda, S. 79; s. a. S. 79–81]. Stegemann folgert daraus, daß oligopolistischer Wettbewerb exogene Anstöße verlangt, wobei besonders jene Störungen wettbewerbsstimulierend wirken, „... die einzelnen Oligopolisten oder nationalen Gruppen im Gemeinsamen Markt unterschiedlich und/oder zu unterschiedlichen Zeitpunkten treffen“ [ebenda, S. 17][25]. Was bedeutet dies aber generell für eine Harmonisierungspolitik?

Stegemann hat mit Recht darauf hingewiesen, daß sich die aus der dynamischen Wettbewerbstheorie abgeleiteten Erkenntnisse über die Effizienz des Wettbewerbs auf die wirtschaftspolitischen Beziehungen der Staaten übertragen lassen; denn die Beziehungen der Staaten untereinander können analog zur oligopolistischen Interdependenz im Unternehmenssektor gesehen werden. Daraus folgt:

- Weiterhin bestehende Unterschiede in den nationalen Wirtschaftspolitiken (Wachstumsstrategien) werden zu einer höheren Wettbewerbsintensität führen.

---

ableiten. Bisher liegt nur zu speziellen Bereichen entsprechende Literatur vor. Zu verweisen ist dabei z. B. auf die Arbeiten von Pascaly [1973], Berg [1972], Gonschior [1976], Groeben/Möller [1976] und Peffekoven [1978].

[24] Hiermit ist einmal die Marktöffnung an sich und auch der Übergang von der funktionellen zur institutionellen Integration angesprochen.

[25] Wird allerdings durch die unterschiedlichen Wirtschaftspolitiken die Unsicherheit unter den oligopolistischen Unternehmen zu groß, so kann es entgegen der These von Stegemann zu einer Verhinderung wettbewerbsrelevanter Aktionen kommen. Berg [1972, S. 102–4] hat darauf aufmerksam gemacht, daß Wettbewerbsbeschränkungen auch ein Mittel zur Verwirklichung des notwendigen Maßes an Sicherheit für die Oligopolisten sein können und damit erst die Voraussetzung schaffen, die Unternehmen zur Durchsetzung von Innovationen benötigen.

- Der jeweilige Harmonisierungsgrad hat einen entscheidenden Einfluß auf die Wettbewerbsintensität oligopolistischer Märkte[26].

Die These, daß es durch institutionelle Integration (Harmonisierung) und Angleichung der Wirtschafts- bzw. Wettbewerbspolitiken zu einer abnehmenden Wettbewerbsintensität kommt, impliziert eine veränderte Sicht gegenüber den traditionellen wohlfahrtsökonomischen Prinzipien und second best-Fragen. Die Aufrechterhaltung dynamischer Wettbewerbsprozesse auf oligopolistisch strukturierten Märkten durch staatliche Initiativen rückt vor die wohlfahrtstheoretischen Überlegungen. Dabei steht im Vordergrund, daß Wettbewerbsprozesse, wenn sie über unterschiedliche staatliche Maßnahmen initiiert und in Gang gehalten werden, einer rein defensiv ausgerichteten Politik und langfristig anhaltenden Verzerrungen die Basis entziehen [vgl. Argumentation bei Stegemann 1966, S. 82 ff.].

Wenn nun effizienter bzw. intensivierter Wettbewerb an die Bedingung relevanter Unterschiede nationaler Wirtschaftspolitik geknüpft ist, dann ist damit noch offen, wie unter diesen Voraussetzungen eine Lösung der Integrationsproblematik einerseits und des Protektionismus- resp. Merkantilismusproblems andererseits aussehen müßte. Sowohl regional begrenzt als auch international gibt es keinen Grund, daran zu zweifeln, daß weiterhin Divergenzen nationaler Wirtschaftspolitik zwischen den Staaten bestehen werden. Der Bestand des Gemeinsamen Marktes – wie auch einer Welt des relativen Freihandels – wird nicht zuletzt wegen der Vielzahl von Harmonisierungswiderständen[27], die als Faktum erst einmal hinzunehmen sind, von einem „Minimum an Harmonisierung" abhängen, das gleichsam die Vorbedingung für die Öffnung der Märkte und den Integrationsprozeß darstellt. Ein solch grundsätzlicher Konsens über die Notwendigkeit begrenzter Zusammenarbeit wird aufgrund nationaler Interessen – beispielsweise aus sicherheitspolitischen und ökonomischen Überlegungen – eher regional denn

[26] „Ganz allgemein lautet die Überlegung: Wenn die nationalen wirtschaftspolitischen Instanzen in gewissem Umfange eigenständig operieren würden, bestünden für die nationalen Gruppen weniger Anlässe zur Kooperation auf Gemeinschaftsebene, und ein Teil der Rivalität zwischen den Gruppen bliebe erhalten. Die staatlichen Instanzen würden teils bewußt, teils unabsichtlich (als Nebenwirkung ihrer Politik) Kollektivimpulse auslösen, die den Wettbewerb zwischen den Gruppen (und im Verlauf der ausgelösten Prozesse auch innerhalb der Gruppen) wirksamer sein lassen könnten, als er in einem binnenmarktähnlichen Wirtschaftsräum wäre" [Stegemann 1966, S. 81].

[27] Hier geht es um Prestigegründe der nationalen Souveränitätswahrung, Hegemonialbestrebungen bzw. -befürchtungen, die unterschiedlichen nationalen Interessen bei spezifischen wirtschaftspolitischen Maßnahmen, nationale Gruppeninteressen etc. [vgl. Stegemann 1966, S. 92 f.].

international zu erzielen sein. In jedem Fall ist davon auszugehen, daß die unterschiedlichen nationalen Politiken eher dann ertragen werden, wenn „institutionelle Mindestbedingungen" (Stegemann) erfüllt sind. Das Minimum an Harmonisierung erweist sich als unverzichtbarer Bestandteil einer angestrebten Kooperation, die die latenten Protektionismustendenzen bändigen und gleichzeitig den Integrationsprozeß nicht über Gebühr einengen bzw. gefährden will.

Daß trotz bestehender vielfältiger Harmonisierungswiderstände ein Minimum an Harmonisierung möglich und wahrscheinlich ist, leitet Stegemann vor allem aus der oligopolistischen Interdependenz der Staaten ab [ebenda, S. 94 ff.]. Die stets akute Vergeltungsgefahr von seiten Dritter (Betroffener) auf einseitig verfügte Importbeschränkungen bzw. Exportförderungsmaßnahmen könnte einen ausreichenden Zwang zu einem Minimum friedlicher Partnerschaft schaffen. Zur institutionellen Sicherung des liberalen Handelsverkehrs, die schon deswegen notwendig ist, damit trotz weiterhin bestehender wirtschaftspolitischer Unterschiede keine protektionistischen Freiräume oder Anreize entstehen, gehört auch der weite Bereich der mit ordnender und abschreckender Funktion versehenen Schutzklauseln. Sie wären das Sicherungsnetz bzw. Ventil und könnten helfen, „protektionistischen Kettenreaktionen" vorzubeugen, sofern die Begrenzung und Harmonisierung der nationalen Politiken offensichtlich nicht ausreicht. Ihr geregeltes Abwehr- und Kontrollverfahren würde das System vor einer Zerstörung von innen sichern, allerdings um den Tribut einer (materiell wie zeitlich) begrenzten Rücknahme der integrativen Zugeständnisse (Abschnitt 2.3 des III. Kapitels). Wenn die Staaten sich damit grundsätzlich solche Maßnahmen der Wirtschaftsförderung einräumen, die innerhalb eines gegenseitig tolerierten Bereichs liegen, der durch allgemeine Regelmechanismen bestimmt wird, dann würde z. B. auf Förderungsmaßnahmen einzelner Länder nur mit *entsprechenden* Mitteln reagiert werden. Nach Stegemann könnte sich in diesem Bereich gegenseitig konzedierter wirtschaftspolitischer Individualentfaltung eine Rivalität entwickeln, die den Charakter einer sog. „Wachstumskonkurrenz der Staaten" trägt.

> „Wir verstehen darunter eine Konkurrenz um Absatzmärkte und Produktionsfaktoren, die die . . . Länder (innerhalb des skizzierten institutionellen Rahmens) mit wirtschaftspolitischen Mitteln austragen. Die Bezeichnung ‚Wachstumskonkurrenz' soll besagen, daß die Staaten . . . vermutlich vor allem mit wachstumsfördernden Mitteln konkurrieren werden und daß sie auf diese Weise das wirtschaftliche Wachstum vorantreiben" [ebenda, S. 100].

Die integrationspolitischen Umweltbedingungen wären so zu gestalten, daß die Staaten gezwungen werden, (defensiven) neo-merkantilistischen Praktiken zu entsagen und zu einer kooperativen Wachstumspolitik überzugehen. Begrenzte Harmonisierung, die durch eine Konkurrenz der nationalen (offensiven) Wirtschaftsförderungsmaßnahmen stimulierend auf das Wachstum wirkt, und eine regionale Integration sind nach Stegemann für dieses Ziel die geeigneten Mittel; denn hierdurch werden die Staaten zu einer Förderung des dynamischen Wettbewerbs gezwungen, wenn sie ihre nationalen wachstumspolitischen Ziele erreichen wollen.

„Die Wachstumskonkurrenz der Länder entspricht etwa der Konkurrenz der Unternehmen in Schumpeters schöpferischem Wettbewerbsprozeß: Einzelne Regierungen (die ‚Pioniere') versuchen, den nationalen Wachstumsindustrien einen Entwicklungsvorsprung zu verschaffen; andere (die ‚Nachahmer') fördern die gleichen Industrien, um nicht ins Hintertreffen zu geraten; oder sie bemühen sich, durch Förderung noch besserer Methoden und Produkte die ersteren zu übertreffen; oder sie weichen auf Produktionszweige aus, die ihnen zumindest temporär neue Vorteile im internationalen Handel bieten können. Das alles geschieht natürlich kaum je Zug um Zug. Die Staaten werden innerhalb des Bereichs der Wirtschaftsförderung, den sie sich im Rahmen der Regeln des (jeweiligen) . . . Vertrages gegenseitig zugestehen, normalerweise nicht auf einzelne Maßnahmen der Partnerländer reagieren. Es gibt Verzögerungen und Antizipationen. Die Rivalität manifestiert sich vermutlich vor allem in den langfristigen Programmen und auch in der allgemeinen Strategie der Strukturpolitik der Staaten" [ebenda, S. 105].

Allerdings können neben Wettbewerbsprozessen à la Schumpeter – einschließlich der Produktdifferenzierung – auch solche in der Form von „Parallelbemühungen" (Stegemann) auftreten, die in Zeiten schwachen Wachstums mit Überkapazitäten und erheblichen Verdrängungsprozessen einhergehen werden[28]. Hier schließen sich zwei weitere Fragenbereiche an: Stegemanns Konzept geht von einem System fester Wechselkurse aus, das es den Partnerstaaten nahezu unmöglich macht, sich der Wachstumskonkurrenz zu entziehen. Gleichfalls ist von ihm Vollbeschäftigung unterstellt. Von beiden Bedingungen kann heute nicht mehr ausgegangen werden, wenn auch im Europa der Neun mit dem Europäischen Währungssystem (EWS) wieder ein Schritt auf feste Paritäten hin versucht wird. Welchen Einfluß hat diese veränderte Konstellation der Umweltbedingungen auf die von Stegemann vertretenen Thesen?

(1) Solange ein Teil der strukturellen Verzerrungen auf die Widerstände der Staaten gegen notwendige, d. h. gemäß den Funktionsbedingungen erforder-

[28] Die einerseits postulierte effizienzsteigernde Wirkung derartiger Parallelbemühungen kontrastiert andererseits zu dem durch sie erzeugten Anpassungsdruck, der die Gefahr umfangreicher Vermeidungsaktionen in sich birgt. In diesem Sinne ist der These von Lorenz [1979a] zuzustimmen, daß zu viel „Effizienz" die Gesamtleistung des Systems erheblich mindern kann [S. 29].

liche Veränderungen der Paritäten zurückzuführen ist, spielt die Frage des jeweiligen Wechselkurssystems für das Konzept der Wachstumskonkurrenz nur eine untergeordnete Rolle. Diese Strukturneutralität hat das Bretton Woods-System aber nie garantieren können, und auch in einem System flexibler bzw. floatender Wechselkurse kann dies a priori nur gewährleistet werden, wenn die materielle und institutionelle Ausgestaltung des Währungssystems diesen Anforderungen genügt. Es kommt damit für die Zukunft auf eine grundsätzlich neue Gestaltung der internationalen monetären Beziehungen unter Berücksichtigung der veränderten Umweltbedingungen an. Insofern kann ein zukünftiges Währungssystem einen aktiven Beitrag zur Verwirklichung der für eine Wachstumskonkurrenz notwendigen Rahmenbedingungen leisten, gleichgültig, ob auf der Basis fixer oder flexibler Wechselkurse[29].

Weitergehend sind die Folgerungen aus den veränderten nationalen Beschäftigungslagen. Mit der Zunahme des Beschäftigungsproblems in den Industrieländern und bei gleichzeitigen rezessiven Tendenzen haben sich die aus den nationalen Ansprüchen und Zielsystemen begründeten Harmonisierungswiderstände (in Form von Erhaltungs- bzw. Defensivmaßnahmen) verstärkt. Dies wird auch weiterhin der Fall sein, sofern die Träger des jeweiligen Ordnungssystems nur eine „negative" Politik betreiben, d. h. den entwicklungs- und wettbewerbspolitischen Hintergrund supranationaler Kooperation nicht berücksichtigen. In dieser Situation gerät selbst die Verwirklichung des unerläßlichen Minimums an Harmonisierung zu einem erheblichen Problem. Hierin aber zeigt sich, welche Bedeutung die institutionellen Konsultations-, Koordinierungs- und Beistandsregelungen erlangen, die z. B. in Form der modifizierten Schutzklauseln (einschließlich der Anpassungshilfepolitik) einen Systemrahmen institutionalisieren, der den heterogenen nationalstaatlichen Interessen der Partnerländer so weit entgegenkommt, daß (a) das systemzerstörende Ausscheren aus dem Ordnungsrahmen verhindert werden kann und (b) die gewollte Rivalität der Wachstumskonkurrenz erhalten bleibt bzw. gefördert wird. Dies könnte dadurch erreicht werden, daß für die Staaten die Vorteile aus der Inanspruchnahme der systemimmanenten Hilfs- und Schutzmaßnahmen die Nachteile aus der weiterhin begrenzten Autonomie nationaler Konjunktur- und Wachstumssteuerung sowie die vermeintlichen bzw. erhofften Vorteile aus der „totalen" Souveränität (Autarkie) überkompensieren. Diese Begrenzung der „radikalen" Wachs-

[29] Hierbei wird bewußt *nicht* auf die unterschiedlichen Auffassungen zur Frage der Wahl des Wechselkurssystems generell abgestellt, die in eine andere Richtung zielen [vgl dazu z. B. Heller 1977].

tumskonkurrenz, die eine stärker kontrollierte Rivalität über die schon genannten Regelmechanismen impliziert, würde die Gefahren einer strukturellen Benachteiligung für Einzelne schmälern.

Mit einer „positiven“ Liberalisierungspolitik im Sinne „optimal“ harmonisierten Wettbewerbs durch ein System adäquater und ausreichend flexibler Regelmechanismen vor dem Hintergrund des Schutzklausel- und Anpassungshilfekonzepts ließe sich

- das ungebrochene Souveränitätsverlangen der Nationalstaaten befriedigen, ohne daß
- die Funktionsfähigkeit des Integrationsprozesses entscheidend behindert würde, wobei aber
- weiterhin der Grundstock an wettbewerbsrelevanter Rivalität der Staaten untereinander erhalten bliebe, die eine Variante der Stegemannschen Wachstumskonkurrenz darstellt, wodurch
- langfristig zu dem Konsens der ordnungspolitischen Grundwerte zurückgefunden werden könnte, bei dem sich die wirtschaftspolitischen Wertvorstellungen der Integrationspartner mit denen des Systems als Ganzem weitgehend kongruent erweisen.

(2) Ist in der regionalen Integration aufgrund des annähernd gleichen Entwicklungsniveaus der Integrationspartner das eigentliche Problem in der Aufrechterhaltung der Wachstumskonkurrenz und des Firmenwettbewerbs zu sehen [so Voigt 1969, S. 60], so verschieben sich die Probleme bei einer Verlagerung auf die globale Ebene. Ungleiche Partner und die Vielzahl der unterschiedlichen Interessen lassen den beschriebenen Steuerungsmechanismus, über den die Staaten ihre unverzichtbaren Ziele der Vollbeschäftigungs- und Wachstumssicherung anzustreben vermögen, als nur schwer erreichbar erscheinen. Damit stellt sich erneut die Frage der raumwirtschaftlichen Bedeutung für die „positive“ Liberalisierung resp. weltwirtschaftliche Kooperation.

2.3 Harmonisierung und Raumstruktur: Separierte Kooperation

Ohne den Hinweis auf die raumwirtschaftliche Strukturkomponente ist der weltwirtschaftliche Entwicklungsprozeß nur unzureichend beschrieben. Für die Tendenz zur Regionalisierung, die in einem direkten Gegensatz zur Interdependenz des Globalismus bzw. der weltwirtschaftlichen Arbeitsteilung steht, zeichnen eine Vielzahl unterschiedlicher historisch-politischer und ökonomischer Faktoren verantwortlich. Einige dieser Bestimmungsgründe sind in den vorangegangenen Kapiteln der Arbeit erläutert worden. Das Verhältnis zwischen Regionalkomponente und universal angelegter weltwirtschaftlicher Organisationsstruktur ist insofern ambivalent, als sich die weltwirtschaftliche Re-Integration zwar mit und gerade durch die europäische Regionalintegration entwickelte, die internationale ordnungspolitische Philosophie aber weiterhin für eine mondialistische Problemlösung und Organisation plädiert – unter genereller Beteiligung aller Nationen bei allen wichtigen Fragen.

Die Quellen der Aversion gegen den Regionalismus entspringen zumeist dem traditionellen liberalen ökonomischen Denken. Danach führt die unvermeidliche Handelsablenkung aus der regionalen Integration (trade diversion) zu einer weltwirtschaftlichen Situation der suboptimalen Versorgung und ist effizienzmindernd. Bei dieser Argumentation wird jedoch vernachlässigt, daß der Warenaustausch innerhalb der von der Regionalisierung betroffenen Länder intensiviert wird (trade creation) „. . ., und eine Regionalisierung . . . gleichbedeutend (ist) mit einer Ausweitung des nationalen Handels in den internationalen Bereich . . ." [Krämer 1974, S. 557]. Die raumwirtschaftliche Strukturkomponente der Weltwirtschaft kann und muß damit in einem direkten Funktionszusammenhang zwischen Kernregionen und internationalem Wirtschaftssystem gesehen werden, was analog der Predöhlschen Vorstellung als Integration von „unten nach oben" zu beschreiben ist[30]. Handelsablenkung kann dann in gewissen Situationen als plausibel und sinnvoll gelten, um z. B. die Kooperationsbasis von Integrationsstaaten und Restländern niveaumäßig anzugleichen (damit die verhandlungsmechanische Kooperation vereinfacht wird) oder um nationalen Zielsystemen auf diesem Wege in begrenztem Umfang zur Realisierung zu verhelfen [so auch Lorenz 1979, S. 18 f.]. Es kann und soll damit nicht geleugnet werden, daß ein weltweiter freihändlerischer Integrationsprozeß per definitione Handelsschaffung bzw. optimale Allokation bewirkt. Aber welchen praktischen Wert hat diese Feststellung, wenn sich die aktuelle Bereitschaft der Staaten nur auf weitgehend liberalen Handel innerhalb kleiner Gruppen von Nationen beschränkt? Worum es dann nur noch gehen kann, hat Krämer folgendermaßen formuliert:

> „‚Unterhalb' des weltweiten Freihandels muß es darauf ankommen, soviel Handelsschaffung wie möglich zu verbinden mit soviel Handelsablenkung wie nötig – um das Ganze für die Beteiligten noch akzeptabel zu machen" [Krämer 1974, S. 559].

---

[30] „Die Bildung von regionalen Wirtschaftsgemeinschaften ist sogar in der Regel ein zweckmäßiges Mittel, um per Saldo dem Freihandel näher zu kommen", formuliert Krämer [1974, S. 557]. Vgl. auch Predöhl [1971, S. 241].

Die grundsätzliche Frage lautet daher, ob die globale Interdependenz über die Regionalkomponente aufgelöst werden kann und soll.

Für die Nachkriegszeit ist eine Entwicklung auf die den Welthandel bestimmenden Zentren unverkennbar. Die Weltwirtschaft ist ihren Beziehungen nach heute multizentrisch organisiert (Polyzentrismus, Multiregionalismus). Die Hauptpfeiler dieser Organisationsstruktur bildet das sog. „golden triangle" (Camps) zwischen den drei Gravitationszentren Nordamerika - Europa (EG) - Japan [vgl. auch Preeg 1974]. Die diese Kerne betreffende Intensität der Handelsverflechtung ist schon in Abschnitt 1.2 des III. Kapitels ausführlich beschrieben worden und kann daher hier auf die folgenden fünf Entwicklungen verkürzt werden:

- zunehmende Regionalisierung zwischen den westeuropäischen Ländern der EG;
- erhebliche Zunahme der - allerdings nicht vertraglich begründeten - Regionalisierung um Japan;
- wieder erstarkte Regionalisierungstendenzen im nordamerikanischen Raum zwischen den USA und Kanda, nachdem Kanada zwischenzeitlich versuchte, diese enge - regionale - Interdependenz zu lösen;
- unterproportionale Beziehungen zwischen den drei Kernregionen;
- Polarisierung bzw. Gravitierung bestimmter Länder auf diese drei Kernregionen.

Da davon ausgegangen werden muß, daß „die Weltwirtschaft . . . für die absehbare Zukunft multizentrisch auf die industriellen Kerngebiete ausgerichtet bleibt" [Voigt 1969, S. 87], verliert die global - sowohl in räumlicher als auch instrumenteller Hinsicht - orientierte Integrations- bzw. Liberalisierungspolitik an Relevanz, und es gilt, den Funktionen der innerhalb und zwischen den Gravitationszentren der Trilateralen Zone bestehenden (Handels-)Beziehungen größere Aufmerksamkeit zu schenken.

Gegen einen globalen Integrationsansatz sprechen eine Reihe weiterer gewichtiger Gründe, von denen zwei herausgegriffen werden sollen:

(a) Unter organisationspolitischen Aspekten erweist sich ein universalistisch angelegtes System als wenig effektiv, da die große Zahl der Länder (mittlerweile über 140) zu einer Effizienzminderung bzw. Lähmung des Verhandlungssystems führt. Dies wird durch ein geringes Interesse vieler Staaten an bestimmten Fragestellungen und ein auf den kleinsten gemeinsamen Nenner reduziertes Verhandlungsergebnis noch verstärkt [Kaiser 1977, S. 385 f.]. Das Konzept weltwirtschaftlicher „core-countries" oder „core-regions" versucht, diesem Dilemma zu begegnen [Cooper/Kaiser/

Kosaka 1977, S. 32 ff. und Whitman 1976/77], indem mittels eines Prozesses der kleinen Schritte im Endeffekt ein universalistisches Problemlösungsverfahren angestrebt wird. Dies entspricht einem evolutorisch-politischen Integrationsansatz, der in Teilschritten vom individuellen zum kollektiven Interesse vorzudringen sucht.

(b) Ein globaler Lösungsansatz beachtet nicht die existierenden relevanten strukturellen Unterschiede und Niveaudivergenzen zwischen Ländern und Regionen. Dies führt zu fundamentalen Abstimmungsproblemen zwischen den Kooperationspartnern, wobei eine strukturelle Majorisierung der kleinen oder schwächeren Länder nahezu systemimmanent ist und damit der Grad der notwendigen Interessensolidarität kaum mehr ökonomisch, sondern allenfalls politisch erzeugt und begründet werden kann [Voigt 1969, S. 164]. Da aber der weltwirtschaftliche Entwicklungsprozeß gezeigt hat, daß eine grundsätzliche Nivellierungstendenz durch ihn nicht zu erwarten ist, dagegen vielmehr der zentrische Aufbau eher noch intensiviert wird, kommt dem gruppen- bzw. blockorientierten Verhandlungssystem für die Funktionsfähigkeit der weltwirtschaftlichen Abstimmungsmechanismen eine entscheidende Bedeutung zu. Die raumwirtschaftliche Strukturdeterminante ist als zentrales und entscheidendes Instrument weltwirtschaftlicher Organisation zu sehen, damit die wirtschaftspolitische Harmonisierung nicht im „Bilateralismus erstickt oder im Multilateralismus ertrinkt“ [ebenda, S. 154].

Als nach dem Zweiten Weltkrieg nur ein intaktes Gravitationszentrum (Nordamerika) vorhanden war, erschien der globale Integrationsansatz als der einzig gangbare Weg; denn die Handelsströme gravitierten zentrifugal. Nach der Bildung und dem ökonomischen und politischen Erstarken weiterer Kernregionen ist diese Politik weitgehend obsolet geworden,

- da die mit internen und externen Zwängen und Beschränkungen versehene globale Interdependenz und die
- als Folge regionalisierter Entwicklung entstandenen raumwirtschaftlichen „Individualisierungsprozesse“ mit intensiver komplexinterner Verflechtung und potentialabhängiger „Emanzipation“ nach außen zu einer zentripetalen Gravitierung der Handelsströme führten.

Dahinter steht auch, daß internationaler liberaler Handel und vom Nationalstaat verfolgte autonome Wirtschaftspolitik nur dann als kompatibel gelten können, wenn die Interdependenz durch Steuerungsmechanismen und wirtschaftspolitische Abstimmung der Nationalstaaten untereinander in eine Richtung profiliert wird, die die Anforderungen für die Länder überschaubarer und akzeptabler erscheinen läßt. Dies aber dürfte eher in einem regionalen Ansatz gewährleistet sein als in einem globalen.

Entsprechend ihrer Potentiale besteht für die Kernregionen ein großes Maß an „Autarkiebegabung", da jedes der drei Gravitationszentren mit geringen Abstrichen für sich allein existieren kann[31]. Der nordamerikanische Raum hat dieses Privileg schon aufgrund seiner immensen Größe, während in Europa durch die Bildung der EG eine ähnliche Konstellation erreicht werden konnte und nur Japan wegen seiner umfassenden Abhängigkeit von Rohstoffimporten dies kaum aus sich heraus realisieren kann. Hier würde allenfalls ein ähnlicher Wirtschaftszusammenschluß wie in Westeuropa Abhilfe schaffen. Allerdings darf nicht vergessen werden, daß auch schon eine intensive Verflechtung mit dem asiatischen Raum ohne feste Integrationsbande die Autarkiefähigkeit nicht unerheblich vergrößert, wobei die neuen (Ver-)Bindungen zu China eine interessante Entwicklung markieren, die über den bilateralen Handelsaspekt hinausgeht und langfristig sogar bis zu einer Teilentlastung des europäischen und amerikanischen Marktes vom japanischen Konkurrenzdruck führen könnte[32]. Abstrahiert man von einigen Rohstoffbereichen – insbesondere dem Energiesektor –, so läßt sich die These vertreten, daß für die Kernregionen bis auf wenige Ausnahmen internationale Handelsbeziehungen kein „Muß" darstellen.

Nach dem Kriege hat sich keine internationale Arbeitsteilung im Bereich des Industrieprodukthandels eingestellt, sondern eine Intra-Branchen-Spezialisierung bei weitgehend ausgeglichenem Handel auf Branchenebene. Die Binnenbeziehungen der Kernregionen sind allerdings weitgehend gemäß den Kriterien der internationalen Arbeitsteilung ausgestaltet [Hufbauer/Chilas 1974]; d. h., es findet eine regionale Arbeitsteilung auf substitutiver Basis statt. Problematisch ist dabei die Verteilung der Standorte im Raum, was weitgehend eine Finanzierungsfrage darstellt [s. a. Kaldor 1970]. Von anderer Bedeutung und Qualität sind dagegen die Beziehungen zwischen den Gravitationszentren. Wenn auch die Kerne weitgehend dem Vollständigkeitskriterium genügen, so sind doch Handelsverflechtungen außer im Agrar- und Rohstoffbereich in folgenden Sektoren notwendig:

---

[31] Lemper [1974, S. 146 ff.] hat immer wieder betont, daß die Potentiale der Zentren im gewissen Maße ausreichen, die bekannten Prozesse der Arbeitsteilung im wesentlichen zu realisieren und sich die Notwendigkeit einer Arbeitsteilung zwischen den großen Industriekomplexen allenfalls auf recht schmale Randbereiche beschränkt.

[32] Dies käme auch der Struktur der japanischen Arbeitsteilung entgegen, die mehr auf den inter-industriellen denn auf den intra-industriellen Handel ausgerichtet ist [dazu Thiel 1978, S. 17].

- bei technologischen Lücken, d. h. entwicklungsrelevanten Niveauunterschieden und
- aufgrund von Konsumentenpräferenzen und Angebotslücken im Bereich niveauabhängiger Produktdifferenzierung.

Dieser „Rest" an Handelsverflechtung sowie insbesondere der im Umfang zunehmende substitutive Handelsanteil zwischen den Industrieländern führen aufgrund ihrer intensiven wirtschaftlichen Wirkungen zu erheblichen wechselseitigen Problemen. Die Wirkungen sind, unterscheidet man nach Güterkategorien bzw. Handelsströmen, allerdings in ihrer Bedeutung unterschiedlich zu beurteilen (Abschnitt 2.4 im II. Kapitel). Die zunehmend größten Probleme schafft der substitutive Austausch, der von seiner Anlage her einen auf Verdrängung ausgerichteten Wettbewerbsprozeß initiiert. Es verwundert denn auch nicht, daß gerade gegenüber den sog. Ubiquitätsgütern die umfangreichsten Handelsbeschränkungen bestehen. Der intra-industrielle Handel, den wir als besonderen Fall des komplementären Austausches charakterisiert haben und dessen Anpassungsanforderungen sich im Idealfall weit weniger dramatisch darstellen, kann und wird dann gleichfalls intensive Wettbewerbsprozesse begründen, wenn (a) das Wachstums- bzw. Differenzierungs- resp. akquisitorische Potential (Substitutions- oder Marktlücken) eingeschränkt ist und/oder (b) die funktionelle Heterogenität der Güter sich als zu gering darstellt – der komplementäre Handel auf der Basis intra-sektoraler Spezialisierung in einen substitutiven Austausch mit Verdrängungswettbewerb umschlägt. Dies ist seit dem Beginn der 70er Jahre vermehrt zu beobachten. Der zunehmend auf substitutiver Basis beruhende Industrieländerhandel, der auch ganz entscheidend als Folge der niveaumäßigen Nivellierungstendenz im Entwicklungsprozeß zu sehen ist und der in den Exporten der Entwicklungsländer sowie des Ostblocks eine spezielle Additionskomponente [Lorenz 1979a, S. 13 f.] beinhaltet, bildet den Hintergrund der in den Beziehungen zwischen den Kernen auftretenden Reibungen und Konflikte; denn „Exporterfolge in anderen Zentren bedeutet Absorption dortiger Nachfrageteile, gegen die man sich dort wehren wird" [Lemper 1974, S. 153].

Geht man von der Regionalisierungshypothese aus, so ist der Kern-Binnen-Handel anders zu beurteilen und unter anderen Bedingungen zu sehen als der zwischen den Gravitationszentren. Ersterer sollte sich auch weiterhin auf den „soliden" und wachstumsträchtigen substitutiven Handel und die Produktdifferenzierung stützen, wobei Distorsionen sinnvolle Handelsbeziehungen nur stören würden. Hier wird auch ein freihändlerischer Zustand sinnvoll und relativ leicht zu bewahren sein, da die Lastenverteilung unter nahezu gleichen Partnern vonstatten geht und die Kooperationswiderstände im Gegensatz zum universalistischen Ansatz relativ gering einzuschätzen sind. Die Beziehungen zwischen den Kernen unterliegen dagegen schon jetzt einer Vielzahl unterschiedlichster Beschränkungen, wobei die Fähigkeit, eine Isolierung ohne große Nachteile verkraften zu können, kaum einsichtig werden läßt, warum die Verwirklichung eines globalen handelspolitischen Liberalismus erzwungen werden soll; zumal es sich zum wiederholten Male gezeigt hat, daß keine großen Chancen für eine generelle Durchsetzung der liberalen Prinzipien bestehen. Eine Konzentrierung auf den wirklich essentiell notwendigen Austausch – er wird meist komplementären Charakter tragen – läßt sich allerdings noch aus anderen Gründen rechtfertigen:

- Wie sich gezeigt hat, schafft Handel nicht nur positive Interdependenz. Er kann auch zu einem belastenden, konfliktträchtigen Element werden[33], zumal die konjunkturelle bzw. wirtschaftspolitische Autonomie der modernen Nationalstaaten für sie ein zentrales (öffentliches) Gut darstellt. Andere Methoden wirtschaftlicher Verflechtung zwischen Industrieländern (Direktinvestitionen, Blaupausenexport etc.) können diese Belastungen verringern helfen, und andererseits kann ein mehr regional zentriertes Vorgehen zu einer Wiedergewinnung der konjunkturellen Autonomie in gewissen Graden beitragen.
- Effizienzgewinne können gemäß den raumtheoretischen Überlegungen und Prinzipien auch zukünftig im Binnenhandel erzielt werden. Weder im europäischen Raum noch in Nordamerika und auch nicht in dem Gravitationsfeld um Japan sind bisher alle Liberalisierungsmöglichkeiten ausgeschöpft.
- Schon heute ist der Zugang zu den Märkten ein äußerst knappes Gut. Dies wird vermutlich in der Zukunft noch ausgeprägter der Fall sein. Man denke nur an das schlechte Wachstumsklima und engere Innovationslücken. Sowohl unter Versorgungs- (Ressourcenaspekt) als auch Bargaining-Gesichtspunkten gegenüber den Entwicklungsländern wie dem Ostblock besteht hier ein weites Feld der weltwirtschaftlichen Kooperation, daß wohl eher für diese „Nachrücker“ als die Industrieländer freigehalten werden sollte.

---

[33] Es ist bisher ungeklärt, in welchem Verhältnis internationaler Handel und eine friedensfördernde Zusammenarbeit stehen. Die Frage nach einer „optimalen“ Gestaltung (in Form und Umfang) internationaler Verflechtung stellt sich heute mehr denn je. Auch die Interdependenzforschung hat darauf bisher noch keine befriedigende Antwort geben können.

Völlig unerwähnt ist dabei bisher geblieben, daß die mehr regionalisierte Entwicklung mit ihren zentripetalen Kräften in instrumenteller Hinsicht keine großen Anforderungen stellt. Es bedarf allenfalls der Aufgabe derjenigen Instrumente, die bisher weitgehend für die auftretenden Verzerrungen verantwortlich zeichnen, womit sich das Einsatzpotential nicht-tarifärer Behinderungen erheblich reduziert. Eine separierte Kooperation würde schon von daher das international wirksame Konfliktpotential entscheidend verringern können.

Es kann heute grundsätzlich bezweifelt werden, ob ein globales Freihandelssystem den divergierenden Interessen der weltwirtschaftlich relevanten Gruppen und/oder Regionen gerecht wird, bedenkt man die strukturbestimmenden Determinanten der Weltwirtschaft. Internationale Handelspolitik wird unter diesen Gegebenheiten nicht mehr allein am (statischen) Allokationsziel ausgerichtet sein können. Vielmehr sind die weltwirtschaftlichen Entwicklungsprozesse und das Vorhandensein ungleicher Partner – und damit verstärkten Wettbewerbs unter ungleichen Voraussetzungen – zu berücksichtigen.

Weltpolitisch und weltwirtschaftlich ist mit dem Ende der 60er Jahre ein Führungsvakuum entstanden. Die USA sind nicht mehr eindeutig dominierende Kraft im internationalen Gefüge. Ein Land, das diese Lücke füllen könnte, ist bisher nicht in Sicht. Auch aus diesem Grunde dürfte es sinnvoll sein, sich mehr an den regionalen Gruppierungen zu orientieren. Die relative Homogenität und die geringeren Anpassungsbelastungen, wobei über einen Finanzausgleich für benachteiligte Länder gesorgt wird, sprechen für diese Sicht. Nach der regionalen Komponente ist der zweite Schritt die Entwicklung auf ein Zusammenwirken der Regionen untereinander. Hier wird nach ähnlichen Prinzipien verfahren werden müssen wie bei der regionalen Integration. Auch hier gilt vielleicht bezüglich der Verteilung der Standorte im Raum, daß ein „burden sharing" die Reibungswiderstände vermindern kann. „Positive" Kooperationspolitik erfordert ein partielles Loslösen von den ordnungspolitischen Prinzipien des laissez faire. Die Beziehungen der Kernregionen untereinander bedürfen ebenso einer Steuerung, wie auf regionaler Ebene die Binnenbeziehungen der Zentren. Auftretende Verluste müssen folglich mittelfristig finanziert werden und ein zeitweiliges Ausscheren aus den Prinzipien des Ordnungskanons sollte bei entsprechend kontrollierter Absicherung akzeptiert werden können.

Nationale und internationale Wettbewerbspolitik haben von denselben Prinzipien auszugehen. Damit werden die Ausgangssituationen für die Partnerländer weitgehend gleich. Anpassungsprobleme können durch Zeitprotektionismus und Finanzausgleich zu Übergangsphasen werden. Merkantile Politik wird dann unsinnig, weil sie den Merkantilisten via Finanzausgleich mehr Kosten verursachen denn Erträge erbringen würde. Außerdem fehlt auch der Anlaß für derartige Strategien; denn die nationale Bedrohung läßt sich durch einen legitimierten Zeitprotektionismus vorab begrenzen. Die verlorengegangene Autonomie der Nationalstaaten könnte damit sogar in Grenzen zurückgewonnen werden.

Geht man von solch einer separierten, aber kooperativen Strategie aus, dann begründet diese einen akuten Bedarf an Abstimmungsprozessen zwischen den Kernregionen. Gemäß den ökonomischen und politischen Interessen in der Trilateralen Region ist diese Abstimmung zwischen den Gravitationszentren realistisch und, entsprechend ihrer strukturbestimmenden Bedeutung, hier auch weltwirtschaftlich relevant. Die Vorschläge in dieser Richtung, insbesondere von der Trilateralen Kommission vorgetragen, zeugen von der Kenntnis der Verantwortung für eine Neuordnung der internationalen Beziehungen insgesamt. Die internationale Verflechtung ist mittlerweile so global und vielfältig, daß die Interessenkoordination und die grundsätzliche Kooperation über das „Dreieck" hinaus in den regionalisierten Integrationsansätzen enthalten ist. Die Offenheit des Abstimmungssystems liegt im Interesse aller Handelspartner. Allerdings muß vermerkt werden, daß man bisher über Ansätze nicht hinausgekommen ist. Dies heißt allerdings nicht, daß der regionalisierte Lösungsansatz funktionsunfähig hinsichtlich seiner praktischen Umsetzung ist; denn es existiert eine faktische Kooperation im Trilateralen Raum.

Die Regionalisierung als „Keimzelle der Partnerschaft" (Krämer) mit globaler Verantwortung für die Weltwirtschaft insgesamt kann nur dann sinnvoll und effektiv sein, wenn die Gefahren aus der Regionalisierung über globale Ordnungsmechanismen unter Kontrolle gehalten werden. Ob dies mit den vorhandenen Institutionen gewährleistet werden kann, ist außerordentlich fraglich. Auch hier ist ein Anpassungsprozeß erforderlich. Sektoral und regional orientierte Lösungen müssen gewährleistet werden können, wobei der internationale Ordnungsrahmen mehr das grundsätzliche Regelnetzwerk und Überwachungsinstitut beschreibt, während die Feinstrukturen vermehrt regionalisiert und niveauabhängig von den jeweils Betroffenen in kooperativem Zusammenwirken gestaltet werden sollten. Hierbei würde ein Freiraum der Gestaltung für die individualisierten Kernregionen gewährleistet.

Das vorgeschlagene Vorgehen verbindet die drei der nach Lindbeck [1977, S. 17 f.] möglichen Lösungswege. Nach ihm sind die folgenden alternativen Strategien denkbar:

(1) Totaler Rückzug aus dem System mit verstärktem Protektionismus.

(2) Die Akzeptierung der weltwirtschaftlichen Interdependenz und der Versuch, sie mit dem nationalen politischen Entscheidungssystem vereinbar zu gestalten. Effizientere Anpassungsmaßnahmen bzw. nationale wirtschaftspolitische Instrumente mit geringeren negativen Effekten für die Handelspartner sind dafür erforderlich.

(3) Koordinierung bzw. Harmonisierung internationaler wirtschaftspolitischer Instrumente und Ziele.

Für uns stellen sich diese Strategien nicht als direkte Alternativen dar, sondern als zeitlich und räumlich abgestufte Verfahren zu einer internationalen Kooperationspolitik. Der Weg ginge dann von den regionalen Beziehungen über zu den internationalen, wobei dies nicht in allen Güterbereichen gleichermaßen der Fall sein muß. Vielleicht sind wirklich nur noch spezielle Bereiche des internationalen Gütersortiments für die Beziehungen der Kernregionen untereinander akzeptabel.

Nun ist aber die handelspolitische Problemlösung nicht losgelöst von der währungspolitischen Frage zu sehen. Das von Instabilitäten gekennzeichnete Bretton Woods-System ist gerade in seiner aktuellen provisorischen Phase vollkommen unzulänglich, da es keine ordnungspolitischen Eckdaten mehr setzt. Parallel zu der handelspolitisch mehr zentrisch orientierten Problembewältigung wird es währungspolitisch darum gehen, daß eine Lösung des internationalen Währungsproblems gefunden wird, die gleichermaßen den Anforderungen des internationalen Güteraustausches wie auch der autonomen bzw. regional abgestimmten Wirtschaftssteuerung gerecht wird[34]. Geht man von der These aus, daß schrittweise zu einem internationalen Währungssystem zurückgefunden werden sollte, dann kann gerade dem regionalen Ansatz eine besondere Bedeutung zukommen. Vergegenwärtigt man sich die währungspolitische Rolle und Funktion der EZU nach dem Kriege, so war es die regionale Initiative, die die Voraussetzungen für den globalen währungspolitischen „Liberalisierungs-take off" schuf. Warum sollte, wenn auch unter anderen äußeren Bedingungen und veränderten ordnungspolitischen Anforderungen, dieser Weg nicht auch in der jetzigen Situation der problemadäquate sein? Die Theorie optimaler bzw. „viable" Währungsräume hat ja u. a. gerade an diesem Punkte angesetzt (Mundell, McKinnon, Kenen), und auch Triffin [FAZ 1978] hat jüngst auf die aktuelle Relevanz von Währungsblök-

---

[34] Vgl. zu den währungspolitischen Anforderungen unter den veränderten Bedingungen z. B. Johnson [1976].

ken hingewiesen. Die regionale monetäre Kooperation soll nicht als dauernde Alternative, sondern vielmehr als sinnvolle Ergänzung zu einem – allerdings modifizierten – weltweit geltenden Währungssystem gesehen werden. Regional sind dabei gewissermaßen die umfangreicheren Anforderungen an den Ordnungskanon zu stellen, als dies international aufgrund der divergierenden Partner und Interessen der Fall sein kann. Auch hier ist also eine Integration von „unten nach oben" zu fordern.

Nun ist im westeuropäischen Raum seit Anfang 1979 mit dem EWS (Europäisches Währungssystem) ein Schritt in die von Triffin und auch Preeg [1974, S. 61 f.] geforderte Richtung getan worden. Im Innenverhältnis der Teilnehmerstaaten des EWS bestehen feste Wechselkurse, während im Verhältnis zwischen den Kernregionen flexible Kurse regieren. Ob vom EWS zu einem neuen internationalen Währungssystem gefunden werden kann, ist heute weitgehend ungewiß, wie auch nicht abzusehen ist, ob der währungspolitische Integrationsprozeß der EG durch das EWS vorankommt. Selbst wenn die Perspektiven der „modifizierten Schlange" nicht unbedingt hoffnungsvoll stimmen [Zohlnhöfer 1979/80], so ist doch ein Weg aufgezeigt, der in einer Periode der nicht vorhandenen Hegemonie ein notwendiges „joint management" (Bergsten) über die Regionalkomponente möglich macht.

Ausufernde Konflikte und um sich greifende Instabilitäten sind mittlerweile ein vertrautes Bild des weltwirtschaftlichen Alltages. Wohin die „Reise" geht, ist auch nach dem vorläufigen Abschluß der Tokio-Runde des GATT völlig ungewiß. Ein Schwanken zwischen Bangen und Hoffen scheint angebracht. Sieht man nämlich die vorangegangenen Überlegungen zu den Industrieländern zusätzlich im Zusammenhang mit den aktuellen Forderungen der Entwicklungsländer, so wird deutlich, wie schwierig eine internationale ordnungspolitische Neugestaltung werden dürfte; denn die Entwicklungsländer fordern nachhaltig die Offenhaltung ihrer Expansionschancen, denen die Industrieländer eine geregelte Begrenzung entgegensetzen möchten. Die Welt als „Schicksalsgemeinschaft der Ungleichen" (Voigt) besitzt in dieser Ungleichheit ein weiteres umfangreiches Konfliktmoment.

Der grundsätzliche Ansatz unserer Überlegungen, dies sei hier noch einmal betont, besteht nicht in einer Strategie zur Handelsbegrenzung bzw. Legitimierung merkantiler Praxis, sondern in dem Versuch, eine tragfähige Basis für ein konfliktminderndes und die Ursachen der Probleme kalkulierendes Ordnungssystem zu schaffen. Dies verlangt ein Aufgeben nicht durchsetzbarer ordnungspolitischer Denk- und Organisationsschemata, wie es z. B. auch Rothschild [1979] betont.

Internationaler Frieden und wirtschaftliche Prosperität stellen heute kollektive Güter der Weltgesellschaft dar. Gleichzeitig aber werden die notwendigen freiwilligen (Vor-)Leistungen zur Erhaltung dieser Güter immer weniger erbracht und die Spannung zwischen daraus resultierendem Problemlösungsbedarf und nationalstaatlicher Entscheidungsleistung (Frei) wird immer größer und bedrohlicher. Ein individualistisches Vorgehen wie auch die Hoffnung, daß die Kriterien der nationalstaatlichen Entscheidungsträger zukünftig an universalen Interessen ausgerichtet werden, muß gleichermaßen in den Bereich unrealistischen Wunschdenkens verwiesen werden. Der regional-kooperative Ansatz dagegen, der international wie national ordnungspolitisch von „positiver" Politik geleitet und gestützt wird, bietet eine Möglichkeit, die individuell nationalstaatlichen Anspruchsniveaus mit supranationalen ordnungspolitischen Anforderungen zu harmonisieren. Erst wenn dies erreicht ist, dann kann und sollte man sich den umfangreicheren – mondialistischen – Abstimmungs- und Harmonisierungsfragen zuwenden. So könnte der Gefahr entgangen werden, ein weiteres Mal den zweiten vor dem ersten Schritt zu tun.

Anhang I
Außenhandelsmodelle

I. Mikroökonomische Modelle

(1) ***Komplementarität der Produktion ex ante*** (dynamische Verfügbarkeitsmodelle)

Keine Verfügbarkeiten über dieselben Güter/Inputs in allen (vielen) Ländern. Das Angebot ist monopolistisch (zufällig) verteilt: absolute Verfügbarkeit für ein Land oder eine kleine Ländergruppe (Entwicklungsvorteile).

Handel/Exporte *kein* Mittel der internationalen Arbeitsteilung. Vielmehr ist *Spezialisierung* die Folge eines *extensiven* Übergreifens von der inländischen Produktion auf den Export. Expansive Allokation begleitet die Entwicklung der Weltmärkte. *Erweiterte* Versorgung der Importländer (vent for surplus).

Hang zur Substitution der ex ante-Komplementaritäten durch Imitation des Inlandsangebots im Ausland (Parallelproduktion). *Komplementäre Handelsströme* werden durch Importsubstitution *ex post* eliminiert. Internationale Zeitmonopople werden beseitigt.

(2) ***Substitutionalität der Produktion ex ante*** (statische, konventionelle Modelle)

Ubiquitäre Verfügbarkeiten über alle funktional *homogenen* Güter/Inputs in allen Ländern (identische physische Angebote zu unterschiedlichen Kosten/Preisen).

Handel/Exporte sind Mittel der internationalen *Arbeitsteilung* (Reallokation), die im Wege des Wettbewerbs der *Intensivierung* des Handels und der Kostensenkung dient. Keine erweiterte, sondern „nur" *verbesserte* Versorgung der Importländer durch substitutive Handelsströme.

Hang zur Beseitigung der ex ante-Substitutionalität durch *Anpassung* der Auslandsproduktion. Kompetitive Verfügbarkeiten werden durch Importabhängigkeiten *ex post* ersetzt. Hang zur internationalen Monopolisierung/Konzentration durch Beseitigung von Parallelproduktion.

Das Modell (2) kann ergänzt oder wieder abgelöst werden durch Modell (1); oder aber wegen steigender Einkommen/Wohlfahrt. Überlagerung/Ersatz *beider* Modelle durch ein drittes Modell:

(3) ***Dynamisches Nachfrage- und Angebotsmodell der Produktdifferenzierung***

Produktionsbedingungen ähnlich wie im Modell (2). Jedoch nachgefragt und angeboten (strategisches Unternehmerverhalten) werden funktionell *heterogene* Güter/Inputs mit mehr oder weniger großen Substitutionslücken. Die damit gegebenen mikroökonomischen *Komplementaritäten* der Produktion und der Handelsströme entstehen als Folge von Nachfragepräferenzen bzw. der Marktpolitik der Firmen (Präferenzgüter). Deshalb auch Übernahme *extensiver* Elemente des *Modells (1):* Erschließung der Weltmärkte durch internationale Spezialisierung (expansive Allokation, nicht Reallokation).

Inwieweit das Modell *intensive* Elemente des Modells (2) enthält, hängt von der Intensität der Substitutionslücken bzw. der Beständigkeit und Ausprägung der Präferenzen ab. Die Komplementaritäten sind nur innerhalb gewisser Bandbreiten „garantiert", die durch Wettbewerb/Substitution im Außenhandel und in der Produktion „kontrolliert" werden.

Produktdifferenzierung verbindet also Wettbewerb mit Komplementaritäten. Die Strategie der Markt-/Substitutionslücken kann vom latenten in den *aggressiven Wettbewerb* übergehen, wenn der Expansionsspielraum des internationalen Handels *nach Komplettierung* der Angebots-/Marktlücken eines stark differenzierten internationalen Nachfragepotentials zu eng wird. Damit treten wieder *Anpassungsprobleme* zu Tage, die die Produktdifferenzierung des intra-industriellen Handels zunächst entschärft.

II. Makroökonomisches Modell (4)

In Abhängigkeit von den jeweiligen Handelspotentialen der Modelle (2) und (3) können makroökonomische Determinanten wie z. B. Wachstum, Konjunktur, Inflation, Wechselkurse ein Klima schaffen, in dem ein sehr ambivalentes und *instabiles substitutives* Austauschpotential vorherrscht („a state of affairs in which there is a large volume of foreign trade trembling . . . on the margin of advantageousness" – D. H. Robertson 1938).
Dieses Potential ist so lange *nicht-aggressiv,* wie die makroökonomischen

Umstände komplementärer oder besser supplementärer Natur sind (internationale lags der Konjunkturzyklen!). Es kann *aggressiv* werden a) bei „neomerkantilistischem Liberalisierungshandel" oder b) bei bedeutenden Entwicklungslücken wie z. B. im Nord-Süd-Konflikt: makroökonomischer low wage trade oder vertikaler Wettbewerb im Rahmen der „neuen" internationalen Arbeitsteilung.

Mit Abänderungen übernommen aus Lorenz [1979]

Anhang II: Tabellen

Verzeichnis

Tabellen

Tabelle I-1
Weltexporte (fob), 1948–1976

Jahr	Mrd. US-Dollar	jährliche Zuwachsrate in v. H.
1948	57,5	–
1950	61,1	9,8
1960	128,0	8,1
1966	204,0	9,4
1967	214,5	5,1
1968	239,1	11,4
1969	272,6	14,0
1970	312,0	14,0
1971	348,0	11,5
1972	412,4	18,5
1973	576,0	39,7
1974	836,2	45,2
1975	878,0	5,0
1976	991,8	13,0

Quelle: Berechnet nach *UN*, Yearbook of International Trade Statistics, lfd. Jg., Table A. Ab 1973: *GATT*, International Trade, 1976/77, Tab. 2, S. 6.

Tabelle I-2

Durchschnittliche jährliche Zuwachsraten der Weltexporte[1] (fob), 1950–1975
– in v. H. –

1950–1960	6,4
1960–1970	9,3
1960–1972	10,1
1970–1972	14,8
1950–1972	9,4
1970–1975	22,4
1972–1975	27,1

[1] Ohne den Handel zwischen der VR China, der Mongolischen VR, Nordkorea und Nordvietnam und dem Handel zwischen der Bundesrepublik Deutschland und der DDR.

Quelle: Berechnet nach *UN*, Yearbook of International Trade Statistics, verschiedene Jahrgänge, Table A.

Tabelle I-3
Regionalstruktur des Weltexports, 1950–1975 – in v. H. –

Jahr / Ländergruppen	1950	1960	1970	1972	1975	Zunahme 1960–1975
Industrieländer (IL)	61	67	71	72	64	553
Entwicklungsländer (EL)	31	21	18	18	24	679
Sozialistische Länder (SL)	8	12	10	10	10	470
Welt	100	100	100	100	100	586

Quelle: Berechnet nach *GATT*, International Trade, lfd. Jg.

Tabelle I-4
Durchschnittliche jährliche Zuwachsraten der Exporte und Importe nach Ländergruppen – in v. H. –

Ländergruppe	1950–60	1960–70	1970–72
Industrieländer (IL)			
Exporte	7,0	10,1	15,3
Importe	6,5	10,2	14,8
Entwicklungsländer (EL)			
Exporte	2,9	7,3	14,1
Importe	4,1	6,4	12,3
Sozialistische Länder (SL)			
Exporte	10,8	8,4	12,8
Importe	11,3	7,8	14,7
Welt[1]			
Exporte	6,4	9,3	14,8
Importe	6,3	9,2	14,3

[1] Ohne Handel zwischen der VR China, Nordkorea, Nordvietnam und der Mongolischen VR und dem Handel Bundesrepublik – DDR.

Quelle: Berechnet nach *UN*, Yearbook of International Trade Statistics, New York, lfd. Jg.

Tabelle I-5
Entwicklung von Weltexport und -produktion (real) zwischen 1960 und 1975

	1960	1970	1972	1974	1975
Exportvolumenindex	100	213	249	295	283
Weltproduktions-volumenindex	100	171	188	210	205

Quelle: GATT, International Trade 1976/77, Tab. 1, S. 2.

Tabelle I-6
Durchschnittliche Zuwachsraten des Exportvolumens und der Industrieproduktion in ausgewählten Ländern, 1960–1975 – in v. H. –

		Exportvolumen	Industrieproduktion
USA			
	1960–1972	5,6	4,7
	1972–1975	9,5	1,8
	1975	– 2,1	– 8,9
	1976	3,4	10,2
Japan			
	1960–1972	16,7	12,1
	1972–1975	7,8	2,4
	1975	2,0	–11,0
	1976	23,3	13,7
Bundesrepublik Deutschland			
	1960–1972	8,6	5,0
	1972–1975	6,7	0,9
	1975	–10,4	– 5,5
	1976	13,6	8,8

Quelle: Berechnet nach *GATT*, International Trade 1975/76, Tab. 20, S. 83 und 1976/77, Tab. 16, S. 75.

Tabelle I-7
Durchschnittliche jährliche Wachstumsrate des BSP und des Exportvolumens in ausgewählten Industrieländern – in v. H. –

	1870–1913		1913–1950		1950–1960		1960–1972		1975		1976	
	BSP	Exp.	BSP	Exp.	BSP	Exp.	BSP	Exp.	BSP	Exp.	BSP	Exp.
USA	4,3[2]	3,8	2,9	2,3	3,2	5,0	3,9	5,6	−1,8	− 2,1	6,2	3,4
Kanada	3,0	6,5	2,8	3,3	3,9	3,8	5,4	9,4	0,6	− 7,8	5,2	12,4
Deutschland[1]	2,9[2]	5,1	1,2	−2,5	7,6	15,8	4,6	8,6	−2,5	−10,4	5,7	13,6
Großbritannien	2,2	2,1	1,7	0,2	2,6	1,9	2,7	4,8	−2,0	− 2,3	1,1	7,4
Frankreich	1,6	2,8	0,7	1,1	4,4	7,2	5,7	9,0	0,1	− 4,1	5,2	9,1
Belgien	2,7	3,5	1,0	0,2	2,9	7,7	4,9	11,0	−1,9	− 7,0	3,0	14,3
Italien	1,4	–	1,3	1,4	5,9	11,8	5,0	12,4	−3,5	2,3	5,6	12,2
Schweden	3,0	3,8[5]	2,2	1,9	3,3	5,5	4,1	7,3	0,5	− 9,6	1,5	6,0
Niederlande	2,2[4]	4,6	2,1	1,2	4,9	10,0	5,1	10,1	−2,1	− 3,4	4,0	11,0
Schweiz	2,4[3]	–	2,0	0,3	5,1	7,8[6]	4,3	7,7	−7,4	− 8,1	−0,8	11,5

[1] Deutsches Reich bzw. Bundesrepublik Deutschland
[2] 1871–1913
[3] 1890–1913
[4] 1900–1913
[5] 1893–1913
[6] 1950–1959

Quelle: Maddison 1964, Tabelle I-1, S. 28 und Tabelle V-4, S. 166.
GATT, International Trade 1976/77, Tabelle 16, S. 75.

Tabelle I-8
Exporte und Importe als Anteile der Produktion, 1960–1970 – in v. H. –

Länder u. Regionen	Exporte und Importe in % des BSP (zu laufenden Preisen)				Exporte in % des BSP (zu Preisen v. 1960)
	Exporte		Importe		
	1960	1970	1960	1970	
OECD[1] insgesamt	8,5	10,6	8,6	10,8	–
EG (der 6)	15,5	18,2	15,4	18,2	–
USA	4,0	4,3	2,9	4,0	4,6
Japan	10,4	9,8	9,4	9,5	15,1
Frankreich	11,2	12,0	10,2	12,7	14,5
Italien	10,4	14,2	13,5	16,1	20,3
Großbritannien	14,1	16,0	17,5	17,9	17,4
Deutschland	15,8	18,3	13,9	15,9	24,7
Dänemark	25,0	21,6	30,4	28,3	31,5
Kanada	14,8	21,3	15,1	17,6	23,6
Schweden	19,7	21,9	22,3	22,7	27,2
Schweiz	21,9	25,3	26,1	31,9	28,2
Niederlande	35,6	37,6	40,0	42,8	55,5
Belgien/Luxemburg	31,7	43,2	33,2	42,3	54,9

[1] ohne Australien

Quelle: Rey-Report 1972, Tab. 2, S. 139.

Tabelle I-9
Weltwirtschaftliche Verflechtung, gemessen in der Außenhandelsquote[4], nach Regionen und Ländern, 1958–1972 – in v. H. –

	1958	1963	1967	1972
Welt, insgesamt[1]	24,5	24,8	22,6[2]	26,4
Industrieländer	22,5	22,8	24,9	25,2
USA	8,7	8,7	8,8	9,8
Kanada	42,9	44,2	48,3	42,4
Westeuropa	38,4	39,8	44,5	41,3
EG (6)	34,5	38,5	43,8	40,4[3]
Japan	22,6	22,8	23,8	19,9
Entwicklungsländer	30,3	28,9	30,2[2]	33,1

Tabelle I-10
Prozentuale Anteile von Regionen und Ländergruppen an den Weltexporten (fob), 1960–1975 – in v. H. –

Region/Land	1960	1963	1972	1975
Welt	100	100	100	100
Industrieländer (IL)	66,8	67,4	72,2	63,8
Entwicklungsländer (EL)	21,5	20,4	17,3	24,3
Sozialistische Länder (SL)	11,8	12,1	10,3	9,9
Nordamerika	20,2	19,3	16,9	15,7
USA	16,0	14,9	11,8	11,7
Japan	3,2	3,5	6,9	6,3
EG (6)	23,4	24,4	30,9	–
Intrahandel der EG (6)	8,0	10,3	14,9	–
Handel zwischen EG und Drittländern	15,3	19,3	25,0	–
EG (9)	–	33,61[1]	37,1[1]	33,9
Intrahandel	–	15,6[1]	19,4[1]	16,6
EFTA	14,4	15,1	13,5	6,0
Europa (marktwirtschaftlich)	40,6	41,2	45,7	41,7

[1] Hochgerechnet auf EG (9)

Quelle: Berechnet nach *UN*, Yearbook of International Trade Statistics, Table 3, lfd. Jg. *GATT*, International Trade 1975/76, Tabelle F.

zu Tabelle I-9

[1] ohne Sozialistische Länder
[2] Nettosozialprodukt zu Marktpreisen
[3] EG (9)
[4] Außenhandelsquote: Anteil des Außenhandelsvolumens am Nettosozialprodukt zu Faktorkosten.

Quelle: Für 1958 und 1963, Die Weltwirtschaft, 1970, Heft I, Statistischer Anhang, Tabelle 29*, S. 24* f.
Für 1967 und 1972, eigene Berechnungen nach *UN*, Yearbook of National Accounts Statistics, 1968, Vol. 2, S. 48 ff.; International Financial Statistics, lfd. Jg. und *UN*, Monthly Bulletin of Statistics, lfd. Jg.

Tabelle I-11
Regionale Verteilung des Zuwachses im Industrieländerhandel mit Industrieprodukten (SITC: 5–8, ohne 68), 1955–1973 – in v. H. –

	Importe an Industriegütern	Exporte an Industriegütern
Welt	100	100
Intra-Kern-Handel: in Nordamerika und Westeuropa	65	52
Inter-Kern-Handel im Trilateralen Wirtschaftsraum	24	19
Handel mit dem Rest der Welt	11	29

Quelle: Blackhurst/Marian/Tumlir 1977, Tab. 4, S. 19.

Tabelle I-12
Entwicklung der Handelsstruktur der EG[1]: Intra-Handel und Drittländerhandel als Anteile der Gesamtexporte der EG, 1958–1976 – in v. H. –

	Intra-handel	Drittländer-handel	Wachstumsraten Intra-handel	Drittländer-handel	Gesamt-handel
1958	32	68	–	–	–
1959	33	67	11,6	7,2	8,6
1961	37	63	16,1	4,8	8,7
1963	42	58	17,4	4,8	9,8
1966	44	56	11,6	8,6	9,9
1967	44	56	5,5	7,6	6,7
1968	45	55	18,0	11,6	14,4
1970	49	51	18,8	15,2	16,9
1972	50	50	23,5	21,5	22,5
1975	49	51	5,2	12,1	7,8
1976	52	48	15,7	5,2	10,4

[1] 1958–1972: EG (6)

Quelle: Berechnet nach *UNCTAD*, Handbook of International Trade and Development Statistics 1972, Tab. 3.1, S. 50 und *GATT*, International Trade 1976/77, Tab. F.

Tabelle I-13
Ländermäßige Entwicklung intra-industriellen Handels 1959, 1964, 1967 und 1970[1], 1972 – in v. H. –

	1959	1964	1967	1970	(1972)
Kanada	28	35	48	65	74
USA	40	40	49	67	57
Japan	17	21	21	36	54
Bundesrep. Deutschl.	39	42	46	62	76
Italien	35	44	42	65	72
Großbritannien	32	40	69	67	82
Australien	14	17	17	35	59

[1] Die Zahlenangaben für 1959, 1964 und 1967 beruhen auf einem Sample von 10 Industrieländern, während die Angaben für 1970 aufgrund von 29 Ländern berechnet worden sind.

Quelle: Für 1959, 1964 und 1967 Grubel/Lloyd 1975, Tab. 3.5, S. 42. Für 1970 Hirsch 1977, Tab. 16, S. 102. Für 1972 Aquino 1978, Tab. I, S. 284.

Tabelle I-14
Intra-industrieller Handel nach „Industrien" (SITC) für die Jahre 1959, 1964 und 1967 – in v. H. –

SITC	1959	1964	1967	Veränderung zwischen 1959 und 1967
0	22	25	30	36,3
1	40	42	40	0,0
2	26	28	30	15,4
3	30	29	30	0,0
4	41	39	37	−10,0
5	56	60	66	14,2
6	43	49	49	13,9
7	43	53	59	37,2
8	45	53	52	15,5
9	34	45	55	61,8

Quelle: Grubel/Lloyd 1975, Tab. 3.4, S. 42.

Tabelle I-15
Der Export[1] von Personenkraftwagen (PKW) und Lastkraftwagen (LKW) in v. H. der Produktion und der Import von PKW[2] und LKW in v. H. der Marktversorgung (Produktion – Export + Import) der Hauptexportländer der westlichen und nichtblockgebundenen Welt, 1969

Land	Export in v. H. der Produktion PKW	Export in v. H. der Produktion LKW	Import in v. H. der Marktversorgung PKW	Import in v. H. der Marktversorgung LKW
Bundesrepubl. D.	57,5	52,1	22,9	12,8
Frankreich	44,6	22,9	22,7	13,7
Italien	39,7	29,9	26,6	11,3
Belgien	87,5	89,7	91,4	88,6
Niederlande	60,9[3]	42,1[3]	91,1	88,3
Großbritannien	43,4	38,9	9,8	1,6
Schweden	58,4	67,3	55,9	54,7
USA	4,1	5,3	19,1	12,4
Kananda	69,0	67,1	59,1	39,8
Japan[4]	21,5	14,4	0,8	0,01

[1] Die Exportziffern enthalten nur Fahrzeuge aus der Neuproduktion.
[2] Soweit möglich sind die Kombinationskraftwagen und Personenkraftwagen erfaßt.
[3] Nur Produktion und Export der van Doorne's Automobilfabriken in Eindhoven.
[4] Ohne Dreiradkraftfahrzeuge.

Quelle: Cramer 1973, Tab. 3.5 und 3.6, S. 102 und S. 104.

Tabelle I-16
Output, Export- und Importanteile verschiedener Industrien (R, P und E[1]) bei unterschiedlichem Bruttosozialprodukt pro Kopf, 1970 – in v. H. –

Industrie		Bruttosozialprodukt pro Kopf (US-Dollar) 0–300	300–1000	1001–2500	2500+
R	Output	20,80	18,80	46,18	50,42
	Export	1,33	7,03	7,26	7,49
	Import	26,17	23,03	5,58	5,60
P	Output	56,49	55,30	22,19	17,72
	Export	7,96	1,97	2,39	0,93
	Import	4,07	5,60	1,23	1,32
E	Output	22,71	25,90	31,63	31,86
	Export	4,28	0,73	4,40	2,20
	Import	6,98	7,33	2,06	2,47

Tabelle I-17
Durchschnittlicher intra-industrieller Handel nach Einkommensgruppen (BSP-Pro-Kopf, 1970) – in v. H. –

Länder- bzw. Einkommensgruppen	intra-industrieller Handelsanteil
Länder hoher Einkommensgruppe[1]	59,9
mittel-hoch[2]	41,5
mittel-niedrig[3]	11,8
niedrig[4]	21,2

[1] Über 2500 Dollar pro Kopf: USA, Schweden, Kanada, Dänemark, Bundesrepublik Deutschland, Norwegen, Australien, Finnland, Großbritannien und Österreich.
[2] Zwischen 1001 und 2500 Dollar: Israel, Japan, Italien, Irland, Griechenland und Spanien.
[3] Zwischen 300 und 1000 Dollar: Malaysia, Columbien, Ghana und Türkei.
[4] Bis 300 Dollar: Süd-Korea, Tunesien, Marokko, Philippinen, Ägypten, Thailand, Kenia, Indien und Pakistan.

Quelle: Hirsch 1977, Tab. 16, S. 102.

Tabelle I-18
Intra-industrielle Handelsindizes nach Einkommens- und Gütergruppen, 1970 – in v. H. –[1]

Einkommen in US-$ / Industrie	bis 300	301–1000	1001–2000	mehr als 2000
R-Güter	18,5	11,8	46,2	59,9
E-Güter	19,9	11,8	43,4	61,0
P-Güter	35,2	39,9	56,8	55,9

[1] Es handelt sich um Durchschnittswerte der jeweiligen Gruppe.

Quelle: Hirsch 1977, Tab. 17, S. 103.

zu Tabelle I-16

[1] Zu der Klassifikation der Industrien vgl. Aufstellung I-A im Text.

Quelle: Hirsch 1977, Tab. 4, S. 26.

Tabelle III-1
Die Ländergruppenanteile am Weltexport (fob) nach Herkunfts- und Bestimmungsgebieten, 1960–1975 – in v. H. –

Exporte nach / Exporte von	Jahr	IL	EL	SL
IL	1960	45,9	16,5	2,3
	1972	56,0	12,9	2,9
	1975	43,0	14,7	3,9
EL	1960	15,4	4,7	1,0
	1972	13,3	3,8	0,8
	1975	17,4	5,4	0,9
SL	1960	2,2	1,0	8,5
	1972	2,4	1,5	6,3
	1975	2,8	1,5	5,5

Quelle: Berechnet nach *UN*, Yearbook of International Trade Statistics, lfd. Jg., Tab. B. Zahlen für 1975 nach *GATT*, International Trade 1975/76, Tab. 2, S. 6.

Tabelle III-2
Inter-Kern-Handel als Anteil an den Weltexporten, 1960–1975 – in v. H. –

Handel zwischen	1960	1975[2]
USA und EG (6)	4,9	4,4
USA nach EG	3,1	2,5
EG nach USA	1,8	1,9
USA und Japan	2,0	2,4
USA nach Japan	1,1	1,1
Japan nach USA	0,9	1,3
Japan und EG (6)	0,3	0,9
Japan nach EG	0,1	0,6
EG nach Japan	0,2	0,3
Intra-Handel EG		
EG (6)	8,0	–
EG (9)	15,6[1]	16,6
USA und Kanada	5,4	4,9
USA nach Kanada	2,9	2,4
Kanada nach USA	2,5	2,5

Tabelle III-3
Exporte nach Ländern und Regionen als Anteil des jeweiligen Länder- bzw. Regionenexports, 1975 – in v. H. –

Exporte an / Exporte von	Nordamerika	Japan	EG (9)
Nordamerika	31	8	19
Japan	22	–	10
EG (9)	7	1	49

Quelle: Berechnet nach *GATT,* International Trade 1976/77, Tab. F.

Tabelle III-4
Matrix der durchschnittlichen Import- und Exportzuwachsraten nach ausgewählten Ländern, 1960–72 – in v. H. –

nach / Exporte von	USA	Japan	EG (6)	Europa (marktw.)	EFTA	Welt
USA	–	11,1	6,9	6,7	5,2	7,6
Japan	18,9	–	23,3	20,8	18,8	17,6
EG (6)	12,3	15,7	16,0	11,8	10,2	12,5
Europa (marktw.)	11,0	16,7	10,7	13,4	12,6	11,3
EFTA	10,4	16,5	9,9	13,2	11,9	9,0
Welt	11,1	9,4	13,2	11,8	8,7	10,1

Quelle: Berechnet nach *UN,* Yearbook of International Trade Statistics, lfd. Jg., Tab. 3.

zu Tabelle III-2

[1] 1963
[2] EG (9)

Quelle: Berechnet nach *GATT,* International Trade, lfd. Jg.

Tabelle III-5
Die Beteiligung ausgewählter Länder (Ländergruppen) am gegenseitigen Handelsaustausch, 1960–1972 – in v. H. ihrer Gesamtexporte –

Herkunftsland \ Bestimmungsland		USA	Kanada	Japan	Europa (marktwirt.)	EG (6)	EFTA	Welt
Welt	1960	12	4	3	42	22	17	100
	1972	13	4	5	47	27	15	100
USA	1960	–	18	7	35	19	12	100
	1972	–	15	10	30	18	9	100
Kanada	1960	57	–	3	29	8	20	100
	1972	70	–	5	16	6	8	100
Japan	1960	27	3	–	12	4	6	100
	1972	31	4	–	17	8	7	100
Europa (marktwirt.)	1960	8	2	1	57	30	21	100
	1972	8	1	1	68	42	21	100
EG (6)	1960	8	1	1	61	35	22	100
	1972	7	..	1	72	50	18	100
EFTA	1960	9	4	1	49	24	19	100
	1972	10	2	2	61	26	29	100

Quelle: Berechnet nach *UN,* Yearbook of International Trade Statistics, lfd. Jg., Tab. B.

Tabelle III-6
Änderungen in der Industriestruktur ausgewählter OECD-Länder[1] – prozentuale Anteile der Erwerbsbevölkerung nach Hauptsektoren, 1960 und 1970

	Landwirtschaft		Industrie		Dienstleistungssektor	
	1960	1970	1960	1970	1960	1970
Vereinigte Staaten	8,3	4,4	33,6	32,3	58,1	63,3
Kanada	13,3	7,7	33,2	31,4	53,5	60,9
Großbritannien	4,1	2,9	48,8	46,6	47,0	50,6
Frankreich	22,4	14,0	37,8	38,8	39,8	47,1
Japan	30,2	17,4	28,5	35,7	41,3	46,9
Bundesrep. Deutschland	14,0	9,0	48,8	50,3	37,3	40,7
OECD insgesamt[2]	21,9	14,4	35,5	36,9	41,6	48,6
EG (6)	21,0	12,8	42,2	44,6	36,8	42,6

Tabelle III-7
Welthandel nach Warenarten: Prozentuale Anteile und durchschnittliche Zuwachsraten von Warengruppen am Weltexport, 1960–1975

SITC	1960	1972	1975	Zuwachsrate 1960–1972
Primärprodukte SITC: 0–4	44,1	33,1	38,8	8,2
Mineralische Brennstoffe SITC: 3	9,9	10,6	19,3	11,4
Verarbeitete Erzeugnisse SITC: 5–8	54,6	65,1	59,0	12,2
Erzeugnisse einer *hohen* Verarbeitungsstufe SITC: 5 und 7	27,5	31,1	36,8	12,9
Maschinen u. Fahrz. SITC: 7	22	30	30	14
Erzeugnisse einer *niedrigen* Verarbeitungsstufe SITC: 6 und 8	27,1	28,0	22,4	10,8
0–9	100	100	100	10,5

Quelle: Berechnet nach *UN,* Monthly Bulletin of Statistics, lfd. Jg.

zu Tabelle III-6

[1] Einige Zahlen sind von der OECD geschätzt.
[2] Einschließlich Australien.

Quelle: Rey-Report 1972, Tab. 13, S. 152.

Tabelle III-8
Länderexporte (fob) nach Warengruppen, 1960–1975 – in v. H. –

1. *Industrieländer*

Warengruppen: SITC	1960	1972	1975	durchschnittliche Zunahme 1960–1972
0–9	100	100	100	11,3
0–4	31	23	22	8,6
3	4	3	5	–
5–8	68	76	76	11,4
6+8	32	31	27	7,6
5+7	35	45	49	12,9

2. *Entwicklungsländer*

SITC	1960	1972	1975	durchschnittliche Zunahme 1960–1972
0–9	100	100	100	9
0–4	85	77	81	7
3	28	40	63	–
5–8	14	23	17	18
6+8	12	18	25	–
5+7	2	6	9	–

3. *Sozialistische Länder*

SITC	1960	1972	1975	durchschnittliche Zunahme 1960–1972
0–9	100	100	100	10
0–4	43	30	36	8
3	11	9	17	–
5–8	57	65	60	11
6+8	28	25	20	–
5+7	30	40	40	–

Quelle: GATT, International Trade, lfd. Jg., *UN,* Monthly Bulletin of Statistics, lfd. Jg., Special Table E und D.

Tabelle III-9
Prozentuale Anteile einzelner Ländergruppen an den industriellen Weltexporten, 1955–1975 – in v. H. –

A) *Handel der Gütergruppen SITC 5–8*

Ländergruppen	1955	1967	1972	1975
IL	83	82	82	82
EL	7	6	7	7
SL	10	11	10	10
Welt	100	100	100	100

B) *Handel der Gütergruppen SITC 5+7*

Ländergruppen	1955	1967	1972	1975
IL	86	87	86	86
EL	2	2	2	3
SL	13	11	11	10
Welt	100	100	100	100

Quelle: Berechnet nach *UN*, Monthly Bulletin of Statistics, lfd. Jg., Special Table E und *GATT*, International Trade 1967/77, Tab. 7, S. 26 f.

Tabelle III-10

Die Fertigwarenausfuhr einiger Industrieländer in v. H. des auf die verarbeitende Industrie entfallenden Bruttoinlandsprodukts (BIP) zu laufenden Preisen, 1960–1970

– in v. H. –[1]

Länder	1960	1970
Vereinigte Staaten	9,0	11,6
Japan	34,8	38,1
Frankreich	22,6	25,5
Italien	32,2	46,5
Großbritannien	36,7	48,8
Bundesrepublik Deutschland	33,4	38,2
Dänemark	29,9	42,5
Norwegen	50,3	66,2
Kanada	27,2	53,9[2]
Schweden	43,5	62,1
Niederlande	65,9	75,2[2]
Belgien/Luxemburg	96,6	115,7[2]

[1] Daß sich höhere Werte ergeben als 100%, erklärt sich daraus, daß das BIP auf Wertschöpfungsbasis und die Ausfuhrangaben auf Bruttowertbasis beruhen.

[2] Für Kanada bezieht sich die Angabe auf 1969, für die Niederlande und Belgien/Luxemburg auf 1968.

Quelle: Rey-Report 1972, S. 139.

Tabelle III-11

Intra-Industrieländer-Handel nach Warenklassen, 1960–1975

– in v. H. des Industrieländerhandels –

SITC	1960	1972	1975	durchschnittliches Wachstum 1960–1972
0–9	100	100	100	12,3
0+1	14	11	12	9,5
2+4	17	9	8	7,1
3	5	4	6	10,8
5	7	8	9	13,3
7	25	35	34	15,7
6+8	32	32	30	12,6
0–4	36	24	26	9,1
5–8	64	75	73	13,9
5+7	32	43	45	14,5

Quelle: Berechnet nach *UN*, Monthly Bulletin of Statistics, lfd. Jg.

Tabelle III-12
Anteil des gütermäßigen Regionalexports am Gesamtexport nach Warenklassen von Ländern und Regionen, 1960–1972 – in v. H. –

Exporte von / Exporte nach: Land/Region	SITC	Jahr	Industrieländer insgesamt	EG[1]	Nordamerika	Japan	Welt
Industrieländer insg.	0–4	1960	79	30	15	6	100
		1972	82	48	15	9	100
	6+8	1960	69	23	19	1	100
		1972	80	43	19	2	100
	5+7	1960	62	19	14	2	100
		1972	74	33	21	2	100
EG[1]	0–4	1960	82	50	5	0,3	100
		1972	87	67	6	0,7	100
	6+8	1960	72	35	11	0,3	100
		1972	86	55	11	1,0	100
	5+7	1960	68	26	8	1	100
		1972	72	45	10	1	100
Nordamerika	0–4	1960	76	20	24	11	100
		1972	76	24	28	16	100
	6+8	1960	69	11	35	2	100
		1972	79	22	51	6	100
	5+7	1960	55	13	23	4	100
		1972	74	18	43	5	100
Japan	0–4	1960	76	16	31	-	100
		1972	51	16	27	-	100
	6+8	1960	51	3	42	-	100
		1972	57	11	37	-	100
	5+7	1960	32	2	17	-	100
		1972	57	12	35	-	100

[1] 1960 – EG (6), 1972 – EG (9).

Quelle: Berechnet nach *UN*, Monthly Bulletin of Statistics, lfd. Jg.

Tabelle III-13
Anteil der Regional- bzw. Länderexporte nach Warenklassen an den gesamten Industrieländerexporten, 1960–1972 – in v. H. –

SITC	Industrieländer		Europa, marktwirtschaftlich		EG[1]		Nordamerika		Japan	
	1960	1972	1960	1972	1960	1972	1960	1972	1960	1972
0–4	25	18	18	13	9	11	5	4	2	2
6+8	22	25	14	17	7	13	6	6	0.3	0.5
5+7	22	33	14	21	7	15	5	9	0.7	0.9
0–9	69	76	46	51	23	39	16	19	3	3.5

[1] 1960 – EG (6)
1972 – EG (9)

Quelle: Berechnet nach *UN*, Monthly Bulletin of Statistics, lfd. Jg.

Tabelle III-14
Industrieländerexporte (fob) nach Regionen und Ländern und drei Warenklassen – als Anteile an den Gesamtexporten an eine Region bzw. ein Land, 1960–72 – in v. H. –

Industrieländerexporte an	Industrieländer insgesamt		Europa, marktwirtschaftlich		EG[1]		Nordamerika		Japan	
SITC	1960	1972	1960	1972	1960	1972	1960	1972	1960	1972
0–4	36	24	39	25	40	27	29	28	65	56
6+8	32	33	30	34	32	34	39	32	9	17
5+7	32	43	31	41	28	39	32	50	26	27
0–9	100	100	100	100	100	100	100	100	100	100

[1] 1960 – EG (6)
1972 – EG (9)

Quelle: Berechnet nach *UN*, Monthly Bulletin of Statistics, lfd. Jg.

Tabelle III-15
US-amerikanische Exporte (fob) nach Kontinenten, Regionen und Ländern, 1948–1975 – in v. H. des Gesamtexports der Vereinigten Staaten –

Land/Region \ Jahr	1948	1958	1967	1970	1972	1975
Europa, marktwirtschaftl.	34	30	32	33	30	28
EG[1]	20	16	18	26	24	22
Japan	3	6	9	11	10	9
Kanada	15	19	23	21	25	21
Lateinamerika	25	24	13	15	15	..
Afrika	6	2	2	2	2	..
Exporte total	100	100	100	100	100	100

[1] Für 1970 hochgerechnet auf EG (9). Ab 1972 – EG (9).

Quelle: UN, Yearbook of International Trade Statistics, lfd. Jg.

Tabelle III-16
Kanadische Exporte (fob) nach Kontinenten, Regionen und Ländern, 1948–1975 – in v. H. der Gesamtexporte Kanadas –

Land/Region \ Jahr	1948	1958	1967	1970	1972	1975
Europa, marktwirtschaftl.	33	27	19	19	14	14
EG[1]	7	8	6	16	12	12
Japan	3	2	5	5	5	6
USA	50	59	64	65	70	66
Lateinamerika	4	4	4	4	4	..
Afrika	4	1	0.4	1	1	..
Exporte insges.	100	100	100	100	100	100

[1] 1970 umgerechnet auf EG (9). Ab 1972 – EG (9).

Quelle: UN, Yearbook of International Trade Statistics, lfd. Jg.

Tabelle III-17
Exporte Nordamerikas nach Ländern, Regionen und Warenklassen, 1960–1972
– in v. H. der Gesamtexporte –

SITC	Industrieländer insg.		Europa, marktwirtschaftl.		EG[1]		Nordamerika		Japan	
	1960	1972	1960	1972	1960	1972	1960	1972	1960	1972
0–4	30	24	15	10	8	8	10	9	4	5
6+8	16	14	6	5	3	4	8	9	0,4	1
5+7	20	36	9	11	5	8	8	20	1	2
0–9	66	74	30	26	16	20	26	38	55	8

[1] 1960: EG (6)
1972: EG (9)

Quelle: Berechnet nach *UN*, Monthly Bulletin of Statistics, lfd. Jg.

Tabelle III-18
Exporte (fob) Nordamerikas nach Regionen, Ländern und drei Warengruppen als Anteil an den Gesamtexporten in die jeweilige Region bzw. das entsprechende Land, 1960–1972 – in v. H. –

SITC	Industrieländer insg.		Europa, marktwirtschaftl.		EG[1]		Nordamerika		Japan	
	1960	1972	1960	1972	1960	1972	1960	1972	1960	1972
0–4	45	32	50	37	51	38	36	23	70	60
6+8	24	19	21	19	18	19	31	23	7	12
5+7	30	47	28	42	31	41	32	53	23	27
0–9	100	100	100	100	100	100	100	100	100	100

[1] 1960: EG (6)
1972: EG (9)

Quelle: Berechnet nach *UN*, Monthly Bulletin of Statistics, lfd. Jg.

Tabelle III-19
Außenhandel der USA, der Bundesrepublik Deutschland und Japans nach Gütergruppen, 1972 – in v. H. der ländermäßigen Gesamtexporte –

	SITC 0–4		SITC 5–9	
Länder	Exporte	Importe	Exporte	Importe
USA	28	29	72	71
Bundesrepublik Deutschland	9	37	91	63
Japan	4	70	96	30

Quelle: Berechnet nach *UN*, Yearbook of International Trade Statistics 1972/73, Country Tables.

Tabelle III-20
Entwicklung des japanischen Außenhandels, 1948–1975 – in Mrd. US-$ –

	1938	1948	1958	1967	1970	1972	1975
Exporte (fob)	1,11	0,26	2,88	10,44	19,32	28,59	55,75
Importe (cif)	1,07	0,68	3,03	11,66	18,88	23,47	57,86
Saldo	+0,04	−0,42	−0,15	−1,22	+0,44	+5,12	−2,11

Quelle: UN, Yearbook of International Trade Statistics, lfd. Jg. Für 1975 nach *GATT*, International Trade 1975/76, Tab. C.

Tabelle III-21

Japanische Exporte (fob) nach Kontinenten, Regionen und Ländern, 1948–1972
– in v. H. der japanischen Gesamtexporte –

	1948	1958	1967	1970	1972	1975
Nordamerika	27	27	32	34	35	22
USA	27	24	29	31	31	20
Entwicklungsländer Asien	50	35	31	28	26	32
Europa, markt-wirtschaftlich	12	11	14	15	17	15
EG[1]	3	4	5	10	12	10
Entwicklungsländer Afrika	8	13	7	6	6	4
Exporte insges.	100	100	100	100	100	100

[1] Ab 1970 – EG (9).

Quelle: Berechnet nach *UN*, Yearbook of International Trade Statistics, lfd. Jg. Für 1975 *GATT*, International Trade 1975/76, Tab. F.

Tabelle III-22

Japans Importe (cif) nach Regionen und Ländern, 1962–1975
– in v. H. der Gesamtimporte –

	1962	1972	1975
Nordamerika	37	29	24
USA	32	25	20
Kanada	5	5	4
Europa, marktw.	11	10	8
EG (9)	9	8	6
Asien	–	32	46
Mittlerer Osten (Asien)	11	15	28
Lateinamerika	9	6	4
Afrika	1	3	2

Quelle: Berechnet nach *UN*, Yearbook of International Trade Staticstics, lfd. Jg.

Tabelle III-23
Exporte (fob) Japans nach Regionen, Ländern und Warengruppen, 1960-1975 – in v. H. des jeweiligen Regional- bzw. Länderexports –

SITC	Industrieländer 1960	Industrieländer 1972	Industrieländer 1975	Europa, marktw. 1960	Europa, marktw. 1972	Europa, marktw. 1975	EG 1960[1]	EG 1972	EG 1975	Nordamerika 1960	Nordamerika 1972	Nordamerika 1975	Entwicklungsländer 1960	Entwicklungsländer 1972	Entwicklungsländer 1975
0−4	16	4	3	33	5	5	39	6	5	11	3	2	5	5	4
6+8	66	41	38	38	36	37	44	39	37	73	43	40	58	40	39
5+7	18	54	57	27	57	57	11	55	57	15	53	56	36	55	56
0−9	100	100	100	100	100	100	100	100	100	100	100	100	100	100	100

[1] EG (6).

Quelle: Berechnet nach *UN*, Monthly Bulletin of Statistics, lfd. Jg.

Tabelle III-24
Exporte (fob) Japans nach Regionen, Ländern und Warenklassen, 1960–1975 – in v. H. der japanischen Gesamtexporte –

SITC	Industrieländer 1960	Industrieländer 1972	Industrieländer 1975	Europa, marktw. 1960	Europa, marktw. 1972	Europa, marktw. 1975	EG 1960[1]	EG 1972	EG 1975	Nordamerika 1960	Nordamerika 1972	Nordamerika 1975	Entwicklungsländer 1960	Entwicklungsländer 1972	Entwicklungsländer 1975
0−4	8	2	1	4	1	1	1	1	0.5	3	1	0.5	3	2	2
6+8	31	23	16	4	6	5	2	4	4	22	15	19	29	15	19
5+7	9	31	24	3	10	8	0,5	6	6	5	19	12	18	21	28
0−9	48	56	42	11	17	14	3,5	11	10.5	30	35	31.5	51	39	49

[1] EG (6).

Quelle: Berechnet nach *UN*, Monthly Bulletin of Statistics, lfd. Jg.

Tabelle III-25
Exportstruktur Japans: Anteile ausgewählter Branchen an den Gesamtexporten, 1963–1975 – in v. H. –

Branchen/ Warengruppen	SITC	1963	1972	1975
Chemie	5	6	6	7
Textilfertigwaren	65	17	8	5
Eisen u. Stahl	67	13	13	18
Nichtelektr. Masch.	71	6	11	12
Elektr. Maschinen u. Apparate	72	10	13	11
Fahrzeuge	73	11	24	26
Schiffe	735	5	8	11
Bekleidung	84	4	21.5	0.6

Quelle: Berechnet nach *UN*, Yearbook of International Trade Statistics, lfd. Jg., Country Tables.

Tabelle III-26
Anteile ausgewählter Gütergruppen an den japanischen Importen, 1963–1975 – in v. H. der Gesamtimprote –

Gütergruppen/Branche	SITC	1963	1972	1975
Nahrungsmittel und lebende Tiere	0	15	15	14
Getränke u. Tabak	1	0.5	0.7	0.7
Rohstoffe (ohne Nahrungsmittel)	2	41	30	20
mineralische Brennstoffe	3	18	24	44
Öle, Fette	4	0.6	0.3	0.3
Chemie	5	5	5	4
Textilfertigwaren	65	0.4	2	1
Eisen u. Stahl	67	0.6	0.4	0.3
Nichtelektr. Maschinen	71	9	6	4
Elektr. Maschinen	72	1.5	2	2
Fahrzeuge	73	2	2.5	1
Schiffe	735	0.6	0.3	1.5
Bekleidung	84	–	0.6	0.9
Primärprodukte	0–4	76	70	79
Sekundärprodukte	5–8	24	29	20

Quelle: Berechnet nach *UN*, Yearbook of International Trade Statistics, lfd. Jg., Country Tables.

Tabelle III-27
Exporte (fob) der EG nach Regionen und Ländern, 1960–1975 – in v. H. der Gesamtexporte der EG –

	Industrieländer			Europa, marktw.			EG			Nordamerika			Japan		
SITC	1960	1972	1975	1960	1972	1975	1960[1]	1972	1975	1960	1972	1975	1960	1972	1975
0–4	17	16	17	16	15	16	11	12	13	1	1	1	0.1	0.1	0.1
6+8	28	29	25	23	24	22	13	18	16	4	4	2	0.1	0.4	0.3
5+7	28	36	33	22	29	27	10	21	19	3	5	3	0.5	0.6	0.5
0–9	73	82	75	61	68	65	34	52	48	9	10	6	0.7	1.1	0.9

[1] EG (6).

Quelle: Berechnet nach *UN*, Monthly Bulletin of Statistics, lfd. Jg.

Tabelle III-28
Exporte (fob) der EG nach Regionen, Ländern und Warenklassen, 1960–1975
– in v. H. der auf die jeweilige Region entfallenden Exporte –

	Industrieländer			Europa, marktw.			EG			Nordamerika			Japan		
SITC	1960	1972	1975	1960	1972	1975	1960[1]	1972	1975	1960	1972	1975	1960	1972	1975
0–4	24	20	23	26	22	24	31	24	27	12	12	12	10	12	16
6+8	38	35	34	37	35	33	39	35	33	49	40	34	14	33	32
5+7	37	44	45	36	43	41	30	40	39	38	47	52	71	55	50
0–9	100	100	100	100	100	100	100	100	100	100	100	100	100	100	100

[1] EG (6).

Quelle: Berechnet nach *UN*, Monthly Bulletin of Statistics, lfd. Jg.

Tabelle III-29
Importe (cif) der EG nach Regionen und Ländern, 1960–1975
– in v. H. der Gesamtimporte –

Regionen/Länder	1960	1972	1975
IL	73	76	71
EL	22	18	23
Nordamerika	15	10	10
Japan	0.6	1.5	2
Europa, marktw.	55	64	60
EG	36	52	49

Quelle: Berechnet nach *UN*, Yearbook of International Trade Statistics, lfd. Jg. und *GATT*, International Trade 1976/77, Tab. D.

Tabelle III-30
Anteile ausgewählter Gütergruppen an den Importen der EG, 1972–1975 – in v. H. –

	SITC	1972	1975
Nahrungsmittel	0	18	16
Rohstoffe (ohne Nahrungsmittel)	2	6	5
mineral. Brennstoffe	3	12	20
Chemie	5	8	8
Eisen und Stahl	67	5	4
Maschinen	7	26	24
Fahrzeuge	73	6	5
Bekleidung	84	3	3
Rohstoffe	0–4	39	43
Industriewaren	5–8	60	55

Quelle: Berechnet nach *GATT*, International Trade 1976/77, Tabelle D.

Tabelle III-31
Sollexportwachstumsraten und effektive Exportwachstumsraten von sechs Exportländern, 1954–1961 – in v. H. –

	Sollexportwachstumsraten; Importländer- und Güterstruktureinfluß	effektive Exportwachstumsrate
USA	5.6	4.0
Großbritannien	8.0	4.0
Frankreich	5.7	14.6
Bundesrepublik Deutschl.	8.8	12.9
Italien	6.2	13.8
Japan	4.5	14.2

Quelle: Schweckendiek 1967, Tabelle 9, S. 96.

Tabelle III-32
Wettbewerbsposition einiger Industrieländer bei den Exporten von Industriewaren (SITC: 5 – 8). Prozentuale Anteile an den Exporten der OECD-Länder und Zuwachsraten in laufenden Preisen, 1960–1970

	Anteile an den Exporten der Industriewaren aus sämtlichen OECD-Ländern		Konsolidierte jährliche Zuwachsrate in US-Dollar
	1960	1970	1960–1970
Bundesrepublik Deutschland	18	19	12
USA	23	18	9
Japan	6	11	18
Großbritannien	15	10	7
Frankreich	9	8	10
Italien	5	7	15
Kanada	4	6	15
OECD, insgesamt[1]	100	100	11

[1] ohne Australien.

Quelle: Rey-Report 1972, Tabelle 9, S. 148 (alle Werte gerundet).

Tabelle III-33

Entwicklung des realen Bruttoinlandsprodukts ausgewählter Industrieländer 1959–1972; 1963 = 100

	1959	1965	1970	1972
USA	86.5	112.0	133.1	145.1
Japan	64.4	119.1	210.4	243.9
Bundesrepublik Deutschland	80.8	112.9	142.1	151.2
Industrieländer insgesamt	81.4	111.9	142.0	153.7

Quelle: Henkner 1976, Tabelle E 2, S. 197.

Tabelle III-34

F&E-Ausgaben in ausgewählten Staaten als Anteil am Bruttosozialprodukt[1]
– in v. H. –

	1963	1967	1971
Belgien	0.9	1.1	1.2
Frankreich	1.7	2.2	1.8
Bundesrepublik Deutschland	1.5	1.7	2.1
Italien	0.6	0.6	0.9
Japan	1.3	1.3	1.6
Niederlande	1.9	2.1	2.0
Großbritannien	2.3	2.4	2.3[2]
USA	3.0	3.0	2.6

[1] Im Inland verausgabte Mittel ohne Geistes- und Sozialwissenschaften.
[2] 1969/70.

Quelle: Gries 1975, Tabelle 3, S. 13.

Tabelle III-35

Forschungs- und Entwicklungsausgaben in Westeuropa und den USA, 1964–1971[1]
– in Mrd. US-Dollar –

	1964	1967	1971
Westeuropa	5.7	8.2	11.5
USA	21.0	23.6	27.9
Prozentualer Anteil der Ausgaben Westeuropas an denen der USA	27	35	41

[1] Nach amtlichen Wechselkursen.

Quelle: Stentzel/Wand 1972, S. 243.

Tabelle III-36

Competitive Position of Selected Countries in Exports of Selected Manufactures. Percentage share in OECD exports, 1970

Selected manufactures (in descending order of US share in OECD exports)[2]	Percentage share: United States	United Kingdom	Germany	France	Italy	Japan	Other main OECD exporters[1]
1. Aircraft	66	8	3	8	2	1	Canada (7), Netherlands (3)
2. Office machines[3]	48	10	15	9	3	5	
3. Construction & mining machinery	38	13	13	10	5	10	Belgium-Luxembourg (4), Canada (3)
4. Computers & other calculating machines[3]	38	9	14	10	12	7	Sweden (6), Canada (5)
5. Power generating machinery, non-electrical	30	17	15	6	4	5	Canada (11)
6. Agricultural machinery	29	18	15	7	8	3	Canada (7)
7. Scientific & optical instruments	26	10	23	6	4	15	Netherlands (5), Switzerland (4)
8. Chemical elements & compounds	26	8	19	7	5	8	Netherlands (8), Belgium-Luxembourg (6), Sweden (4)
9. Telecommunications equipment	22	11	15	6	5	12	Netherlands (7), Canada (7), Sweden (7)
10. Road motor vehicles	17	10	23	9	6	9	Canada (16), Belgium-Luxembourg (5)
11. Electric power machinery	19	10	25	10	5	9	Switzerland (5)
12. Plastic materials	17	9	25	7	6	11	Netherlands (11), Belgium-Luxembourg (6)
13. Medicinal & pharmaceutical products	17	14	20	9	6	3	Switzerland (13), Netherlands (6)
14. Machine-tools	15	11	35	6	10	5	Switzerland (10)
15. Metal manufactures	13	11	21	8	8	13	Belgium-Luxembourg (5)
16. Non-ferrous metals	14	12	10	5	2	3	Canada (22), Belgium-Luxembourg (14)
17. Television receivers	10	2[3]	14	1[3]	8	49	
18. Iron & steel	9	6	18	11	3	21	Belgium-Luxembourg (14), Sweden (5)
19. Textile yarn & fabrics	6	10	16	10	9	18	Belgium-Luxembourg (9), Netherlands (7), Switzerland (4)
20. Clothing	5	7	11	11	23	12	Belgium-Luxembourg (7), Netherlands (5)
21. Furniture	5	6	27	6	12	3	Belgium-Luxembourg (13), Denmark (6), Netherlands (6), Sweden (5)
22. Ships & boats	4	4	8	4	1	39	Sweden (10), Norway (9), Netherlands (6), Denmark (4)
23. Radio receivers[3]	3	1	12	1	2	68	Netherlands (6)
24. Watches & clocks	2	3	15	6	3	12	Switzerland (58)
25. Footwear	1	6	6	10	47	9	Spain (7)

Source: OECD, Statistics of Foreign Trade.

1. Figures in parentheses refer to the percentage share of the country concerned.
2. The commodity classification is in accordance with SITC (Standard International Trade Classification): 1 (SITC 734), 2 (714-9), 3 (718-4), 4 (714-2, -3), 5 (711), 6 (712), 7 (861), 8 (51), 9 (724-9), 10 (732), 11 (722), 12 (58), 13 (54), 14 (715-1), 15 (69), 16 (68), 17 (724-1), 18 (67), 19 (65), 20 (841), 21 (82), 22 (735), 23 (724-2), 24 (864), 25 (85).
3. 1969 figures.

Quelle: Rey-Report (1972), Tabelle 10, S. 149

Summary

The research that this work represents has as its objective the qualitative aspects of the economic relations between the western industrialized nations (OECD member states) within the network of post-war world economic and political circumstances. Following the end of the Second World War the intensity of the integration of trade between OECD countries experienced an unpredicted expansion. The point of departure is the fact that this integration has been increasingly subjected to a protectionist-type pressure from many sources since the end of the ‚sixties' and that the apparently firmly rooted world of prosperity promised by the Bretton Woods conferences has revealed itself to be subjected to a constant process of erosion. The reasons for this and the consequences of this situation for a policy aimed at a world economic order will be analysed in this study.
The question should be raised regarding the conditions of post-war expansion, as well as the structurally relevant changes that occurred in the process of development, in the international exchange of goods. The requirements for a future international economic order should be defined through the analytical overhaul of post-war liberalization and the characterization of the interrelations between various countries that are revised through the process of development. This study seeks to provide a contribution both to a better understanding of developments over the first three decades after the war, as well as of the „protective measures" which nations are again employing. The definition of the problems confronting economic policy-making are based on examples, utilizing comprehensive considerations of an empirical-statistical and a foreign economic policy nature, whereby the main accent in the theoretical section is upon formulations of models concerning trade and entrepreneurial dynamics, as well as those formulations of models that are oriented towards aspects of regional policy.
The analysis of post-war developments makes it clear that traditional hypotheses – which do not offer enough differentiation – seeking to provide explanations (multilateral liberalization under the direction of the IMF and GATT) should be decisively modified or extended. Multilateral liberalization was supported above all by regional variations as well by so-called residual or growth factors. This growth potential in particular during the atypical recovery stage of the ‚fifties and early sixties' that possessed an additional supporting factor based on an expansion of intra-sectoral and intra-industrial trade, was limited in its effectiveness. The liberalization that was conceived of as a „negative" policy itself formed the foundation for additional problematic

situations due to its restricted potential with regard to organizational policy. The evasive steps taken by various countries by engaging in different types of protective action in a variety of non-tariff contexts has to be regarded as a consequence of these inadequacies or biases in organizational policy. National governments assigned greater priority to their autonomous objectives to the detriment of international requirements concerning organizational policy. This has occurred to an increased extent in particular when the limitations of growth and increased pressure from international competition become noticable through the elimination of backlog demand as well as through the successful adaptive development policy of the „advancing" countries. Those responsible for international organizational policy were unable to exert any influence on the resulting countermeasures undertaken by various countries.

In such a situation of an extremely interdependent world economy, which was nevertheless characterized by national economic policies oriented towards autonomous objectives, a realistic policy of international organization demands the repudiation of conceptual and organizational schemes that cannot be feasibly implemented. A reassessment or extension of „negative" policies thus does not offer an adequate instrument for solving problems. On the contrary we can see a relevant concept of organization determined through the following three basic components, which could be derived through the emerging interrelational structure of the world economy:

- The international system of economic order should be organized in a „positive" sense, which in turn calls for an intensified contribution in the form of economic policy emanating from the supporters of this order, and such a contribution should itself be oriented towards the international development process.
- Liberalization policy in the future will no longer be a pressing policy of growth but will above all have to take into account the competitive aspects of world economic relations. This should take place on a basis of a strategy aimed at achieving harmonization.
- The concept of economic order should not be determined by the global view of „one world". Instead regional economic determinants should be accepted and utilized to a greater extent than before within organizational policy. This of course calls for divergent degrees and intensities of liberalization, during a period of graduated world economic cooperation. The theoretically supported model of an integration from „underneath to above", adjusted to a structural pattern of world economy, provides a description of the tasks to be tackled.

Résumé

Le présent travail de recherche a pour thème les aspects qualitatifs des relations économiques entre les pays industriels occidentaux (pays de l'OCDE) dans le contexte de l'économie et de la politique mondiales d'après-guerre. Le point de départ de l'étude est le fait que l'enchevêtrement commercial des pays de l'OCDE, qui avait connu une expansion imprévue à l'issue de la seconde guerre mondiale, fait de nouveau l'objet d'une forte pression protectionniste depuis la fin des années soixante, et que l'univers apparemment solide et promis à la prospérité de Bretton Woods c'est avéré exposé á un processus d'érosion constant. L'étude examine les raisons de ce phénomène et ses conséquences pour une politique axée sur un ordre économique international.

Il convient de s'interroger tout d'abord sur les conditions de l'expansion d'après-guerre et sur les mutations structurellement pertinentes intervenues au niveau des échanges de biens internationaux dans le processus de développement. L'analyse de la libéralisation d'après-guerre et la caractérisation du système de relations entre les pays modifié par le processus de développement doivent permettre de définir les exigences auxquelles devra satisfaire l'ordre économique international futur. L'étude aimerait pouvoir contribuer à une meilleure compréhension de l'évolution des trois premières décennies de l'après-guerre et des „mesures de protection" auxquelles les Etats ont entretemps de nouveau recours. La définition des problèmes de politique économique sera étayée, à titre d'exemples, par des réflexions empirico-statistiques approfondies relatives à la théorie du commerce extérieur, la partie théorique se servant pour l'essentiel de modèles orientés vers l'économie des biens, la dynamique des entreprises et les espaces économiques.

L'analyse de l'évolution d'après-guerre montre clairement que les hypothèses traditionnelles – trop peu différenciées – (libéralisation multilatérale sous l'égide du FMI et du GATT) sont à modifier ou à compléter de manière décisive. Ainsi la libéralisation multilatérale a-t-elle surtout été nourrie tant par la variante régionale que par les facteurs dits résiduels, c'est-à-dire facteurs de croissance. Or le potentiel de croissance de la phase atypique de rattrapage des années 50 et du début des années 60, dont un des facteurs d'expansion supplémentaire résidait dans la spécialisation intrasectorielle et le commerce intraindustriel, ne pouvait avoir des effets illimités. La libéralisation conçue comme une politique „négative" était, du fait de son potentiel limité pour la mise en place d'un ordre économique, source en soi d'autres problèmes. Le recours des Etats à des actions protectionnistes ponctuelles de diverse nature et non tarifaires est à considérer comme le résultat des ces carences ou visions exclusives des choses dans l'ordre économique. Les gouvernements ont accordé une nette priorité à leurs objectifs autonomes sur les exigences de l'ordre économique international lorsque les limitations de la croissance, une intensification de la concurrence internationale, due à l'épuisement du besoin de rattrapage, et le succès de la politique de développement adaptative des pays en développement devinrent manifestes. Les instances responsables de l'aménagement de l'ordre économique n'ont cependant pas pu influencer les réaction des gouvernements.

Dans cette situation caractérisée par une économie mondiale fortement interdépendante mais marquée par des politiques économiques nationales orientées vers des objectifs autonomes, une politique réaliste d'aménagement de l'ordre économique international exige l'abandon des modèles de pensée et d'organisation non réalisables. La poursuite de la politique „négative" ou son extension ne constituent pas par conséquent un instrument adéquat. Nous pensons au contraire qu'une conception pertinente de l'ordre économique est déterminée par les trois composantes fondamentales ci-après, qui se déduisent de la structure relationnelle émergente de l'économie mondiale:

- le système constitué par l'ordre international doit être modelé de façon „positive", ce qui suppose une plus grande contribution des instances responsables de l'ordre économique au niveau de la politique économique; cette contribution devra être axée sur le processus de développement international;
- la politique de libéralisation ne pourra plus être, à l'avenir, essentiellement une politique de croissance; elle devra en premier lieu prendre en compte les aspects concurrentiels des relations économiques mondiales, et ce sur la base d'une stratégie d'harmonisation;
- la conception de l'ordre économique ne doit plus être déterminée; par la vision mondialiste du „one world"; au contraire, il convient de mieux accepter et utiliser les déterminants économiques régionaux. Ceci exige cependant des degrés et intensités de libéralisation variables, à une époque de coopération économique mondiale nuancée. Le modèle, fondé sur des considérations théoriques, d'une intégration de „bas en haut" axée sur le schéma structurel de l'économie mondiale décrit le problème à résoudre.

Literatur

Adler, M. 1970: Specialisation in the European Coal and Steel Community. In: JCMSt, Vol. VIII, S. 175 ff.

Ahnefeld, D. / Gebert, D. u. a. 1976: Synchroner Konjunkturaufschwung in den westlichen Industrieländern. In: Die Weltwirtschaft, Heft 1, S. 1 ff.

Albregts, A. H. M. / van de Gevel, A. J. W. 1969: Negotiating Techniques and Issues in the Kennedy Round. In: Alting von Geusau 1969, S. 20 ff.

Aldcroft, D. H. 1978: Die zwanziger Jahre. Von Versailles zur Wall Street 1919–1929. München.

Amerika Dienst vom 3. 5. 1978: Tokio-Runde in der entscheidenen Phase – Carter-Administration will zu liberalen Handelsvereinbarungen gelangen. Bonn.

Amerika Dienst vom 4. 10. 1978: Amerikas neue Exportförderungspolitik. Präsident Carter kündet Maßnahmen zur Steigerung der Ausfuhren an. Bonn.

Andersen, U. 1977: Das internationale Währungssystem zwischen nationaler Souveränität und supranationaler Integration. Entwicklungstendenzen seit Bretton Woods im Spannungsfeld der Interessen. Berlin.

Aquino, A. 1978: Intra-Industry Trade and Inter-Industry Specialization as Concurrent Sources of International Trade in Manufactures. In: WA, Bd. 114, S. 275 ff.

Arndt, H. 1952: Schöpferischer Wettbewerb und klassenlose Gesellschaft. Berlin.

ders. 1966: Mikroökonomische Theorie. 2. Band, Marktprozesse. Tübingen.

ders. 1977: Wirtschaftliche Macht. Tatsachen und Theorien. 2. neubearbeitete Auflage. München.

Arrow, K. J. 1961/62: The Economic Implications of Learning by Doing. In: Review of Economic Studies, Vol. 29, S. 155 ff.

Asai, I. / Yorozo, I. 1975: An Alternative Testing of Linder's Trade Thesis. In: KSU Economic and Business Review, S. 61 ff.

Aschinger, F. E. 1973: Das Währungssystem des Westens. 2. ergänzte Auflage. Frankfurt am Main.

Balassa, B. 1962: The Theory of Economic Integration. London.

ders. 1963: An Empirical Demonstration of Classical Comparative Cost Theory. In: RESt, Vol. 45, S. 231 ff.

ders. 1964: Competitiveness of American Manufacturing in World Markets. In: B. Balassa (ed.), Changing Patterns in Foreign Trade and Payments, New York, S. 26 ff.

ders. 1966: Tariff Reductions and Trade in Manufactures among the Industrial Countries. In: AER, Vol. 56, S. 466 ff.

ders. 1974: Trade Creation and Trade Diversion in the European Common Market: An Appraisal of the Evidence. In: The Manchester School of Economics and Social Studies, Vol. 42, S. 93 ff.

ders. 1975: Trade Creation and Diversion in the European Common Market: An Appraisal of the Evidence. In: B. Balassa (ed.), European Economic Integration, Oxford, New York, S. 79 ff.

ders. 1978: The ‚New Protectionism' and the International Economy. In: JWTL, Vol. 12, S. 409 ff.

Baldwin, R. E. 1971: Nontariff Distorsions of International Trade. London.

ders. 1976: The Political Economy of Postwar US Trade Policy. New York.

Lord Balogh 1973: Macht oder ökonomisches Gesetz innerhalb der internationalen Wirtschaftsbeziehungen. In: H. K. Schneider / C. Watrin (Hrsg.), Macht und Ökonomisches Gesetz, SchVfS, NF, Band 74/II, Berlin, S. 899 ff.

ders. 1975: Internationale Wirtschaftsbeziehungen. Doktrin und Wirklichkeit. Frankfurt am Main.

Barker, T. 1977: International Trade and Economic Growth: An Alternative to the Neoclassical Approach. In: Cambridge Journal of Economics, S. 153 ff.

Baumann, H. / Herrmann, A. u. a. 1977: Außenhandel, Direktinvestitionen und Industriestruktur der deutschen Wirtschaft. Eine Untersuchung ihrer Entwicklung unter Berücksichtigung der Wechselkursänderungen. Berlin.

Behrens, K. C. 1961: Allgemeine Standortbestimmungslehre. Köln und Opladen.

ders. 1963: Grundlagen einer allgemeinen Standortbestimmungslehre. In: HmbJb, 8. Jg., S. 262 ff.

Behrman, J. N. 1972: International Sectoral Integration: An Alternative Approach to Free Trade. In: JWTL, Vol. 6, S. 269 ff.

ders. 1975: Toward a New International Economic Order. In: C. Gasteyger / L. Camu / J. N. Behrman (eds.), Energy, Inflation, and International Economic Relations, New York, Washington, London, S. 165 ff.

Berg, H. 1972: Zur Funktionsfähigkeit der Europäischen Wirtschaftsgemeinschaft. Göttingen.

ders. 1976: Internationale Wirtschaftspolitik. Göttingen.

Bergsten, C. F. 1974: Die Zukunft des Welthandels und ein Resumée der Tagung. In: Giersch/Haas 1974, S. 633 ff.

ders. 1975: On the Non-Equivalence of Import Quotas and „Voluntary" Export Restraints. In: ders. (ed.), Toward a New International Economic Order: Selected Papers of C. F. Bergsten 1972–1974, Lexington, S. 157 ff.

ders. 1977: Reforming the GATT: The Use of Trade Measures for Balance-Of-Payments Purposes. In: JIE, Vol. 7, S. 1 ff.

ders. 1978: Der Rahmen für die neue Exportpolitik der USA. In: Amerika Dienst vom 18. 10. 1978, Bonn.

Bergsten, C. F. / Mathieson, J. A. 1973: The Future of the International Economic Order: An Agenda for Research. In: C. F. Bergsten (ed.), The Future of the International Economic Order, Lexington, Toronto, London, S. 1 ff.

Bergsten, C. F. / Cline, W. R. 1976: Increasing International Econonomic Interdependence: The Implications for Research. In: AER, Papers and Proceedings, Vol. 66, S. 155 ff.

Bergsten, C. F. / Horst, T. / Moran, T. H. 1978: American Multinationals and American Interests. Washington.

Blackhurst, R. / Marian, N. / Tumlir, J. 1977: Trade Liberalization, Protectionism and Interdependence. GATT Studies in International Trade, No. 5, Genf.

Blattner, N. 1971: Die Rolle des Wettbewerbs im Außenhandel. Zürich (Diss. Basel).

ders. 1976: Wettbewerbspolitische Implikationen neuerer Ansätze in der Theorie der Firma – Untersuchungen zu den theoretischen Grundlagen der Wettbewerbspolitik. In: Bombach/Gahlen/Ott 1976, S. 227 ff.

ders. 1977: Intraindustrieller Außenhandel. Empirische Beobachtungen im Falle der Schweiz und theoretische Interpretationen. In: WA, Bd. 113, S. 88 ff.

Bodenhöfer, H.-J. 1973: X-Effizienz, Innovations-Effizienz und wirtschaftliches Wachstum. In: ZWS, Bd. 93, S. 671 ff.

ders. 1975: Technischer Fortschritt und Struktur des internationalen Handels. In: JbfSw, Bd. 26, S. 43 ff.

ders. 1975/76: Technischer Fortschritt, Forschung und Entwicklung und internationaler Handel: der Fall der Bundesrepublik Deutschland. In: JbNSt, Bd. 109, S. 152 ff.

Böllhoff, F. 1968: Die wirtschaftliche Bedeutung der chemischen Industrie in sektoraler und regionaler Hinsicht. Hamburg.

Böventer, E. von 1962: Die Struktur der Landschaft. Versuch einer Synthese und Weiterentwicklung der Modelle von J. H. von Thünens, W. Christallers und A. Löschs. In: E. Schneider (Hrsg.), Optimales Wachstum und optimale Standortverteilung, SchVfS, NF, Bd. 27, Berlin, S. 77 ff.

ders. 1964: Artikel „Raumwirtschaftstheorie". In: HdSw, Bd. 8, S. 704 ff.

Bombach, G. 1959: Quantitative und monetäre Aspekte des Wirtschaftswachstums. In: SchVfS, NF, Bd. 15, Berlin, S. 154 ff.

Bombach, G. / Gahlen, B. / Ott, A. E. (Hrsg.) 1976: Probleme der Wettbewerbstheorie und -politik. Tübingen.

dies. 1977: Probleme des Strukturwandels und der Strukturpolitik. Tübingen.

Borchardt, K. 1976: Einführung in das Thema: Probleme der Wettbewerbstheorie und -politik. In: Bombach/Gahlen/Ott 1976, S. 1 ff.

Borchert, M. 1974: Wirkungen einer intraregionalen Handelsliberalisierung. In: WA, Bd. 110, S. 623 ff.

Breuss, F. 1975: Komparative Vorteile im österreichischen Außenhandel. Wien.

Brown, W. A. 1950: The United States and the Restoration of World Trade. An Analysis and Appraisal of the ITO Charter and the General Agreement on Tariffs and Trade. Washington, D. C.

Brüning, H. 1969: Wohlfahrtseffekte einer Zollunion. Tübingen.

Büchner, R. 1964: Artikel „Freihandel". In: HdSw, Bd. 4, S. 133 ff.

Buhné, R. 1976: Die internationale Verflechtung der Umweltproblematik. Göttingen.

Cairncross, A. / Giersch, H. u. a. 1974: Wirtschaftspolitik für Europa. Wege nach vorn. München und Zürich.

Calleo, D. P. / Rowland, B. N. 1973: America and the World Political Economy: Atlantic Dreams and National Realities. Bloomington.

Carlisle, E. R. 1976: New Trends in World Trade. In: The World Today, Vol. 32, S. 428 ff.

Chamberlin, E. H. 1957: Towards a More General Theory of Value. New York.

Christaller, W. 1933: Die zentralen Orte in Süddeutschland. Eine ökonomisch-geographische Untersuchung über die Gesetzmäßigkeiten der Verbreitung und Entwicklung der Siedlungen mit städtischen Funktionen. Jena.

Clark, C. 1951: The Conditions of Economic Progress. Second Edition. London.

Cline, W. R. / Kawanabe, N. u. a. 1978: Trade Negotiations in the Tokyo Round: A Quantitative Assessment. Washington.

Cohen, B. J. 1966: Adjustment Costs and the Distribution of New Reserves. Princeton.

ders. 1969: Balance-of-Payments Policy. Harmondsworth.

Cohen, St. D. 1978: Changes in the International Economy: Old Realities and New Myths. In: JWTL, Vol. 12, S. 273 ff.

Cooper, R. N. 1968: The Economics of Interdependence: Economic Policy in the Atlantic Community. New York, Toronto, London, Sydney.

ders. 1973: Economic Mobility and National Economic Policy. Stockholm.

ders. 1973a: Trade Policy is Foreign Policy. In: ders. (ed.), A Reordered World Emerging International Economic Problems, Washington, S. 46 ff.

ders. 1976: Worldwide versus Regional Integration: Is there an Optimum Size of the Integrated

Area? In: Economic Integration Worldwide, Regional, Sectoral, (ed.) F. Machlup, London, S. 41 ff.

Cooper, R. N. / Kaiser, K. / Kosaka, M. 1977: Towards a Renovated International System. The Triangle Papers, No. 14, New York.

Cornwall, J. 1977: Modern Capitalism. Its Growth and Transformation. London.

Cramer, A. 1973: Der Welthandel mit Automobilen. 1950–1969. Eine empirische Untersuchung unter außenhandelstheoretischen Gesichtspunkten. München.

Cramer, P. 1974: Der direkte internationale Preiszusammenhang. Ein Beitrag zur Theorie der importierten Inflation. Köln.

Crockett, A. D. / Heller, R. H. 1978: The Changing Role of the International Monetary Fund. In: KuK, 11. Jg., S. 324 ff.

Curzon, G. 1965: Multilateral Commercial Diplomacy. The General Agreement on Tariffs and Trade and its Impact on National Commercial Policies and Techniques. London.

Curzon, V. 1974: The Essentials of Economic Integration: Lessons of the EFTA Experience. London, Basingstoke.

Curzon, G. / Curzon, V. 1972: Hidden Barriers to International Trade. London.

dies. 1976: The Management of Trade Relations in the GATT. In: A. Shonfield (ed.), International Economic Relations of the Western World 1969–1971, Vol. 1, Politics and Trade, London, New York, Toronto, S. 141 ff.

Cyert, R. M. / March, J. G. 1963: A Behavioral Theory of the Firm. Englewood Cliffs.

Dahrendorf, R. 1975: Die neue Freiheit. Überleben und Gerechtigkeit in einer veränderten Welt. München.

Dam, K. W. 1970: The GATT: Law and International Economic Organization. Chicago and London.

Davies, R. 1975: Product Differentiation and the Structure of United Kingdom Trade. In: Bulletin of Economic Research, Vol. 27, No. 1, S. 27 ff.

ders. 1977: Two-Way International Trade. A Comment. In: WA, Bd. 113, S. 179 ff.

Denison, E. F. 1967: Why Growth Rates Differ. Postwar Experience in Nine Western Countries. Washington.

ders. 1974: Accounting the United States Economic Growth 1929–1969. Washington, D. C.

Deutsche Bundesbank 1970: Zur Entwicklung des Patent- und Lizenzverkehrs mit dem Ausland in den Jahren 1968 und 1969. In: Monatsberichte der Deutschen Bundesbank, 22. Jg., Nr. 5, S. 24 ff.

ders. 1974: Zur Entwicklung des Patent- und Lizenzverkehrs mit dem Ausland in den Jahren 1972 und 1973. In: Monatsberichte der Deutschen Bundesbank, 26. Jg., Nr. 10, S. 26 ff.

Dick, R. / Loertscher, R. 1977: Unausgeschöpfte Spielräume im innereuropäischen Handel – Der Fall der westdeutschen Wirtschaft. In: Die Weltwirtschaft, Heft 1, S. 80 ff.

Dicke, H. / Glismann, H. H. / Horn, E.-J. / Neu, A. D. 1976: Beschäftigungswirkungen einer verstärkten Arbeitsteilung zwischen der Bundesrepublik und den Entwicklungsländern. Tübingen.

Diebold, Jr., W. 1972: The United States and the Industrial World. American Foreign Economic Policy in the 1970s. New York, Washington, London.

ders. 1977: Die Reform des internationalen Wirtschaftssystems als Zukunftsaufgabe. In: Kaiser/ Schwarz 1977, S. 111 ff.

ders. 1978: Strukturwandel und volkswirtschaftliche Anpassung als gemeinsame Aufgabe der Industrieländer. In: EA, Folge 19, S. 613 ff.

Donges, J. B. 1978: Die Welthandelsordnung am Scheidewege. Weitere Liberalisierung oder

neuer Protektionismus? In: EA, Folge 7, S. 197 ff.
Downie, J. 1958: The Competitive Process. London.
Drèze, J. 1960: Quelques Réflexions sereins sur l'adaption de l'industrie belge au Marché Commun. In: Comptes Rendues des Travaux de la Société Royale d'Economie Politique de Belgique.
ders. 1961: Les Exportations intra-CEE en 1958 et la position belge. In: Recherches Economiques de Louvain, Vol. 27, S. 717 ff.
Duchêne, F. 1973: Die Rolle Europas im Weltsystem: Von der regionalen zur planetarischen Interdependenz. In: M. Kohnstamm / W. Hager (Hrsg.), Zivilmacht Europa – Supermacht oder Partner? Frankfurt am Main, S. 11 ff.

EG-Kommission 1977: Gemeinsame Politik im Bereich der Wissenschaft und Technologie. Mitteilungen der Kommission an den Rat vom 30. 6. 1977. In: Bulletin der Europäischen Gemeinschaften, Beilage 3/77. Brüssel.
EG-Kommission 1978: Programm der Kommission für 1978. Brüssel.
Ehrlicher, W. 1976: Macht- und Verteilungsprobleme der internationalen Währungsordnung. In: Wirtschaftspolitik – Wissenschaft und politische Aufgabe, Festschrift für K. Schiller, hrsg. von H. Körner u. a., Bern, Stuttgart, S. 429 ff.
Emminger, O. 1976: Auf dem Wege zu einem neuen internationalen Währungssystem I und II. In: ZfgK, Heft 17, S. 815 ff. und Heft 18, S. 855 ff.
Engels, B. 1974: Japans Wirtschaftsbeziehungen zu Westeuropa. In: Lemper 1974a, S. 283 ff.
Engels, W. 1976: Bericht über die Diskussion zum Referat K. Borchardt. In: Bombach/Gahlen/Ott 1976, S. 33 f.

FAZ 1978: Triffin: Dollar als Reservewährung entmachten. Artikel in FAZ vom 28. 11. 1978, S. 11.
Fels, G. 1969: Der internationale Preiszusammenhang. Köln.
Fels, G. / Horn, E.-J. 1972: Der Wandel der Industriestruktur im Zuge der weltwirtschaftlichen Integration der Entwicklungsländer. In: Die Weltwirtschaft, Heft 1, S. 107 ff.
Fels, G. / Schatz, K. W. / Wolter, F. 1972: Der internationale Preiszusammenhang. Seine Relevanz für Frankreich und Italien. Kiel.
Finger, J. M. 1975: A New View of the Product Cycle Theory. In: WA, Bd. 111, S. 79 ff.
Fisher, A. G. B. 1935: The Clash of Progress and Security. London.
Fortune, J. N. 1971: Some Determinants of Trade in Finished Manufactures. In: The Swedish Journal of Economics, Vol. 72, S. 311 ff.
Fourastié, J. 1954: Die große Hoffnung des 20. Jahrhunderts. Köln-Deutz.
Franko, L. G. 1976: The European Multinationals. A Renewed Challenge to American and British Big Business. London.
Frantz, U. 1975: 25 Jahre Welthandelspolitik. Ziele und Ergebnisse des allgemeinen Zoll- und Handelsabkommens (GATT) von 1948–1973. Berlin.
Franzmeyer, F. 1977: Widersprüche sektoraler Strukturpolitik in der Europäischen Gemeinschaft und ihre Bedeutung für den Integrationsprozeß. In: DIW, Vierteljahreshefte zur Wirtschaftsforschung, S. 207 ff.
Freeman, C. / Young, A. 1965: The Research and Development Effort in Western Europe, North America, and the Soviet Union. OECD. Paris.
Frey, B. S. 1976: Theorie und Empirie politischer Konjunkturzyklen. In: ZNSt, Bd. 36, S. 95 ff.
Friedmann, M. 1968: Dollars and Deficits. Inflation, Monetary Policy, and the Balance of Payments. Englewood Cliffs.

Gahlen, B. 1977: Probleme des Strukturwandels und der Strukturpolitik. In: Bombach/Gahlen/Ott 1977, S. 3 ff.

Gans, O. 1976: Beiträge zur Analye von Welthandelsstrukturen. Mit empirischen Untersuchungen zum Außenhandel der Entwicklungs- und Industrieländer (1960/1969). Berlin.

Gardner, R. N. 1969: Sterling-Dollar Diplomacy. The Origins and the Prospects of Our International Economic Order. First edition 1956. Oxford.

GATT International Trade. Laufende Jahrgänge. Genf.

GATT 1959: Restricitve Business Practices. Genf.

GATT-Plus 1976: The Atlantic Council of the United States: GATT-Plus. A Proposal for Trade Reform. Washington.

Gazzo, E. 1973: Allianz auf der Probe: Europa und die USA. In: M. Kohnstamm / W. Hager (Hrsg.), Zivilmacht Europa – Supermacht oder Partner? Frankfurt am Main, S. 186 ff.

Gebert, D. / Schmidt, K. D. 1970: Der internationale Konjunkturverbund in den sechziger Jahren. In: Die Weltwirtschaft, Heft 1, S. 10 ff.

Alting von Geusau, F. A. M. (ed.) 1969: Economic Relations after the Kennedy Round. Leyden.

Giersch, H. 1952: Freihandel als Aufgabe. In: ZgStw, Bd. 108, S. 504 ff.

ders. 1961: Allgemeine Wirtschaftspolitik – Grundlagen –. Band 1. Wiesbaden.

ders. 1964: Aufgaben der Strukturpolitik. In HmbJb, 9. Jg., S. 61 ff.

ders. 1977: Perspektiven der Entwicklung der Weltwirtschaft. In: Rheinisch-Westfälische Akademie der Wissenschaften, Vorträge Nr. 266, Opladen, S. 7 ff.

ders. 1979: Märkte und Unternehmen in der wachsenden Weltwirtschaft. In: Kyklos, Vol. 32, S. 25 ff.

Giersch, H. / Haas, H.-D. (Hrsg.) 1974: Probleme der weltwirtschaftlichen Arbeitsteilung. SchVfS, NF, Bd. 78, Berlin.

Gilpin, R. 1975: U.S. Power and the Multinational Corporation. The Political Economy of Foreign Direct Investment. London and Basingstoke.

Glastetter, W. 1975: Außenwirtschaftspolitik. Köln.

Glismann, H. H. 1972: Neue Formen der internationalen Handels- und Wettbewerbspolitik: Das Beispiel der Selbstbeschränkungsabkommen für Stahl- und Baumwollprodukte. In: Die Weltwirtschaft, Heft 1, S. 190 ff.

ders. 1975: Wettbewerbsbeschränkende Absprachen im Außenhandel. Tübingen.

Gloystein, P. / Wand, K. 1973: Europäische Industriepolitik – Die Schaffung neuer Dimensionen für Märkte und Unternehmen. In: H. E. Scharrer / W. Wessels (Hrsg.), Europäische Wirtschaftspolitik. Programm und Realität, Bonn, S. 327 ff.

Görgens, E. 1975: Wandlungen der industriellen Produktionsstruktur im wirtschaftlichen Wachstum. Bern, Stuttgart.

Görzig, B. / Kirner, W. 1971: Der Wachstumsspielraum der deutschen Wirtschaft. In: DIW – Wochenbericht, Nr. 20 vom 13. 5. 1971, S. 139 ff.

Gonschior, P. 1976: Hemmnisse bei der Koordination nationaler Konjunkturpolitiken in den Europäischen Gemeinschaften. Baden-Baden (Diss. T. H. Aachen).

Goodman, B. / Ceyhun, F. 1976: U.S. Export Performance in Manufacturing Industries: An Empirical Investigation. In: WA, Bd. 112, S. 525 ff.

Gray, H. P. 1973: Two-Way International Trade in Manufactures: A Theoretical Underpinning. In: WA, Bd. 109, S. 19 ff.

ders. 1976: A Generalized Theory of International Trade. London and Basingstoke.

ders. 1977: Two-Way International Trade: Reply. In: WA, Bd. 113, S. 182 ff.

Gregory, R. G. / Tearle, D. 1973: Product Differentiation and International Trade Flows: An Application of the ‚Hedonic' Regression Technique. In: Australian Economic Papers, Vol. 12, S. 79 ff.

Grewe, W. 1977: Westeuropa, Nordamerika und Japan: Strukturfragen eines weltpolitischen Dreiecks. In: Kaiser/Schwarz 1977, S. 247 ff.
Greytak, D. / McHugh, R. 1976/77: Linder's Trade Thesis: An Empirical Examination. In: The Southern Economic Journal, Vol. 43, S. 1386 ff.
Gries, W. 1975: Forschungspolitik und Wirtschaft in der Bundesrepublik Deutschland. Beiträge des Instituts der deutschen Wirtschaft, Nr. 25, Köln.
Griffith, W. E. 1975: The World and the Great-Power Triangles. In: ders. (ed.), The World and the Great-Power Triangles, Cambridge/Mass. and London, S. 1 ff.
Groeben, H. v. d. / Möller, H. (Hrsg.) 1976: Möglichkeiten und Grenzen einer Europäischen Union. Bd. 3, Transnationale Kooperation/Steuerharmonisierung. Baden-Baden.
Gröner, H. 1974: Probleme nichttarifärer Handelshemmnisse. In: Wirtschaftspolitische Chronik, Heft 2, S. 29 ff.
Gross, H. 1950: Welthandel von Morgen. Studien zur Welthandels-Charter. Düsseldorf.
Grossekettler, H. 1977: Ist die neoklassische Theorie wirklich nur l'art pour l'art? Zur methodologischen Kritik an der Preis- und Außenhandelstheorie. In: JbfSw, Bd. 28, S. 1 ff.
Grubel, H. G. 1967: Intra-Industry Specialization and the Pattern of Trade. In: CJE, Vol. 33, S. 374 ff.
ders. 1970: The Theory of Intra-Industry Trade. In: Studies of International Economics, I. A. McDougal / R. H. Snape (eds.), Amsterdam and London, S. 35 ff.
ders. 1974: Effective Tariff Protection: A Non-Specialist Introduction to the Theory, Policy Implications and Controversies. In: International Trade and Finance, R. E. Baldwin / J. D. Richardson (eds.), Boston, S. 62 ff.
Grubel, H. G. / Lloyd, P. J. 1975: Intra-Industry Trade. The Theory and Measurement of International Trade in Differentiated Products. London and Basingstoke.
Gutachten 1976: zu „Fragen einer neuen Weltwirtschaftsordnung“, vom 20. 11. 1976. Gutachten des wissenschaftlichen Beirats beim Bundesministerium für Wirtschaft. Studien-Reihe 15.
Gutachten 1979: über „Staatliche Interventionen in einer Marktwirtschaft“. Gutachten des wissenschaftlichen Beirats des Bundeswirtschaftsministeriums.

Häckel, E. 1975: Multinationale Konzerne und Europäische Integration. Arbeitspapiere zur Internationalen Politik (Nr. 5) des Forschungsinstituts der Deutschen Gesellschaft für Auswärtige Politik e.V. Bonn.
Hager, W. 1976: Westeuropas wirtschaftliche Sicherheit. Arbeitspapiere zur Internationalen Politik (Nr. 6) des Forschungsinstituts der Deutschen Gesellschaft für Auswärtige Politik e.V. Bonn.
ders. 1978: Wirtschaftspolitik und Allianzdiplomatie. In: M. Gräfin Dönhoff / K. Kaiser u. a. (Hrsg.), Die Internationale Politik 1970–1972, München und Wien, S. 72 ff.
Hahn, H. J. / Weber, A. 1976: Die OECD. Organisation für Wirtschaftliche Zusammenarbeit und Entwicklung. Baden-Baden.
Halm, G. N. 1975: Probleme der internationalen Geldreform. Berlin.
Hankel, W. 1977: Weltwirtschaft. Vom Wohlstand der Nationen heute. Düsseldorf.
Harborth, H.-J. 1965: Indien – ein neues weltwirtschaftliches Kraftfeld? Göttingen.
ders. 1967: Neue Industriezentren an der weltwirtschaftlichen Peripherie. Hamburg.
ders. 1971: Zur Rolle der Entwicklungsländer in einer multizentrischen Weltwirtschaft. In: JbfSw, Bd. 22, S. 244 ff.
Hasenpflug, H. 1977: Nicht-tarifäre Handelshemmnisse. Hamburg.
Hasenpflug, H. / Lefeld, M. 1977: Die Welthandelsstruktur seit der Ölkrise. In: WD, 57. Jg., S. 356 ff.

Heckscher, E. F. 1932: Mercantilism. Stockholm 1931. Deutsche Übersetzung von G. Mackenroth, Jena 1932.

ders. 1949: The Effect of Foreign Trade on the Distribution of Income. In: Readings in the Theory of International Trade, H. S. Ellis / L. A. Metzler (eds.), Philadelphia, S. 272 ff. Erste Veröffentlichung 1919 in Economisk Tidskrift, Vol. 21.

Heidhues, F. 1969: Zur Theorie der internationalen Kapitalbewegungen. Tübingen.

Heller, H. R. 1975: Internationaler Handel. Theorie und Empirie. Würzburg.

ders. 1977: Die Wahl des Wechselkurssystems. In: Finanzierung und Entwicklung, Heft 2, S. 23 ff.

Heller, R. / Willatt, N. 1975: The European Revenge: How the American Challenge was Rebuffed. London.

Hellmann, R. 1977: Die Industriepolitik der Europäischen Wirtschaftsgemeinschaft. In: Handbuch für Europäische Wirtschaft, 147. Lieferung, Mai 1977, IA 120, S. 1 ff.

Henkner, K. 1971: Quantifizierung von Wettbewerbs- und Struktureffekten in der Exportentwicklung ausgewählter Industrienationen 1954 bis 1967. Berlin (Diss.). Auch erschienen als: Beiträge zur Strukturforschung, Heft 15, des DIW.

ders. 1976: Wettbewerbsrelationen im Außenhandel westlicher Industrieländer 1959 bis 1973. Berlin. DIW, Beiträge zur Strukturforschung, Heft 39.

Herlt, R. 1978: An den Freihandel glaubt niemand mehr. In: Die ZEIT, Nr. 47 vom 17. 11. 1978, S. 27.

Herrmann, A. / Ketterer, K.-H. 1977: Strukturwandel im Außenhandel der Bundesrepublik Deutschland. In: IFO Schnelldienst, 30. Jg., Heft 11/12, S. 22 ff.

Hesse, H. 1966: Die Bedeutung der reinen Theorie des internationalen Handels für die Erklärung des Außenhandels in der Nachkriegszeit. In: ZgStw, Bd. 122, S. 221 ff.

ders. 1967: Strukturwandlungen im Welthandel 1950–1960/61. Tübingen.

ders. 1974: Hypothesen zur Erklärung des Warenhandels zwischen Industrieländern. In: Giersch/Haas 1974, S. 39 ff.

ders. 1976: Zum Konzept einer Handelsanpassungspolitik. In: Bombach/Gahlen/Ott 1976, S. 341 ff.

ders. 1977: Artikel „Außenhandel I: Determinanten". In: HdWW, Bd. 1, S. 364 ff.

Hettlage, R. 1969: Die Veränderungstendenzen in den Handelsbilanzen der EWG-Länder zwischen 1958 und 1967. München.

Hieronymi, O. 1973: Economic Discrimination Against the United States in Western Europe (1945–1958). Dollar Shortage and the Rise of Regionalism. Genf.

Hirsch, S. 1967: Location of Industry and International Competitiveness. Oxford.

ders. 1974: Hypothesen über den Handel zwischen Entwicklungs- und Industrieländern. In: Giersch/Haas 1974, S. 69 ff.

ders. 1977: Rich Man's, Poor Man's, and Every Man's Goods. Aspects of Industrialization. Tübingen.

Hirsch, S. / Lev, B. 1973: Trade and Per Capita Income Differentials: A Test of the Burenstam Linder Hypothesis. In: World Development, Vol. 1, S. 11 ff.

Hoftyzer, J. 1974: Empirical Testing of some of the Modern Theories of International Trade. Indiana University, Ph. D.

ders. 1974/75: Empirical Verification of Linder's Trade Thesis: Comment. In: The Southern Economic Journal, Vol. 41, S. 694 ff.

Hollerman, L. 1975: Foreign Trade in Japan's Economic Transition. In: The Japanese Economy in International Perspective, F. Isaiah (ed.), Baltimore and London, S. 168 ff.

Horn, E.-J. 1976: Technologische Neuerungen und internationale Arbeitsteilung. Die Bundes-

republik Deutschland im internationalen Vergleich. Tübingen.
Horsefield, J. K. u. a. (eds.) 1969: The International Monetary Fund 1945–1965. Vol. I bis III. Washington.
Hudec, R. E. 1975: The GATT Legal System and World Trade Diplomacy. New York.
Hübler, O., 1975/76: Zum Einfluß der Größe eines Landes auf seinen Außenhandel. In: JbNSt, Bd. 190, S. 44 ff.
Hufbauer, G. C. 1966: Synthetic Materials and the Theory of International Trade. London.
ders. 1970: The Impact of National Characteristics and Technology on the Commodity Composition of Trade in Manufactured Goods. In: Vernon 1970, S. 145 ff.
Hufbauer, G. C. / Chilas, J. G. 1974: Spezialisierung von Industrieländern. Umfang und Auswirkungen. In: Giersch/Haas 1974, S. 3 ff.
Hunsberger, W. S. 1972: Japan – United States Trade-Patterns, Relationships, Problems. In: Pacific Partnerships: United States – Japan Trade Prospects and Recommendations for the Seventies, Cohen, J. B. (ed.), Lexington, London, Toronto, S. 117 ff.

IFO – Institut für Wirtschaftsforschung 1970: Die Verbreitung neuer Technologien. Eine Studie über zehn Verfahren in neun Industriezweigen. Berlin und München.
Ingram, J. C. 1978: International Economic Problems. Third edition. Santa Barbara.

Jägeler, F. J. 1974: Kooperation oder Konfrontation. GATT-Runde 1973. Hamburg.
Jaeger, F. 1970: GATT, EWG und EFTA. Die Vereinbarkeit von EWG- und EFTA-Recht mit dem GATT-Statut. Bern (St. Gallen Diss.).
Jöhr, W. A. 1943: Theoretische Grundlagen der Wirtschaftspolitik. Bd. I. St. Gallen.
Johnson, H. G. 1965: An Economic Theory of Protectionism, Tariff Bargaining, and the Formation of Custom Unions. In: JPE, Vol. 73, S. 256 ff.
ders. 1974: Mercantilism: Past, Present, Future. In: ders. (ed.), The New Mercantilism. Some Problems in International Trade, Money and Investment, Oxford, S. 1 ff.
ders. 1976: Trade Negotiations and the International Monetary System. In: Commercial Policy Issues, ed. by G. and V. Curzon. Lausanne.
Jürgensen, H. 1976: Über einige Kategorien einer Messung der internationalen Wettbewerbsfähigkeit von Industrienationen. In: Körner/Meyer-Dohm u. a. (Hrsg.), Wirtschaftspolitik – Wissenschaft und politische Aufgabe, Festschrift zum 65. Geburtstag von Karl Schiller, Bern, Stuttgart, S. 467 ff.
Jungnickel, R. / Krägenau, H. u. a. 1977: Einfluß multinationaler Unternehmen auf Außenwirtschaft und Branchenstruktur der Bundesrepublik Deutschland. Hamburg.

Kaiser, K. 1977: Zukunftsaufgaben amerikanisch-europäischer Politik. In: Kaiser/Schwarz 1977, S. 376 ff.
Kaiser, K. / Schwarz, H.-P. (Hrsg.) 1977: Amerika und Westeuropa. Gegenwarts- und Zukunftsprobleme. Stuttgart und Zürich.
Kaht, H. 1975: Die Wirkungen einer europäischen Integration auf die Einfuhren der Bundesrepublik Deutschland. Hamburg.
Kaldor, N. 1970: The Case for Regional Policies. In: Scottish Journal of Political Economy, Vol. 17, S. 337 ff.
Kantzenbach, E. 1967: Die Funktionsfähigkeit des Wettbewerbs. 2. durchgesehene Ausgabe. Göttingen.
Katzenstein, P. J. 1975: International Interdependence: Some Long-Term Trends and Recent Changes. In: International Organization, Vol. 29, S. 1021 ff.

ders. (ed.) 1977: Between Power and Plenty: Foreign Economic Policies of Advanced Industrial Countries. International Organization, Vol. 31, No. 4.

Kaufer, E. 1976: Neue Wettbewerbstheorie. In: Bombach/Gahlen/Ott 1976, S. 199 ff.

Kaufman, R. 1970: Technology and the Atlantic Community. In: The Atlantic Institute (ed.), The Technology Gap: U.S. and Europe. New York, Washington and London.

Keesing, D. B. 1968: Population and Industrial Development: Some Evidence from Trade Patterns. In: AER, Vol. 58, S. 448 ff.

Khan, K. 1974: Die Außenwirtschaftsbeziehungen zwischen Japan und Nordamerika. In: Lemper 1974a, S. 177 ff.

Kindleberger, Ch. P. 1962: Foreign Trade and the National Economy. New Haven and London.

ders. 1967: Europe's Postwar Growth – The Role of Labor Supply. Cambridge, Mass.

ders. 1967a: The Politics of International Money and World Language. Princeton.

ders. 1971: Optimal Economic Interdependence. In: Ch. P. Kindleberger / A. Shonfield (eds.), North American and Western European Economic Policies, London, S. 491 ff.

ders. 1973: Die Weltwirtschaftskrise 1929–1939. München.

ders. 1974: Size of Firm and Size of Nation. In: Economic Analysis and the Multinational Enterprise, (ed.) J. H. Dunning, London, S. 342 ff.

Knickerbocker, F. Th. 1973: Oligopolistic Reaction and Multinational Enterprise. Boston. Harvard Ph. D.

Knorr, K. 1975: The Power of Nations. The Political Economy of International Relations. New York.

ders. 1977: Economic Interdependence and National Security. In: Economic Issues and National Security, (eds.) K. Knorr / N. Trager, New York, S. 1 ff.

Kock, K. 1969: International Trade Policy and the GATT 1947–1967. Stockholm.

Körner, H. 1971: Die unternehmerische Dynamik als Faktor der Welthandelsentwicklung. In: WD, 51. Jg., Heft 1, S. 34 ff.

Kogiku, K.-C. 1978: Japan's „Industrial Structure Policy". In: Rivista Internazionale di Scienze Economiche e Commerciali, Vol. 25, S. 677 ff.

Kojima, K. 1964: The Pattern of International Trade among Advanced Countries. In: Hitotsubashi Journal of Economics, Vol. 5, S. 16 ff.

ders. 1971: Japan and the Pacific Free Trade Area. London.

Koopman, G. 1974: Warum gibt es multinationale Unternehmen? In: D. Kebschull / O. G. Mayer (Hrsg.), Multinationale Unternehmen. Anfang oder Ende der Weltwirtschaft? Frankfurt am Main, S. 36 ff.

Krägenau, H. 1973: Europäische Forschungs- und Entwicklungspolitik – Mit kleinen Schritten aus der Stagnation. In: Europäische Wirtschaftspolitik. Programm und Realität, Bonn, S. 391 ff.

Krämer, H.-R. 1969: Formen und Methoden der internationalen wirtschaftlichen Integration. Versuch einer Systematik. Tübingen.

ders. 1974: Probleme der Regionalisierung des internationalen Handels. In: Giersch/Haas 1974, S. 555 ff.

ders. 1975: Schutz heimischer Industrien im internationalen Wettbewerb. Zur Problematik der Schutzklauseln in Wirtschaftsverträgen. In: EA, Bd. 30, S. 419 ff.

ders. 1975a: Exportbeschränkungen, ein neues Problem der Welthandelsordnung. Kieler Diskussionsbeiträge, Nr. 40.

Krauss, M. B. 1973: Customs Union Theory: Ten Years Later. In: JWTL, Vol. 6, S. 284 ff.

Kravis, I. B. 1956: „Availability" and other Influences on the Commodity Composition of Trade. In: JPE, Vol. 64.

Kreinin, M. E. 1964: On the Dynamic Effects of a Customs Union. In: JPE, Vol. 72, S. 193 ff.
Küng, E. 1956: Artikel „Handelsverträge". In: HdSw, Bd. 5, S. 16 ff.
ders. 1978: Weltwirtschaftspolitik. Tübingen.
Kuhlmann, F. 1964: Staatsraum und Wirtschaftsraum in Brasilien. Göttingen.
Kuschel, H.-D. 1975: Ein Modell für die Tokio-Runde. In: WD, 54. Jg., Heft 1, S. 42 ff.
Kuznets, S. 1971: Economic Growth of Nations. Total Output and Production Structure. Cambridge, Mass.

Lamfalussy, A. 1963: International Trade and Trade Cycles, 1950–1960. In: R. Harrod / D. Hague (eds.), International Trade Theory in a Developing World, London, S. 241 ff.
Laumer, H. 1977: Japans wirtschaftliche Verflechtung mit Südostasien. Hamburg.
Lefeld, M. / Warnecke, J. 1974: Handelsintensitäten im EWG-Raum. In: WD, 54. Jg., Heft 8, S. 408 ff.
Lefeld, M. / Schneider, A. 1977: Entwicklung der Handelsintensitäten in der EG. In: WD, 57. Jg., Heft 11, S. 575 ff.
Leibenstein, H. 1966: Allocational Efficiency versus X-Efficiency. In: AER, Vol. 56.
Lemper, A. 1971: Weltwirtschaftliche Kooperation – ein Problem der Arbeitsteilung? In: JbfSw, Bd. 22, S. 155 ff.
ders. 1972: Chancen eines handelspolitischen Liberalismus in der Gegenwart. Hamburg.
ders. 1974: Handel in einer dynamischen Weltwirtschaft. München.
ders. (Hrsg.) 1974a: Japan in der Weltwirtschaft. Die Beziehungen Japans zu den Weltregionen. München.
ders. 1975: Handelstheorie als Erfahrungswissenschaft. Zur Kritik der orthodoxen Handelstheorie. München.
Lenel, H. O. 1970: Unternehmensgröße und internationale Wettbewerbsfähigkeit. In: ORDO, Bd. 21, S. 145 ff.
ders. 1972: Unternehmensverflechtung in der EWG. Eine ökonomische Untersuchung der Brauchbarkeit des externen Unternehmenswachstums für die Anpassung an die Gegebenheiten des Gemeinsamen Marktes, die Verbesserung der Wettbewerbsfähigkeit gegenüber Drittländern und die Förderung des technischen Fortschritts. Frankfurt am Main.
ders. 1976: Zur Problematik der multinationalen Unternehmen. In: ORDO, Bd. 27, S. 183 ff.
Liebich, F. K. 1968: Die Kennedy Runde. Eine Analyse des weltweiten Genfer Zollsenkungsabkommens. Freudenstadt.
ders. 1971: Das GATT als Zentrum der internationalen Handelspolitik. Baden-Baden.
Lindbeck, A. 1973: The National State in an Internationalized World Economy. Stockholm.
ders. 1975: The Changing Role of the National State. In: Kyklos, Vol. 28, S. 23 ff.
ders. 1977: Economic Dependence and Interdependence in the Industrialized World. Stockholm.
ders. 1978: Kann der Pluralismus überleben? In: ORDO, Bd. 29, S. 34 ff.
Linder, St. B. 1961: An Essay on Trade and Transformation. Stockholm.
Lloyd, P. 1977: Anti-Dumping Actions and the GATT System. London.
Lochner, N. 1962: Was bedeuten die Begriffe Harmonisierung, Koordinierung und gemeinsame Politik in den europäischen Verträgen? In: ZgStw, Bd. 118, I, S. 35 ff.
Lösch, A. 1944: Die räumliche Ordnung der Wirtschaft. 2. Auflage. Jena.
Lorenz, D. 1966: Dynamische Außenhandelstheorie, Transformationskapazität und der Produktionsfaktor Kapital. In: JbfSw, Bd. 17, S. 38 ff.
ders. 1967: Dynamische Theorie der internationalen Arbeitsteilung. Ein Beitrag zur Theorie der weltwirtschaftlichen Entwicklung. Berlin.

ders. 1969: Dynamische Außenhandelstheorie und makroökonomische Entwicklungsvorteile. In: SchwZVSt, 105. Jg., S. 165 ff.

ders. 1973: Wo gibt es eigentlich Freihandel? In: WD, 53. Jg., Heft 1, S. 9 ff.

ders. 1974: Hypothesen zur Erklärung der Handelsströme zwischen Industrie- und Entwicklungsländer. In: Giersch/Haas 1974, S. 89 ff.

ders. 1978: Innenwirtschaftliche Steuerungsprobleme und Auswirkungen auf das liberale Handelssystem. In: M. Gräfin Dönhoff / K. Kaiser u. a. (Hrsg.), Die Internationale Politik 1970–1972, München und Wien, S. 47 ff.

ders. 1978a: Zur Kritik des Liberalisierungshandels. In: WD, 58. Jg., Heft 6, S. 282 ff.

ders. 1979: Parallels Between Different Systems in International Economic Relations. Paper Prepared for Montebello Conference on „The Choice of Partners in East-West Economic Relations" (mimeo). Leicht veränderte Fassung erschienen in: Z. M. Fallenbuchl / C. H. McMillan (eds.), Partners in East-West Economic Relations. The Determinants of Choice, New York, Oxford, Toronto, S. 393 ff.

ders. 1979a: Urachen und Konsequenzen des Neomerkantilismus. Unveröffentlichtes, vorläufiges Manuskript zu einem Referat auf der Sitzung des wirtschaftspolitischen Ausschusses des Vereins für Socialpolitik in Mainz am 30./31. März 1979. Erscheint demnächst in veränderter Version in den Schriften des Vereins für Socialpolitik, NF.

MacBean, A. I. 1978: How to Repair the „Safety Net" of the International Trading System. In: The World Economy, Vol. 1, No. 2, S. 149 ff.

Maddison, A. 1964: Economic Growth in the West. Comparative Experience in Europe and North America. New York, London.

ders. 1969: Economic Growth in Japan and the USSR. London.

Maizels, A. 1963: Industrial Growth and World Trade. Cambridge.

Majer, H. H. 1973: Die „Technologische Lücke" zwischen der Bundesrepublik Deutschland und den Vereinigten Staaten von Amerika. Tübingen.

Malmgren, H. B. 1973: Coming Trade Wars? Neo-Mercantilism and Foreign Policy. In: R. N. Cooper (ed.), A Reordered World Emerging International Economic Problems, Washington, S. 22 ff.

Mandel, E. 1968: Die EWG und die Konkurrenz Europa – Amerika. Frankfurt am Main.

Martin, H. P. 1962: Japans Bedeutung im Ozeanischen Wirtschaftsraum. Struktur und räumliche Verflechtung seiner Wirtschaft. Göttingen.

Mayrzedt, H. 1979: Multilaterale Wirtschaftsdiplomatie zwischen westlichen Industriestaaten als Instrument zur Stärkung der multilateralen und liberalen Handelspolitik. Bern, Frankfurt am Main, Las Vegas.

Meade, J. E. 1955: The Theory of Customs Unions. Amsterdam.

Meinhold, H. 1955: Zahlungsbilanztheorie und Standortstheorie. In JbNSt, Bd. 167, S. 414 ff.

Menden, W. 1972: Die Vormachtstellung der USA bleibt. In: WD, Bd. 52, Heft 5, S. 235 ff.

Mendershausen, H. 1976: Outlook on Western Solidarity: Political Relations in the Atlantic System. A Report prepared for United States Air Force Project Rand. Santa Monica.

Mensch, G. 1977: Das technologische Patt. Innovationen überwinden die Depression. Frankfurt am Main.

Meyer, W. 1960: Die Theorie der Standortwahl. Entwicklung, Inhalt und wirtschaftstheoretische Behandlung des Standortproblems. Berlin.

Meyer, W. 1967: Wettbewerbsverzerrungen im internationalen Handel. Freiburg im Breisgau.

Miles, C. M. 1974: International Trade and Structural Adaptation – Problems and Politics. In: H. G. Johnson (ed.), The New Mercantilism, Oxford, S. 90 ff.

Milward, A. S. 1977: Der Zweite Weltkrieg. Krieg, Wirtschaft und Gesellschaft 1939–1945. München.
Möller, H. 1960: Internationale Wirtschaftsorganisationen. Wiesbaden.
Molsberger, J. 1978: Internationale Wettbewerbsbeschränkungen. In: H. Gröner / A. Schüller (Hrsg.), Internationale Wirtschaftsordnung, Stuttgart, New York, S. 45 ff.
Monreal, H. P. 1964: Begriff und wirtschaftliche Problematik des Ballungsraumes. Köln (Diss.).
Monroe, W. F. 1974: International Monetary Reconstruction. Toronto, London.
ders. 1975: International Trade Policy in Transition. Lexington, Toronto, London.
ders. 1976: The New Internationalism. Strategy and Initiatives for U.S. Foreign Economic Policy. Lexington, Toronto, London.
Montbrial, T. de 1976/77: Macroeconomic Coordination and Trade: The Need für Orderly Limitation of Interdependence. In: Trialogue, No. 13, S. 6 f.
Morgenstern, O. 1963: Die Macht im Handel der Staaten: Ein Problem der Theorie des internationalen Handels. In: JbfSw, Bd. 14, S. 48 ff.
Murray, T. / Schmidt, W. / Walter, I. 1978: Alternative Forms of Protection against Market Disruption. In: Kyklos, Vol. 31, S. 624 ff.
Mundell, R. A. 1968: International Economics. New York.

Namiki, N. 1978: Japanese Subsidy Policies. In: Warnecke 1978, S. 123 ff.
Nau, H. R. 1970: Die politische Bedeutung der Diskussion über die technologische Lücke. In: EA, 25. Jg., S. 654 ff.
Neu, A. / Stecher, B. 1970: Die Strukturwandlungen im Welthandel. In: Die Weltwirtschaft, Heft 1, S. 66 ff.
Neuhauser, G. 1959: Integration – Wiedergeburt des handelspolitischen Liberalismus? In: ZgStw, Bd. 115, S. 72 ff.
Neumark, F. (Hrsg.) 1964: Strukturwandel in einer wachsenden Wirtschaft. SchVfS, NF, Bd. 30/I und 30/II, Berlin.
Niehans, J. 1945: Der Gedanke der Autarkie im Merkantilismus von einst und im Neomerkantilismus von gestern. Zürich.
ders. 1964: Strukturwandlungen als Wachstumsproblem. In: Neumark 1964, S. 18 ff.
Nowzad, B. 1978: The Rise in Protectionism. International Monetary Fund, Pamphlet Series No. 24, Washington, D. C.

O'Cleireacain, S(1972: Adjustment Assistance to Import Competition. In: F. McFadzean (ed.), Towards an Open World Economy, London, S. 137 ff.
OECD 1967: Council Recommendation Concerning Co-operation Between Member Countries on Restrictive Business Practices Affecting International Trade. Paris.
OECD 1968a: Gaps in Technology. General Report. Paris.
OECD 1968b: The Technological Gap Between OECD Member Countries. Paris.
OECD 1968–70: Gaps in Technology. Sector Reports. Paris.
OECD 1970: Gaps in Technology. Analytical Report. Paris.
OECD 1973: Council Recommendation Concerning a Consultation and Conciliation Procedure on Restrictive Business Practices Affecting International Trade. Paris.
OECD 1975: The Aims and Instruments of Industrial Policy. A Comparative Study. Paris.
OECD 1978: The International Competitiveness of Selected OECD Countries. In: OECD, Economic Outlook, Occasional Studies, Paris, S. 35 ff.

OECD 1978a: Policies for Adjustment: Some General Orientations. In: OECD Observer, No. 93, S. 10 ff.

OEEC 1951: „Kodex der Liberalisierung". Amtliche deutsche Übersetzung, hrsg. vom Bundesministerium für den Marshall-Plan. Abgedruckt in: Bundesanzeiger Nr. 89 vom 11. 5. 1951.

Ohlin, B. 1933/1967: Interregional and International Trade. Revisited Edition, Cambridge, Mass. Erste Veröffentlichung 1933.

Ohlin, G. 1969: Trade in a Non-Laissez-Faire World. In: P. A. Samuelson (ed.), International Economic Relations, London and Basingstoke, S. 157 ff.

ders. 1978: Subsidies and other Industrial Aids. In: Warnecke 1978, S. 21 ff.

Ozawa, T. 1974: Japan's Technological Challenge to the West, 1950–1974: Motivation and Accomplishment. Cambridge and London.

Pagoulatos, E. / Sorensen, R. 1975: Two Way International Trade: An Econometric Analysis. In: WA, Bd. 111, S. 454 ff.

Pascaly, F.-J. 1973: Internationale Arbeitsteilung in EWG und COMECON. München (Diss. Münster).

Peeters, T. / Hager, W. 1973: Freies Spiel der Kräfte oder globale Steuerung? – Europa und die Krise der Weltwirtschaftsordnung. In: M. Kohnstamm / W. Hager (Hrsg.), Zivilmacht Europa – Supermacht oder Partner? Frankfurt am Main, S. 36 ff.

Peffekoven, R. 1978: Die Besteuerung des internationalen Handels. In: WiSt, 7. Jg., S. 163 ff.

Pempel, T. J. 1977: Japanese Foreign Economic Policy: The Domestic Bases for International Behavior. In: Katzenstein 1977, S. 723 ff.

Petry, H. 1969: Technischer Fortschritt, Integration, internationale Wettbewerbsfähigkeit und Unternehmensgröße. In: JbNSt, Bd. 183, S. 271 ff.

Pilgrim, E. von 1977: Wandlungen in der Regional- und Warenstruktur des Welthandels. In: IFO-Schnelldienst, Bd. 30, Heft 11–12, S. 14 ff.

Pinder, J. 1968: Positive Integration and Negative Integration: Some Problems of Economic Union in the EEC. In: World Today, Vol. 24, S. 88 ff.

ders. 1976: Towards a New System of International Economic Management. Unveröffentlichtes Manuskript einer im Dezember 1976 abgehaltenen Tagung des Atlantic Institute for International Affairs.

Pohl, M. (Hrsg.) 1977: Japan 1976/77. Politik und Wirtschaft. Hamburg.

Pomfret, P. 1976: Intra-Industry Trade in Israel; Level, Explanation and Implications. Kiel Working Papers, No. 40.

Posner, M. V. 1961: International Trade and Technical Change. In: OEP, Vol. 13, S. 323 ff.

Postan, M. M. 1967: An Economic History of Western Europe 1945–1964. London.

Predöhl, A. 1925: Das Standortsproblem in der Wirtschaftstheorie. In: WA, Bd. 21, S. 294 ff.

ders. 1951: Von der Standortlehre zur Raumwirtschaftslehre. In: JbfSw, Bd. 2, S. 94 ff.

ders. 1962: Das Ende der Weltwirtschaftskrise. Eine Einführung in die Probleme der Weltwirtschaft. Reinbek.

ders. 1962a: Bedeutungswandel des Freihandels. In: Kyklos, Vol. 15, S. 122 ff.

ders. 1966: Probleme und Phasen der Kennedy-Runde. Hamburg.

ders. 1971/1949: Außenwirtschaft. 2. völlig neubearbeitete Auflage. Göttingen. 1. Aufl. 1949.

Predöhl, A. / Jürgensen, H. 1961: Artikel „Europäische Integration". In: HdSw, 3. Bd., S. 371 ff.

Preeg, E. H. 1974: Economic Blocs and U.S. Foreign Policy. Washington.

Prewo, W. 1978: Determinants of the Trade Pattern among OECD Countries from 1958 to 1974. In: JbNSt, Bd. 193, S. 341 ff.

Quambusch, L. 1976: Nicht-tarifäre Handelshemmnisse. Ein Beitrag zu ihrer Systematisierung, Anwendung und Beseitigung. Köln.

Rabenau, K. von 1976/77: Der Außenhandel mit verarbeiteten Endprodukten: Ein empirischer Test der Linder-Hypothese. In: JbNSt, Bd. 191, S. 72 ff.
Redl, F. 1964: Die Zusammenhänge zwischen den Veränderungen der Nachfragestruktur und dem wirtschaftlichen Wachstum. In: ZN, Bd. 23, S. 330 ff.
Rey-Report 1972: Policy Perspectives for International Trade and Economic Relations. Report by the High Level Group on Trade and Related Problems to the Sekretary-General of OECD. Paris.
Ricardo, D. 1817: Principles of Political Economy and Taxation. London.
Riese, H. 1978: Strukturwandel und unterbewertete Währung in der Bundesrepublik Deutschland. In: Konjunkturpolitik, 24. Jg., S. 143 ff.
Robertson, A. H. 1966: European Institutions: Co-Operation: Integration: Unification. London.
Robertson, D. 1972: Provision for Escape Clauses and other Safeguards. In: F. McFadzean (ed.), Towards an Open World Economy, London, S. 103 ff.
ders. 1977: Fail Safe Systems for Trade Liberalisation. London.
Robinson, J. 1966: The New Mercantilism. Cambridge.
Robson, P. (ed.) 1972: International Economic Integration. Selected Readings. Harmondsworth.
Röpke, J. 1977: Die Strategie der Innovation. Eine systemtheoretische Untersuchung der Interaktion von Individuum, Organisation und Macht im Neuerungsprozeß. Tübingen.
Rose, K. 1976: Theorie der Außenwirtschaft. 6. Aufl. München.
Rosecrance, R. (ed.) 1976: America as an Ordinary Country. U.S. Foreign Policy and the Future. Ithaka and London.
Rostow, W. W. 1961: Stadien wirtschaftlichen Wachstums. Eine Alternative zur marxistischen Entwicklungstheorie. Göttingen.
Rothschild, K. W. 1964: Langfristige Verschiebungen der Warenstruktur im Welthandel. In: Neumark 1964, S. 349 ff.
ders. 1966: „Pull" und „Push" im Export. In: WA, Bd. 97, S. 251 ff.
ders. 1970: Integration und Außenhandelsstruktur. In: WA, Bd. 104, S. 36 ff.
ders. 1975: Export Structure, Export Flexibility and Competitiveness. In: WA, Bd. 111, S. 222 ff.
ders. 1976: Groß- und Kleinbetriebe: Einige Argumente und Tatsachen. In: Bombach/Gahlen/Ott 1976, S. 93 ff.
ders. 1979: Außenhandelstheorie, Außenhandelspolitik und Anpassungsdruck. In: Kyklos, Vol. 32, S. 47 ff.
Rütter, W. 1963: Die Stellung Australiens im Standortsystem der Weltwirtschaft. Göttingen.
Ruppelt, H. 1978: Wettbewerbspolitik und wirtschaftliche Konzentration. Tübingen (Diss. Berlin).

Sailors, J. W. / Quereshi, U. A. / Cross, E. M. 1973/74: Empirical Verification of Linder's Trade Thesis. In: The Southern Economic Journal, Vol. 40, S. 262 ff.
dies. 1974/75: Empirical Verification of Linder's Trade Thesis: Reply. In: The Southern Economic Journal, Vol. 41, S. 698 ff.
Saito, K. 1977: Die Japanische Volkswirtschaft im Übergang. In: Finanzierung und Entwicklung, Nr. 2, S. 36 ff.

Samuelson, P. A. 1948: International Trade and the Equalisation of Factor Prices. In: EJ, Vol. 58, S. 163 ff.

ders. 1949: International Factor Price Equalisation Once Again. In: EJ, Vol. 59, S. 181 ff.

ders. 1953/54: Prices of Factors and Goods in General Equilibrium. In: Review of Economic Studies, Vol. 21, S. 1 ff.

Sannwald, R. / Stohler, J. 1958: Wirtschaftliche Integration. Theoretische Voraussetzungen und Folgen eines europäischen Zusammenschlusses. Basel, Tübingen.

Sautter, H. 1974: Regionalisierungstendenzen im Welthandel zwischen 1938 und 1970. In: Giersch/Haas 1974, S. 573 ff.

Scitovsky, T. 1958: Economic Theory and Western European Integration. London.

Sellekaerts, W. 1973: How Meaningful are Empirical Studies on Trade Creation and Diversion? In: WA, Bd. 109, S. 519 ff.

Servan-Schreiber, J. J. 1970: Die amerikanische Herausforderung. Hamburg.

Shinohara, M. 1976: MITI'S Industrial Policy and Japanese Industrial Organization. – A Retrospective Evaluation – In: The Developing Economies, Vol. 14, S. 366 ff.

Shonfield, A. 1973: Europe: Journey to an Unknown Destination. An expanded version of the BBC Reith Lectures 1972. Harmondsworth.

ders. 1976: International Economic Relations of the Western World: An Overall View. In: ders. (ed.), International Economic Relations of the Western World 1959–1971, Vol. 1, Politics and Trade, London, New York, Toronto, S. 1 ff.

ders. 1977: Der Trend zur politisch gesteuerten Marktwirtschaft. In: Kaiser/Schwarz 1977, S. 99 ff.

Simonis, U. E. 1973: Kooperation versus Protektionismus. Zum Konfliktspektrum der japanischen Außenhandelspolitik. In: Internationales Asienforum, Vol. 4, S. 477 ff.

Sohns, R. 1976: Theorie der internationalen Arbeitsteilung. Gegenwärtiger Stand und Problematik. Stuttgart.

Solomon-Report 1976: Re-Making the System of World Trade: A Proposal for Institutional Reform. A Report of the Panel on International Trade Policy and Institutions, Chairman A. Solomon. Washington.

Solow, R. M. 1957: Technical Change and the Aggregate Production Function. In: RESt, Vol. 39, S. 312 ff.

Spero, J. E. 1977: The Politics of International Economic Relations. New York.

Suermann, J. 1964: Die weltwirtschaftliche Bedeutung der Südafrikanischen Republik. Göttingen.

Swann, D. 1972: The Economics of the Common Market. Second Edition. Harmondsworth.

Scharrer, H. E. 1968: Ein Jahrzehnt amerikanischer Zahlungsbilanzpolitik. In: WD, 48. Jg., S. 438 ff.

ders. 1976: Die Steuerung der internationalen Liquidität als aktuelles Problem der Wirtschaftspolitik. In: HmbJb, 21. Jg., S. 185 ff.

Schittko, U. K. 1968: Dynamische Modelle in der Außenhandelstheorie. Eine Studie zur reinen Theorie des internationalen Handels. München (Diss.).

Schleicher, H. A. 1969: Kapitalbewegungen, Kapitalbildung und wirtschaftliche Integration. Berlin.

Schmidt, K. 1972: Marktstruktur und wirtschaftliche Entwicklung. Berlin.

Schneider, E. 1968: Zahlungsbilanz und Wechselkurs. Tübingen.

Schumacher, H. 1976: Ansätze zu einer organisationstheoretischen Fundierung der Wettbewerbstheorie. In: HmbJb, 21. Jg., S. 151 ff.

Schumpeter, J. A. 1952: Theorie der wirtschaftlichen Entwicklung. Berlin. 1. Aufl. Leipzig 1912.

Schwarz, D. 1976: Die Entwicklung der Konzentration in der Gemeinschaft und ihre Folgen für die europäische Wettbewerbspolitik. In: Bombach/Gahlen/Ott 1976, S. 35 ff.

Schweckendiek, D. 1967: Die Trennung der Struktur- von den Konkurrenzeffekten in der Begründung des unterschiedlichen Exportwachstums einzelner Länder. Tübingen.

Stegemann, K. 1966: Wettbewerb und Harmonisierung im Gemeinsamen Markt. Köln, Berlin, Bonn (Saarbrücker Diss.).

ders. 1977: Price Competition and Output Adjustment in the European Steel Market. Tübingen.

Steinberger, H. 1963: GATT und regionale Wirtschaftszusammenschlüsse. Köln, Berlin.

Stentzel, D. / Wand, K. 1972: Tendenz zur Schließung der Lücke. In: WD, Heft 5, S. 242 ff.

Strauch, R. 1970: Die atlantische Wirtschaftszusammenarbeit. Zürich, St. Gallen (Diss.).

Streißler, E. 1976: Diffusion des technischen Fortschritts und Wettbewerb. In: Bombach/Gahlen/Ott 1976, S. 63 ff.

Ströbele, W. 1976: Das Wachstum der Weltwirtschaft. Untersuchungen mit Hilfe eines regionalisierten Weltmodells. Berlin.

Thalheim, K. C. 1956: Artikel „Außenhandelspolitik (I), Geschichte". In: HdSw, Bd. 1, S. 481 ff.

Thiel, E. 1978: Zur Rolle Japans in der wirtschaftlichen Zusammenarbeit der westlichen Industrieländer. Arbeitspapier der Stiftung Wissenschaft und Politik. Ebenhausen.

Thompson, D. 1978: Die Wettbewerbspolitik in der Europäischen Gemeinschaft. Eine Übersicht über die Arbeit der Kommission in den Jahren 1973–1976. Tübingen.

Thünen, J. H. von 1842: Der isolierte Staat in Beziehung auf Landwirtschaft und Nationalökonomie. 1. Auflage 1842.

Truman, E. M. 1975: The Effects of European Economic Integration on the Production and Trade of Manufactured Products. In: B. Balassa (ed.), European Economic Integration, Oxford, New York, S. 3 ff.

Tumlir, J. 1973: A Revised Safeguard Clause for GATT? In: JWTL, Vol. 7, S. 404 ff.

ders. 1977/78: Can the International Economic Order be Saved? In: The World Economy, Vol. 1, No. 1, S. 3 ff.

ders. 1978, National Interest and International Order. London.

UN Monthly Bulletin of Statistics, New York, laufende Jahrgänge.

UN Yearbook of National Accounts Statistics, New York, laufende Jahrgänge.

UN 1974: Yearbook of International Trade Statistics 1972–1973. New York.

UNCTAD 1972: Handbook of International Trade and Development Statistics 1972. New York.

Verdoorn, P. J. 1956: Two Notes on Tariff Reductions. International Labour Office. Genf.

ders. 1960: The Intra-Bloc Trade of Benelux. In: Economic Consequences of the Size of Nations, E. A. G. Robinson (ed.), London.

Vernon, R. 1966: International Investment and International Trade in the Product Cycle. In: QJE, Vol. 80, S. 190 ff.

ders. 1971: Sovereignty at Bay: The Multinational Spread of U.S. Enterprise. New York.

ders. 1977: Storm over Multinationals. London, New York.

Vilmar, F. 1973: Rüstung und Abrüstung im Spätkapitalismus. Eine sozio-ökonomische Analyse des Militarismus. Reinbek.

Viner, J. 1950: The Customs Union Issue. New York, London.

Voigt, H.-G. 1969: Probleme der weltwirtschaftlichen Kooperation. Hamburg.

Voigt, W. 1969/70: Besprechungsaufsatz von Denison 1967. in: JbNSt, Bd. 183, S. 319 ff.

Wagner, A. 1977: Verwaltete Währung. Bern und Stuttgart.
Warley, T. K. 1976: Western Trade in Agricultural Products. In: A. Shonfield (ed.), International Economic Relations of the Western World 1959–1971, Vol. 1, London, New York, Toronto, S. 287 ff.
Warnecke, St. J. 1975: Industrial Policy and the European Community. In: Warnecke/Suleiman 1975, S. 155 ff.
ders. 1975a: Introduction. In: Warnecke/Suleiman 1975, S. 1 ff.
ders. 1978 (ed.): International Trade and Industrial Policies. London, Basingstoke.
Warnecke, St. J. / Suleiman, E. N. 1975: Industrial Policies in Western Europe. New York, Washington, London.
Watrin, Ch. 1961: Die Weltwirtschaftsorganisationen und die Regulierung zwischenstaatlicher Interessenkonflikte. In: Wirtschaft, Gesellschaft und Kultur. Festgabe für A. Müller-Armack, hrsg. von F. Geiß und F. W. Meyer, Berlin, S. 425 ff.
ders. 1967: Konflikt und Kooperation. Bemerkungen zu zwei Betrachtungsweisen der internationalen Handelsbeziehungen. In: Wirtschaftspolitische Chronik, Heft 2/3, S. 193 ff.
Weber, A. 1909: Über den Standort der Industrie. Tübingen.
ders. 1911: Die Standortslehre und die Handelspolitik. In: Archiv für Sozialwissenschaft und Sozialpolitik, Bd. 32, S. 667 ff.
Wells Jr., L. T. 1969: Test of a Product Cycle Modell of International Trade: U.S. Exports of Consumer Durables. In: QJE, Vol. 83, S. 152 ff.
ders. 1972: The Product Life Cycle and International Trade. Boston.
Werner, H. 1976: Adam Smith zur Reform der Weltwirtschaftsordnung. In: ORDO, Bd. 27, S. 46 ff.
Whitman, M. v. N. 1976/77: Macroeconomic Coordination and Trade Adjustments: Positive Coordination Among Few, Negative Coordination Among Many. In: Trialogue, No. 13, S. 3 ff.
dies. 1977: Coordination and Management of the International Economy: A Search for Organizing Principles. In: W. Feller (ed.), Contemporary Economic Problems 1977, Washington, D.C., S. 289 ff.
Wilcox, C. 1949: A Charter for World Trade. New York.
Willeke, F. U. 1973: Grundsätze wettbewerbspolitischer Konzeptionen. Tübingen.
Wolfe, M. 1955: The Concept of Economic Sectors. In: QJE, Vol. 69, S. 402 ff.
Wolter, F. 1974: Strukturelle Anpassungsprobleme der westdeutschen Stahlindustrie. Zur Standortfrage der Stahlindustrie in hochindustrialisierten Ländern. Tübingen.

Yawata, Y. 1974: Hintergründe, Instrumentarium und Daten der japanischen Außenhandelspolitik. In: Lemper 1974a, S. 59 ff.
Yoshino, M. Y. 1976: The Japanese Multinationals. Cambridge.

Zimmerer, C. o. J.: Zwischenbilanz der Liberalisierung. Frankfurt am Main.
Zippel, W. 1978: Gegenstand und Analyse der Pläne zur Neugestaltung der internationalen Geldverfassung. Berlin.
Zohlnhöfer, W. 1979/80: Das Europäische Währungssystem: Zielvorstellungen und Erfolgsaussichten. In: List Forum, Bd. 10, S. 1 ff.
Zumpfort, W.-D. 1978: Wachstumsdifferenzierungen im tertiären Sektor der westdeutschen Wirtschaft. In: Die Weltwirtschaft, Heft 1, S. 72 ff.

Sachregister

FSC
www.fsc.org
MIX
Papier | Fördert
gute Waldnutzung
FSC® C083411

Kolibri 360 GmbH
Ferdinand-Jühlke-Straße 7
99095 Erfurt, Deutschland
produktsicherheit@kolibri360.de